中国幼教之父——陈鹤琴

主编 虞永平

南京大学出版社

图书在版编目（CIP）数据

中国幼教之父：陈鹤琴 / 虞永平主编 . -- 南京：
南京大学出版社，2019.10（2019.11 重印）
ISBN 978-7-305-08597-0

Ⅰ.①中⋯　Ⅱ.①虞⋯　Ⅲ.①陈鹤琴（1892—1982）
–传记　Ⅳ.① K825.46

中国版本图书馆 CIP 数据核字（2019）第 206861 号

出版发行　南京大学出版社
社　　址　南京市汉口路 22 号　　　　　　邮　编　210093
出 版 人　金鑫荣

书　　名　**中国幼教之父——陈鹤琴**
主　　编　虞永平
责任编辑　田　甜　丁　群　　　　编辑热线　025-83593947

照　　排　南京新华丰制版有限公司
印　　刷　南京凯德印刷有限公司
开　　本　880×1230　1/24　印张 14.75　　字数　390　千
版　　次　2019 年 10 月第 1 版　2019 年 11 月第 2 次印刷
ISBN 978-7-305-08597-0
定　　价　58.00 元

网址：http://www.njupco.com
官方微博：http://weibo.com/njupco
微信服务号：njupress
销售咨询热线：（025）83594756

陈鹤琴的科学精神（代序）

陈鹤琴是著名的儿童教育专家、心理学家。他是中国现代学前教育的重要奠基者，中国现代学前师范教育的重要开拓者，现代世界学前教育科学的重要传播者和探索者，现代实验性幼儿园课程的开创者和引领者，也是活教育理论的创立者。陈鹤琴是一位经历了私塾教育洗礼，对传统教育深有感受的教育家，也是一位经过西方教育熏陶，对现代教育思潮深有感悟的教育家。陈鹤琴毕生所从事的就是推进中国幼儿教育事业的科学化，在他的引领下，中国的幼儿教育吸纳现代幼儿教育的先进理念，扎根中国文化和幼儿教育的实践，不断向着科学化的道路迈进。因此，陈鹤琴是中国幼儿教育科学化的先驱。陈鹤琴的教育思想不但有坚实的心理学基础，也有幼儿园教育实践的基础，是科学研究的产物，至今还具有强大的生命力和实践指导意义。

一、科学的立场

陈鹤琴的科学立场来源于对科学理论的把握，他关注心理学和教育学的先进理论，从这些理论中获得滋养。他借鉴科学的方法，开展根植于本土的研究和实践。陈鹤琴的科学立场来源于对幼儿教育中陈腐观念和社会陋习的批判，他旗帜鲜明地维护儿童的利益和儿童的尊严。陈鹤琴的科学立场来源于对社会现实的洞悉，他关注现实的教育问题，深刻把握问题的根源和解决的路径。陈鹤琴科学立场的核心是以幼儿为中心，把幼儿看作幼儿教育的出发点和归宿。为了研究幼儿教育，他首先研究儿童，研究儿童心理，探究儿童是如何发展的，儿童的兴趣和需要是怎么样的，儿童的行为特点是怎么样的，这些是陈鹤琴幼儿教育研究的基础性研究，是对儿童的研究，加上西方儿童发展理论的影响，形成了陈鹤琴基本的儿童观。这是陈鹤琴一切教育主张的根基。

陈鹤琴认为，幼稚时期对于儿童一生非常重要！所以幼稚教育是儿童的基本教育，亦即人群的基本教育。儿童在这个时期里，习惯、知识、言语、思想等各个方面都打了很深的根基。倘使这个时期，根基稍不稳，将来要想建造健全人格，也就不可能了。所以，我们要培养健全的人格，促进健全的社会，第一须注重幼稚时期的教育，竭力宣传初期儿童教育的重要，引起一般社会的关注。（1927）

陈鹤琴儿童观的本质内容是要科学认识儿童，顺应儿童的天性，给予儿童活动的机会和条件，给予儿童适宜的指导和帮助，要爱儿童。他认为儿童是在实践中学习的。他指出："小孩子的知识是由经验得来的。所接触的环境愈广，所得的知识当然越多。所以我们要使小孩子与环境有充分的接触。"（1924）

陈鹤琴认为教育要遵循儿童身心发展的规律，认为"应根据幼儿的特点，多给幼儿感性的知识，创造各种环境和条件，多让儿童接触大自然和大社会，多观察，多活动，扩大他们的眼界"。（1979）他明确提出游戏对儿童发展的意义，他指出："游戏也是儿童生来就喜欢的。儿童的生活可以说就是游戏。""名义上虽说是游戏，但所学确是很好的

学问，很好的东西。"（1927）他也主张关注儿童的个性，注重儿童之间的差异。他主张"儿童的个性不同，我们不能强之以同"。（1924）他主张理解儿童、尊重儿童，主张建立新型的师生关系，主张"幼稚园教师应当作儿童的朋友，同游同乐的去玩去教的"。（1927）正是在这个立场上，陈鹤琴对无视儿童的旧教育展开了猛力的批判，尤其是揭示了旧教育损害儿童天性、剥夺儿童权利和让儿童陷入呆板机械学习的现象，并深入分析了造成这种现象的原因。

二、科学的态度

科学态度的核心是对待儿童的态度。对待儿童不能抱有陈见，不能成人中心，而是应该顺应儿童的天性。陈鹤琴指出，儿童是以游戏为生活的，是生来好玩的。父母应成为孩子的玩伴，为孩子提供适当的材料，让孩子有机会充分展现他们的天性。陈鹤琴主张发展幼儿的好奇心、好问心，让幼儿用自己的大脑积极思考。成人应用客观的方式和积极的态度去看待幼儿。陈鹤琴对待儿童的基本态度就是尊重儿童，顺应儿童的天性，依循儿童发展规律，信任儿童，热爱儿童。

在此基础上，陈鹤琴把幼儿教育当作科学，注重实证的研究，依据事实，不是臆断。他通过深入

具体的研究，把握了儿童在动作、情绪、语言、社会性、美感、好奇心、绘画、思维及道德等诸多领域的发展特征，并研究了这些领域的课程内容和逻辑顺序。这个研究过程往往是同幼儿园的教育过程联系在一起的，是与儿童的生活联系在一起的，据此来确定幼儿园的课程和儿童的学习。这是一种务实的科学态度。

陈鹤琴的科学态度也包括用辩证的态度对待幼教理论和实践模式。对当时风行的蒙台梭利教学法，陈鹤琴提出了辩证的分析和评价。他认为蒙台梭利是最有影响的教育家，其教育主张有一定的价值，如强调儿童的自由活动，强调儿童是完善的，注重感觉经验等。但陈鹤琴认为蒙台梭利的教育也有不足，主要表现在三个方面：①经验的狭隘性，不能满足儿童广泛获取经验的需要；②不能满足儿童的兴趣，在反映现实生活上有限制性；③感官训练只是发展的一种形式，且针对特定材料的训练作用有限。

三、科学的方法

陈鹤琴对儿童心理的研究采用了当时比较先进的临床研究方法，采用个案观察和日志等具体方法，记录孩子的发展。这使他的《儿童心理之研究》不是照搬或模仿西方的儿童心理学理论，而是扎扎实实的实证研究的成果。在幼儿教育的研究上，陈鹤琴开展了以"试验"为基础的科学的幼儿教育研究，采用行动研究的方法论，利用教育现场展开研究。为此，他专门建立了我国历史上第一所实验幼儿园——南京鼓楼幼稚园（1923），也是我国第一个高等院校（当年的国立东南大学教育科）幼儿教育实验研究基地，开创了我国高等院校理论联系实际，开设定点实验研究基地的先河。陈鹤琴认为科学的幼儿教育必须经过试验，才能确定是否可行，是否有效。他提出幼儿教育"必须经过比较普遍的、比较长久的试验"。（1927）我们认为这是陈鹤琴教育思想和实践同以往旧教育的分水岭。正是通过科学的儿童观和教育观指导下的实践，和在实践过程中的发现和反思，幼儿教育才逐步走上健康发展的科学轨道。

陈鹤琴将幼儿园课程、幼儿园环境和设备、幼儿园故事、读法、音乐、图画、玩具、习惯等内容纳入研究的视野，逐一研究，形成科学的认识。陈鹤琴对幼儿教育领域中的各类内容的研究是细致的、深入的，也是充满感情的，他的每一个研究都让人感动，这样一个广文博识、笃学乐行、醉心研究的教育家更让人感动。

陈鹤琴之所以是科学的幼儿教育的积极推动者，是因为他的研究是立足国情的，不是照搬西方的学前教育，这也是陈鹤琴教育思想科学性的主要标志。

作为留美学者，他反对纯粹的"美国式"的教育，他认为应该借鉴西方优秀的思想和内容，但不能一味模仿。陈鹤琴对福禄贝尔、蒙台梭利等人的西方主要幼儿教育思想进行了深入的分析，分析了他们的优势，也指出了他们的不足，言之成理，以理服人，教导人们不要盲从。陈鹤琴1926年就提出的告诫，在今天仍然具有重要的警示作用，因为现实的教育实践中，一知半解者无数，盲从者无数。陈鹤琴认为，幼儿教育的研究，关注国情是主要的原则，只有结合国情，才能产生科学和有效的教育。陈鹤琴还指出："外国有许多经验，也有许多好的经验，但不能不加分析地照搬照抄，要结合中国的实际情况，以实践来检验哪些是成功的、切实可行的。哪些是不可取的，要适应中国的特点。"（1979）

陈鹤琴的晚年一直在呼吁幼儿教育的科学研究，不但要研究观念，还要研究内容和方法；不但要研究幼儿园的教育，还要研究家庭的教育；不但要研究正常儿童的教育，还要研究特殊儿童的教育，他甚至提出"为切实开展教育科学之研究，特建议设立儿童教育玩具、教具、设备的研究室和研究工厂"。（1980）"教育实验"是他晚年文章中经常出现的词汇，这是对幼儿教育科学化的呼唤，是对幼儿教育质量的呼唤，也是对童年幸福的呼唤！

虞永平

目　录

第一章
陈鹤琴与中国幼教

小孩子是生来好动，以游戏为生命的。
——陈鹤琴

一、认识儿童

1923年，这位叫陈鹤琴的长者在脚下的这块土地，自家的私宅，创办了一所实验幼稚园，开始了中国幼教事业的探索。

陈鹤琴开创了中国儿童心理、家庭教育、幼儿教育科学研究的先河，留下了400多万字的著作，推进了幼儿教育的中国化、科学化；他用毕生的精力进行幼儿教育的实践和研究，构建了中国儿童心理、幼儿教育、家庭教育的理论体系，建立了幼稚师范教育的完整构架，奠定了中国幼教事业的基础。

陈鹤琴是中国著名的儿童教育学家、心理学家，被誉为中国幼教之父。

儿童是什么？是太阳下晶莹剔透的露珠？是春天里娇艳欲滴的花朵？还是家庭的期盼、祖国的未来？

说起儿童，人们完全不吝溢美之词，只愿将世上所有美好的词汇都堆砌在他们身上……然而，人们真的了解儿童吗？作为父母，作为老师，作为这个世界的成年人，大人们真的学会如何

倾听儿童、如何教育儿童了吗？

儿童是什么？100多年前，一个立志以教育报国的年轻人，同样在思考着这个问题。

1914年9月7日，一艘名叫"中国号"的邮轮，缓缓驶入美国旧金山港口。船上载着16位风华正茂的青年，作为"庚子赔款"的留美预备生，他们都是中国年轻人的翘楚，将在美国开始全新的游学生涯，这当中就有22岁的陈鹤琴。

陈虹（陈鹤琴长孙女）：他觉得这个庚子赔款是民脂民膏。他说国家用这个民脂民膏来栽培我，我能够吃这些用这些，而且我有条件到美国去留学，我怎么能不感激，怎么能不思报答？所以，他要救世济民、要回报人民的这样一种信念，就越来越生根了，贯穿浸润在他的一生当中。

1892年，陈鹤琴出生在浙江上虞一个没落商人家庭。跟其他的孩子相比，他的童年并不快乐。他幼年丧父，全家依靠母亲替人浆洗维持生计。在磕磕绊绊的生活中，他的求学之路，却幸运地得以延续。

1911年秋，陈鹤琴考上了庚子赔款的第三批留美预备生，北上求学，在清华学堂开始了新的人生。

陈鹤琴：我的清华时代，好像万象更新的新年，好像朝气蓬勃的春天。我的希望，非常远大；我的前途，非常光明；我的精神，非常饱满；我的勇气，非常旺盛；我的自信，非常坚强；我的自期，非常宏远。那时做人真觉得有无穷愉快。

前排左一陶行知，后排右一陈鹤琴

在这所中西合璧的高等学府里，有学识渊博的师长，有新颖丰富的课程，这些都给陈鹤琴留下了深深的印记。

陈鹤琴不仅汲取着丰富的知识，还与同学一同创办学校青年会，面向工勤人员和杂役开设了校役补习夜校；在校外的城府村举办义务小学，教乡村的孩子认字读书。

陈秀云（陈鹤琴三女儿）：他做校长，自己去教课，义务事业。还有在校内，开办工人识字班、补习班，他就当两个学校的校长，老师同学们都来帮忙。

既兼校长，又任老师，不论是校内的工友，还是校外的乡民、乞丐，有教无类。清华3年，是陈鹤琴最初的教育实践，也是他一生教育事业的开端。

陈鹤琴：这3年书总算不是白读的。我得着了不少有用的知识，认识了许多知己的朋友，还获得了一点服务社会的经验，立下了爱国爱人的坚强基础。

1914年夏，陈鹤琴从清华毕业，踏上赴美国"庚款"公费留学的旅途，同船者有陶行知等人。在前往美国深造的途中，陈鹤琴却一度怀疑自己的人生选择，在学习医学还是攻读教育学之间摇摆不定，但在内心深处，陈鹤琴

对于教育的执念还是挥之不去。

柯小卫（陈鹤琴外孙）： 医生是能够治病的，他要去治人。他又去找了校长，从而坚定了自己学习儿童教育的决心和信念。由此，陈鹤琴先生才走向了儿童的事业，选择了将儿童教育作为自己终身的职志。

陈鹤琴抵达美国后，就读于霍普金斯大学。在这里的3年，陈鹤琴主修了德文、英文、法文等语言，又选学了政治学、教育学、心理学、地质学和生物学等学科。

1917年夏，陈鹤琴从霍普金斯大学毕业，成为第一个取得这所学校学士学位的中国留学生。

陈庆（陈鹤琴孙女）： 在霍普金斯大学的时候，对他影响非常深的是霍普金斯大学的校训：真理使你自由。在霍普金斯大学，凡事都是要通过实践，通过研究来做。他一生也是通过实践来搞教育，通过研究来搞教育，通过日常的细微的事情来分析，来做到实处。

1917年秋，陈鹤琴进入哥伦比亚大学师范学院，师从克伯屈、孟禄、桑代克等著名教授，专修教育学和心理学，学习教育研究的方法和实验的精神。

陈鹤琴： 在第一个时期，随便什么知识，我像海绵似的都要吸收。在第二个时期，我只专心于教育或与教育有关的学科，比第一个时期要专心多了。

陈庆： 到哥伦比亚大学的时候，他的教育理论和教育的实践受美国进步教育的影响。大量的先进的理论，包括美国杜威的进步教育思想精神，对于他后来的学术开展，也起到了很大作用。这两个学校的学习，给他一生进行的教育和研究，包括实践奠定了非常深厚的基础。

1918 年夏，陈鹤琴获得哥伦比亚大学教育硕士学位，转入心理学系，准备博士论文。此时，正值南京高等师范学校教务主任郭秉文在美国物色教员，陈鹤琴应邀回国任教，放弃了攻读心理学博士的计划，于当年 8 月乘船回到上海。

1919 年 9 月，陈鹤琴在南京高等师范学校教育科任心理学、儿童教育学教授，从此开始了 60 多年的幼儿教育科研和实践生涯。

陈庆：当时中国的儿童教育，实际上还是荒芜一片。国人对儿童教育根本不重视，把儿童看成是一个没有地位的、由成人主宰的对象。

20 世纪初的中国，依然延续了数千年之久的"成人为主，长者为先"的传统教育思想，摧残儿童身心，儿童被当成等待灌输的容器和成人的附属品，关于儿童教育、儿童心理学的相关研究几乎为零。

陈鹤琴学成归国，正逢新文化运动在中国大地上蓬勃开展。"共和、民主、自由、科学"的时代精神也对传统教育产生了深刻的冲击。

祝士媛（北京师范大学教育学部教授）：因为五四运动是反封建。那时候，就是背书、读书、写字，过的不是幼儿的生活，完全培养的是那种将来科举的人才。可是已经到了民国了，已经到了成立共和国了，以后不是封建王朝了。所以，这种背景下，我觉得它是一种革命，应该说是一场教育革命。

以蔡元培、胡适、郭秉文等为代表的改革派发动了新教育改革运动，南高师则是这场时代变革的焦点和标志。

柯小卫：从五四运动以后，中国有一个新教育的潮流，民主、科学逐渐被更多人所接受。有一个很重要的标志，就是我们教育的中心从伦理、从社会开始转向人了，转向儿童了。陈鹤琴就知道，我们中国整个的教育是要从儿童做起。

陈庆：陈鹤琴就是为了我们民族的振兴，他觉得儿童教育是人的一生当中最基础的东西，而且幼儿教育又是基础的基础。所以，他把他的立足点放在儿童教育、幼儿教育，从最基础的事情开始做起。

在南京高等师范学校任教的陈鹤琴一心一意地改造学校的风气，他鼓励学生运动，积极开展社会问题和教育主题研究。他与陶行知先生共倡新教育，改革旧教育，开展幼儿教育实践活动，为教育的民主化、科学化探索道路。

关于儿童，西方早在250多年前就有了系统性的研究。1762年，法国启蒙思想家、教育家卢梭出版著作《爱弥儿》，明确提出："儿童是人。儿童是成长中的人。儿童就是儿童。"针对不同年龄阶段的儿童，卢梭提出了不同的教育原则，他的观点对西方儿童教育产生了深远的影响，也深深影响了陈鹤琴。

陈鹤琴坚决反对陈腐死板的旧传统教育，反对"叫儿童穿起长衫"的成人化倾向。他指出："儿童不是成人的缩影，而是有他独特的生理、心理特点的。"他的教育思想引领了"儿童本位"的新风气，开创了家庭教育理论的新思潮。

侯莉敏（广西师范大学教育科学学院学前教育系主任）：他提出这样的"儿童为本"的思想，跟中国的"长幼有序，长者为尊"的思想，并不是完全矛盾和冲突的。我觉得要合理地来吸收原来中国文化的这种长幼有序，理解儿童的这种发展观念。我想陈先生在当时所提出来的这样一种全新的儿童观，对中国的文化改造、教育革新都有非常大的意义。

在陈鹤琴看来，"研究儿童心理是一种最有趣的事，也是儿童教育上算为一种最紧要的事情"。然而，20世纪初的中国，关于儿童教育、儿童心理学的相关研究几乎为零。陈鹤琴首开先河，从西方引入儿童测验量表，介绍国外的儿童心理测验方法，并且亲自改编和实践儿童心理测验，为儿童心理研究建立科学的依据。

唐淑（陈鹤琴学生）：他是一个非常实干的人，他研究教育也不是空说。他的儿童心理理论都是基于他进行个别的研究和他的阶梯研究得到的一些数据，而且他还跟国外当时的一些数据做比较，来得出我们中国儿童的发展水平。

结合中国国情，陈鹤琴设计了一套儿童知识水平测验，568个被试儿童分别回答136道测试题目，被试者每答对一题算一分，最后通过得分核算来了解儿童的知识程度。为了了解中国儿童的发展状况，他还设计了六种学力测验和一种智力测验，通过对2000多个学生的测验，来了解男孩、女孩的智力和学力差异。此外，陈鹤琴还采用了团体研究的方法来了解儿童绘画的发展阶段，进而分析中国儿童的心理特点。

柯小卫：儿童的特点，儿童有什么特点呢？陈鹤琴先生在《儿童心理之研究》中，总结了儿童至少具有4个特征，一个叫好动心，一个叫好奇心，一个叫模仿心，一个叫游戏心。

根据儿童的发展特点，陈鹤琴将3岁前的儿童分为婴儿、乳儿和步儿3个阶段，认为幼儿教育应该始于新生婴儿阶段。进入乳儿阶段后，儿童开始产生各种情绪，成人所具有的情绪反应在乳儿时期就已经开始成型。1岁以后，儿童开始学会行走，渐渐成为一个独立的人，这对儿童的生理和心理发展都有重要的价值。

唐淑：他认为孩子的发展，不是一步就成的，而是有个发展阶段的。正因为孩子有这样一些特点，家庭教育里头，你也要针对孩子的特点。不管是在家庭，还是在幼儿园，你都应该根据孩子的发展特点，来给他进行教育。所以，我觉得他关于儿童发展的这一部分理论贡献，可以说是奠基性的。

在与孩子的朝夕相处中，陈鹤琴开始慢慢认识儿童。儿童为什么哭、为什么笑，他们喜欢怎样的环境、热衷于什么游戏，他们具有哪些与生俱来的天性，他们在不同的年龄阶段呈现出怎样的成长特征？通过长期的实验和观察，陈鹤琴渐渐掌握了儿童的成长规律和心理特征。

柯小卫： 因此，从儿童心理出发，是陈鹤琴先生区别于其他教育家的一个很大的区别点，也是陈鹤琴先生之所以被称为中国现代儿童教育奠基人、幼儿教育之父的一个重要原因。从此，开

拓了我们儿童教育科学化的时代。

从研究儿童心理，进而研究儿童的家庭教育；从研究幼儿园教育，进而研究幼儿教师的培养、儿童教育机构的建设等，陈鹤琴的幼教思想体系渐渐成熟，并于1925年出版专著《儿童心理之研究》和《家庭教育》，这两本书对于中国的幼教事业影响深远。

申玉容（北京市朝阳区光明幼儿园园长）： 陈老先生的书特别的通俗易懂，就是把理论和实践都融合在他那个书里面，能够让我们看得特别亲切。就像一位

老者在谆谆地教导我们，应该怎么样去理解孩子，应该怎么样尊重孩子。

1927年2月，陈鹤琴与陶行知、张宗麟一同发起中国最早的儿童教育团体——幼稚教育研

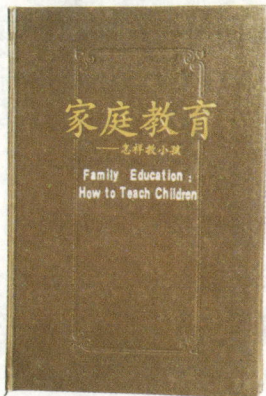

家庭教育
——怎样教小孩
Family Education:
How to Teach Children

究会，创办《幼稚教育》并任主编，发表《我们的主张》，提出适合中国国情的15条办园主张；3月，陈鹤琴受邀担任晓庄师范第二院（幼稚师范院）院长兼指导员，与张宗麟等一道创办了中国最早的乡村幼稚园——燕子矶幼稚园；6月，陈鹤琴任南京市教育局教育课课长，大力推行行政学术化，推广教育实验区。

祝士媛：陈鹤琴不仅是一个普普通通的教育家，而且是一个实干家。他做了很多实际的事，这让我非常佩服。他办幼儿园，办刊物，办学校，还有研究机构。他是一个非常全面的教育家，中国到现在来讲，你再找一个像陈先生这样，完全一样的，真的不好找。

陈鹤琴教育思想的影响绝不仅限于中国大陆地区，在中国香港、中国台湾，在日本乃至整个东南亚地区，都有着深远的影响。

蓝美容（香港教育大学教授）：他很强调孩子在很小的时候，就应该好好地培养他们做一个好的人，这个道德观、价值观的培养很重要，我绝对认同。因为小孩子在零到六岁这一发展阶段里面，可以说基本的价值观，就是在这个时候建立的，要是教得不好，可能会影响他以后的成长。

倪鸣香（台湾政治大学幼儿教育研究所所长）：读到陈鹤琴的文字资料，你知道你心里其实泛起来的是作为中国人，或者是华人的一种骄傲。陈鹤琴在那个时代里，就好比福禄贝尔在德国，开创了一个孩子的新世纪。

一见真理子（日本国立教育政策研究所总负责研究官）：陈鹤琴先生以幼儿时期为出发点的科学研究，是留给中国的优秀遗产，人们从陈鹤琴先生那里获得很大启示。其中亚洲作为先进的新教育实践地，特别是人口众多的中国，在20世纪初，陈先生就做出了努力和贡献，他的思想和研究成果在很多方面值得我们好好学习，也会对日本的研究起到鞭策作用。

1985年，45岁的柳斌由江西省副省长调任国家教委副主任，分管基础教育。不久，柳斌获得一本《陈鹤琴文集》，上下两册。从此，陈鹤琴的教育思想，对柳斌履职产生了很大的影响。

柳斌（原国家教委副主任）：我拿了这套书以后，我是从头到尾，都认真地拜读了。这套书对我履行国家教委副主任的职责，起了非常大的作用，使我认识到幼儿教育事业的重要性，尤其是认识到幼儿教育事业的性质，幼教事业的规律，对这些东西有了新的认识。

2000年，中国驻纽约总领事馆教育领事王定华，曾多次前往哥伦比亚大学，查阅陈鹤琴当年的学习笔记、作业、阅读报告和书评。作为一个从业多年的教育工作者，王定华对陈鹤琴的教育思想有着更为深切的认识。

王定华（教育部教师司司长）：陈鹤琴把中国的传统文化与西方的教育观念有机地进行了整合。因此，他的教育的方法，包括师范教育课程改革、课堂教学、教学内容的选择、教学的组织形式，还有家庭教育，还有对于特殊儿童的教育方法，可以说绝大多数都是在他已有的学习认知的基础上的一种创新和提炼。

作为一位充满朝气、勇于改革和创新的儿童教育家，陈鹤琴坚决反对陈腐死板的旧传统教育，提倡适合时代、符合儿童身心发展的新思想、新方法。

在陈鹤琴的教育学说与实践中，民主精神无处不在，一切为了儿童。他将全部的热忱和精力投入到中国儿童教育与幼儿教育的发展中，成为中国幼儿教育的拓荒者，也成为当之无愧的"中国幼儿教育之父"。

扫一扫
观看第一集纪录片

二、学做父母

1920 年 12 月 26 日，在南京鼓楼的这所基督医院里，传出一声响亮的啼哭，一个男婴呱呱坠地。

望着自己的"杰作"，年轻的父亲顾不上兴奋，拿起照相机，开始给襁褓中的婴儿拍照。皱眉头、哭泣、打哈欠、睡觉……婴儿的一举一动在镜头下定格，婴儿的每一个反应被认真记录在案，而这样的记录，居然持续了整整 808 天，这也许是中国历史上最早、最翔实的儿童成长日记。

一个新生命的诞生，伴随而来的常常是感动和喜悦，在这个鲜嫩的小生命面前，十月怀胎的辛苦、一朝分娩的剧痛，都会被遗忘。年轻的父母享受着天伦之乐，从此与新生命携手步入了全新的人生阶段。

陈鹤琴：做父母是一桩不容易的事情。我们晓得栽花有了栽花的学识技能，花才能栽得好。养蜂有了养蜂的学识技能，蜂才能养得好。甚至养牛、养猪、养羊、养马、养鱼、养鸟莫不都有专门的学识技能。我们只要是一个人，就好像都有资格可以教养儿童的。至于怎样教养，事先毫无准备，事后更不加研究。

扫一扫
观看第二集纪录片

012

陈鹤琴的这段话虽然直白，却提出了一个千百年来被人们所忽略的问题：生儿育女是人类的本能，但作为孩子的"终生教师"，人们却很少思考自己是否合格。

如何做好父母，其实是一门很大的学问。人们真的会做父母吗？

陈鹤琴：这个小孩子是在1920年12月26日凌晨2点09分生的；生后2秒钟就大哭，一直哭到2点19分，共连续哭了10分钟，以后就是间断地哭了；生后45分钟就打呵欠；生后2点44分，又打呵欠，以后再打呵欠6次……

感受这段描述，人们可能觉得这是现在流行的儿童成长日记，年轻的父母怀着喜悦与兴奋的心情，为新生婴儿留下成长的记录。然而，在遥远的1920年，在100年前的中国，29岁的陈鹤琴初为人父，便给自己的第一个孩子写下了珍贵的成长记录。他给这个新生的婴儿起名"一鸣"，希望他的人生响亮、精彩。

陈庆：陈鹤琴把陈一鸣的喜怒哀乐，生活当中的各种表情、表现，林林总总都记录下来。他的情绪，他的语言的发展，他的美感的产生，他在一点一点地学习过程当中，怎么样一天一天地进步，方方面面的一个成长过程，全过程，他记录了808天。

一鸣出生时，陈鹤琴在南京高等师范学校任教，为掌握一鸣成长的第一手资料，他特意请假在家，连续观察孩子每天从早到晚的活动。家成了他的实验室，妻子和母亲则成为他最得力的助手。

陈庆：他（陈鹤琴）亲自给孩子洗澡，亲自观察孩子饮食、冷暖，孩子有什么需求，什么情况下他会哭闹，什么情况下他要吃，他有什么需求，他都把它记录下来，记得非常详细。这些记录，实际上对陈鹤琴来说，

不仅是对自己儿子一个关注，作为父亲角度的一个关注，更主要的是，他要把自己的孩子，作为研究中国儿童的一个非常重要的立足点。

寒来暑往，转眼一鸣已经两岁半。在长达 808 天的时间里，陈鹤琴以一个科学家的严谨观察和一个父亲对儿子的无限柔情，写下了 354 条成长记录，累积了厚厚十余本的文字和照片资料。这里既有陈一鸣成长过程中的点点滴滴，也包括了陈鹤琴对一鸣所进行的一次次幼教实验。

柳斌：他从心理学、教育学的角度去对这些现象进行分析，这一点我们现在很多老师是没有这个功夫的，这在学术上叫实证，他是用事实，用具体的例子，来总结教育规律、孩子心理发展规律、个性发展规律，他要来研究、来验证，得出自己符合实际的结论。

侯莉敏：从一个儿童个案的研究，形成最后的这种心理学的规律，并根据群体儿童的对象，可以进行解释，那么这一种从研究的方法论，到研究的范式，到具体的方法，我觉得是相通的。在当时的中国，用这样的一种方法来研究，形成这一本书，并在大学里面开设这一门课，陈先生是第一人。

这是中国现代教育史上第一例针对儿童的个案追踪研究，也是第一次从心理学层面来阐述儿童成长的基本原理，为陈鹤琴探索儿童教育的规律提供了科学的依据。

陈鹤琴没有想到的是，76 年后的北京，一位年轻的幼教老师，也在进行着跟他一样的儿童成长实验，而这位老师正是毕业于陈鹤琴生前创办的南京师范大学幼儿教育专业。

刘馨（北京师范大学教育学部学前教育研究所副教授）：陈先生以他自己的孩子做研究对象，研究了孩子心理，实际上这种研究的方法和这种研究的历程，对我们学前专业学生的影响非常大。当时我们同学有些人就开玩笑说，我们将来要有孩子的话，是不是也应该研究研究我们的孩子，这样的话，也是一个很好的记录孩子成长经历的过程。

1996 年，在北京师范大学学前教育专业任教的刘馨生下了儿子法法。她对儿子的成长过程进行了连续三年的观察和记录，并把这些内容刊登在了《幼儿教育》杂志上，《法法的世界》成为当时《幼儿教育》杂志一个非常有名的专栏。

刘馨：写这个实际上就要用到我们学的心理学内容。那么从陈鹤琴先生他自己对孩子的研究当中，我们就看得出来，孩子是好奇的，孩子是好模仿的。那么这些东西，我们都能够通过我的观察，我觉得很多的实例就是，很生动的实例就能够举出来。

刘馨用三年的观察实验，印证了七十多年前陈鹤琴先生关于儿童心理的总结：小孩子好游戏、好奇、好群、好模仿、喜欢野外生活、喜欢成功、喜欢别人赞许他，若能依据小孩子的心理而施行教育，必有良好效果。

1925 年，陈鹤琴把他的研究成果结集成册，出版专著《儿童心理之研究》和《家庭教育》。其中，《家庭教育》从健康教育、道德教育、智力教育、劳动和审美教育等方面，总结出家庭教育的 101 条原则。在此后的一百年中，《儿童心理之研究》和《家庭教育》先后再版了 15 次，印刷多达百万册。

柯小卫：这两本书可以说是我们国家儿童教育科学化的一个标志，一本书写了怎么样观察，儿童特点是什么样；一本书写了怎么来教育。因为《家庭教育》的副书名是《怎样做父母》，里面还有怎样教小孩，它完全实用。它提出成人对儿童的成长影响，成人的言谈举止，对儿童的心理发展，起到了至关重要的作用。

《家庭教育》，这部中国幼儿教育的百科全书，涵盖了幼儿教育过程中可能出现的大部分问题，被陶行知先生称为"中国父母的必读之书""近今最有价值的专著"，即使在百年后的今天，依然可以作为中国家长的育儿指南。

学生家长：其实在读陈鹤琴先生的《家庭教育》的时候，书中有一段话说道："孩子是喜欢群体生活的……"我们对这段话也有比较深刻的感触。

南京鹤琴幼儿园中班的一个儿童，入学后的第一学期，因为身体不好，回家休息了很长时间。由于长时间的缺席，寒假过后的新学期，孩子对幼儿园表现出了强烈的抗拒心理。

该儿童父亲：在开学前，我们尝试对他进行了一个心理的辅导。跟他讲，马上又要去幼儿园了，幼儿园有很多的玩具，又可以和朵朵、小点心、元宝一起玩，是不是很开心。但是真的到了第二学期开学的那一天，他从早上起床，到吃早饭，再到后面上学，表情都是非常痛苦的，到了幼儿园之后，哭天喊地的，让老师和我们都比较尴尬。

陈鹤琴说："凡人都喜欢群居的，幼小婴儿，离群独居，就要哭喊，二岁时就要与同伴游玩，到了五六岁，这个乐群心更加强了。"经过一周的学习，该儿童很快融入了学校的集体生活。但是，不出一周，他又感冒了。

该儿童父亲：我们在吃饭的时候，就进行讨论，是不是要把他送到幼儿园去，这个时候，万江阳突然开口了，说："爸爸妈妈，鼻涕就是用来流的，有什么关系呢，我还要去幼儿园的。"通过学陈鹤琴先生的《家庭教育》这本书，我觉得鹤琴先生把他育儿的点点滴滴，科学地、系统地编撰成书，对我们家长来说，有一个比较好的引导和教育的作用。

陈鹤琴要求在家庭生活中，"做父亲的应当同小孩子做伴侣"。"做父亲对待子女应有相当的礼貌"，这同他小时候在父亲面前所受的消极教育是截然不同的，是一种朋友式的民主平等关系。

陈鹤琴反对传统文化中"父严子孝，法乎天也"的专制型父子关系。但他又认识到儿童的不成熟性，希望"父母待小孩不要姑息也不要严厉"，"一方面予以充分机会以发展自动的能力和健全的意志，一方面限以自由范围使他不得随意乱动，以免侵犯他人的权利。"

陈鹤琴说："幼稚期（自生至7岁）是人生最重要的一个时期，什么习惯、语言、技能、思想、态度、情绪，都要在此时期打下一个基础。若基础打得不稳固，那健全的人格就不容易建造了。"

刘詠思（香港儿童无限学校创办人）：陈鹤琴他真的好像先知一样，知道哪个才是最重要的。因为我们常常说，离幼儿园教育最近的就是家庭，如果家长跟老师没有配合的话，幼儿教育是很难成功的。

几年前，在浙江上虞鹤琴幼儿园，大（三）班在绘画教学时，一位孩子画了一个亭子，亭子的一角特别夸张，黄泓博自己起名"奇特的亭子"。这幅画如何评价，引起了老师与家长间的一场讨论。

赵秀红（浙江上虞鹤琴幼儿园总园长）：他画的亭子有一个角是非常长的，老师表扬过他有想法。而妈妈进来以后，就批评了她的儿子，谁谁画得这么干净，亭子画得那么像，你怎么画得乱七八糟的，画得黑乎乎的一团。然后，孩子就哭了，他说老师说我画得好。那天刚好我也在，我刚刚去班级里面巡视，也看到了，前面这个评价我也看到了。我说打住、打住，你知道你的孩子画的什么吗？他是非常有想法的，然后当孩子把这个故事讲给妈妈听的时候，我说你看这个孩子想得多好。他说我画的六角亭，一个角特别的长，因为这个长角的

下面有一个凳子，这个凳子上面坐着叔叔阿姨，我希望这个长角，能够为下面坐着的叔叔阿姨遮风挡雨。

陈鹤琴曾经说过："小孩子今日能爱人，他年就能够爱国了。""做父母的要他们的小孩子将来成为有道德的人物，当小的时候即须教以顾虑他人安宁之道。"

赵秀红：你想这个创意多好，非常有创意的一幅作品，妈妈竟然说他不好，那么这个其实就是家长评价孩子作品，评价孩子技能的一个误区，我们其实是要去引导的。孩子画出来的作品是非常丰富多彩的，都是有他自己的想法的，有自己的审美的情趣在里面的。

陈鹤琴说："人之爱人须要天天做的，不要我今天爱人，明天就不爱了。尤须在小的时候学习的，小的时候已经有爱人的行为，那么到了成人的时候，自然而然也能够爱人民了。"

刘詠思：幼儿教育就是那个土，土肥不肥，够不够营养，就是关键。如果我们没有给一个很好的土让他生根的话，你就浪费了一个小朋友。

陈鹤琴认为："一方面儿童期是发展能力的时期，一方面具有可以发展的性质，此即所谓可塑性或可教性。"他还明确指出，"什么言语，什么习惯，什么道德，什么能力，在儿童的时候学习最速，养成最易，发展最快"。这种充分肯定儿童期的关键性和可教性的意义在于为儿童主动探索世界提供了依据。

在《家庭教育》一书中，陈鹤琴提出了一个家庭教育的重要原则：父母要以身作则，通过言

传身教来影响孩子，而他的几个子女更是受到了父亲的深刻影响。

陈秀霞：父母从来不打骂儿女，但是教小孩子怎么做人，要帮助人、要助人为乐、要爱国家、爱人民。比如说抗战的时候，我们家里就办了难童学校，那时候我们叫街童学校。我们做小先生，教小孩子念书识字，我们自己也是小孩子，我们都在做这个事情。

陈秀云：他搞难民教育、难童教育，也带我们去。我们经常到难民事务所，看到很多小孩，没有玩具，我就用自己攒的一点钱，其实也没多少钱，买了10个小皮球，永志牌的。有一天他带我去，我把球带去了，他高兴极了，他就夸我，鼓励我。

陈鹤琴对中国传统的"棍棒出孝子"的教育方式十分反感。他曾经说"年轻的父母，你不要打孩子。倘若要打的话，你还是先打自己"，因为"小孩子生来都是好的，即使不好，是父母影响他的，不是他的过失"。

陈秀云：他对子女一样对待，就这么爱自己子女，非常爱。我们七个姊妹，从来没有哪个挨过他骂一句，打一下，从来没有的……他对我们有要求，很严格，我们做错了事情，他都是暗示。他是积极的暗示，胜于消极的制裁。他跟我们笑一笑我们就懂得

了，我们就知道了，他笑一笑，我就知道了，马上就改正了。

陈鹤琴认为，哭是痛苦的表达方式。当小孩子哭的时候，应该去思考他哭泣的原因和止哭的方法，饥则为之食，寒则为之衣。如果孩子疲惫了就要抱抱他，如果生病了应当带他看医生。

在浙江上虞鹤琴幼儿园，有个孩子原本很开朗，但是有一段时间，孩子每天都要哭，家长的情绪也很不好，常常气急败坏地批评孩子。老师认为，孩子是不可能无缘无故地哭的。经过调查了解，他们终于找到了孩子情绪变化的原因。

许雯（浙江上虞鹤琴幼儿园执行园长）：原来是家庭变故了。家庭变故对孩子情绪上产生影响，虽然爸爸跟妈妈没有明确地说爸爸妈妈已经分开了，但是他们的言行、他们的举止，已经无形当中影响了孩子的情绪。

陶行知先生在为《家庭教育》一书写评语时曾说："父母不会教养，小孩子不晓得要冤枉哭多少回……如果做父母的肯像陈先生这样细心教导儿童，或是采用陈先生的教导方法，小孩的眼泪是可以省掉99%的。"

在南京鹤琴幼儿园，有一个内向、敏感的孩子。在幼儿园里，没有玩具了，会哭；想尿尿了，会哭；放学时与小朋友分别，也会哭……这让父母头疼不已。

该儿童父亲：我在没有读鹤琴先生这本著作之前，其实我一直认为是剖腹产的原因导致的……后来，学习了鹤琴先生的一些著作之后，我越来越知道，孩子现阶段的这种表现，可能是因为爸爸的角色有点缺位了。

陈鹤琴说，小孩子的惧怕大部分是父母的暗示养成的。譬如对于风雨雷电等自然现象，许多父母会用雷公打人的迷信吓唬孩子。孩子受到惧怕性的暗示，又会将惧怕迁移至其他事物。长此以往，就形成胆小的个性。为了让孩子变得勇敢自信，父母要做出表率，停止用恐吓的方法教育孩子。

柯小卫：陈鹤琴举过例子，他有时候带着陈一鸣到旷野上去画画，这时突然打雷了，还有闪电。陈鹤琴当时不知道，大家都躲，都害怕。到晚上的时候，又打闪电，他会带着儿子到阳台上面，来观看闪电的美。那么，培养儿女的这种基本的情感，是陈鹤琴非常重要的教育方法。

林美莲（新加坡职总优儿学府母语课程策划总管）：我非常赞成陈鹤琴先生的教育理念，要让家长知道3~6岁这一段时间，其实是孩子创造力最强的时候，不要浪费这些时间，去做准备孩子小学化，你认得多少个字又怎么样呢？你可以机器式地认很多字，但是如果你不会发问，你等

于是白学的。

20世纪初，当"成人为主、长者为先"的传统教育思想在中国延续了数千年之久时，陈鹤琴的教育思想引领了"儿童本位"的新风气，开创了家庭教育理论的新思潮。

陈鹤琴提倡尊重儿童、理解儿童的科学儿童观，充满民主、科学的精神。陈鹤琴关于家庭教育的理论与实践，是中国家庭教育史上的宝贵财富。

在陈鹤琴的《家庭教育》一书里，充满对孩子的慈爱与严格，慈爱到体贴入微，严格到没有迁就。书中的诸多观点对许多当代父母来说依然是"超前"的，成为为孩子身心健康奠定基石的经典著作。

"书中自有黄金屋。"中国著名教育家陶行知先生推崇说："愿天下父母共读之。"

三、生活课程

我是一个小兵丁，哒哒哒，向前进。你是一个小兵丁，跟我前进。拍拍手，踏踏脚，一二三，三二一……

这首儿歌名叫"小兵丁"，由陈鹤琴亲自改编作词，也是他最喜欢表演的一个歌舞节目。几十年来，不知有多少孩子唱着这首歌长大，也不知有多少学生看过自己的校长、院长的表演后成

为幼教园丁，他们将歌曲，连同陈鹤琴的儿童教育理念一起代代传承下来。

20世纪初的中国，军阀割据，连年混战，整个社会都处在风雨飘摇中，教育更是百废待兴。虽然已经有了幼儿教育机构，但是幼稚园的教育体系和课程设置都非常混乱。

柯小卫：这个时候我们中国幼儿园非常落后，刚开始幼儿园完全是学日本的，后来由于外国的传教士进入中国，很多国外的幼儿教育的方法、幼儿教育的教材，包括师资，包括一些宗教化的倾向，进入我们中国各大城市的幼儿园。

祝士媛：当时中国很多幼儿园不是日本式的就是西方式的。孩子看的书是外国的图画书，吃的点心是洋点心，每天生活什么

的好多都是宗教式的，还要祈祷。幼儿园也很少，那些幼儿园很多都是教会办的，或者是私人办的，国家办的幼儿园很少。

此时，有一人站出来说：这种教育方式大抵抄外国人的课程，"抄来抄去，到底弄不出什么好的教育来"，这个人就是陈鹤琴。

在陈鹤琴看来，中国的幼稚园普遍存在四种弊病：一是儿童与环境接触太少，在室内活动的时间太多；二是课程设置不外乎图书、折纸、游戏、唱歌等，功课太简单；三是一般都采用团体教授法，不考虑儿童的个性需求；四是幼儿教育没有具体目标，收效不大。

陈庆：在陈一鸣快3岁的时候，他就觉得要进幼儿园了，

他在自己的庭院里办了鼓楼幼稚园，这个时候（国立）东南大学，后来又给他了一些支持和资助，后来再扩建，成为（国立）东南大学的一个实验点。

在发达国家，儿童研究都有特设的实验场所，幼稚园就是研究学龄前儿童的场所。因此，创建一所新型的、中国式的幼稚园，作为新教育思想和主张的实验园地，无疑是解决问题最直接的途径。

1923 年，陈一鸣三岁，陈鹤琴在自家的宅院里创办了一所幼儿园，取名为南京鼓楼幼稚园，陈鹤琴自己担任园长。幼稚园的教学场地就是他家的客厅和院子，最初的学生总共只有 12 人，都是国立东南大学教授的子女，他们对陈鹤琴给予了充分的信任，愿意让孩子参与到他的幼教实验当中去，陈鹤琴的长子陈一鸣也在其中。

陈虹：鼓楼幼稚园最大的特色就是，他带着孩子们，成天到外面去，利用周边一切可以利用的自然条件，包括菜场啊，邮局啊，带着孩子们去认识，带着他们去参加各种各样的远足活动啊，去登山啊，去捕捉昆虫啊，去写生啊，去户外做很多很多活动。

陈鹤琴亲自布置园地，种植花卉，添置了秋千、摇船、摇马、沙盘等运动器具，又订制课桌椅。园地布置成草坪，四周种上冬青，俨然是个小公园。幼稚园每周至少三次组织儿童们到野外活动，在大自然中开展教育。

柯小卫：他在白天陪着小朋友在草地上玩耍、追逐，晚上回来以后，在星光下，再去研究今天白天的这种课程，再去研究问题，研究第二天做什么，再编写

后，陈鹤琴认为最后一个时期最为成熟、合理，经试行认为是适用的，涉及课程、教法、幼儿习惯及设备与玩具等诸多方面，但他用力最大、影响最深的还是课程实验。

柯小卫： 他们的理想像种子一样，在一个实验室里培养出精良的种子，撒向广阔的大田。这是他的科学教育的一个阶段。他在鼓楼幼稚园进行大量的课程的实验。整个实验，也是经过了不同的阶段，经过曲折，他不断地摸索。怎么样才能达到他们的教育目标，怎么样能使孩子们在自由的状态下，受到真正的教育？

鼓楼幼稚园实现了陈鹤琴"建筑中国化的幼稚园园舍，改造西洋的玩具使之中国化，创造中国幼稚园的全部活动"的教育初衷。它的教学模式引起了社会的关注，并于两年后正式对外招生。

教材，等等，做了大量的这种开拓性的工作。

在这个中国最早的幼教试验基地，陈鹤琴和他的团队经历了长时间的探索，课程实验也经历了三个主要时期，分别是散漫期、论理组织期和中心制期。

柯小卫： 陈鹤琴当时实际上也实验了很多的教学法，包括游戏教学法、土法教学法、图画教学法。他重视艺术活动，重视课程的开发、课程的设置，创造了单元教学法这样一种模式。提倡孩子们到户外活动，广泛地接触自然，积累更充分的经验，在做中学，在实践中学，在与大自然的接触中学习。

祝士媛： 我们那时候每礼拜有一天去幼儿园见习，当时见习的幼儿园基本上都是用陈鹤琴先生的这个单元教学法。当然这种名称有很多，又叫中心制课程，又叫单元教学，又叫整个教学法。所以，我们当时接触单元教学很早，也看得比较真实，我挺欣赏他那个课程标准。

经历了儿童自发活动、教师预定活动和有必要预备的儿童自发活动这三个发展阶段的发展

陈虹： 他们一边做实验，一边总结，同时把鼓楼幼稚园作为一个他自己叫作种子田、试验田，他把这里所做的成功的经验，及时地推广开去。

1925年，南京鼓楼幼稚园扩建为"国立东南大学教育科实验幼稚园"，成为中国最早的幼稚教育实验中心。

两年后的1927年，陈鹤琴先生主持编制了《幼稚生应有的习惯和技能表》，从习惯、技能、社交、游戏、表达等方面，详细地梳理了正确的儿童习惯，为中国幼稚园教育的评估工作奠定了基础。

1927年之后，鼓楼幼稚园的课程实验迅速推及南京乃至全国。1928年，在陈鹤琴的主持下，鼓楼幼稚园实验参与人员和有关专业人员共同拟定了《幼稚园课程暂行标准》。

1929年，这个暂行标准经国民政府教育部中小学课程标准起草委员会审查通过并颁发全国，作为全国幼稚童课程的范本。经一段时间试行后，1932年10月，教育部将其作为正式的《幼稚园课程标准》公布，成为中国幼教史上的第一个课程标准。

此外，鼓楼幼稚园在教具、教材、教法等方面的试验结果，也成为国民政府教育部1932年颁布的《幼稚园课程标准》的基础。可见，陈鹤琴用力之深、成果之重。

9月份	10月份	11月份
我们的幼稚园	秋天的收割	检查体格
欢迎会	庆祝国庆	旅行去
秋天的水果	雨和水	总理诞辰
我们园里的花草树木	水里有什么生物	衣服的来源
	菊花开了	开恳亲会
	秋天到了	

这个图表，是当年鼓楼幼稚园秋季的单元教学计划。可以看出，早在90多年前，陈鹤琴就在探索适合中国国情的幼稚园课程设置，而这些课程，在今天的幼儿园教学设计中，依然在延续。

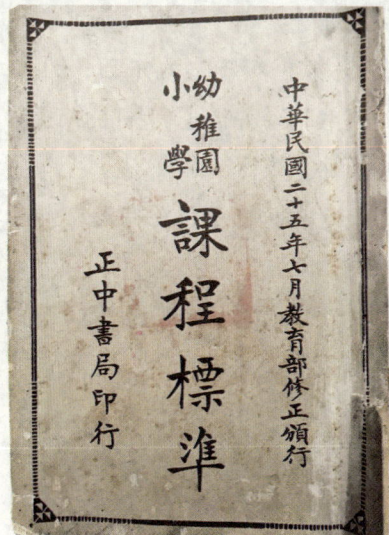

老师： 最近有没有听你们的爸爸、妈妈跟你们说起我们广州花都区有一个美食节？

小朋友1： 那个美食节就是把一些东西做成很好吃的东西一起分享。

老师： 有一句话叫作"食在广州"，什么意思？

小朋友2： 就是做美食只有广州能做得出来。

老师： 哦？美食只有广州能

中華民國二十五年七月教育部修正頒行

幼稚園小學

課程標準

正中書局印行

做得出来。有一种食材是可以做出很多很多好吃的东西，谁知道？我们幼儿园也有种。你说。

小朋友3：香芋。

老师：香芋，还有没有人有不同的看法？你说。

小朋友4：辣椒。

老师：辣椒。好，你呢？

小朋友5：香芋。

老师：香芋。好，彤彤你觉得呢？

小朋友6：青椒。

老师：青椒。

小朋友7：香芋。

老师：香芋。点点。

小朋友8：玉米。

老师：玉米。哇，各种各样的。今天老师会带小朋友们一起去挖一些香芋来制作美食。期待吗？

小朋友们：期待。

地处岭南的广州，有着丰富的物产和美食。广州乐新幼儿园就将这些优势与幼儿园课程相结合，开设了"食在广州"的课程。

老师带领孩子们在幼儿园里种了香芋、辣椒、玉米等农作物。让孩子们亲自播种、浇灌、采摘，通过自己的劳动，把农作物变成美味可口的食物。

小朋友1：哇，蜗牛。我找到一个蜗牛。

小朋友2：我刚刚也找到一个蜗牛。

小朋友3：我们两个一起努力就挖到了一个。

小朋友4：我挖到两个。

老师：还有一个呀？

小朋友5：还有一个小的。

老师：还有一个小的呀？

小朋友6：哎呀，那么小一个那么快就吃光啦。

徐颖（广州乐新幼儿园园长）：我们在挖香芋的过程当中，他们发现了蚯蚓，发现了甲虫，并且老师及时地关注到了他们的好奇心，及时地引导了孩子。蚯蚓为什么会在土里面呢？小朋友在这一场随机教育当中，满满地

收获了他的知识量，同时也保持住了他对每一个好奇事物的好奇心，以及他们的探索欲望。

陈鹤琴：儿童凡对于一切新的东西就生出好奇心，一好奇就要与新的东西想接近，一接近那就略晓得这个东西的性质了。假使儿童与新的境地相接触愈多，他的知识必愈广，虽然好奇心所得的知识，一时不发生什么效力，但后来于实用上很关紧要的。

陈鹤琴认为，好奇心能够使儿童获得关于事物新的认知，这种认知对于儿童日后的发展具有更加深远的意义。因此，家长和老师应该保护孩子的好奇心，鼓励孩子探索新的事物。

汪丽（南京太平巷幼儿园园长）：幼儿园应该是怎样的一个地方呢？幼儿园应该是一个好玩的地方。为什么呢？因为按陈鹤琴先生的教育思想来说，他认为儿童最重要的一个特点，就是好

玩的，孩子天生就是好玩的，所以幼儿园就应该是好玩的。

南京太平巷幼儿园里有一个小小的种植园，种植着小麦、油菜、蚕豆等农作物。寒来暑往，孩子们精心呵护着幼小的菜苗，每隔几天，就会跑来测量并记录油菜的高度，感受着成长的喜悦。

汪丽：在那个油菜的底下，你们会看到有一个棍子绑着，也有很多的小纸片，还有小彩条，会看到 3 月 14 日，这颗油菜多高了，到了 3 月 17 日有多高了，到 3 月 24 日有多高了。

2015 年，南京开通第一条现代有轨电车线路，对这个"新生事物"，在城市道路上和汽车一起奔跑的庞然大物，孩子们充满了好奇。于是，南京市鹤琴幼儿园专门设计了一堂有轨电车主题课，带着孩子们乘坐有轨电车，感受快乐，讲述知识。

孩子乘车纪实：
小朋友 1：我看到一条蛇。
小朋友 2：老师，又变红啦。

乘坐结束后，孩子们根据自己的所见所闻，一起动手，制作了一辆有轨电车。

张俊（南京市鹤琴幼儿园园长）：实际上这就是把真实的生活，和孩子想象的游戏的生活有机地结合起来，丰富了他们游戏的体验。孩子们对生活的兴趣，在游戏的过程当中，也得到了增强。

深圳，中国改革开放的前沿，城市居民的商品经济意识普遍较强。为了帮助孩子建立起对商品和交易的认知，深圳裕锦幼儿园就组织孩子去超市购物。幼儿园大班的孩子被分成 A、B 两组，每组的组长从老师手中领到 50 元人民币，进行购物比赛，看哪一组能用有限的钱买到最多的商品。

孩子们在超市购物

小朋友 1：看一下铅笔盒和作业本。哪一个更便宜就买哪一个。

小朋友 2：哇，这个是 6 块。

小朋友 3：这个不要。

小朋友 4：要。

小朋友 5：不要了。

小朋友 6：而且不能超支。我买了七块九的。我把那个七块九的拿出去。对不起。

因为没能有效地控制好购物预算，A 组因为超支而输掉了比赛，组长委屈地哭了。

小朋友 7：我只买了两个而已。

小朋友 8：都是你们！

但是，无论是成功还是失败，孩子们都在游戏中增强了对购物的认知，培养起团队合作的意识。

谭艳（深圳特蕾新教育集团幼儿园总园长）： 我们说幼儿获得经验的途径有两条，一条是孩子的直接经验，还有一条是孩子的间接经验。我们在教育的过程当中，一般会提倡老师尽可能多地使用直接经验，让孩子获得感知和体验。

陈鹤琴说，大自然、大社会是孩子们最好的教材。幼儿园的环境，就是课程的中心。为了让孩子能够更好地在大自然中成长，浙江上虞鹤琴幼儿园在园内建起一个小农场，农场里养殖着多种小动物，还有百草园，成为孩子们接触大自然的一个重要场所。在这里，孩子们在种瓜得瓜、种豆得豆的自然哲理中，慢慢领悟出更多知识。

赵秀红： 我们把自然搬进幼儿园，所以园内堆起了小山坡，种植了大片的草地，还有果园、树林、竹林、农场，可以说自然资源非常丰富，可以让孩子在这个变化无穷、色彩斑斓的自然环境当中，进行生活、实践、劳动、学习，让他有一个真实的体验、真实的感受。

许雯： 比如说我们春天桃花开了，孩子们会在桃花树下面开展"桃树下的小白兔"这样的户外活动，摇一摇桃花，下桃花雨了，他们会感受到花瓣落下来的那种千姿百态、婀娜多姿的感觉。然后呢，撑开雨伞，把桃花瓣收集起来，做一些艺术的创作活动。

陈鹤琴主张把幼稚园的课程打成一片，成为有系统的组织，并于 1951 年提出了"五指活动"课程体系：将儿童教育课程内容划分为健康活动、社会活动、科学活动、艺术活动和语文活动 5 个方面。

陈庆： 儿童的生活是完整的，不能把它割裂，就像一个手有 5 个指头，它是儿童的各个方面，然后用一个手掌把它们连起来，儿童的生活就像一个手掌，把各方面联系起来。

汪丽：要创造各种机会，去让孩子做事情，做他喜欢做的事情，做有意义的事情，对他发展来说是有意义的事情。

章红（长沙市诺贝尔摇篮教育集团副总经理）：他非常强调对儿童的尊重，以儿童为出发点，以儿童为起点的这样一种教育。那么，在这种基础上，他就能够很好地去适应儿童的需求，来找到儿童的最近发展区。

2001年，中国颁布《幼儿园教育指导纲要（试行）》，将幼儿园教育内容划分为健康、社会、科学、艺术、语言5个领域，分别对应了"五指活动"，与陈鹤琴先生50年前提出的课程结构模式仅"语文"变"语言"一字之差。

申玉容（北京市朝阳区光明幼儿园园长）：我们在整个学习和实践的过程中，也特别深地感受到，《纲要》和《指南》有很多的核心思想，源于我们陈先生的教育思想。

侯莉敏：幼儿园的课程，就是儿童在跟自然和社会的有意接触中，通过有意经验的汲取，来获取学习的内容，来获取成长。这就是我们课程最主要的内涵，也是我们当下，在经验课程、多活动课程的构建过程中，陈先生给我们的一个指引。

以陈鹤琴为代表的现代幼儿教育家开辟了中国化幼儿教育之路，而在近代中国内忧外患的背景下，这条路的开辟却异常地艰辛，正所谓"披荆斩棘"。

1952年8月，在南京师范学院担任院长的陈鹤琴，主动要求将私立南京鼓楼幼稚园捐给国家。然而，陈鹤琴和鼓楼幼稚园，和孩子们的情感却难以割舍。在

他生命最后的岁月中，每年的"六一"儿童节，陈鹤琴都是在鼓楼幼儿园度过的。

陈鹤琴：鼓楼幼稚园的办学宗旨、教学内容、课程、教学方法、设备，一切的一切以中国儿童为对象，以"中国化"为目的、为起点、为归宿。

继南京鼓楼幼稚园后，陈鹤琴继而在南京市幼稚园及燕子矶、晓庄等乡村进行幼稚园实验，又在上海进行幼教实验，并最终奠定了中国幼教的理论体系和实践框架。

陈鹤琴留下的教育遗产有至今依然鲜活的文本，更有不畏艰难的实践精神，崇高的为民族、为国家的奉献精神。

扫一扫
观看第三集纪录片

四、快乐游戏

这些精巧、别致的儿童玩具已经有近百年历史了。大象、长颈鹿，栩栩如生，木偶人、木偶青蛙，活动自如，拼接组合的公鸡、小猪，造型各异的割草机、马车、水车，让人仿佛置身于玩具商店。

然而，这些玩具没有一件是从商店购买的，全部出自陈鹤琴的设计。尽管将近百年历史，但今天看来还是充满着童趣和吸引力，它们的诞生正是陈鹤琴关于儿童快乐游戏理念的最好体现。

在初为父母的家长们的印象中，孩子很容易沉迷游戏。为了玩游戏，可以不吃饭，可以不睡觉，只要醒着，就时时刻刻在玩着各种游戏，即使睡着了，也抱着玩具不放，仿佛游戏就是一切，这让许多家长不能理解。

小朋友：我这个搭的是火箭，

这个是 4 号火箭，这是轿车，这是吉普车，可以装货。

成人：你为什么鼓掌？

小朋友 2：因为他说得好。

成人：他说得为什么好？

小朋友：因为我觉得这样有点漂亮，这尖是火箭的头，火箭下面是冒的火，这是 4 号火箭。

这个被称为"4 号火箭"的设计是北京市丰台第一幼儿园的几个小朋友一起完成的。翱翔在宇宙太空，高高在上的火箭，被孩子们用普通的鹅卵石拼成，染上不同的色彩，几段简单的组合，就有了无限的想象，也给孩子带来很多的乐趣。

幼儿家长：我的儿子，他从两岁多的时候，就特别喜欢各种角色扮演，比如说在绘本里面，或者是在动画片里面，看到的各

种场景，他就会把我叫起来，把他爸爸叫起来，我们 3 个人在家里演出来。

对于孩子这种爱玩的天性，陈鹤琴早在 20 世纪初就给出了解答："小孩子是好游戏的""游戏是孩子的生命""游戏是儿童的生活"。他高度肯定游戏的价值，认为游戏能够帮助儿童发展身体、培养情操、发展智力、放松身体、恢复精力。

陈鹤琴：凡事当作工作做就是痛苦的，当作游戏做就是快活的。成人也是如此，何况以游戏为生活的儿童呢？

陈虹：他提出，对孩子来说，游戏就是工作，工作就是游戏。对一个小孩子来说，他就是在游戏活动当中来学习。游戏中不光要动手、动脑，还要在游戏当中

处理发生的人际关系，克服并解决碰到的一些问题。所以，他非常非常重视游戏。

然而，在当代社会市场经济的条件下，各种商业性质的早教机构办的培训班、兴趣班铺天盖地。

许雯：家长非常关注的，就是智力的开发，以及知识技能的学习。今天学跳舞，明天学器乐，后天学画画、学数学等各个方面，这些显性的东西，能够看到结果的东西，他们是非常注重的。

很多家长望子成龙，盼女成凤，选择过早地给孩子绑上训练的枷锁，他们不了解儿童游戏与成人游戏的本质区别，片面认为游戏玩耍只是在浪费时间，对学习并没有帮助。

许雯：曾经有一个爸爸，也是冲到我的办公室里来，说你们一天到晚游戏、游戏、游戏，我

看他们都是在胡闹，你看社会上现在很多人就是因为玩游戏玩出犯罪了。

1992年，是陈鹤琴先生100周年诞辰。在陈鹤琴的家乡，浙江上虞百官镇，百官镇幼儿园更名为鹤琴幼儿园，这是全国第一所以陈鹤琴先生的名字命名的幼儿园。

20多年来，上虞鹤琴幼儿园以陈鹤琴的办学理念为指导，践行着陈鹤琴的幼儿教育思想，坚持尊重儿童游戏的意愿，为儿童创造游戏的条件，让孩子在游戏中学习成长。

赵秀红：我们在这些自然的环境当中，融入社会的元素。比如说在果园建起了一个创意小屋，可以开商店，办娃娃家。在农场建起了农家小院，还有儿童厨房、儿童植物博物馆、茶吧等。孩子可以跟小农场互动，进行一些社会实践活动。

端午的龙舟、中秋的粽子、春节报晓的金鸡……老师和孩子们一起动手，根据不同的节气，来装扮他们的乐园。园子里种植的花卉、小溪边捡来的鹅卵石，自然界所有美好的馈赠，都是孩子们装点乐园的饰品。

绍兴是著名酒乡，自古以来无处不酿酒，无处没酒家。因此，以酒为纳采之礼，以酒为陪嫁之物，就成了绍兴男婚女嫁中的习俗。这里最有代表性、最典型的特产就是女儿出世后就着手酿制的"女儿红"。这一习俗后来又演化到生男孩时也酿酒，并在酒坛上涂以朱红，着以彩绘，并名之为"状元红"。

在上虞鹤琴幼儿园，这些大小不一、形态各异的酒坛、酒瓶，都会被回收开发利用起来，成为装点环境、游戏童心的宝物。

赵秀红：绍兴是黄酒的故乡，上虞是"女儿红"的故乡，所以这里酒坛子、酒瓶子特别多。那

么，我们就收集这些酒坛子、酒瓶子，装点在各个角落，不仅可以作为一些装点的器具，也可以作为孩子玩乐的材料。

许雯：我们利用一些"女儿红"的酒坛，进行绕障碍跑，然后进行一些装饰，包括在瓶子上面画画等。这些其实在儿童看来虽然他在工作，但同时他又是在游戏，利用这些素材，开展一些好玩的活动。

"游戏"，时常被提及并被呼吁要重视，但在教育实践中，却往往被忽视。陈鹤琴对儿童游戏的重视，既是对游戏在儿童身体、认知、情感、人格等方面发展价值的认同，也是对儿童作为一个完整的、和谐的人的一种尊重。受西方思想的影响，陈鹤琴也反思："吾国社会对于游戏不加注意，甚有以为学校不宜让儿童游戏的。普通人常以游戏为顽皮。"这与中国传统文化中忽视儿童的地位，将成人文化作为典范的思想是分不开的。

陈鹤琴：孩子要自己做，自己生活，自己从中得到快乐，从做中获得各种知识，学习各种技能。做是孩子的权利。

陈鹤琴的游戏理论主张，以儿童特点为前提，以大自然、大社会为课堂，以实现"做现代中国人"为根本宗旨，以游戏为主要方式，充分发挥儿童的自主性，促进儿童的全面发展。

每年春天，上虞鹤琴幼儿园会组织大班的孩子开展一个主题活动——"我和春天有个约会"。孩子们在春天播下玉米的种子，一天天盼着它们发芽结果。

赵秀红：好不容易有一天，发芽了，孩子们很兴奋，都把它画下来。再过几天，芽才长出了一点点。有一天他们去玉米地里看的时候却发现，玉米地里的芽都断掉了。孩子们看到自己辛辛苦苦种下去，看它发芽，养护的一棵小苗居然断掉了，这个时候他们非常伤心，有的孩子居然"哇哇"就哭了，一片惨状。

到底是谁破坏了我们的玉米芽呢？孩子们开始了"侦破工作"：是小班的弟弟妹妹不小心碰到了？或者是地鼠肚子饿了，把它给吃掉了？还是说有小偷来过了？

赵秀红：有一个孩子说，我们这里有监控的，我们可以去找我们的安全部长，找我们的朱老师，我们去看监控，结果他们真的去找监控了。看了监控录像以后，结果发现，是一种叫雉鸡的动物，就是像鸡一样，尾巴很长，很漂亮的一种动物。孩子们一发现，马上回去报告他们班级老师石老师："石老师，凶手抓到了，是雉鸡。"

"凶手"找到了，如何防止

它再次伤害小玉米芽呢？孩子们开始尝试不同的办法。他们带着柳叶编的草帽躲在旁边的树林和油菜地里面守候，但是雉鸡没有出现。他们又试着将网兜挂在树上，等候雉鸡落网，当然也没成功。

赵秀红：最后，一个孩子从他家里的爷爷那里知道，因为他家里种樱桃树，要保护樱桃不被麻雀吃掉，可以挂一些衣服，做一些假人。所以，他们也想到了这个办法，后来他们回到班级里面做假人，用报纸、稻草做了很多很多的假人，放在这个玉米地里，真的也很奇怪，这个玉米地就这么保护下来了。

玉米在孩子们的保护下，慢慢地长大、结果，孩子们享受着劳动和收获的喜悦。转眼，大班就要毕业离开幼儿园了，他们来到玉米地拍毕业照，然后依依不舍地将玉米地托付给了中班的弟弟妹妹。

赵秀红：他们说，弟弟妹妹，我们要毕业了，这个玉米地你们一定好好保护。你们要经常来看看它，来给它浇浇水，要保护好这个玉米地。我们把这块地交给你们了，这个就靠你们了。真的是说得非常感动，老师都流眼泪了。

游戏是儿童认知环境、认识社会、表达体验、模仿学习的基本途径，它如同成人的工作、家庭、社交生活一样，与儿童不可分离。在游戏的过程中，孩子们积极地寻找解决问题的办法，掌握了生活的新知，学会了协作与分享，懂得了坚持和珍惜。拒绝、排斥儿童游戏，就是剥夺儿童的生存感知和成长的基本权利，就会阻隔儿童的社会性发展，造成认知缺失、情感欠缺，影响一生。

陈鹤琴：各种高尚道德——自治、克己、忠信、独立、共同作业、理性服从、纪律等都可以从游戏中习得。公平、信实、尊敬他人的权利、勉尽个人的义务，也都是游戏的附属产品。

儿童通过玩具间接认知、感知世界，但过去的成人并不理解玩具的重要意义，给予儿童的是成人不需要的东西或简易的缩小品。

20世纪初的中国，幼儿玩具生产严重不足，要想给孩子们提供合适的玩具和教具，自己动手、设计研发是唯一的途径。为了实现自己对儿童玩具的设想和要求，陈鹤琴在他所主持的幼儿园、小学、师范院校、国民教育实验区、难民收容所等场所，均开办了儿童玩具厂，为孩子们设计生产各种有趣的玩具和教具。

陈虹：陈鹤琴认为，好的游戏应该是活的，好的玩教具也应该是活的，真正能够让孩子去操作的，能够在这个当中得到动手动脑的乐趣、快乐的，同时又能够去发展他的创造性。

唐淑： 他有一个儿童玩具工厂，有一个玩具研究室。我们那个玩具工厂里头有四五个工人，有技师，我们那个技师的手艺很好。所以，蒙台梭利、福禄贝尔的那些全套，他们都能做出来。

许雯： 陈鹤琴先生他曾经说过，玩具不仅仅能带给儿童快乐，它还是儿童的第一本书。那我怎么理解第一本书的这个说法呢？我觉得它不是狭义上的教科书，而是促进儿童学习、发展的任何的东西，都可以成为儿童学习的内容。

唐淑： 他也有很多文字是写这个方面的要求，而且他也发明了很多。譬如说有的是利用转盘，就是那个泥人，糖在这上面，可以转，转到哪里就给你一个什么东西。他就利用这个作为识字盘，他把它引进再改造过来。

长期以来，陈鹤琴创办的玩具工厂设计制作了大量构思精妙，兼具科学性、教育性、趣味性与民族性的玩具。这个图案木戳通过多种多样的画画工具，来引发幼儿兴趣，帮助儿童感悟形象艺术的知识，引导他们识别各种动物的形态。

这个识字计数转图盘则是一个集识字、认数、练习加减法及游戏于一体的玩具，既是玩具，也是教具。陈鹤琴希望幼儿既能玩得开心，又能在玩的过程中达到识字、认数、计算的目的。

唐淑： 我们做学生的时候，每个星期六上午，都要在玩具工厂实习，就是做那个玩具，那种木头的薄片做的各种家具、动物。譬如这一袋是鸡，那就由几块拼成一个鸡，让孩子自己来拼的。像这些个玩具、教具，也都远销东南亚。所以说，你看他在五十年代就把高校的这种教学、科研、生产，融为一体。

陈鹤琴把儿童玩具归纳为三种：第一是科学性的，凡是儿童可以玩的、看的、听的和触的东西都可叫作玩具；第二是教育性的，玩具和各种游戏器具是儿童生活、学习的必需品，它的重要性和教科书一样；第三是趣味性的，儿童玩具要有吸引力，才能成为儿童的朋友，给儿童带来快乐和智慧。

陈秀云： 他做了玩具以后，发现玩具颜色也很重要。小孩喜欢什么样的颜色，什么样的玩具，做完以后都拿到学校去，拿到家里来给我们玩，看我们玩不玩，看我们喜不喜欢。小孩子们都很喜欢，这样他才拿去生产，都要经过检验的。小孩都喜欢，他就做，小孩觉得这个不好玩，他就不生产。

陈鹤琴主张玩具不一定要花钱去买，可就地取材。在江西办学时，他就利用当地丰富的竹资源，设计制作了大量经济实用的彩色竹圈，既可以做积木玩，也

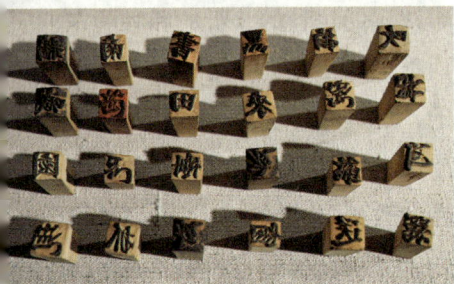

可以摆成各种动植物的平面图形，还可以搭成房屋、宫殿、动物、手枪等各种立体的形态，有助于启发幼儿的思维，发展幼儿的想象力和创造力。

祝士媛： 人的发展，人的大脑的发展，离不开手的动作，手的动作就是要刺激大脑的发展、神经的发展。我觉得陈先生很重视人的发展，人要全面，那就不能光动脑，动手也发展大脑。我觉得他是从一个培养全面的人的角度来考虑的。

陈鹤琴认为，自做玩具有教育上的价值和意义，价格上也比较合理。他的这些观念都被如今的《幼儿园工作规程》所吸收。

朱继文（北京市丰台第一幼儿园园长）： 一直以来，我带着我们的老师，在研究儿童，然后制作了大量的、丰富的玩教具。其实这些玩教具都是我们用生活中的材料制作出来的。比如说小木块儿、小木枝、小石子，还有废旧的电线，等等，生活中有很多。

除了就地取材，利用现有资源，陈鹤琴还主张，让孩子参与到玩具的设计和制作中来。在北京市丰台第一幼儿园，一位孩子的话，深深地打动了幼儿园的园长。

朱继文： 有一小朋友说得特别可爱，他说你看我们班刘老师，其实就是我们的保育老师，多辛苦，每次我们小朋友不小心把地面弄脏的时候，都是刘老师哈着腰，拿着大墩布给我们擦来擦去。我要设计一双鞋子，叫刷子鞋，只要我穿着这双鞋子，我在屋里走一走，地面就被我擦干净了。

孩子的童真与善良让朱园长非常感动，也让她受到启发。她四处了解打听，终于找到一家鞋厂，设计出了孩子们想象中的刷子鞋。

朱继文： 孩子们看到，他们自己想象的东西变为现实的时候，他们的这种兴奋，他们的这种愉悦，让我都特别的感动。所以，后来我就想，如果我们当了一辈子幼儿园老师，我们真的没有设计出来什么玩教具和游戏材料，没有倾听到孩子们的声音的时候，我觉得那就是我们做教育做失败了。

1991年10月，陈鹤琴《玩具与教育》一书出版，书中汇集了陈鹤琴有关玩具的观点和大量设计制作图纸。这些珍贵的材料，对于中国儿童玩具的发展及教育作用研究，具有重要的参考价值和深刻的启迪意义。

蓝美容（香港教育大学教授）： 其实这个从游戏中学习，以真正的游戏的方式，让孩子在活动游戏中学习，他在20世纪30年代就已经提出了，这个游戏还是现在我们用的一个方法，你说他是不是很前卫，我觉得就是很前卫。

作为中国幼教事业的奠基人，陈鹤琴先生不仅是著名的教育家，而且是中国儿童玩具事业的开创者。他将儿童游戏与玩具作为儿童教育的一部分，进行连续、深入的研究与实践，奠定了中国儿童游戏与玩具研究的基础。他的快乐游戏和玩具设计理念至今仍启迪着中国幼教事业的发展。

当前，随着都市现代化进程的加快，城市绿地的减少，幼儿走进大自然的机会日渐减少。幼儿园游戏材料逐渐商品化，大量高科技含量的高档玩具上市，代替了许多过去自然材料做的玩具。

陈鹤琴的幼教理论和实践启示人们：陈鹤琴所提倡的"游戏式的教导法"是以幼儿自己的"做"为核心的，这能极大地丰富幼儿的经验。

"做"是一个中心，联结着活动中的教师和幼儿，教师应与幼儿共同游戏，给予幼儿必要的指导。儿童制作玩具的乐趣以及在此过程中想象、思考的权利不能被成人无情地剥夺。

那些在体察幼儿的感受和体验，观察他们的生活经验的基础上，设计的游戏化教学活动，往

往能最大程度地激发孩子们"做"的兴趣。游戏要成为幼儿教育的基本手段，乃至幼儿教育的一种精神或灵魂，贯穿幼儿教育的整个过程。

扫一扫
观看第四集纪录片

五、活的教育

2015年8月，英国广播公司（BBC）摄制的纪录片《我们的孩子够强吗？——中国式教育》上映。

这部纪录片讲述了5名中国教师在英国的故事，他们用中国式教学法在一所英国中学执教，引发了老师和学生之间的互不适应，展现了中式教育和英式教育的巨大差异。节目一经播出，便引起中、英两国民众和主流媒体的广泛热议。

同年10月，中国国家主席习近平访问英国，在访问孔子学院的致辞中，习近平特意提到了这部引发激烈讨论的纪录片作品。他说："中国孩子玩得太少了，要让他们多玩一玩。"

习近平远隔重洋的这句话，其实说出了一个很严肃的教育问题。爱玩是孩子的天性，然而，秉承"严师出高徒"传统的中国教育，能否更好地让孩子全面发展，让孩子能高高兴兴地多玩一会呢？

"绝不让孩子输在起跑线上"，这句话在当下中国甚为流行。于是，一些家长担心自己的孩子输在起跑线上，便通过各种培训班给孩子超前灌输与其年龄不同步的知识。

但是，透过所谓"素质教育"的光环，人们不能不遗憾地看到，天真无邪的幼儿转战于一个个的辅导班，在懵懂无知的年龄段，就无奈地站在激烈竞争的跑道上。

顾明远（中国教育学会原会长）：现在很多家长把孩子送到幼儿园去，好像就是学知识，过早地学知识，而没有注意培养他的生活情趣，以及同其他儿童之间交往的一种能力和习惯。

陈慧霞（河南南乐县金兆幼儿园园长）：因为家长有时候可能也是被中小学的以及考大学的分数局限，他们也感觉到幼儿教育，你应该要去给他学一些知识，因为他要分数。

孩子们失去玩乐的童年，已经成了一个根深蒂固的系统性问题。如何让孩子充分地释放天性，同时又能接受更好的教育，是整个教育系统和家长们所面临的共同困境。这种困境不仅仅存在于小学和中学教育领域，甚至打着"幼小衔接"的旗号，渗透到了学前教育的方方面面。

20世纪初，中国的幼儿教育就面临着相似的问题：幼儿整天待在幼儿园室内，在狭小的空间里，每天就是听课、学习，忙于完成教师安排的作业，"读死书、死读书、读书死"，幼儿教育与孩子的生活严重脱节。

雪·安·赫什（《早期儿童课程》）：我曾尝试教我的孩子读书；他给我的却是一脸的不解的糊涂；我曾尝试教我的孩子识字；他却常常是两耳不闻。绝望中，我试图不闻不问；我该怎样教育这个孩子？我疾呼。他放在我手中的是一把钥匙，"来吧，"他说，"与我一同玩耍。"

这是美国幼教专家雪·安·赫什的一首诗。关于教育，家长的期望与孩子的需求之间隔着一扇门，只有找到合适的钥匙，才能打开这扇门。陈鹤琴经过长期的教育研究和实践，找了这把"钥匙"——"活教育"。

陈庆：他的活教育的发展，应该说是从他最初进行教育实践、教育研究就开始了。他在南京的这一个时间段，是活教育孕育的第一个阶段。然后1928年到上海以后，又是活教育孕育的第二个阶段。然后到江西去的时候是1939年底、1940年初，到江西去的这段时间，是活教育诞生的阶段。

1940年初，陈鹤琴接到江西省教育厅厅长程柏庐的邀请，去江西办学。他毅然放弃了在重庆担任教育部国民教育司司长的机会，冒着抗日的战火与硝烟前往江西。临行前，他对中山学校校长杨寅初说："我将回江西照此理想办一所学校"，"实验活教育"。

陈庆：这所学校，实际上就是他在南京、在上海，都不能实现的一个想法，就是办培养幼稚教师的一个学校。他要办一个幼稚园老师的学校。然后这个学校，他要用一个新的教育方法，用活教育的方法，来培养教师，让有活教育思想的教师培养活的儿童。

1940年，年近半百的陈鹤琴在这片"满目松林，遍地野草"的山峦，江西泰和县文江村大岭山，仅用2.5万元就创建了中国第一所公立幼稚师范学校——江西省立实验幼稚师范学校。

陈鹤琴为学校设计的校徽是一只红色的小狮子。他常常对学生说："我们的幼师，就像一头觉醒的小狮子。"

战火中的国家，满目疮痍。自封为"老狮子"的陈鹤琴，带领全校师生开山建校、盖屋建舍、拓荒筑路、寻找水源、种菜做饭，边教学边劳动。

陈秀云：工人农民，都是他的老师，他向他们学很多东西，本来他也不会，他就学会了自己设计房子，科学地设计这些。结果呢，他在那用最少的钱，办最大的一个学校。

柯小卫：过去的一些老师，跟他的一些骨干，就来到了江西，跟他办学，成为他最早的一批老师。

陈一飞：江西的学生来自几个方面，一个是从战区，当时逃难，他们的女孩子逃到江西内地来的。第二种是江西当地有一些女孩子，因为家庭封建，要做童养媳，甚至要叫他们婚姻买卖，因此脱离了家庭，跑到了学校里面来的。还有一部分是正常的小学、初中毕业，升入到高一届的学生，都是女孩子。

在学生的印象里，那个穿着工装裤、白衬衫，满脸红光、精神抖擞的老顽童，总是带着大家又唱又做。当年，陈鹤琴在江西幼师的学生楼鸣燕至今仍记得，老校长陈鹤琴的那份童心与洒脱。

楼鸣燕：我是一个小兵丁，哒哒哒，向前进，你是一个小兵丁，跟我前进。拍拍手，踏踏脚，一二三，三二一，我们都是小兵丁，勇敢前进……

1943年2月，江西省立实验幼稚师范学校被批准改为国立幼稚师范学校，增设幼稚师范专修科，培养幼教高级师资和研究人才。此时，国立幼师包括专科部、师范部、小学部、幼稚园、婴儿园等5部分，另附设国民教育实验区，初步形成一个完整的幼稚师范教育体系。

正是在这里，陈鹤琴奠定了中国幼师教育的基础，并正式确立了他的"活教育"理论。

陈鹤琴创办的江西幼教图　楼鸣燕画

陈鹤琴：把一本教科书摊开来，遮住了儿童的两只眼睛，儿童所看见的世界，不过是一本六寸高八寸阔的书本世界而已。一天到晚要儿童在这个渺小的书本世界里面去求知识，去求学问。我批判只有知识，没有"人"的旧教育，把"做人"作为教育的首要目标和基本任务。

陈一飞：那个时候他归纳出了三点，第一，做人，做中国人，做现代中国人，这是目的论；第二，大自然、大社会都是活教材，这是课程论；第三，做中学，做中教，做中求进步，是他的方法论。这个时候，经过在江西4年的实践，他终于把三点概括出来，提炼上升到活教育。

1943年，国立幼稚师范学校建立不久，日军就开始侵入江西，幼师的学生能够安心读书的环境没有了，生命随时受到威胁。1944年3月，陈鹤琴带领全校200多名女生逃难到赣州；1945年1月，日军侵入赣州，国立幼稚师范学校再次被迫迁徙。

柯小卫：政府拨下来的搬迁的款项，只有一张支票，迟迟不能兑现，他就拿着这个支票，找到了当时的专员。专员说，你和夫人赶紧带着孩子坐飞机走吧，

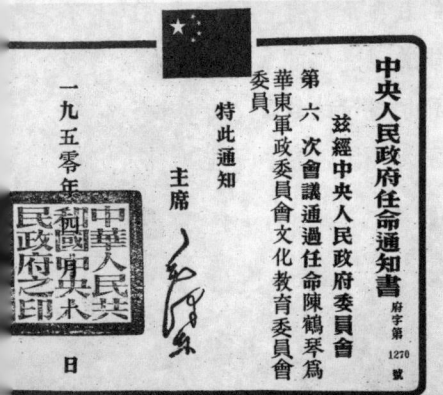

中央人民政府任命通知书 府字第1270號

兹經中央人民政府委員會第六次會議通過任命陳鶴琴為華東軍政委員會文化教育委員會委員

特此通知

主席 毛澤東

一九五零年 月 日

中華人民共和國中央人民政府之印

学生和学校遣散了就行了。他非常地生气，他说我这200多个女儿，我走了她们怎么办？他很生气，把门一摔就走了。

陈一飞：我爸爸讲，我是一头骆驼，我要背着你们度过这最困难的岁月，把你们带到幸福的路中。

肖皓林（陈鹤琴学生）：校长要去借船，船老大不肯借，后来校长讲我有两百多个女儿。那个船长听得奇怪，你怎么有这么多女儿，校长把带我们逃难的事情讲给船老大听，船老大也非常感动，就答应借船。

陈庆：他到处去募捐，去找钱，把学生带到一个新的地方。然后新的地方刚到没多少时间，侵华日军又过来了，然后再迁徙。

肖皓林：我们从梅林到赣州再到于都，再到宁都。都是步行，历程有四五百里路，经过一个多月，才在广昌饶家堡定下来。我们有的时候一天要走60里路，从早到晚。

陈庆：在这个迁徙过程当中，他还继续他的活教育的实践，继续他的教育理想的实践。所以，这些学生就叫他校长妈妈，感情非常深。

肖皓林：晚上睡人的地方就是泥地，铺点稻草，就这样休息下来。但是我们不觉得苦，我们觉得有了校长带我们逃难，什么苦都不在话下。

自1940年起，陈鹤琴辗转江西省立实验幼稚师范学校和上海幼稚师范学校，在极其艰苦的条件下，培养出366名幼师毕业生。这些学生如星星之火，洒向全国各地，成为当时中国幼儿教育的骨干，有力地推动了幼教事业中国化、科学化的发展。

1949年，中华人民共和国成立后，教育部任命陈鹤琴为南京师范学院院长，同时分管幼教系。

1953年，经陈鹤琴提议，南京师范学院成立附属幼儿师范学校，还相继成立附属幼儿园和小学、儿童教育研究室、玩具研究室及玩具工厂，形成产、教、学、研一体化的"幼儿师资"培养体系，使"活教育"思想在幼儿师资培养中扎根、发芽，开创了幼儿师范教育理论与实践密切结合的发展战略。

为了通俗地说明活教育的教学特点，使自己的心理学、教学法主张更加具体和普及，陈鹤琴总结出活教育的17条具体的教学原则。

原则一，凡是儿童自己能够做的，应当让他自己做；原则二，凡是儿童自己能够想的，应当让他自己想；原则三，你要儿童怎样做，就应当教儿童怎样学；原则四，鼓励儿童去发现他自己的世界；原则五，积极的鼓励胜于消极的制裁；原则六，大自然大社会是我们的活教材；原则七，比较教学法；原则八，用比赛的方法来增进学习的效率；原则九，积极的暗示胜于消极的命令；原则十，替代教学法；原则

十一，注意环境、利用环境；原则十二，分组学习，共同研究；原则十三，教学游戏化；原则十四，教学故事化；原则十五，教师教教师；原则十六，儿童教儿童；原则十七，精密观察。

在陈鹤琴活教育理论体系中，活教育的17条原则是核心部分。

陈鹤琴： 这一原则，可以说是脱胎于杜威博士当年在芝加哥所主张的"寓教于做"，不但是要在"做"中学，还要在"做"中教，不但要"做"中教与学，还要不断地在"做"中争取进步。

改革开放后，教育部新制定的《幼儿园教育纲要》，2012年，由教育部制定颁发的《3~6岁儿童学习与发展指南》，就与陈鹤琴先生活教育的17条教学原则的很多精神是一致的。

深圳海湾幼儿园秉承陈鹤琴活教育思想为办学指导，凡是儿童自己能够做的，应当让他自己做；凡是儿童自己能够想的，应当让他自己想；鼓励儿童去发现他们自己的世界。

刘幸云（深圳海湾幼儿园园长）： 我们幼儿园做了一些活动，比如说做各式各样的馒头，让小朋友在参与、制作和分享的过程中，体会真正的生活，让孩子直接去体验操作的过程。

深圳海湾幼儿园还将体育与艺术教育相结合，开创了篮球小将课程，采用创新的教学方法，让孩子们在放松的游戏当中既锻炼身体，又获得了艺术的熏陶。

刘幸云： 陈鹤琴先生指出，课程的教材源于大自然、大社会。孩子们的知识是来自直接经验，教孩子们直接体验自然的一个活动，利用大自然的环境去体验、去操作，小朋友在参与的过程当中，会体验到团队之间的合作和

帮助，还有组织和分享。

有别于传统的"死教育"，"活教育"强调教育和生活现实、社会现实紧密相联。所处地域、文化背景、经济发展水平不一，对幼儿的成长发展会产生不同的影响。

在中国西南边陲云南的施甸县，旧城乡中心幼儿园如同一朵散发着诱人芬芳的蓓蕾。这里地处偏远山区，教学资源有限，师资力量不足，可当人们走进这所山村幼儿园，就会发现不一样的天地。

孩子们推着小推车，滚着铁环，打着陀螺，玩着这些师生、家长一起制作，他们父辈、祖辈就玩过的土玩具，在玩中学做人，在传统的乡土文化的感受中爱长辈、爱家乡、爱自然。

平日里，老师们还经常带领幼儿走进山野、小树林，去捡松果，捡树叶，带回教室一起涂染。孩子们会自己描述松树的叶子细

细的、长长的，像妈妈的头发，像香香的面条……各种奇思妙想，不仅丰富了孩子们的语言表达能力，同时也让山里的孩子发现了大自然的珍美。陈鹤琴的活教育理念，在这里处处体现出对儿童的尊重，对儿童作为学习主体的维护。

除了活教育的 17 条教学原则，陈鹤琴还提出了管理儿童的 13 条训育原则。原则一，从小到大；原则二，从人治到法治；原则三，从法治到心理；原则四，从对立到一体；原则五，从不觉到自觉；原则六，从被动到自动；原则七，从自我到互助；原则八，从知到行；原则九，从形式到精神；原则十，从分家到合一；原则十一，从隔阂到联系；原则十二，从消极到积极；原则十三，从"空口说教"到"以身作则"。

陈鹤琴：只图教师的便利，只要博得社会的欢心，不顾儿童

的本身，那是一条教育上极危险的路，我们不肯做的。

纵观陈鹤琴提出的这 13 条训育原则，蕴含着极其丰富的内涵，不同程度地揭示了道德教育的基本规律，体现出对幼儿教育工作者社会担当的深刻认识，以及以"做人"为目的的鲜明的价值取向。

陈庆：他把学生应该学的，应该了解的，都让老师要去深造，让老师有一个大的发展。所以，在暑期的时候，他要开很多专题，让老师根据这些专题来学习，让老师不仅学自己本专业的东西，还要学得更深、更广，其他的旁类都要学，让老师有一个全面的发展。

唐淑：在他的心目当中，永远把孩子放在第一位。从研究中国儿童的心理开始，进而研究儿童的家庭教育，又研究机构的教育、幼儿园的教育，以后又研究

幼儿园老师的教育培养。当然，他后来还涉及特殊儿童的教育。我认为在他眼里，儿童就是一切，他是以一颗童心来研究儿童的教育。

"一切为儿童"，陈鹤琴以崇高的献身精神一生在爱学生，爱儿童。他"为国家尽瘁，为人类服务"，生命不息，奋斗不止。

陈虹：包括他生命的最后6年，他每一个"六一"都是跟孩子们一起，在幼儿园度过的。有一年，我记得，第二天就是儿童节，天很不好。奶奶说，明天要下大雨了，下雨了，我们不能去幼儿园了，不方便。那时候他因为脑血栓，双腿已经不能行走了，坐在轮椅上了，他就很着急，他说：下雨？下刀子我也要去。

1982年年底，友人潘菽、高觉敷等前往医院探视病危的陈鹤琴，弥留之际的陈鹤琴已不能说话，但他还是要来了笔，用颤抖的手写下了9个字——"我爱儿童，儿童也爱我。"

1982年12月30日下午，陈鹤琴与世长辞，享年90岁。陈鹤琴为中国儿童教育奉献了一生。

柳斌：陈鹤琴先生是在理论和实践的高度上，建立了中国的、现代的、科学的、系统的幼儿教育理论和方法体系，因而他为中国的现代的科学而系统的幼儿教育、幼儿师范教育奠定了坚实的基础。

杨定华：陈鹤琴先生的教育思想源于杜威，高于杜威，源于美国，高于美国。陈鹤琴师从美国，但他没有盲目师从，而是终生致力于探索中国儿童教育之路。

陈鹤琴推进了中国幼儿教育的中国化、科学化。他是"中国的福禄贝尔""儿童教育的圣人"。

陈鹤琴，中国伟大的幼儿教育之父。陈鹤琴的教育思想影响着中国幼儿教育的昨天、今天，也将继续为中国幼儿教育的未来服务。

解放孩子们的手吧，让他们尽情去玩；解放孩子们的脚吧，

一切为儿童

鹤琴诗 八十八岁 于北京

让他们到处去跑；解放孩子们的脑吧，让他们自由去想。

　　江西幼师校歌
　幼师！幼师！前进的幼师！做中教，做中学，随做随习。活教材，活学生，活的教师。大自然，大社会是我们的工作室。还要有手脑并用，文武合一。建设我们的新国家，教导我们的小天使。幼师，幼师，前进的幼师……

扫一扫
观看第五集纪录片

《陈鹤琴》纪录片创作团队名单

总监制　胡敏强　陈国祥

总策划　康　宁

总统筹　潘百齐

总协调　虞永平

策　划　虞永平

监　制　沈国芳

统　筹　张　鹏

顾　问　唐　淑　王振宇　陈　虹

出品人　陈国祥　郭小娜

总编导　吴建宁

执行总编导　欧阳斌

编　　导　张　伟（第一集）　汤　炎（第二集）
　　　　　黎一笑（第三集）　吴瑱辉（第四集）
　　　　　王　彦（第五集）

学术稿总撰稿　虞永平　吴建宁

学术稿撰稿　张慧和　高谦民　邱学青　张　俊
　　　　　　原晋霞　孔起英　宋　坤　何　洁
　　　　　　张　晗　李　敏　臧蓓蕾

电视稿总撰稿　仇蓓蓓

电视稿撰稿　汤　炎　黎一笑

总摄影　欧阳斌

摄　影　汤　炎　王天佑　华宁致　王　彦　吴瑱辉

责任编辑　张　婷　王天佑　曾梦瑊　黄怡婷

特　效　方　坤

解　说　张　朋

音乐编辑　周小明

总制片　唐　亮

制　片　谭　艳　韩元元　赵美卿　刘辛云
　　　　徐红莉　徐　颖　张　媛　庞明俊

特别鸣谢　教育部教师工作司

技术支持　江苏九泽星美文化传播有限公司
　　　　　南京天穹文化传播有限公司

南京师范大学跨界融合创意创作院
承　制

南京师范大学
中国学前教育研究会
中国陈鹤琴教育思想研究会
深圳特蕾新教育集团有限公司
出　品

第二章
亲历与感受

养成好习惯难，养成坏习惯易，做父母
或做教师的要使小孩子养成良好的习惯。

——陈鹤琴

一、家人述往

陈秀霞——陈鹤琴长女

01

　　我非常非常怀念我的父亲陈鹤琴，他是我们中国儿童教育的奠基人。在过去中国人的观念中，很少会关注儿童教育，他们认为棍棒底下出孝子，不知道关爱儿童的重要性。可我的父亲是儿童教育家，在他的努力推动下，中国的儿童教育开创了一个全新的局面，所以我的父亲是中国儿童教育之父。在他的关怀和努力下，中国的儿童教育有了新的发展和成长。我们从小到大受到的儿童教育，尤其是我父亲做出了很大贡献的儿童教育，使得很多人能够顺利地长大成人，为国家和人民做出贡献，这对我们来说是一件非常值得骄傲的事情，也是一生的幸福。传统的中国儿童教育，就是棍棒底下出孝子，比如说打骂、死读书、读死书，但是他不是。因为在我父亲小的时候，人们还接受着中国的传统教育，但是他提出了新的儿童教育理念，他教我们怎么做人，怎么做中国人，也教我们要爱国家，爱人民，所以他的活教育理论，为中国培养了大批的教育人才，这是十分有意义的。

家庭教育

　　我们从小就在父亲的教育下成长，成了有用的人才。小时候我们家里头，父母从来不打骂儿女，他们会教小孩子怎么做人，要助人为乐，爱国家，爱人民。在抗战的时候，我们家里办了难童学校，我们在学校里做小先生，虽然我们自己也是小孩子，但是我们教其他的小孩子念书识字。我们还帮难童洗手洗脸，收养流落街头的小孩子，给他们吃住，抚养他们。从小到大，我们都受到这样的教育，要乐于助人，要爱人类。虽然我父亲小时候受到的教育方式就是读死书，死读书，但是他教育我们的方式是活教育，他教我们怎么做人，做一个中国人，做一个爱人类、爱人民的人，为人民服务、为国家服务的人。所以我们从小就受到了非常好的教育，影响了我们一生。

　　那个时候我们住在上海公共租界里，因为日本人还没进来，我们在租界里还能够做点事情。我父亲非常爱国，我们家里七个兄弟姐妹先后都入了党，我十八岁就入党了，我哥哥是第一个入党的，我父亲知道我们是共产党员，他也非常想加入共产党，1949年以后，他还加入了九三学社。他非常相信共产党，他觉得共产党救中国、救人民，没有中国共产党，就没有新中国。那时他要看《西行漫记》，还想到陕甘宁去，后来我找到一本《西行漫记》给

他看，他非常非常感动。我们那时候在上海搞学生运动，他了解进步的学生运动，所以他非常支持我们，我们邀请一些人来我们家里聚会，搞学生运动，他都会帮助我们，掩护我们。他的朋友在集中营被抓了，他就想法子去救他。他跟陶行知的关系非常好，陶行知是伟大的人民教育家，我们从小也经常学习陶行知的著作，接受了进步的教育思想。因为我父亲做了很多的抗日活动，后来日本特务跑到家里来暗杀他了，幸亏我父亲当时不在家。那次之后我们就从上海搬走了，去了江西，他在江西又办了学校。他一直都是这么热爱儿童，因为他觉得儿童是中国的未来，是中国的幼苗。他从小就教我们怎么做人，做中国人，为人民服务，不要自私自利，所以我们从小都是要帮助别人，不能够只顾自己。我从小就做社会活动，我们办街童学校，办报童学校，我们都去做小先生，帮难民和难童洗脸刷牙，教他们读书，从小我们就受到他这样的教育。在中国的传统教育中是看不见儿童，也看不见儿童教育的，主张棍子底下出孝子，他可以说是中国儿童教育的创建人。他认为儿童从小就应该受到良好的教育，所以我们七个兄弟姐妹都受到了很好的教育，我哥哥、我、妹妹都是留学生。他从来不重男轻女，我们有七个兄弟姐妹，三男四女。我的音乐天赋比较好，从小就学钢琴，英文也特别好。中国封建思想是重男轻女的，女孩子到了一定年龄就会出嫁，到别人家里

做母亲，生儿育女。他不这样认为，从不重男轻女，我们几个孩子都受到很好的教育。我是留学生，获得了美国哥伦比亚大学的学士和硕士学位，我在学校里面也是学生会活动的活跃分子。所以他对子女的教育完全是新的，从来不重男轻女，并且对于女孩子的教育非常重视。

父亲平日里喜欢读书，年纪很大了，也经常看书，我们受到他的影响，从小看很多的书，因此，我从小英语学得就很好。后来，我与大哥、二妹一道去了美国留学深造。在我看来，留学不是为了个人，不是为了升官发财，而是为了国家，为了人民谋幸福。我在哥伦比亚大学学的是英语，回国以后我一直在外交部工作，外国记者，还有常驻记者、临时记者来华以后，我带他们到各地区旅游参观，向他们介绍我们中国的发展，把中国介绍给世界。后来，我主要从事民间外交工作，曾担任国际友人研究会的副会长。我一直遵循父亲的教导，"爱国，爱人类，爱儿童"，为人民服务，为国家建设与发展服务。

02

对于这部纪录片，我们怀有极大期待。我们认为，这不仅是对于陈鹤琴先生的缅怀，更为重要的是对于中国老一辈教育家探索真理、实现教育救国理想所走过不平凡历程的记录，激励现代的教育工作者，追寻他们奋斗足迹，继承他们的事业，为实现中华民族伟大复兴而不懈努力。我主要讲两部分内容：第一部分是我对这部纪录片的几点建议，希望能够对于人们把握陈鹤琴教育思想的特点有所帮助。第二部分主要是通过我作为陈鹤琴女儿个人角度回忆一些自己亲身经历的家庭往事。

第一部分：对于这部纪录片的几点建议

第一，一切为了儿童

陈鹤琴先生于1935年8月份发表《对于儿童年实施后的宏愿》，提出了九条"宏愿"：

（一）愿全国儿童从今日起，不论贫富，不论智愚，一律享受相当的教育，达到身心两方面最充分的可能发展。

（二）愿全国盲哑及其他残废儿童，都能享受到相当的特殊教育，尽量地发挥他们天赋的才能，成为社会上有用的分子，同时使他们本身能享受到人类应有的幸福。

（三）愿政府及慈幼机关为儿童福利着想，尽力设计，多予儿童以安全的保障。

（四）愿全国各处从今以后，所有奴婢童工等不良制度，完全绝迹。

（五）愿全国的父母、导师以及全国的成人们，随时随地本着"幼吾幼以及人之幼"的古训，各就自己能力所及之处，保育儿童、救济儿童、感化儿童。

（六）愿今后全国的父母，都具有教育常识，切实了解儿童的心理和儿童期的价值。

（七）愿全国的妇女们，都自觉着母性的伟大，注意胎教和妊娠期的卫生，造就优良和健全的国民。

（八）愿全国的教师们，抱着鞠躬尽瘁，死而后已的精神去教导儿童，训练儿童，使他们成为健全的公民。

（九）愿全国的慈善家和一切成人们，对于凡百救济事业，先从儿童做起，遇到危险先救儿童。

（原载于1935年8月1日《新闻报》，收入《陈鹤琴全集》第四卷，江苏教育出版社，2008年8月，第330页）

20世纪30年代，中国社会动荡、时局混乱，战争阴云密布，如何将许多儿童从恶劣生存困境中解救出来，运用教育力量，将他们培养成为"健全的公民"成为陈鹤琴等儿童教育家肩负的责任、使命。在这篇《宏愿》发表后不久，日本侵华战争全面爆发，陈鹤琴一方面向全社会呼吁"保育民族幼苗"，另一方面身体力行投入救济难童的行列中。在他看来，推行幼稚教育应"着重在儿童生理的发展和情绪的陶冶，而不在知识的传授……"，他进而提出："幼稚教育可以说是以儿童保育工作为主要任务，而儿童保育正是民族保育的基本条件……"（参见《中国儿童教育之路》1947年，载《陈鹤琴全集》第四卷，江苏教育出版社，2008年8月，第312页）

在陈鹤琴等老一辈教育家心目中，儿童教育是一项神圣而伟大的事业，关系到民族繁衍、国家强盛、社会进步，因此"一切为了儿童"不仅体现教育家的情怀与精神，更应该成为所有成年人共同的责任。

第二，"中国化"与"科学化"

20世纪20年代初，许多幼稚教育主办者不顾儿童自身特点与成长规律，一味"宗法西洋成法""苦心地削足适履去求合于古法"而"不管儿童是否受纳，是否符合儿童的脾胃"（参见《一年来南京鼓楼幼稚园试验概况》1926年，载《陈鹤琴全集》第二卷，江苏教育出版社，2008年8月，第5页），使得尚处于不成熟阶段的中国幼稚教育出现"今日抄袭日本，明日抄袭美国，抄来抄去，到底弄不出好的教育"乱象。（参见《我们的主张》1927年，载《陈鹤琴全集》第二卷，江苏教育出版社，2008年8月，第75页）更有甚者，"外国化""宗教化"倾向日益严重，引起包括陈鹤琴、陶行知、张宗麟等中国教育家的担忧。由此，他们提出《我们的主张》共十五条主张，其中第一条就明确提出"幼稚园是要适应国情的"主张，其他十四条则充分吸取国外进步主义教育学说，包括家庭教育、儿童健康、儿童自主发展、以自然和社会为中心的幼稚园课程、游戏式教学法、艺术教育，以及幼稚园环境与设备、教师训练、制定标准等内容，从而使"中国化"成为"科学化"前提与目标。

正如人们所知，试验精神，即"科学化"是陈鹤琴教育学说的一大特征，在他看来，只有了解儿童，研究儿童，遵循儿童身心发展规律，才能更好地教育儿童。他从儿童心理研究入手，对于自己初生的长子一鸣进行长达808天连续观察、试验、探索、发现、总结儿童身心成长、发展的原理、规律，并以此为基础，借鉴国外进步教育思想，结合中国国情，从而形成自己的教育学说。20世纪80年代时，我父亲的挚友、著名心理学家高觉敷先生对我讲起过，在心理学研究与教育学应用领域中，有一部分从事心理学研究的学者，只重视心理学理论研究，而忽视教育学应用；另一部分教育学者由于缺乏心理学依据，而使其教育主张缺乏科学依据而表现出主观、武断的行为。反观陈鹤琴的教育学说正是由于将教育学与心理学较好地结合，以至达到"教育心理学化"即"艺术化"境界，从而获得经久不衰的生命力。因此"中国化""科学化"是陈鹤琴教育思想与实践的两个基本特点，也是他一生为之奋斗的，为之而去努力的目标。我觉得这是一个很重要的问题，应该在这部片子中有所体现。

还有一点应该强调，许多人将陈鹤琴仅定位于"幼儿教育专家"，我觉得这样的认识过于狭隘，其原因一是因为人们对于陈鹤琴所开展工作范围的了解不够全面，另一个原因是很长一段时间由于"大教育观"缺失，而造成各类教育之间相互"分隔""脱节"。实际上，陈鹤琴的研究范围涵盖了基础教育各门类，包括儿童心理研究、家庭教育、幼稚园教学、小学教育、特殊儿童教育以及师范教育、成人教育、社会教育等。因此用"全方位"来描述陈鹤琴所开展的各项工作并不为过。

第三，"活教育"核心"做现代中国人"

20世纪40年代陈鹤琴先生来到江西泰和，在艰苦条件下创建了我国第一所公立的幼稚师范学校——江西省立幼稚师范学校（简称"省立幼师"）以及国立幼稚专修科（简称"国立幼专"），与此同时，"活教育"理论正式提出，其中包括"目的论""课程论""方法论"，以及"五指活动""十三条训育原则""学习四步骤""十七条教学原则"等内容，从而形成完整学说体系，这一体系最大特点是"活"，即"活教育"使用"活教材"培养"活学生"，从而建设"活社会"这一学说体系凝聚陈鹤琴自己的试验、实践成果，同时借鉴西方进步教育理论与陶行知等中国教育家提出的教育主张，并不是简单模仿，而是一种"改造"与"创造"，不仅提出理论，而且创造方法。他相信，儿童本身所具有"主体性"与"创造性"是儿童发展，乃至社会进步的源泉与动力，儿童教育的目的不仅在于使儿童适应环境，更在于改造环境，实现推动社会进步的目标。必须强调"活教育"学说的核心是"目的论"，即"做人，做中国人，做现代中国人"，不仅要培养儿童的"人性""个性"，更要完善儿童"人格"，他将"做

现代中国人"应具备条件归纳为五条：

（1）健全的身体；

（2）建设与创造的能力；

（3）服务的精神；

（4）合作的态度；

（5）世界的眼光。

第二部分：回忆我的父亲母亲

我作为陈鹤琴的女儿，从小所受到家庭环境的熏陶与父母教导，对我个人成长影响至深。在我们七个子女眼中，父亲不仅是慈父，还是良师、益友，他的高尚人格、积极生活态度与慈爱温存、关心他人的待人处世方式使我们从小所感到不仅是个人的幸福，更有做人的志向与责任。在我们家庭中，父慈母爱，平日家里气氛十分和谐、温馨，大家都平等相处。在我们七个兄弟姊妹之中，从来没有哪个挨过父亲骂一句，打一下；兄弟姊妹之间，很少发生争吵。父亲提出过一条教育原则："积极的暗示胜于消极的制裁。"父亲对我们有很严格的要求，我们做错了事情，他总是用微笑予以暗示，使我们都能感觉得到，并且马上改正。

我谈几件往事：

（一）强国先强身，将幼儿身心健康发展放在首位

在家里，父亲特别关心我们的健康，他认为我们的健康是最重要的。要强国必须从儿童开始，因此他特别注意身体强健。他自己爱好运动，我们家里面其他人也喜欢。我们家有很多运动器械，高跷、自行车、旱冰鞋等，他经常带我们出去游泳、爬山、骑马等。他爱好运动，因此身体特别好，他也希望我们身体好。另外他还注意我们的口腔卫生，本来我的牙齿是地包天，歪歪斜斜的，下面的牙齿跑到上面来，嘴巴都往前突出来很难看，吃东西也不方便。所以他一有时间就带我去矫正牙齿，最后把我的牙齿矫正过来了。

他也很注意我们眼睛的保护，不让我们在床上躺着看书。在学校里面他特别注意坐姿，在读书时会用一个板将书夹起来读，此外他还专门制定了课桌椅的标准，根据孩子所在的年级不同制定不同的标准。我们在小学的时候，各年级有各年级的桌椅，桌椅适合孩子的身高。他不让我们驼背，所以大家都背挺直的。而且在体育课，老师不仅教授很多踢球、运动等技能，还专门训练走路姿势，教我们上台表演要怎么走路，所以现在八九十岁，都没有人驼背弯腰的。另外他还注重减轻孩子的功课负担，当他发现孩子睡眠不足的时候就马上到学校里面开会纠正，保证孩子睡眠时间，保证孩子的健康。

还有一条，他特别关注孩子的大便，在这一点上不要小看他。小孩每天起来第一件事就是大便，这个对我们肠胃来说很重要。不管你是在什么环境下，都要保你肠胃的通顺。年纪越大，你越能感觉到这点的重要性。

陈鹤琴在家庭教育里面，总结出101条理论，指导家长保护儿童的健康，这里的健康不只是身体健康，还有心理健康。孩子要开朗活泼没有忧郁感，大家很高兴。我小的时候，皮肤比较黑一点，邻居的小孩开玩笑，给我起绰号叫黑炭。那时候我年龄比较小，他对我说皮肤黑就是健康，我是黑美人，解除别人对我的讽刺。他非常注意孩子的心理健康，希望孩子心情愉快，不能压抑讽刺孩子。所以他非常温和，自己从来不对孩子发脾气，这点对保护我们的身心健康非常重要。

从幼稚园开始，他就强调了孩子的身心健康。他对幼儿生理健康有很多特别要求，比如说学校里面滑梯的安全问题，我们滑梯时一不小心就会有刺扎在手里。他就知道滑梯存在安全隐患，每次幼儿玩之前他都要去检查。之前我扎过一次，他发现后马上就到学校去检查器械。幼儿园很多器械都是他自己设计的，一旦发现不好的地方，他就要改进。就像这样，在学校里头，尤其小学以后，我们特别重视体育。不久前，我们开校友会，大家都是女中的学生，都感受到了现在身体不错，与当初在学校

里的锻炼有关。而且年纪越大就越能体会到过去教育的重要性。当年学校对我们骑自行车、爬绳等锻炼都有很高的要求。爬绳就是在健身房的天花板顶上有一个绳子，每个人都爬上去打三下之后下来。

另外学校不光注重孩子的身心健康，还特别重视美育。在音乐方面，他特别强调音乐对人的情绪的作用。我们家里每天晚上吃过晚饭，我母亲会弹琴，大姐会弹琴，他就也拿一个乐器一起弹，然后大家唱歌，我们会唱很多歌，每天晚上只要有空，大家吃完晚饭就很和谐地唱歌，家里气氛非常愉快。

（二）为己更为人，从小培养服务意识

父亲经常教导我们，做人不仅要为自己，还要关心别人。他用自己的行动在做人，家里哪个成员病了，谁有一点不舒服了，大家都要注意，走路要轻轻走，不能影响他的睡眠。大家会有小礼物送给他，安慰他。我母亲、我姑妈就在我们床边给我们讲故事，那个时候听故事会减少痛苦。所以他在家里采取各种措施教导我们互相关心，从家里做起，为走向社会打基础。所以虽然我们从小家里的条件好，但是他从来不准我们去使唤家里的工人们，有事情要我们自己做。

此外，父亲还教导我们要出去服务别人。"八一三"以后，那时我满十岁，因为很多孩子失学，我们就在家里客厅里架一个大黑板，办了一个儿童识字班。因为我十岁的时候还很小，个子很矮，所以就弄个椅子，站在椅子上，教孩子识字、唱歌。从那时开始，他天天跑到难民收容所，一起搞国际救济总署、国际红十字会，搞难民教育。他搞难民教育、难童教育时会带我们去，我们经常到难民收容所。我们看到很多小孩没有玩具，就用自己攒的一点钱，也没多少钱，买了十个永志牌的小皮球给孩子们。他知道后高兴极了，夸我，鼓励我为孩子们着想，还照顾小孩子。我们三个姐妹一个十岁，一个十二岁，一个十四岁，都到难民收容所去服务。难民中有婴儿，他们在母亲的保护下活了下来，但是他们的母亲却在轰炸里面有的炸死了，还有的受伤了。他们都是小孩，需要有人给他们换洗尿布、喂奶，这些都是比较脏、比较累的工作。他带我们去专门搞这个事情，我们三个人就在那，虽然味道很难闻，但是大家很高兴，因为这么小年龄就可以为抗战出力。因为抗战大家都出去了，没有人在家里享福，大家都在外头搞服务工作。我们家里做义工是一个传统，这个传统也是我父亲带头的。他在清华大学上学的时候，就办了两个学校，其中一个义务小学，他做校长，自己去教课。他还办了校内工人校友的补习班、识字班，把两个学校的校长、老师、同学们都请来帮忙。到我们上中学的时候，那时候我们都很小，大概十几岁，夏天就搞暑期学

校，把周围的小孩都弄来教书。每年我们还在学校里搞夏令营、青年会的活动，我们还去上海做夏令营的辅导员，我们教他们唱歌、跳舞，组织他们活动，我和姐姐两个人都在那。有一次我在学校里面忙完后假期还剩下个把月的时间，我刚想回家稍微休息一下，但是第二天他就带我到陶行知办的农忙托儿所了。当时的农妇都要下地，他们需要带着孩子，孩子都在田头里在太阳下晒。为了保护婴幼儿，我们幼专的就给他们办起了托儿所，最后我一点也没休息，搞完了就去上学去了。所以他形成了一种传统，这种传统对我们是很有用处的。服务不是空话，而是要用行动，实际地去贡献，这样对我们也是个锻炼。

因为我们走向社会，接触社会很广，也参加很多进步的活动，所以很自然地就会走向革命的道路。这条道路大哥是带头人，他1938年就入党了，成为地下党的一员。后来姐姐陈秀霞、二姐等，我们抗战时候都参加了地下党，后来到大学都入党了。弟弟妹妹们加入革命的年龄更小，解放战争时候两个弟弟、小妹妹都在部队。一家人走革命道路的原因，一个是我父亲这种民主的教育培养我们乐于助人、为人服务，不自私自利、个人第一，要为大众服务的品质；另一个是我哥哥带头。所以这样一来不仅我们一家，我的表哥、堂哥、堂姐都参加革命了。我堂哥现居南京，这次70周年检阅，他作为新四军代表参加检阅。所以他这种教育，就是教我们怎么

做人，通过行动进行教育，从小开始培养一直到走向社会。

父亲经常告诫我们不能依赖家庭。很奇怪的一点是，我们家本应该很富裕，但是实际上很穷，那时候在上海，老师说你们父亲一个月有八百银圆，可我们每个都交不出学费，每到学期交学费时都是欠白条。中学都是欠的，之后全部都还了，再后来又开始欠。为什么呢，一个是家里亲戚太多，孩子住在一起，都要他抚养，另外是朋友太多，只要有求他一定帮助你，虽然家里收入不少，但是我们还是特别穷，常穷到揭不开锅了。母亲虽然很着急，但是他们两个人，从来没有在我们面前发生争执，他们有不同意见的时候就走开去商量了，商量好了回来，意见还是一致的。他们从来不在孩子面前暴露父母意见不一致，我们家的环境一直很和谐。

（三）战火中的教育家，以身作则的奋斗者

我读完初中，太平洋事变发生，我就追随母亲到了江西。我们一起到了泰和，那时的条件很艰苦，开荒山建设都是自己动手，大家一起来开辟。其中只有少数有工人的参与，主要都是学生自己在做。大家都非常辛苦，每天从早忙到晚，清早他就起来，穿上工装裤开山找水源，甚至房子怎么做都做了比较科学的设计。他跟工人一起工作，认为人人皆我师，

处处有学问，工人农民都是他的老师，他向他们学很多东西，本来他也不会，后来学会了自己科学地设计房子。结果他用最少的钱办了最大的一个学校，他去申请钱，省教育厅只给他一栋校舍的钱，但要他盖整个学校，后来他就是用最少的钱物，办最好的学校。当时边劳动边学习，是非常非常艰苦的。

每天清早他就起来了，他要写见闻录，写日记，还要下地上菜园里，给菜园浇水。白天他要自己亲自上课，讲课程，还要编教材。晚上还要去查房，为了学生他一点都没闲着。他编教材、编课本，还有课外读物，都是自己编，他编了很多。他整个人从来就不知疲倦，不会被困难吓倒，而且他很有拼搏的精神，所以他的学生都是非常好的，他和学生感情也特别深。

当时日本打来了，大家都逃难了，那时候二百多学生，他一个都不要丢下。当时学校没有钱没有粮，北京中央银行就汇了一百万给所有的学校，可是却不能兑付，于是他去找到时任赣南行署专员的蒋经国。平日里蒋经国对他很尊敬的，可是这次却让他空手而归，他气得不得了。当时，由于前方战事吃紧，当地许多学校陆续撤离，大量学生被遣散，但是幼师和幼专却不行，学生都是十六七岁女生，陈鹤琴对蒋经国说，这些都是我的女儿，一个都不能丢下。最后他从圣公会、青年会借到了几万块钱，像讨饭似的一路借粮。他带着二百多学生，从泰和转移至赣州，又辗转来到广昌，一路上跋山涉水，忍饥挨冻，他鼓励师生说："艰难困苦，玉汝于成。"最后，学校终于在一个名叫饶家堡的小山村落脚，继续办学。

在幼师、幼专的学生中，有的是童养媳，从家里跑出来的。当时在江西，女孩子能上学是很不容易的。其中有一个学生名叫杨毅，她的姐姐去世，父亲逼着她嫁给姐夫，她找到机会跑了出来来到幼师，她的家人一路追踪过来，她就躲在我们家里。还有的学生念完了幼师，再想念就没有钱了，家里切断了他们的经济来源，其中有一个同学，幼师毕业后，因为钢琴弹得不错，就留在学校教钢琴，这样可以勤工俭学。对于很多经济有困难的孩子来说学校就是他们的家。另一位同学，从浙江逃难过来，身上一分钱都没有，一到了幼师，就像到了家一样，感到温暖，感到所有人的爱。结果日本人打来了，大家都逃难了，本来学校从泰和搬到了赣州，到赣州又要再逃。我记得，有一位姓周的女生，当时因患了伤寒住在医院里，人家都要徒步走，她怎么办呢，医院仅有的几支针都给她打了，然后把她放在小船上，叫学校的工人陪着她照顾她，所以她感激极了：没有你我哪能有今天呢，因为伤寒病我路也走不动了，也走不了了，都瘫痪了。但是我们不能丢下她，所以在幼师的时候，他说我就是讨饭，也不能丢下一个孩子，大家跟着我一起走，几百人去要粮、要钱，所以这个学生和我们的感情深极了。他们退休以后第一件事情，就是到南京看校长妈妈、慈父校长。大家都来看他了，有的来不了就写信，我就把给他的信都弄好念给他听。他就专心听，饭也不肯吃，就要听同学们的来信，而且一面听，一面说这是谁那是谁，他所有的感情都给了孩子们，他把他的事业托付给学生，让学生来完成，为学生谋幸福，为孩子继续工作。所以在告别信里面，大家都哭成一片，这个是很感动人的。我们刚好前几年在安徽开了一次会，那次是他的诞辰，后来大家都拿了蜡烛唱歌。一群七八十岁的人，大家一起怀念，怀念过去的学校，怀念校长。大家的感情非常深，这种感情一般看不到的，一般学校里没有那么深的感情，大家生死与共，他像父亲，是我们的慈母校长，大家都叫他校长妈妈。

（四）人生非奋斗不可

1944年，我从幼师毕业后就离家去了重庆准备投考中央大学，但是我是师范生，没有正式高中文凭，于是我就来到一家幼稚园做了一年老师，白天带小孩子做游戏、讲故事，晚上补习功课。一年以后师范生可以考大学的时候我就考了，一考考上了中央大学，到了一个新的环境，我姐姐也在那，所以我很快就入党参加革命了。我们就是靠自己，靠拼搏，没有别的道理，就靠你努力，而且不能灰心。我们受父亲的影响，以父亲为榜样，去拼搏，去努力找出路。

我们家几个孩子大了都离开家了，没有人依靠父母，都靠自己去独立生活。我找到第一份工作后把两个月的工资都攒起来寄回家，他拿到钱都掉眼泪了，因为我是家里第一个用自己的工资支援家庭的。七个孩子，大的小的都出去了，都靠勤工俭学，自己工作，但我是第一个把工资寄回去的。就是这样，他鼓励我们自立自强，靠天靠地靠祖上不是好汉，要流自己的汗，吃自己的饭，自己的事自己干，这点对我们影响太大了。我们走过的路虽然也是不平的，但是就是因为有他这种精神在鼓励我们，我们知道没办法依赖家庭。我姐姐申请到一些费用去出国，也都是靠自己，靠做家庭教师来自己维持生活，家庭没有钱可以给他们。虽然我们家里本来是很优越的，但是大家生活还是很艰苦的，大家都是靠自己的。

陈一心——陈鹤琴小儿子

03

我父亲陈鹤琴不仅是一位热爱祖国、学识渊博的教育家、儿童教育专家，而且对我们七个子女来讲，他是我们的慈父、恩师和益友。我是小儿子，在家里七个兄弟姐妹中排行第六，他们都叫我小弟弟，但是我今年也 86 岁了。

1941年11月，我的母亲带着秀云姐、一飞哥、妹妹秀兰，还有我四个人离开了上海，经过一路的艰险，终于到达了江西泰和。我们到达江西的时候我爸爸50岁，他看到我们非常高兴。我发现他的头发开始白了，人显老了，但是精力非常充沛。

当时江西幼师是在泰和文江的大林山的山脚下，一共有430亩土地，他就是在这个荒原上建立起中国第一所公立幼稚师范学校——江西省立幼师，从幼儿园、小学，到师范，以后到专科。当时条件很艰苦，我们用茅草和竹头搭建教室、宿舍和住宅。我们到江西的第一天，爸爸妈妈就带我们去看我们家的住房，一飞跟我进去以后一看，所有的房间都修好了，只有我跟一飞住的那间房间的墙壁没有修好，也没有粉刷。我爸爸笑着对我们讲，这是你们到江西的第一课——劳动。他带着一飞跟我开始刷墙壁，这个墙壁很难刷。一飞当时12岁，我9岁，我们两个人穿着工装裤，把泥土涂到竹头上面，一步一步很细心地从上到下、从右到左地粉刷着，我们做了一天筋疲力尽，满身都是泥灰，我爸和我妈看到我们灰头土脸的样子哈哈大笑。我跟一飞连续做了七天，终于把墙壁四边刷好了，爸爸妈妈表扬了我们，并跟我们说这是我们到江西的劳动第一课。所以我深刻地体会到爸爸是从劳动入手，培养我们的动手能力，要我们学会一些技术。

第二步，我爸爸带着一飞跟我爬到山上一个地方，他跟我们讲学校建设的初期没有水，他就跟两个泥水匠到山上去找水，终于在半山腰上看到有一个地方泉水从里面慢慢地冒出来，他让工人把这个地方挖开以后，一股水像龙的眼睛一样慢慢地持续不断地喷出来了。他们发现这是山上天然的两股泉水，水质很清，而且味道也很好，存在这个潭里面。我爸爸非常高兴，这个地方叫商龙泉，所以他还亲手写了"商龙泉"这三个字，并且立了一块牌。发现了泉水之后，怎么把山上的水移到山下供人们吃用又成为接下来的一个难题。他和两个工人师傅商量了一个好办法，就是把竹头里面打通，然后一个竹头接着一个竹头，用竹头架子从山下一直架上来。当时他们测量水流量，大概是一个小时可以流10担水，整个学校的师生员工共有240人，一天下来，24个小时就可以有240担水，两个人吃一担水，那可以解决480人的饮水。一个很大的问题解决了，我爸爸非常高兴，他们把商龙泉叫作抗战自来水。我非常佩服我爸爸，他向大自然要水。几十年以后，我曾经回到过这里，因为自然灾害，这里的房子都没有了，但是当地的老人告诉我，商龙泉依然存在。我想我爸爸如果知道他以前发现的这眼泉水依旧存在的话，他一定会感到很欣慰的，这是我讲的抗战自来水的故事。

他当时写了《活教育》，我看到他在家里跟另一位老师一起写大自然、大社会的课本，这是活教材，是活课堂。那么他在家里是怎么培养我们的呢？我们在家的后面开了一块田，开始学怎么种蔬菜，怎么搞农业。我爸爸每天早上带着我，还有给我们家里帮工的老余师傅，一起去开田、浇水、插秧。我们种了番茄、卷心菜、辣椒、苦瓜。我当时把苗弄来，我爸爸教我怎么插秧，插了秧以后怎么浇水，怎么施肥。我每天早晨都会去看一次地里的蔬菜，慢慢地番茄结出来了，苦瓜也结出来了，卷心菜也长大了。当我们收获了这些成果以后，我爸妈也非常称赞我：你们要从最小的农活开始干起，这就是大自然，这就是活教材，这就是活的课堂。所以我爸爸也会在家庭里来实践活教育的一些原理，我们就是通过这些农作劳动来学习各种事情的。

另外，我爸爸非常强调少年要有坚强的体魄，他每天早晨起得很早，带我们去跑步，我们从山坡上一直跑，跑到大操场，蛮远的，跑得也比较快。他一面跑一面跟我讲，跑步是锻炼身体的好办法，所以我们一直坚持每天跑。周末他会带我们去爬山，从山脚一直爬到山顶，有一百多米高，爬到山顶之后，放眼望下去感觉非常好。我们欢呼，我们叫。所以我爸爸从小就告诉我们要有健全的体魄，要学会跑步，学会爬山。他自己活了90岁，我母亲也活到90岁，我兄弟姐妹除了大哥94岁走了，一飞87岁走了，其他几个姐姐90多岁了身体都还是很不错的。

同时，我爸爸非常注重培养我们的爱国主义等道德情操。当时日本鬼子从江西南昌打下来了，大批的国民党伤病员经过泰和，我父亲动员学校的同学和我的几个姐姐，去帮伤兵包扎护理，我也在旁边看他们怎么做，做他们的帮手。那个时候国共合作，有宣传队从重庆、桂林来到这里。他们演出了一场思想性非常好、艺术性非常高的话剧——《抗战军民联合》，揭露了日本鬼子的残酷，同时也歌颂了国共合作，军民团结抗战的可歌可泣的事迹。我记得当时他们唱了《黄河大合唱》《延安颂》，觉得非常感人，非常激动。爱国主义的思想在我幼小的心灵里，扎下了很深的根。父亲教我们做人，做中国人，做现代中国人，要爱国，不要做亡国奴，要跟日本鬼子战斗到底，坚持到最后一秒。所以我在江西的几年，度过了我有意义的童年。

父亲每时每刻对我们的教导，我都一直铭记在心，他最大的优点是身教，因为他不仅仅是口头上教，而且还会教我怎么做，并且他带头做。我小时候的知识面的扩大，劳动技能的学习，身体的锻炼以及爱国主义思想的培育，都是我父亲给我打下的基础，所以我深深地感谢我的父亲，怀念我的父亲。

1944年，日寇从江西的北部南下，一直打到吉安，当时整个江西的机关、学校都向赣州移动，到了赣州不久，日本鬼子继续南下。那个时候我爸爸跟学校商量，准备从赣州把学校向东北方向搬迁。当时蒋经国是赣州最高的巡视专员。我记得我父亲跟我讲，当时所有赣州的学校，包括大学、专科、师范都要解散，都要转移。教育部会给学校100万作为遣散费，要发给师生员工。但是这批钱迟迟不到，日寇日益南下，形势越来越紧迫，我的父亲没有办法，就去找蒋经国。但是蒋经国当时很冷淡，不见我的父亲，我父亲没有办法，就直接冲进去，因为当时所有的遣散费没有蒋经国巡视专员的签字，一律不准发。我父亲说："学校有两百多名师生，我不预备解散，我准备带着他们继续逃难，把教育办下去。"蒋经国说："你把学校解散了，我保证你和你的家属的安全，我给你们飞机票，你们直接飞重庆，你们自己跑，学校解散。"我爸爸立马就反对，他说："不行，我是校长，我是他们的父母，我要带着他们走。"蒋经国不讲话，也不签字，到最后没有办法，我父亲受到冷落只好回来了。回来以后，我爸爸说："没有办法，我去借钱吧。"他到处去借钱，最后在基督教青年会，找到总干事蔡志传（音）借到了8万块钱，8万块钱在当时是什么概念呢？也就只能包几条船，供学校的设备以及家属逃离。之后我爸爸跟刘余根（音）老师马上就去赣江，在赣江的边上一路走一路跑，发现船都没有了，都被控制了。最后他们碰到一个管船的老人，老人问你要什么，我爸爸讲我要借船。老人又问你有多少孩子，我爸爸讲我有两百多个孩子。老人很是惊讶，你怎么有两百多个孩子？爸爸说我是一个学校的校长。老人

后来想起来拜读过爸爸的一本书，叫《我的半生》，他认出了我的爸爸。于是，管船的老人说他去想办法，最后借了一条大的船给我爸爸。我爸爸就让三十多个家属、病号，再加上学校的钢琴、设备、仪器等乘上这条船走了。然后其他的师生员工就步行，当时我爸爸也准备一起带着我步行，但是我爸爸还要继续借钱，没有回来，我们准备出发了。这个时候日本鬼子将要到赣州了，赣州这座桥要炸毁了，但是我爸爸还在赣州，如果桥炸毁了，就回不来了。这个时候有些老师主张叫陈校长回来，不借钱了，我们自己走了，生命要紧。我爸爸在那边最后找到了一辆汽车，刘余根老师把我爸爸从最后一班车的窗口塞了进来，然后我爸爸乘最后一班车过来了，过来不久桥就炸掉了。

我爸爸终于回来了之后，大家松了一口气，都很高兴。但是我们发现一飞哥没有过来，突然想起来，我爸爸在这个时候叫一飞去赣州旁边的一个20多公里的电池厂里实习，当时没有电话，没有联系到一飞哥。我们都非常着急，但是也没有办法，我们就开始步行，离开了赣州，向于都的方向走了。一路上难民逃难的情景是我一生中最难忘的，天寒地冻，下雨泥泞，学校的老师带着学生，两个人一个棉被，穿着草鞋走。我当时11岁也跟着走，一路走看到一些老人冻死饿死，倒在了地上，我还看到一个妈妈喂着一个小孩也倒在地上。我们跑到了于都之后松

了一口气，差不多走了 100 里路，一飞终于一个人赶来了，他那时候也只有 13 岁，我非常佩服他，他非常勇敢。他一个人跑到了赣州之后，发现我们都走了，然后他到青年会向老师借了几块钱，然后一路走一路买一点饼填饱肚子，就这样终于赶到了于都，和我们汇合了。他跟我说：你们怎么走得这么快，连我都不通知，把我丢在赣州。爸爸妈妈跟一飞解释："实在对不起，当时忙不过来，大队人马要走，也没有电话，根本无法通知你。"这件事情对我影响很深，我的爸爸确实是伟大，在逃亡的时候他为了两百多个师生，竟然连自己的儿子也来不及通知。

随后继续逃亡，我们到了宁都，到宁都的那一天是除夕，我记得很清楚，我们当时没有钱了，我爸爸就到粮管局去借，粮管局一个姓李的副处长，他跟我爸爸讲："老先生我实在不忍心，你这么大年纪了还来借钱，我破天荒的第一次，借二十担稻谷加上稻草给你们。"我爸爸带着这些稻谷回来，做了一顿饭，除夕的晚上大家在一起吃了一顿年夜饭，我爸爸想要给大家过个年，他再买了二十斤猪肉，给大家吃了一顿有猪肉的年夜饭，这是我在逃难中唯一吃到的一次肉。我爸爸跟我们说：我们在逃难中过新年，不要忘记日本鬼子对我们的伤害，牢记这个苦难，我们一定要坚持下去。我是一只骆驼，我要背着你们度过这最困难的岁月，把你们向幸福。我对爸爸的这句话印象非常深刻，我爸爸把他自己比作一只骆驼，要发扬骆驼吃苦耐劳的精神，把大家带到幸福的对岸，这个除夕夜我永远记在心里。

我们继续前进，终于走到广昌，在广昌的饶家堡，有一块地方我爸爸派人去看过，这块地方有几个大的池塘，挺适合定居下来，于是我们就搬到了那里。这样，经过了 40 多天的逃难，120 公里的艰辛，度过了最艰难的一段岁月，我们在饶家堡定居下来了。一年多以后，中国也迎来了抗日战争的伟大胜利。

我的父亲有一种博爱的精神，他从小就跟我们讲一个人要有爱心，要关心人、爱护人，特别要关心劳苦大众。在江西办学期间，江西的学生有些是逃难逃到江西内地来的，她们的父母都远在京沪杭这一带；有些学生是江西当地的女孩子，因为封建家庭被迫要做童养媳，甚至还被迫进行婚姻买卖，因此她们脱离了家庭；还有一部分是正常的小学、初中毕业，升入到高一届的学生，都是女孩子。这些孩子来到我们的学校，共同组成了一个很温暖的大家庭。我的父亲，他作为一个校长、师长，把学校里的学生当成自己的孩子一样来培育。学生到了学校以后，从进学校的第一天开始，他就教会他们必要的一些礼仪和礼节。每一位同学发两套衣服，一套是麻雀布，很厚，还有一套是工装裤，劳作用的。另外，学生在一起集体生活，自己先把房子的架子搭建好了之后，然后再一起修房子，发挥这种集体团结互助的精神。实际上我后来了解到学校的很多老师都是地下党员，从上海撤退到这里来的，像余自界（音）教导主任，像秦胜田（音）是被国民党逮捕了之后，我父亲把他们保出来的。还有一些是育才中学的学生，他们也是历经磨难到这里来。所以他们全心全意地协助我爸爸把这个学校办好，他们也把自己的家属带进来，当时家属的孩子，都在小学里念书，这个学校形成了一个大家庭。我后来想，可以称之为一个抗战的革命的大家庭。校长的教育思想，教师的构成，学生的构成，敌人的压迫，日本的侵略，客观的环境很艰苦，但是这些因素让我们同学之间更加友爱和团结，我们共同组成了一个温暖的大家庭。

我父亲早在回国以后，他在南京的时候就开始探索一条中国化、民族化、科学化的新教育的道路。这条路他是从观察大哥陈一鸣开始的，他对我大哥进行了长达808天的观察记录，以研究儿童心理的发展规律。因此，写了《儿童心理之研究》这本书，这本书是他的第一本重要的著作。我大姐陈秀霞出生以后，家里有两个孩子了，他跟我妈妈继续研究两个孩子的教育，终于写成了《家庭教育》。这两部著作是他教育理念和实践的成果，也是他的成名作。

他在上海办抗日教育，难民、难童教育。他对陶行知先生在育才学校推行的"小先生制"和白手起家艰苦创业的印象非常深，把陶先生作为他的楷模，他说我也要办一所像育才一样的学校。他又回想起他在美国留学的时候，到美国南方看了一所黑人的学校，学校的校长叫华盛顿。这所学校的校长、老师、学生全部都是黑人，当时他们艰苦办学的这种思想对他的影响非常深。所以他以陶行知和育才学校、华盛顿和黑人学校作为榜样。后来他在1940年的时候，到江西办学，经过他在江西四年的实践，他终于把他的教育思想概括出来，提炼上升到活的教育。当时他归纳出做人，做中国人，做现代中国人的活教育的目的论；大自然、大社会都是活教材的活教育的课程论；做中学，做中教，做中求进步的活教育的方法论。他的活教育理论思想是在江西诞生的，在江西形成了初步的成果。我认为活教育的理论体系能够在江西形成是有其历史背景的。另外，他在江西办学还有一个条件，就是他完成了一个系列，从托儿所、幼儿园、小学、中学，一直到幼专、幼师的师资培训体系。他创办的幼师学校在当时是全国的第一所，幼儿园也是国家办的省立幼儿园。江西的幼师是在抗日战争中赢得了它的历史地位，它是我父亲进行科学和教育实践的一个鲜活的成果。所以江西的环境形成了他的教育体系，这是一套比较完备的师资培训体系。所以我认为我父亲的教育思想不是仅仅停留在理论层面的，它是从大量的实践经验中总结出来的，经得起实践的检验。

2017年是抗日战争胜利80周年。我们家当时住在愚园路，东园别墅63号，在中山公园的对面。1937年8月13号那一天，日本一百多架飞机，连番的轰炸，把西站、南站的火车站，杨树浦的工厂以及大批的民房都炸毁了。当时我爸爸带着6岁的我还有我们全家的兄弟姐妹站在阳台上，看飞机轮番地轰炸着我们的祖国和人民，飞机飞得很低，上面挂着日本的太阳旗，整个天空是红黄的，充斥着人们的哭叫声还有飞机的轰炸声。我爸爸跟我们讲，这是日本鬼子对中国人民造成的灾难，我幼小的心灵牢牢地记住这一点。大批的难民从杨树浦南市纷纷地逃往上海租界来，报载最多的那一天有多达70万的难民进来。逃亡过来的难民拖儿带女，背着背包，没有地方住，没有东西吃。

在这个情况下，我爸爸当时是上海公共租界工部局的华人教育处的处长。地下党找到我父亲和慈善事业的负责人赵朴初先生，赵朴初是慈善救济委员会的总干事。赵朴初动员我父亲还有沪江大学的校长刘湛恩，他们一起组织了一个难民救济教育委员会，我父亲是主席，刘湛恩是副主席，赵朴初是常委总干事。他们把许多学校开放了，来救济难民。除了救济难民以外，他们又在上海交通大学和复旦大学用棚户盖了很大的棚，在这个棚里边，所有难民无分别地在一起居住，我们每天给他们提供两顿饭。同时我爸爸非常重视教育，他当时讲难民救济，不仅是给难民提供吃的穿的住的，他还搞难民、难童教育。他认为最重要的还是要给他们提供受教育的机会，让他们要有文化，要学会一技之长，儿童是民族的幼苗，是祖国的未来，他们将来是要走向社会，报效祖国的。他想得非常长远，所以他办难民教育，办难童教育。

那个时候的难民、难童教育包括学文化，学数学，学唱革命歌曲。很多失去父母的12岁到16岁的孩子，他们无家可归，我父亲想出一个办法，就是办报童学校，把这些孩子集中起来，让他们能够接受教育。我最近又仔细地去考察了当时的报童学校，发现当时上海有七所报童学校，从静安寺一直到徐家汇，但是最集中的在黄浦区，因为当时《申报》就在黄浦区的汉口路，孩子们每天早晨到《申报》去领报。我记得他们穿着草绿色的马甲，马甲上面有"申报"两个字。他们每天早晨去派报，买了报以后就到外面去卖报。我还记得有这样一首卖报歌："啦啦啦，我是卖报的小行家，不等天明去派报，一面走一面叫，今年的新闻真正好，七个铜板就买两份报。"这是当时上海报童最喜爱的一首卖报歌，是聂耳写的曲，安娥写的词。后来唱遍了全上海，这些孩子就拿着《申报》一路走一路唱，边唱边卖报。他们卖完报以后，就回到我爸爸办的报童学校学文化。学校一共有3000个小孩子，这3000个小孩子，经历了卖报这样的实践，后来又经过抗日战争的教育，包括在地下党又做了工作，所以有一部分人后来参加了新四军。我记得报童学校 70 周年的时候，我大哥一鸣跟我到报童学校去参加他们校庆，有十几个当年的报童，当时都六七十岁了，其中一个姓肖的团长，他握住一鸣和我的手跟我们讲，我当时就是你爸爸办的报童学校里面的小报童，我在那里参加了新四军，后来一直打仗，担任了团长，我现在再回到上海，我非常感激陈老。我听了之后非常感动，所以报童学校，是抗战时期我爸爸从事难民教育里面的一个成果。

另外我还要专门讲一讲，我爸爸还培养了新四军无线电技术人才。我爸爸跟赵朴初对外宣称要学无线电，实际上这是地下党的办公室。刘少文通过我爸爸把新四军的报务老师请到上海来，到上海慈联学校里面设了一个无线电报务培训班，一共吸收了 50 个人，每半年一期，办了两期，一年有 38 个人毕业，最后都成为新四军的电报人员。还有更为精彩的，就是当时难民收容所里培养了一批青壮年，一共有一千多人被动员参加新四军，乘船回皖南、苏北、浙江等地区。我父亲当时在工部局，他们来找我父亲，希望我父亲能够对外宣称他们要回乡垦荒，我父亲非常支持他们。所以我爸爸在抗日战争的期间，他确实是在配合和支持地下党的工作，做了大量的抗日救亡的事情，比如前面提到的难民、难童教育，报童教育，支援新四军，培养无线电技术人才等这一系列的事迹。

我最近收集和整理了一些相关资料，并把它如实地写出来，我对我父亲的认识也加深了，他不仅是一位教育家，还是一个伟大的爱国主义者，在抗日救亡期间，他在地下党的支持下，做了许多有益的贡献，我们永远不要忘记他。我碰到地下党的许多老同志，如上海市委原组织部部长周克。他对我说过："你爸爸真了不起，当年就是你爸爸把地下党的一批党员吸收到难民委员会中做教育组的成员，我哥哥朱启銮当时是教育组组长，难民营中还有地下党的领导，像刘述周、谭启龙、曹荻秋等，你爸爸做的这些事情，我们是不会忘记的。"当时因为国共合作，国民党把他们的政治犯放出来，他们被收入难民营中后，再通过难民营输送到各条战线去，是我爸爸给了他们合法的身份，然后他们就到各个难民营中去开展抗日救亡工作。我过去并不了解，我认为我爸爸当时是搞难民教育，搞幼儿教育，并不知道他做了这么多有利于国家、民族的好事。所以我对我爸爸的认识更深刻了，他的形象在我的心目中也更高大了。

浙江上虞是一个山清水秀、人才汇集的地方，历史上出了许多文人、名人。这个地方我去过多次，那里的山山水水，孕育了我对父亲最早的一些记忆。我的太爷爷是一个懦弱的小商人，因为经营不善，小商店慢慢地破落了。他的母亲姓张，我们叫她娘娘，小时候她跟我住在一起，非常喜欢我们。我父亲从小就跟我们讲，家庭中他是小儿子，他的妈妈帮人家在曹娥江的边上洗衣服，用洗衣服的钱来贴补家庭。衣服洗好以后，由我父亲把这些湿的洗干净的衣服挑回家去晾，我父亲那时候只有6岁，所以从小我爸爸就是很勤劳，很能吃苦的。

他有一个哥哥，排行老二，非常聪明，学问也非常好。但是后来沾上了赌博，一天之内把所有钱包括家里的一部分财产都赌输掉了，最后吐血病故了。这个事情对我父亲影响非常深刻，通过这件事他明白了一个人要立志读书，一定要有出息，如果堕落了，不仅会倾家荡产，而且还会毁了自己的一生。他的启蒙老师姓王，教他识字，现在这位王老师的后代还在上虞，王老师对他的影响很大。我爸爸小时候读书非常用功，四书五经背得滚瓜烂熟，但是他自己读了几年，并没有感觉到有什么收获。

上虞的母亲对他的教育，对他的一生也起了很重要的作用。我爸爸抄下了许多的格言，这些格言他留下来以此来严格要求自己，比如说他写下了"富贵不能淫，贫贱不能移，威武不能屈"，再贫再贱不能移自己的志。我到蕙兰中学去，看到他的一本日记，日记里很重要的一段讲的是他16岁的时候进蕙兰中学，他的母亲跟他讲，你去杭州找你的四伯伯，他在那里经商，可以资助你进杭州蕙兰中学读书。但如果你读不好书，你只能回来做商贩。如果你能

读书，你就可以继续深造。所以我爸爸在他母亲的这种教诲下，到了蕙兰中学。我去这所中学进行过实地调查，非常感动。这所中学当初是一所教会学校，他进去的时候已经16岁了，年龄比较大，还需要再读三年。他刚进去的时候，因为上过私塾，有一定的基础，他的古文和书法是比较好的，但是英文不行。所以他每天早晨都是天不亮就起来，大声地朗诵英文，然后锻炼身体，锻炼身体之后洗冷水澡，洗冷水脸，因此他的身体很结实，外语水平也一步步提上去了。

他们学校有一个规定，学校的大礼堂里面，全校成绩最好的学生可以坐在第一排第一个，第一名可以在老师和校长进来的时候，叫全体起立。我父亲入学第一年排名第十，第二年是第三名，最后一年他得到了第一名，当时他所有的功课都几乎满分，英语本来是他的弱势，但是他最后突破了。所以在第三年的时候是他坐在第一排的第一个位置那里，叫的"全体起立"。他1911年从蕙兰中学毕业，2011年的时候，我到蕙兰中学参加他们学校校庆，他们专门给我父亲立了一个很大的铜像，举行了一个仪式，我还发表了几句话。通过我自己的考察，我了解了我父亲当年是怎么样立志发奋的细节和经过，学校里面还保留着他的笔记本、他的书法以及他的成绩单。学校非常怀念他，赞扬他。他从蕙兰中学毕业以后，就考上了上海圣约翰大学，在圣约

翰大学读了一年以后，他又考上了清华大学。在清华大学他还是像以前一样发奋学习，同时他的社会工作也做得非常好，他办义务教育，办校友毕业班，他还专门为同学理发，做童子军的活动，他的社会活动能力很强，也善于演讲。因此考取了用庚子赔款带来的1914年到美国去公派留学的机会。

他离开清华大学后，和陶行知一起去了美国，在美国待到1919年，一共五年的时间。他去了哥伦比亚大学考了教育硕士，师从杜威，还有一些著名的教育家，学了西方的教育理念。我看过他的日记，他在日记中叙述了他的思想变化历程。他原来打算去美国学医，他说我要学医救人，后来在去美国的船上，他的想法发生了转变，他说他想搞教育，而且想搞儿童教育，从基础的部分开始做起，当时陶行知跟他一起去的，他跟陶行知一起讨论，最终他们决定一起搞教育。他在霍普金斯大学的时候，各门功课都很好，包括化学、物理、数学、地理，我看他的成绩单，他学了很多门功课。所以他不是单单只搞教育，他的自然学科的基础很扎实，所以我感觉他的思想不但是中国化的，而且是科学化，强调实践出真知。因此，我在研究我父亲的思想形成的过程中，发现了这样一个规律，我觉得他的人生观、世界观在他上清华大学的时候基本上形成了，他说我能够公费去美国留学用的是庚子赔款，这些都是民脂民膏，是老百姓的血和汗水养育了我，所以我一定要为我们的国家和民族奋斗。这跟鲁迅当年留学的观念是一致的，他们都是这一代的爱国知识分子，他们热爱祖国，对民族有深厚的感情。

他平常喜欢给我们讲故事，而不是讲道理，往往他稍微点拨一下，我们就开窍了。我印象最深刻的还有一件事情，在抗日战争时期，有一天，我们吃完饭以后，他突然带了一个黄包车夫到家里来，我们觉得很奇怪就问他为什么带了一个黄包车夫进来，他说黄包车夫的脚给玻璃瓶割破了，让我们赶快去拿红药水还有棉花过来。我们把红药水和棉花拿来之后，他帮黄包车夫清洗干净伤口并且帮他包扎好。伤口处理好之后，他还送了一双鞋子给车夫，然后叫我们出去帮他找一辆黄包车，把车夫送回他的家里去。我们的孩子都在一边帮忙，和我的父亲一起做这件事情。他跟我们讲要爱人，要关心人，要关心劳苦的人，这句话对我一生都起着十分重要的作用。我们家的生活条件很好，知识分子家庭，当时有花园洋房，有汽车，我们之所以会参加革命，是因为当时的社会太黑暗了，贫富太悬殊了。我们情愿抛弃掉优越的生活，走向革命，走向劳苦大众。所以我爸爸对我的教育，对我的一生包括我后来参加革命都起了很好的作用。这个故事我也一直在跟我的孩子讲，他们也记在心头。

陈虹——陈鹤琴长孙女

04

　　我自己觉得很幸运，能够成为陈鹤琴先生的后人，在生命当中跟他有这样一段很亲密的接触、交集。在祖父和孙女的关系上，我们相处的时间应该说是不短的，而且有几段时间可以说是亲密无间的。其中，我专门写过一些文章来追忆各个时期他和我们之间的故事，以及我们从他身上所感受到的一些东西。后来，特别是他去世以后，我们有更多的机会，更加细致地去了解他、研究他，这种了解，不仅仅是以往的祖父和孙女之间的一种了解，也不仅仅是停留在小的事件层面上，而是有了更多的联系，更加深入的了解。包括对他整个人的一生，他的选择，他的追求，他怎么去坚持理想，他要做什么样的教育，他怎么去做这样的教育等都有了比较全面的了解。

教育救国，成为慈爱的校长妈妈

我们讲到陈鹤琴的时候，不管是他的儿女也好，学生也好，亲人也好，第一个出现的词就是"慈爱"。他是一个非常慈爱的人，这个"爱"字，实际上包含了很多很深广的内容。这两天我经常想到他在活教育的十七条教学原则当中，第一条和第二条说："凡是儿童自己能够做的，应当让他自己做。凡是儿童自己能够想的，应当让他自己想。"这两句看上去很普通，但是实际上，他包含的内容很深，而且真正做到很不容易，这实际上是他的一种教育理念的体现。他对儿童，对青年，对每一个人，都非常看重，非常重视。他主张人要有一种自由选择的权利，他自己也是从自己的人生经历当中，感悟到这一点是非常重要的。从他自己的家庭来讲，我们知道他的父亲是非常严厉的，就是棍棒底下出孝子的那一种，他们全家人都是非常听父亲话，都是战战兢兢的，而他的母亲是非常慈爱的，也是很坚强的，给他们提供了很多成长的有益滋养。所以他在这个家庭当中有一个比较，他知道什么是好的，什么是不好的。

所以，他后来一辈子都是孩子们眼中的慈父，学生眼中的慈爱的校长妈妈。他认为教育，应该就是富有爱意的，这样才是一种好的教育。接着他又上了私塾，接受了很多中国传统的东西，这里头有

很多好的东西，同时他也认识到，私塾教育当中的一些弊端。私塾的六年应该说对他的人生是一种体验，也是有直接的作用的。接着他到了杭州惠兰中学，这是一个教会学校，进行的是西式教育。然后从惠兰毕业后又到了上海的圣约翰大学，接受现代的教育。他这样一路走过来，特别是到了后面，到了清华学堂，接触了清华的环境、师长、校风之后，慢慢地通过大量的比较，知道一个人的成长，一个人的人生观，包括人格等各方面是怎么样濡养教化出来的。他明白什么是非常重要的，好的教育应该是什么样子的，到最后他有机会去美国留学的时候，在船上他有过一段思想斗争，是学医呢，还是学教育。

后来他觉得，学医当然也很好，这是医病的，但是学教育是医人的，他要改变中国。他所看到的愚昧的贫困的现状，不仅是国家积贫积弱，他还看到众多国人身上的毛病。当时，他想到他非常喜欢儿童，儿童是国家的未来和希望，他要去做自己喜欢同时又非常有意义、有价值的事情。他希望能够通过学习教育来救国、来救人，实现自己"为人类服务，为国家尽瘁"的志向。所以在这个关键的时候，他通过自己一路走过来的经历，做出了选择。然后他到了美国霍普金斯大学，通过在学校里所接触到的一些具体的东西，明白真理使人自由。之后他又到哥伦比亚大学师范学院，一路走过来的所有经历都让他一边成长，一边不断明晰他这一辈子要去做什么，怎么去做。很多的范

例放在他面前，从他的师长、他所听到的那些教育家们开拓创新的创业的故事中，他能够吸取到非常先进的一些教育理念，一些活生生的实践范例。最后他在1919年的时候回到祖国。

投身教育的实践者，科学幼教的开拓者

实际上那时候他还是有机会继续去深造去完成他的博士学业，但是后来，在当时还是南京大学的前身，我们叫南高师，南高师校长郭秉文去美国力聘他回国来做教授，希望一起来改变教育，这个时候他就毅然回来了，中断了博士的学业。回来后，他非常想要投身到国内改革的洪流当中，来发挥自己的作用。他在1919年回来以后，可以说做了一系列的事情，不仅是在当时的学校里，作为教授也好，做行政工作也好，整治学风等，更重要的是，他开始投身教育科学化运动，着手去做教育实验和教育研究方面的实际工作，这一系列的开拓性工作奠定了他在儿童心理研究、家庭教育和学前教育等方面的基础。具体来说，他的开拓性贡献大概有这几个方面，我在书里也提到了。首先是在自己的孩子身上，也就是我的父亲陈一鸣先生出生以后，他就精心地做了808天的观察记录。

个案研究与追踪研究是一个很重要的开拓性研究，他利用了很多科学方法和现代技术，包括日记法、摄影记录，从长子一鸣生下来第二秒开始就做这个精心的记录，全方位地把他的一个孩子的成长过程当中的生理、心理发展等各方面的东西，都做了如实的周详的记载，并进行了研究。

在这个基础上，1925年时，他推出了第一本心理学专著《儿童心理之研究》，这也是中国第一本开拓性的儿童心理学研究的专著，是非常有价值的。书的内容是非常丰富的，特别是深入细致地研究儿童的心理特点，为后人怎么样来进行儿童教育，怎样有针对性地根据儿童身心特点去施教，提供了很好的科学依据。例如他谈到儿童的模仿心、好动心、好奇心、游戏心等方面，其实都是很重要的理论。他也在不断地总结他的孩子在家庭教育氛围中，包括他和家人，在养育孩子过程中观察到的事例，不断把这些东西都做了研究记载和整理。

之后有一个儿童心理学研究的姐妹篇，就是《家庭教育》。这也是一本力作，可以说是中国现代家庭教育的开山之作，这本书得到了陶行知先生的大力推荐和高度评价，提出"愿与天下父母共读之"。他非常好地把怎么去教孩子，怎么把科学化、艺术化等方面的一些东西结合在一起，对孩子的父母，对教育工作者，都是一个很好的指导。除此之外，他还做了很多相关的工作，除了一些调查研究，在幼教的开拓方面，包括他和陶行知先生一起，共同提出《注重幼稚教育方案》（参加全国教育会议时），

从政府方面去推动教育变革。

他还发起成立幼稚教育的研究机构、学术团体，创办一些儿童教育的刊物，等等。在实践层面上，很重要的是创办了中国第一所实验幼儿园——鼓楼幼稚园。这也是在南京做的，当时作为国立东南大学教育科的一个实验基地，大家一起合力，包括他的助手和一些有着共同志趣的同志一起来做这样一个实验。这个幼儿园的办园宗旨中，非常重要的一点，就是想要在中国的土地上，做最好的教育，就要从幼稚教育做起。这是一个活生生的范例，不盲目地去学一些国外的皮毛，要改变中国教育当中一些传统的弊端。鼓楼幼稚园的实验应该说是一个全方位的实验，包括在目标、课程、玩教具、教师培训、教材等各方面配套都做了很多很多的工作。很重要的是他们一边做实验一边总结，同时把鼓楼幼稚园，作为一个他自己叫作种子田、试验田的场所，他把鼓幼所做的成功的经验及时地推广开去，利用他的各方面的潜能，在国内产生了广泛的影响。

刚才讲到鼓楼幼稚园是一个重要的节点，然后接下来很重要，他曾经有一段时间担任南京教育局学校教育课课长的工作，这个时期他做了一个实验，这个实验比前面的范围可能更扩大了，当时叫国民教育实验区和儿童教育实验区计划。他奠定了这样一个范围，就是我们今天看到的，各个片的学校，实际上是他那个时候建立起来的。从中学、小学到幼稚园进行一些全方位的实验，后来因为陶行知跟他是哥大的同学，他们俩一直是志同道合的好友，在 1927 年的时候，陶行知创办了晓庄试验乡村师范学校，可以说这是他们两个人非常成功的一个合作范例。他当时应邀担任晓庄试验乡村师范学校第二院的院长兼指导员，这个第二院也就是幼稚师范学院。一方面他在鼓楼幼稚园做这样一个比较优质的幼儿园，当然鼓楼幼稚园的学生质量在当时是比较好的。另一方面在第二幼稚院的时候他跟陶行知做乡村幼稚教育，创办开辟了一些乡村幼稚园，从事推广中国乡村幼稚园的工作。他把鼓楼幼稚园的经验和乡村幼稚教育很好地结合在一起。实际上就是怎么样更多地去推广科学化的、中国化的、大众化的幼稚教育的理念。他们还做了很多具体的有价值的工作，包括后来他一边做学校教育，一边全力支持陶行知推行艺友制。他把当时的学生还有一些教师通过艺友制的形式连接在一起，大家一起共教共学共做，研究教师的培养培训，成为非常成功的一个范例，共同推动幼稚教育的发展。他在南京做了一系列的工作，当然还有一些研究工作，一直到 1927 年，因为有一个契机，上海的工部局华人教育处需要一个中国人去组织华人教育，当时是经过斗争才获得这个权利的。他在权衡之下觉得这也是非常重要的一项事业，所以他后来就到了上海。在上海他创办了很多的学校，包括中学、小学、幼儿园。他继续在做中国化新教育的实验探索，从鼓楼幼儿园到上海的过程中，他做教育的面愈加广泛，实验的力度也加强了，也更加科学、有序。包括在四十年代创立的活教育理论体系，实际上都是前面的二十年实践的过程当中不断积累完善并形成的。在上海他做了很多具体的工作，后来一直到抗战爆发以后，他在租界继续做难民教育，办了很多难童学校，还有特殊教育等。实际上他把整个儿童教育的领域拓展到了更广泛的领域，既有普通儿童教育，也有当时的特殊儿童教育，包括四十年代普通人的教育、难童的教育，还有更广泛的社会教育，等等。他一直非常重视社会教育，普及教育是他的着眼点，他在教育领域里一些核心的东西也得到了更好的延伸和推广。

他非常注重实践，在各方面都是亲自去做，不管是什么小事，或者多么细微的事情，他都是自己亲手去从实践中进行实验，然后得出科学的结论。他十分善于总结，然后提升到理论层次，进行开拓创新。抗战初，他受到汪伪特务追杀，在这种恶劣的条件下，他跑到了江西，原因有两个方面，一个是躲避汪伪暗杀，还有一个是他要去实现自己的教育理想。因为之前他一直在做幼儿园、小学或者基层的一些教育改革和实验工作，在这些工作当中，他觉得教师培养是非常重要和迫切的，应该把它提到一个极其重要的议事日程上来，所以他就利用当

时特殊的条件到了江西。他的很多学生都回忆到，在泰和的一座山上，大家白手起家，荒山辟乐园，他就是以这样一种精神，创办了中国历史上的第一所公立实验幼稚师范学校。他在做这所学校时，和他的合作者一起是非常用心的，他们做什么都要做到最好，他的很多同事、他的学生等当事人，回忆起当时的种种情境，大家都非常快乐，非常振奋，就是以一种创业者的精神，去从事这样的一种工作。同时他做的时候，又是科学化地、系统化地去做。除了幼师之外，后来又发展了国立幼专，还附设了很多学校，包括附属小学、附属幼儿园、附属托儿所，还有国民教育实验区，等等。陈鹤琴先生尽量去构造一个幼稚教育体系，后来我们发现祖父一生当中，在做很多事情的时候，他都是从个别到整体，然后渐渐地把它们联系起来，做成一个系统化的东西，而不是孤立地、单独地去做。他们一方面是合作，一方面尽量做成一个完整的，各方面比较全面的整体化的实验。所以这在当时是极具开拓性的，也是非常有价值的工作。一直到了抗战之后回到上海，他把国立幼专又迁回到上海，上海的这个幼儿师范学校的创办就是在这段时间。四十年代初形成的活教育理论体系又得到了不断完善。我觉得他能提出活教育的理论是至关重要的，在中国的教育发展方面，除了陶行知先生，除了我们知道的其他一些教育家以及他们所提出的口号和理论之外，活教育应

该是一个非常系统完整的理论体系，他包含了几个重大的方面。一个很重要的是目的论，讲我们教育是为了什么，实际上这是陈鹤琴教育思想中最具有核心价值的东西。他提出我们大家都知道的三句话，即活教育的目的是："是做人，做中国人，做现代中国人"，而且在每一个层面上，他都有深入细致的诠释和延展，怎么样去做一个人，今天我们应该怎么样去做中国人，现代中国人应该具有什么样的素质。所以，他所提出的教育目的直接指向了人，指向一个人的发展，我觉得这是一个最核心、最根本的东西。

我们讲到陈鹤琴先生慈爱，这个爱，是指说他对人的关注，对每一个生命个体的生存价值的重视，对生命的每个阶段和人生幸福的尊重和敬畏。实际上这是区别于其他教育的一个很重要的关键点，就是说我们的教育，到底是为了什么。教育是为了人，为了人本身的发展，他有很多这方面的论述，我觉得是非常精彩的。我们今天读来，依然感到总结得非常到位、非常深刻。他认为儿童成长当中的每一个阶段都有其本身的价值，教育不仅仅要为个体的成年生活做准备，而且要保证未成年期的生活质量。他爱儿童，也爱青年，爱每一个人，实际上就是对每一个人的基本权利的重视，对每一个人的生命发展的关注。

"凡是儿童自己能够做的，应当让他自己做；凡是儿童自己能够想的，应当让他自己想。"这两句话，不仅仅是我们理解的父母不要越俎代庖，什么事情都替孩子做，从更深层次看，他是对一个人之所以为人的诠释，一个人必须有他自己的独立性，有他自己的自由和选择的权利，他要自己做，而不是说你叫他怎么做，他就怎么做，他不能是一个盲从的人，他应该是一个完全有自主性的、主动的人。所以活教育就是一种自动的、生动活泼的、活生生的、前进和发展的教育，而不是你让我死读书我就死读书，你让我做什么我就做什么。人应该是区别于其他动物的，他应该有自己的独立的思维，他应该能够自己做出判断，做出选择，在这个过程当中，不能剥夺他想的权利，如果没有这样一个基本的做和想的权利，那他作为人就是一个死气沉沉的，是一个人性被束缚的人。所以活教育很重要，他在关注教育目的的时候，诠释得非常清楚，他有很多论述，我们今天读起来，都是觉得非常精辟的。教育直接指向人应该是怎么样的，我们的教育应该怎么样去为每一个生命着想，去尊重每一个生命，去重视他们的发展，而且去正视他们。在生命过程当中，每一个阶段，都不能牺牲他们本身应有的地位和价值，这个我觉得尤其深刻。接下来从目的论之外的课程论、方法论、训育论等，他的每一个部分，都有精辟的论述。比如说课程论提出，"大自然、大社会都是活教材"，在他们实施教育的时候，充分地利用了身边的环境，如自然的环境、社会的环境。实际上他阐释了一个人的成长过程当中，不仅是完善自己的人格、技能、学识等方面，而且人和人之间要发生关系，人和社会和自己所处的环境，国家、世界乃至宇宙，都要发生一种良性的关系。这是一种和谐的，能够互相去促进、共生共融的状态，这些在他自己的教育实践中是这样去做的，同时在理论上，也是非常精准地归纳出来，提高到一个相当重要的地位。另外还包括"做中学，做中教，做中求进步"的方法论，他把这些都非常有机地联系在一起了。

陈鹤琴认为，老师不光要告诉孩子今天干什么，明天干什么，而且要教给他方法，让他自己去学会怎么做，鼓励儿童去发现他自己的世界。他在做中学、做中教的过程当中，强调实践的机理，在实践当中学习。同时教学又是互相促进的，我们中国古代讲教学相长，在教学相长的基础上，他更进一步讲述了现代的师生关系是一种互动的良性关系，主张在教学过程中师生之间、学生之间、教师之间均能有良好的互相作用，以达到互相促进、教学相长的目的。他跟陶行知都是这样做的，教师教教师，儿童教儿童，教师也可以从学生那里学到很多东西。我们今天认为好的师生关系应该是共同成长的，我们当老师后越来越觉得实际上教师要感恩学生，因为有了学生我们才不断地成长，而且我们在这个生命的成长过程当中常常获得观照。我们自己看到学生的成长，也观照自己的生命，然后我们跟学生，有一种互相的砥砺，互相的促进，互相的推进。在这个方面，他在做中学，做中教，在实践层面是做得非常非常好的。我想他的历届的学生，包括江西、上海幼师幼专的学生，一直到南师院的学生，大家都对这一点有非常深刻的印象。做中教，做中学，做中求进步，是一个共同合作的，大家一起去完成的事业，是一个共同成长的过程。另外还有他训育论的十三条原则，我后来专门写文章研究过，根据他的提示逐条去理解，确实每一条都非常深刻，比如说"从小到大"，哪怕很小的事情都不能忽略。从年龄上要从小教起，从小教好。还有从做人做事情上，就是一切都要从小培养，我们中国古代说"勿以恶小而为之，勿以善小而不为"。他非常注重从日常很小的事情、很细节的事情，去完成教育中的一些人格培养。

还有关于人治到法治的问题，关于法治到心理的问题。作为一个教育家，他非常重视对人的心理的理解和认识，他说："做一个教师一定要懂得心理。"我觉得这一点是非常可贵的。我们教育一定要建立在一个科学的基础上，而不是随心所欲的。我认为好的教育不是仅仅对你好就行了。好的教育应从教育对象的身心特点出发，从他的成长规律出发来施教。他在训育原则中，有非常好的一些阐释，包括他认为最重要的教育，应从"空口说教"到"以身作则"。家长也好，教师也好，或者在这个社会上从事行政的官员也好，你们说什么可能并不是那么重要，哪怕说得很好听，但是你们做什么是最重要的，能起到最直接的影响，有一种示范作用。他特别强调，具有示范作用的一些人应该怎么做。在他的训育原则当中每一条都极具价值，包括教育应该从分家到合一，从隔阂到联系，等等。他一直是非常注重合作的，他从事的事业中能想方设法从更广泛的领域调动一切资源，力求把全社会的力量都动员起来，形成合力鼎力去做，去完成，去形成一个推动力。所以他不光是自己在做实验，做教育，不断地总结理论，而且是怀着一种更宽广的使命感去做，同时他能想到的，就身体力行地去做，哪怕是遇到很多的坎坷、挫折、打击、不如意，他也百折不挠地去做，我觉得这种精神是贯穿他一生始终的。回想起来，在他一生九十年的生涯当中，他有过很多坎坷的经历，有过很多艰难的时刻，但他始终都坚持着，认定了自己要做什么。他这一生，是来干什么的，他要活出一个什么样的人生才是他自己认为好的人生。

回到最初，当时从私塾出来进入教会学校，他曾经是受了洗礼成了一个基督徒的。教会学校奠定了为他人服务，为社会服务的思想基础。后来到了清华，他觉得庚子赔款是民脂民膏，他说国家用这个民脂民膏来栽培我，我能够吃这些，用这些，我有条件到美国去留学，我怎么能不感激，怎么能不思报答。他救世济民要回报人民的想法就越来越生根了，并且贯穿、浸润在他的一生当中。再后来他不断掌握一些先进的教育理念，同陶行知等一大批现代教育家相同，他们都有一个强大的愿望，就是让我们中华民族也有非常好的教育，让我们这个土地上的每一个人，无论是贫穷的，还是富裕的，都能接受到同样的教育，都能够有好的发展。他们在一步步地推行他们教育理想的过程当中，不仅仅是少数的人在合作。他们非常善于去调动所有能调动的力量，重视社会大环境的影响，包括他们当时去推动创建更多的平台，有学术团体的、研究的层面，刊物的层面，他在做活教育的理论总结的时候也创办了相应的刊物。这就推动先进的教育理念和全社会的一切力量聚合起来，去共同地辅助儿童教育。

还有一个特点就是他不是孤军奋战，而是合作去做。要形成合力就要尽可能地从社会层面，从各个领域，共同去完成他们想要去做的这些事。从1919年回国到1949年，可以说这30年当中，他经历了很多，也有坎坷，但是还是做了不少事，也奠定了他中国儿童心理学家、中国幼稚教育的开拓者和中国现代教育家的地位。后来到了中华人民共和国成立以后，从1949年到五十年代初，用他自己的话说他感觉浑身有使不完的劲，他觉得好像是一个百业待兴的全新的时刻，他有一些没有做成的事情，可以继续去做。包括在中大，那时候的国立中央大学就是南大的前身，他在中央大学师范学院做院长的时候创立幼儿教育专业，这是当时全国首创的一个专业，是为了进行幼儿教育师资的培养工作。后来到1952年，南京师范学院成立以后，他作为院长，又创办了全国第一个幼教系。这是中国第一所在师范学院中专门成立幼教系来进行幼教师资培养的大学。可以说在南师的这段时间，他做了很多卓有成效的工作，包括校园的拓展。我们知道南师原是金陵女子学院的旧址，有非常好的基础，校园非常美丽，被称为东方最美校园。在校园建设、拓展和改造过程当中，他全力维护整个建筑群原有的风貌，特地请了梁思成和他的好朋友来进行设计，又继续盖了中大楼、南大楼和北大楼，就是我们今天看到的，南师大有一些大屋顶的建筑，在原有的基础上既保留了统一的风格，同时又做了改进。他不光对设施设备、校园基础建设等方面很重视，他继续延续他以前的做法到处去广揽人才，延聘了一大批的专家、学者、教授，我们后来看到南师院有一批非常著名的专家教授学者，很多都是他那时候聘请过来的。

他倡导用科学化、人性化相结合的方法去管理治学，他带头去做学术研究，不光自己授课，在做行政的同时自己也做科研，譬如说他把我的父亲一鸣，从一岁多开始，一直到十六七岁画的画收集起来，一共收集了几百幅图画。他之前做过研究，还专门撰写成了学术论文，叫《从一个儿童的图画发展过程看儿童心理之发展》，当时在学校组织科学讨论会，带头去做学术报告，在校园里展览我父亲的画，带动校园的学术氛围。在这个阶段，他仍然要去做他理想中的好的教育。但是因为众所周知的原因，在这个过程当中，他也不断地受到一些批判和压力，包括五十年代初，对美国杜威实用主义的批判。他碰到一些挫折和坎坷，但是没有偃旗息鼓。当时推行苏联的教育经验，他也跟苏联专家在一起有过一些讨论，他的总的原则就是我们不能够盲目地照搬。我们不能把整个苏联的一套全盘盲目套用过来。他认为教育还应该遵从教育本身的规律去做，主张学习他国先进教育经验时应同我国实际情况相结合。同时他在自己的选修课上开设了"活教育批判"这样一门课。实际上，他是在用这样一个名字，为活教育正名。他就是要告诉大家活教育是什么，他的目的论、课程论、方法论、训育论，还有很多课程包括五指活动等系统的理论是怎么一回事。他提出的活教育，是有别于死教育的非常生动活泼的先进的教育。1958年之后，在"拔白旗"运动中，他从南师院长的岗位上被撤下来，不让他继续在师范学院工作的这点对他来说冲击还是挺大的。他说："我是一个兵，我的岗位是教育战线，离开了自己的岗位，我这个兵怎么当啊！"尽管这样，他心中的理想并没有泯灭，他还是想利用一切机会，去继续做自己可以做的事情。他还期待着后面会有一个春天的到来，能够重振教育。后来到了政协以后，虽然政协主要工作是对台宣传，但是也有机会去进行一些调查，他非常善于利用这种机会深入一些教育机构，去了解现状，包括小学，幼儿园，还有他住地附近的五老村。他曾经住文昌巷，附近有五老村小学，我记得他曾经也有去看、去了解现在的孩子们是怎样学习的，教师是怎样教的。然后他利用自己的便利条件，去进行调查，去记录，那时候他更多的是去观察，利用自己政协委员的机会去提出一些建言，希望能够起到一种推动的作用。当他碰到人生中一些很不幸的事件的时候，我觉得他是比较豁达的，他能够自己化解掉。我觉得这是一种乐观的精神，不管在什么情况下，都能够积极向上地去生活。哪怕在逆境里，他也能够去克服。无论何种境遇，要使自己有一种比较积极的心态，去更好地走自己人生的路。这是一种生活方式，一种态度，是很重要的。

改革开放之后，在 1978 年、1979 年的时候，他的思想是无比活跃、重新喷涌而出的阶段，虽然当时他身体已经比较弱了，但是他因为看到重振教育、民族复兴的机会，所以他在各种场合，包括在参加全国政协会议期间，利用一切机会提出很多建言、提案，他积极参加很多的活动。从 1977 年到 1982 年，在他生命最后的五年，我们有更多的机会在一起，可以说是朝夕相处，那个时候我陪着他一起参加过一些重要的会议和活动，比如说江苏省心理学会的

学术年会等，还有中国幼儿教育研究会的成立大会也是我陪他去参加的。当时在会上他就幼儿教育发展问题发表了热情洋溢的讲话，因为他报告比较长，开头和结尾是他读的，中间部分是我代他读的。他很热情地去参与相关的活动和会议，提出了很多宝贵的建议，包括要重视对像陶行知这样的人民教育家的研究。后来对陶行知的研究，就是从 1979 年他提出来开始起步。在 1979 年的全国政协会议上，他提交了关于恢复和发展幼教事业的提案，其中包括在各省市恢复和重建幼儿师范学校。因为"文革"期间除了当时浙江还保留了一所幼师，全国的幼师都没有了，幼教师资青黄不接，他在 1979 年及时提出，全国要重建和恢复原有的幼儿师范学校，以培养幼教师资。

他还提出在高等师范学校，对原来的幼教系进行恢复，包括重新恢复或设立实验小学、实验幼儿园，设立玩教具研究室和实验工厂等。原来他在南师的时候曾经创办了玩教具设备研究室和附属工厂，设立过附属幼儿师范学校，附小、附幼、托儿所，等等。他后来在 1978—1979 年又继续呼吁要恢复这一切，还有学术团体、学术刊物等，可以说他自己不光是在呼吁，而且还积极地参与，做了很多推动工作。那几年虽然是他生命的最后几年，因为有了这样一个机遇，他还是尽自己最大的能力去做自己能做的事情。包括他生命的最后六年，他每一个六一

都是跟孩子们一起在幼儿园度过的。我记得有一年，第二天天气不好，奶奶说明天要下大雨了，我们不能去幼儿园了，不方便。那时候他已经因为脑血栓双腿不能行走了，他坐在轮椅上很着急，他说："下雨，下刀子我也要去！"从内心来说，他一直是心向儿童，要跟孩子们在一起的，而且他心系教育，利用一切机会，去尽他自己的一份心。在1979年提出恢复和重建幼师时，我在晓庄师范上学。1977年，我在东北插队有将近八年的时间，后来病退回到上海了，之后又有一个机会可以到南京，因为我祖父当时七个子女都不在身边，他也希望我能够到他这边来。在这之前，1973年、1975年的时候，他曾经有两次大病，当时我在医院陪伴他，就我们两个人，有过很多朝夕相处的时间，也结下了很亲密的感情。我能感受到他的慈爱，包括我们每次分别的时候，他都是要抱抱我，亲亲我，表示一种依恋。1977年，正好恢复高考，当时我想要去参加考试，能够去读师范。因为祖父也好，母亲还有家人当中，好多都是从事教育的，对于教育行业，我有一种天生的亲近感。另外我自己非常喜欢文学，想考师范考中文。当时就想考南师，考晓庄师范，后来我问祖父的意见，我说，爷爷，你看我考什么学校好，他脱口而出就说晓庄师范。我后来细想起来觉得他可能是因为自己曾经跟陶行知有这样一种道义之交和亲密关系，对晓庄师范有一种天然的、深厚的感情。我跟祖父虽然是祖孙，但是我们经常会有一些很好的沟通，就像朋友一样。他从来不强迫你要做什么，他像朋友一样跟你交流，或者给出建议，让你自己去选择。后来我觉得考晓庄师范还是挺现实的，因为第一它是一所两年制的中师，我当时已经插队农村八年了，这个年龄我急于要自食其力，当时师范是有师范生补贴的，有助学金，我读晓师两年就可以出来工作解决生存问题了。第二晓师也是一个很好的学校，在全国恢复的师范当中它的名声也是非常好的，是陶行知创办的学校。当时我就报考了晓庄师范被录取到了语文专业，我是1978年年初进入晓师的。在1979年的时候，祖父提了提案，在全国各省市恢复和重建幼儿师范学校，这个提案一经提出就得到政府的重视，各地积极响应，1979年当年，南京市决定要建立一所南京市幼儿师范学校。在当时物色校址还没有落实的情况下，为了急于解决教师青黄不接的现状，当年从非常好的报考生源当中，去吸取有兴趣、有志向从事幼儿教育的学生到幼师学习，因为还没有地方就把先期招生的两个班放在了晓庄师范。那一年幼师招生是破例的，其他学科都是九月份新生入学的，幼教因招生启动迟，到了十月份，将近十一月份的时候，新生才进校。当时在晓庄师范要搞一个幼师开学典礼。我记得祖父听到消息非常兴奋，深感欣慰，因为这个学校是1927年陶行知和他一起共同做的事业。当时也是又有小学教育，又有幼稚教育，他作为幼稚教育院的院长。今天，他欣喜地看到自己所提的提案这么快就付诸实施了，在晓庄师范又有新的幼师建立了，幼师开学了，他所钟爱的幼教事业的师资，又有可能后继有人了。

当时学校邀请他去参加开学典礼，这个细节我记得非常清楚，我是陪他参加整个过程的，那年他88岁，脑血栓以后两条腿行走非常困难，但是走进会场的时候，全体学生站起来鼓掌的那一刻，他以雄赳赳的姿态一步一步地迈着费力而有力的脚步，走上了讲台，然后做了热情洋溢的讲话。那天的讲话非常振奋，就是对幼师开学，对新一代幼教工作者的期许。他对幼教事业的热切的欣喜都在里头，对后来人寄予厚望，在会上他还和全体师生一起合影。之后他还拜谒陶行知墓。那天活动结束以后，他跟我一起在回家的路上，坐在车里，他跟我说："小虹你知道吗，我今天开会的时候，很想来表演一个小兵丁。"那是他自己的一个拿手节目，那首名叫《我是一个小兵丁》的歌是他根据一首法国民歌旧曲填词改编的，他一生把这首歌在各个场合经常表演。作为他最喜爱的一个保留节目，他的历届学生，每个时期的学生都非常熟悉，包括在南师院的时候，每年遇有一些大的节庆活动比如新年晚会等，他都是要上台表演的。现在，他在走路都困难的情景下，还是想着要表演那首歌。他接着又说："后来想想，可能不太好，就作罢了。"他跟我讲的时候我们都

笑了，我心里想：爷爷，你走路都很困难呢！因为他以往是要一边唱一边跳的："我是一个小兵丁，小兵丁……"他拿了一个拐杖，他叫司的克，把它当枪扛在肩上，然后自己迈着步子，非常雄赳赳地去唱"我是一个小兵丁小兵丁，我是一个小兵丁，小兵丁是我。"这件小事让我悟到，实际上他的一生，都是把自己视作一个教育战线上的小兵丁，为了实现教育理想，一生在不懈地奋战。而且他是想一代一代地把这种理想、热情、激情能够传递下去。包括今天的新生——新一代幼师，他希望他们能够传承一种活力，把自己为了幼儿教育，为了儿童教育，为了整个民族的复兴事业永远甘当小兵丁百折不挠的精神传承下去，能够保持这样一种赤子之心和一种持续奋斗的活力。这样一种热情和精神我觉得是非常可贵的。虽然他在晚年因为疾病身体变得非常弱了，但他的精神依旧是充满了活力的。他有很多的好的想法，他尽力地要去做。有些已经做成了，有些还没有做成。他还是要在他有生之年，努力去推动，竭力促成他一生想做的事业。

他是1982年12月30号去世的，在1982年3月份的时候，南京师范学院的党委到家里来，向他宣布了平反的通知，告诉他1958年包括五十年代强加在他身上的结论是错误的。他在临终之前得到了这样一个结论，实际上不光是一个恢复名誉的事情，而是对他一生所致力的教育事业的一种认可。"文革"

以后，他担任江苏省人大常委会副主任，并被推选为中国教育学会名誉会长、中国幼儿教育研究会名誉会长、江苏省心理学会名誉理事长，都是对他这样一位教育家在中国现代教育进程当中的地位和所做出的贡献的认可。在差不多平反的同时期，他的教育文选整理出版，他以前的一些关于儿童心理的、家庭教育的，包括活教育的理论性著述重新问世，让后人来继续研究。在这个基础上，能够借鉴、吸取，能够来推进我们今天的现代教育。因为我有幸跟他在一起参加很多活动，也能感受到他的很多东西，不仅仅是人格方面、精神方面的，包括我们有时候在一起看一些文章，讨论交谈一些问题，对他的教育思想有更深层面的认识。八十年代初，江苏省由南师大牵头成立了陈鹤琴教育思想研究会等，做了许多卓有成效的工作，那个时候研究会组织了很多学术年会、研讨会等，慢慢开始搞课题。我们在其中，包括与唐淑老师等很多南师的前辈一起，开始对陈鹤琴教育思想，有了更多的学习认识和理解，应该说在这个方面，南师大实实在在地传承和延续着陈鹤琴的教育思想。

尊重儿童，把儿童的兴趣放在首位

80年代初，我从晓庄师范毕业之后留校任教，学校把我安排到了教育组。学校的意思是你到教育组比较好，可以继承祖业去做教育方面的教学和研究工作。为此学校送我到南师大教育系进修，1979年招的学前教育专业是第一届，我就一边工作一边旁听，听了大概有十门课程，就这样边干边学，现买现卖。我跟学生们共同学习切磋，也得到了很多前辈包括祖父的指点。我对中文一直是非常喜欢。在那个阶段，我一边刚刚介入教育专业，一边心里头仍然是对自己喜欢的中文念念不忘，业余时间又开始在南师攻读学历课程，在比较纠结的时候，我祖父就看出我的心思了。他深谙心理，不管是儿童的心理、青年的心理，还是自己孩子的心理。有一次他跟我谈心，他说，小虹你现在是不是很矛盾，他说我知道，你非常喜欢文学，喜欢语文，但是你现在是在做教育。我觉得你还是要从自己的兴趣出发，做自己最喜欢做的事情。当时他跟我说了这样一段话以后，给我的建议，正中我的下怀，因为我实际上是非常非常想回到我喜欢的语文专业当中去。后来我就跟学校提请求，说能不能让我还是回到语文组，所以后来就又回到语文组去从事语文的教学和研究。我觉得这也说明，祖父是非常尊重人的内心感受和自由选择的权利，而且他自己也有这种体会，就是人的一生要去做自己最喜欢的、最有兴趣的事情，如果能把这个事情作为自己的工作，作为一生的事业，那这个人应该是幸福的。所以虽然我们讲九十年的跨度很长，但是我觉得，他一直在做自己非常喜欢，觉得非常有兴趣的事情。所以他觉得自己能够选择去做自己想做的事情是很幸福的，同时他把这个建议也给了我，让我在这个时候重新回到自己最喜欢的工作当中去，我觉得这也是一个很好的馈赠，可以说他在我选择的关键时期，给我了点拨和信心。后来我一方面在语文领域，不断学习研究和实践，获得了较好的成长，同时，因为对教育也有非常大的兴趣，我参加了心理学会、教育学会等学术团体，利用一切机会去参加教育领域的学术活动，继续各个方面的培训和进修，包括在国内也包括在国外参加有关学校教育和教育管理方面的培训。后来我觉得将这些方面有机结合到一起，能够更好地提升自己的职业生涯，能够使自己有一个质的飞跃。因为碰到有些专业问题，我就不是单纯从语文或者教育专业的角度去体会了，就会有整个教育的开阔的视野。而且因为从事了教育研究，我也有机会更多地去理解和研究包括像陈鹤琴、陶行知和一大批教育家群体，所以我觉得，我还是非常庆幸自己能够在从教之初接触教育专业，而且能够在生命当中，跟祖父有一个这么好的交集，能够亲身地、近距离地感受到他的尊重、关爱和支持，在一些关键的时候对自己的成长有一个推动，同时在这个起点上，在自己的发展当中，有一个拓展的机遇和可能性。深深感念祖父，感谢他所馈赠给我们的这些弥足珍贵的东西。

事无巨细，儿童的事就是大事

有一些很小的事情，却让我印象极其深刻。小学一年级的时候，我在上海上学，有一天，收到祖父给我写的一封信，他说，小虹啊，我写了一个儿童读物的小故事，准备发表，我想请你帮我注上拼音，使它成为一个拼音读物。因为1949年以后开始推广新的汉语拼音，跟以前的拼音不一样了，不是拉丁语的拼音，他可能自己觉得对汉语拼音不是很熟悉，就请我们一起合作来完成这样一个小的作品。当时还有跟我同年的陈秀霞的女儿，我们同时在做这个工作。我们两个小学生欣然接受了任务，因为我们很熟悉，所以很快就把那一篇小文章整个注好交给他了。过了没多久，祖父又来信了，还专门寄来了稿费，他说作品已经出版了。我记得当时就是这样拉开是一长条，一折一折折起来的，一册小小的儿童文学读物，那是一个小故事，注音读物。他说，这是我们共同合作的成果，所以稿费也要平分，大家一起来分享。我当时印象很深，因为自己才一年级就拿了稿费，平生第一笔稿费是祖父给我寄来的，兴奋之余也感到他非常重视我们，让我们小小年纪也参与到他的工作当中去。后来我自己做了教师，做儿童文学工作，我就又有了新的认识，我觉得他是一个大学教授，有很多很多的事情，而且是南师院的院长，有着繁忙的行政工作，但是那时候，他并没有认为这是一个不屑一顾的小事。在他眼里，只要是对儿童有利的事情，为了他们所从事的事情，都不是无足轻重的小事，但凡可能，每件事他都会尽心尽力地去做。后来我自己从事儿童文学教学的时候，跟我的学生在一起，我们也进行了很多儿童文学作品的创编，搞了很多很生动的形式，也进行理论研究。我自己在创作儿童文学作品时，也拿了很多很多次的稿费，但是我最难忘的还是第一笔稿费，那是祖父给我们的一个良好的开端。70年代初，我在东北黑龙江插队，有那么一段时间，队里头搞了农忙幼儿园、托儿所，叫我去带孩子。那时候是混龄的一群孩子，每天就带着他们一起玩。祖父那时候与我有一些通信，知道我在做这个事情很高兴，他写信来鼓励我，还寄了很多他所能找到的儿童读物。那是在"文革"当中，已经很难找到好的读物了，但是他还是费尽周折去找到了一批适合给孩子讲的小故事、小画册，大概有五六十本之多，就寄到我们的生产队来。在这之前他也给我寄过书，因为他知道我在农村，就非常希望我能够在那种条件下坚持多读书，他知道我从事这样的工作以后，又想着孩子，特地为他们寄来了很多书。当时我们生产队的社员都很感慨，对我说，小陈，你有一个多好的爷爷啊！从这件小事当中可以看出来，祖父他是一直心系儿童的，不管他们在哪里，即便是边远地区乡村的孩子，他都会千方百计送去他的爱心。

祖父一生从事儿童教育事业奉行有教无类。在他的九条宏愿中，希望所有的儿童，不论正常的，还是残障的，不论贫穷的，还是富有的，都能够接受公平的好的教育。他致力于去做这些事情，做教育实验的时候，不仅做鼓楼幼儿园，也做乡村幼稚园，做上海工部局的西区小学，也带他的学生去做农村托儿所，包括做难童教育、特殊教育，希望每个儿童都能够接触到好的教育的滋养。在跟祖父的接触中，那些点点滴滴的小事，在我成长的路上都起到了很好的引领作用。这个引领从来不是一种居高临下的，教你应该怎样怎样，他完全是在用自己的所作所为，或者是像朋友一般的讨论和建言，来给你一些很好的启迪和示范。他与学生之间也一直是这样一种非常亲密的关系，就像共同成长的朋友。所以刚才讲为什么幼师的学生喊他妈妈，就是将他视作像母亲一样最亲最近的人，什么肺腑之言等所有东西都可以交付给他。在他们心目当中，校长从来都是以爱以德来面对他们，没有以威以畏、居高临下的压力。他在整个教育过程中，给学生的都是这样一种形象，一种身份，亦师亦友，亲如家人。

重视游戏，用心做好玩具

祖父非常重视对幼儿园环境、游戏和玩教具的研究，可以说，从鼓楼幼儿园开始，包括后面到上海去办学的过程中，他一直专心致志地在做这方面具体的研究工作，并带领着教师一起去做。因为我父亲、姑妈等都是鼓楼幼儿园的孩子，包括鼓楼幼儿园，各个年代的园友，或者叫校友，他们都清楚地记得当年在幼儿园的时候，最大的特色就是老师带着孩子们成天到外面去，利用周边一切可以利用的山川田园等自然条件和社会环境，包括菜场、邮局、码头、工厂等种种场所，带着孩子们去走近，去认识，去学习。

鼓楼幼稚园创办的时候很有影响力，当时有很多照片记录了幼儿园的生活，包括带孩子们去参加各种各样的远足活动，去登山，去捕捉昆虫，去写生以及去户外做很多很多活动。然后就地取材，利用可以找到的一些废旧材料、自然材料来作为生活的教材。在幼师教学的时候，祖父也经常提到，我们不要光是从书本出发，跟学生在书本上讨论什么东西长成什么样。最好能够因地制宜的，有活生生的东西，带领大家去参观、去观察，把这些作为最生动的教材，包括他们在幼儿园里创设环境，饲养动物，培植栽种蔬菜庄稼等植物。

在玩教具方面，除了利用各种材料来制作成玩教具，他还根据孩子的特点去设计教具玩具，包括许多户外的大型玩具，如六面平台、滑梯、跷跷板、摇马、秋千等，还有推拉跑的各种小车。他还会利用一些成人的东西来改造成儿童可操作的各种玩教具，譬如有一个原来用于赌博的轮盘，他就把这个东西改造成上面是有图有字的，转到哪里，孩子们正好就玩看图识字的游戏。另外他有意识地去设计一些适合不同年龄孩子的设备和玩教文具，使他们随意使用，各得其所，他还聘请有关的专门人员，帮他一起去设计制作一些玩教具，这类例子有很多。

上海静安区第一中心小学是他原来创办的学校，今天我们在那里依然能看到一个小光明楼。这个小光明楼我们去参观过，里头有各种各样模拟银行、邮局等社会机构的场景。除了孩子们在自己日常生活当中看到这些场景，他专门把社会上大家能够经常接触到的社会场景做成各个活动区域，然后他就让学生作为里头的角色。比如，我做银行的职员，然后你做顾客，你来了之后我们之间就发生一些业务关系。在小光明楼里，孩子们通过这种方式，去熟悉一些社会角色，掌握一些具体的知识、技能，特别是服务和人际交往等方面的东西。这是今天中心小学仍然保存着的，它就是延续了陈鹤琴当年的做法，保留了这些具有社会认知功能的场景在校园里，让现在的孩子，依然能够在学校里得到实际的操练。虽然现在孩子接触社会比较多，但是他们不一定能直接参与到活动当中去。那时候我祖父就很有意识地让很小的孩子有小公民意识，这个小公民，除了公民行为习惯的养成，还有跟人打交道、跟社会打交道以及生存的技能和本领的培养。他非常重视孩子的介入，所以说这是一个比较好的做法。当时在小学有，在幼儿园里也有类似的一些活动。实际上最初在幼儿园实验的过程中，他们就是把社会搬到了幼儿园，例如在活动室里辟出不同角落，让孩子们变成其中角色。可能是一个娃娃家、一个医院、一个图书阅览室，或者是一个可以做木工、泥工、纸工等各种手工的作坊等，把这些都融入幼儿园的教学当中。所以孩子们实际上在这个小的天地里，能够去感受和实践社会上成人的一些活动，培养动手动脑的能力，获得知识和经验。

还有游戏，是他非常重视的一个方面，他在研究儿童心理的时候说到四心，包括好动心、模仿心、游戏心、好奇心。而且他提出对小孩子来说游戏就是工作，工作就是游戏，小孩子在游戏活动当中动手、动脑，在游戏当中处理人际关系，克服碰到的困难，解决遇到的问题。他非常非常重视游戏的作用，他认为游戏是从儿童心理出发的，儿童本身就是喜欢游戏的，儿童天生把游戏当作自己的工作，成人可以利用游戏，对儿童实施引领儿童成长、发展的教育。所以在游戏活动的设计上应该说有很多不同的层次，游戏实际上是从婴儿就开始了，从最小的刚刚生出来的孩子开始，每个年龄段都有细分的。刚出生的小孩子适合玩什么游戏，能对他的视觉、听力或者什么方面产生积极影响，然后等到稍微大一点了，幼儿能够活动了，又适应一些什么游戏。等孩子学走路的时候，可以玩一些拖拉玩具等。再大点适合玩一些什么游戏，

慢慢地从个人游戏到群体游戏。还有在亲子游戏方面，在不同年龄，不同条件场景下，玩什么样的游戏，他都有很多的论述。而且对游戏他有很多很细致的研究，什么样的玩具是适合孩子的，什么样的玩具是好的玩具，他一直非常重视研究玩教具，因为他非常感慨，国外的一些孩子动手拆装玩具，训练了孩子动手、动脑，还可以发挥他们的创造性。所以他反对一些只顾做得漂亮考究，特别有声光电的只能看看的玩具，他称这种孩子不能去操作，不能去亲自动手的玩具是死的，中看不中用的。他认为好的游戏应该是活的，好的玩教具应该是活的，让孩子真正能够去操作，能够在当中得到动手动脑的乐趣，同时又能够去发展他的创造性。还有一些游戏在设计的时候就特别注意交互性。祖父在各个时期有关游戏和玩教具的论述有很多，在他的教育论著当中占着非常重要的比重。1935年，他把国外的一个布袋木偶带回来，带到鼓楼幼儿园，试验开展中国最早的幼儿园木偶戏表演活动。我们知道中国传统木偶是在福建那边，主要有杖头木偶、拉线木偶等，但是像布袋木偶、用手指头操作的木偶，包括自制木偶戏台的普及，这些是陈鹤琴从国外学习考察了以后在他的幼稚园进行实验而后推广开来的。幼儿园让孩子们、老师们一起来做木偶，然后来表演木偶戏。以后幼儿园把它作为一个很重要的活动内容，因为它不光需要动手制作，而且还有表演和创造的成分在里面，孩子们、老师们一起选择或编

排表演的本子，动手制作木偶，作为角色分工合作来表演。他精心设计的跟玩教具结合在一起的游戏活动包括在户外开展的各种类型的活动，内容相当丰富。他还用大量的篇幅对游戏和教玩具进行理论上的分析，提出游戏的价值，应该选择什么样的游戏，什么样的游戏是好的游戏。

中国家庭教育著述第一人

在二十世纪的中国，教育无疑是非常重要的方面，陈鹤琴、陶行知、晏阳初、蔡元培等一批新教育事业的先驱者们，在各自的领域当中，做他们认为应该做的，第一他们就什么是好的教育达成共识，第二他们致力于通过努力改变以往的积弊，然后进行创新和开拓，有一个新的推进，应该说每一个教育家，他们都在各自的领域里头有所建树。陶行知的生活教育，晏阳初的乡村教育，黄炎培的职业教育，等等，有人总结叫几大教育家，那时候就把陈鹤琴提到儿童教育家的地位，可以看出人们对陈鹤琴在中国现代教育，在儿童教育方面的地位和价值的认可。他从1919年回国以后在儿童心理方面的研究和开拓，建立在实验基础上的个案追踪研究等成果，都作为当时高等教育的重要教材，他以中西汇通的精神立足中国儿童的实地调查，研究和观察，在此基础上的实验是具有科学性的，奠定了他作为儿童心理学家的地位。关于家庭教育的研究不仅是808天，还有后面连续几年，以对他的长子陈一鸣包括他其他的孩子在内的活生生的具体实例和上升到理论的研究，共总结出了101条家庭教育的原则，等等。可以说《家庭教育》这本书实际上也是中国第一部具有现代科学意义的家庭教育专著，奠定了他作为中国现代家庭教育拓荒者的历史地位。紧接着就是创办中国第一所幼稚教育实验中心，并且非常成功地在里面通过实验法开展全方位的研究，做成一个很好的范例。鼓楼幼稚园是中国幼教史上一个开创性的标志，是中国人自己来进行中国化、科学化的幼稚园教育的实践探索，总结并形成了系统的、有民族特色的学前教育思想，其所产生的影响是不可估量的。他在儿童教育方面做了一系列工作，形成一个完整的体系。从出生开始的心理学基础研究、家庭教育到幼稚园教育，随着儿童年龄增长，他对不同施教阶段跟场合进行全方位的科学研究：家庭教育应该怎么做，到了幼稚园又应该怎么做，要有什么样的目标，有什么样的课程，有什么样的设施设备、教材、玩教具等，要培养孩子具有什么样的习惯、技能或者人格素养，幼稚园管理和师资培养，等等。当时他们在鼓楼幼稚园一边做实验的时候，一边非常细化地完整地把幼儿园的办园主张和办园标准总结出来。在这个基础上，他负责编制的《幼稚园课程暂行标准》由教育部颁发，在全国试行，对推动中国幼稚教育的改革和发展具有划时代的意义。

祖父和那个时期的教育家虽然在不同领域做教育，但是都有自己的教育哲学。他本身的视野比较开阔，同时又扎得比较深，从身边很细微的事去做，脚踏实地、扎扎实实地去做。而且他始终注重立足中国的国情和需求，注重实验，他边做边实验，然后不断进行总结提炼，形成自己的教育理念、宗旨。他不是光讲讲理论，而是在具体的实践中做，通过自己实验的检验，发现什么是最好的、最有利于人的发展的，然后再形成理论。所以他是不断地去实践并进行理论总结，这就奠定了他在这个领域的地位，不仅在于他有一些著述，有系统的理论体系，也在于他在实践领域做出的丰硕成果。例如他在家庭教育方面的重要观念，和一些非常生动的案例引导，今天读来没有过时的原因是，这些内容是建立在心理学基础上，同时又经过实践的检验，归纳整理和提炼出来的非常精炼、非常独到的一些东西是近代儿童观指导下"研究和经验实地的所得"。陈鹤琴的教育思想，最核心的灵魂我认为是他在活教育目的论里头提到的：做人，做中国人，做现代中国人，这样一个目的指向。放到今天来看，我觉得他的论述依然是非常科学、严谨的，而且他所提出的目标是有层次性的。他反对把人当作工具、把生命当作可以任意割裂开的阶段，反对以牺牲某一阶段的幸福去换取后面阶段的成功这种无视人性的功利目的。他是把教育的对象当作一个完整的人来看待。这个完整的人有两个含义：一个是个体生命的整体过程的每一个阶段都有其自身存在的独特的价值，实际上，这体现了他对个人生命的一种尊重甚至说是敬畏；第二个是人的完整性，在他的目的论当中，对要培养什么样的人，在论述中是非常完整、非常清晰的。他说什么是现代中国人，就是要有健全的身体，创造的能力，服务的精神，合作的态度，世界的眼光。人不同于动物，他要有能动的、创造的以及合作的精神。人和人之间是互相依赖、互相支撑的，人是一种社会的动物，他们之间要相互发生关系，他们应该是通力合作的。另外，还要有世界的眼光，世界的眼光就是说不能仅仅立足在自己的地盘里，"要爱国家、爱人类、爱真理"，"要做世界人"，要有更为广阔的视野和博大的胸怀。

陈鹤琴从人的全面性的论述开始，论述得比较周全，比较细致，不光是人个体生命的全面发展，而且是人跟他人之间，跟社会之间，跟国家民族之间，跟世界甚至跟宇宙之间，都要建立起正确而完好的关系。讲到人跟自然跟社会的关系，他认为都是如何做人的问题，不是去破坏，去争斗，去造成一种怨恨矛盾和杀戮，而是应该建立良性的、和谐的、相互促进的关系，使个人及全人类得到幸福。他对教育的目的的论述，我觉得既有深度，同时又有不同的层次，这个层次性是逐渐递进的，先做一个人，从广义的、一般的这个方面论述什么样是一个完整意义的人。然后这个人在特定的场景下，比如说在中国，你这个中国人，应该要了解一些什么东西，你的生活内容和意向应该是怎么样的。最后是现代中国人，就是要有世界眼光，这不仅仅是站立在民族和国家的范围中的，更要拓展开去。他的着眼点，第一个是在人，在一个人的全面发展和生命的全过程的发展的基点。第二个他又不是一个单独的人，他在人与人之间的关系，人和物，人和社会、世界、宇宙的关系中，通过怎么样的教育，能够达到非常好的良性的可能。这方面，我觉得实际上，最能体现他活教育的思想，也是陈鹤琴教育思想的精髓部分。今天，作为教育工作者在从事教育时，我们可能更多地要把立足点放在尊重每一个生命个体，尊重他们的权利，尊重他们成长发展过程的每一个阶段。同时在这个过程中，对人不仅仅是尊重，更是一种对生命的敬畏，把对人的认识摆得比较正，可能我们的教育就能够走到比较良性的轨道中去，有比较好的发展。第三点就是我们刚才提到那一批教育家，虽然大家做的都只是一个方面，但都在尽力往深入去做。要做到最细致，最深入，最具特色，在这个领域中，有开拓，有前进，有创新。同时他们又不仅仅只限于这一块，他们不仅仅是某一方面的专家学者，还善于去履行作为一个对社会、国家、民族、世界的发展能够有担当、有推进的知识分子的责任和使命。他利用一切条件，去呼吁、推动政府加大投入，重视学前教育，并建立有效的机制和规章制度，还有法律的推动等。陈鹤琴曾作为中国代表参加过一些重要的国际会议，接触到包括《世界人权宣言》这样的一些内容。他们努力把整个世界的一些共识，能够在我们国土上得以体现。祖父对儿童的赤诚情怀还集中体现在他的九条宏愿中，这九条宏愿刻在了他的墓碑上。他在 1935 年儿童节提出，包括了对政府部门，慈幼机关等社会救济部门，父母、教师、妇女们、慈善家和所有的成人们。我觉得他的每一条语句，我们今天去推敲，依然是可以从中看到我们应该怎么去做儿童教育工作，怎样去维护儿童的权力和保障他们的幸福。它应该是一个全社会共同参与、合力去做的工作，是要更多地调动起一切因素来推动的事业。祖父一生教育实践和实验研究的领域是很广泛的，从普通教育到师范教育，从家庭教育到学校教育和社会教育，从婴幼儿教育到青少年教育，从正常儿童教育到特殊儿童教育等，都做过深入系统的探索和研究。他用整体的联系的眼光看教育，他还调查青年婚姻问题，对女子教育也有研究。他认为女子教育非常重要，对于后代的孕育和培养是起到决定作用的。作为教育家，他不仅坚守教育理想有所建树，并且作为知识分子以匹夫有责的使命感身体力行去承担济世救人的社会责任，这已经超出了他作为某一个专业领域的教育家的范畴。

陈 庆──陈鹤琴长子次女

05　　　陈鹤琴是我爷爷，我的父亲是陈鹤琴的长子陈一鸣。在中国教育史上，陈鹤琴、陈一鸣这两位人物都具有非常重要的影响。因为陈鹤琴对他的儿子陈一鸣进行的 808 天的全面而详细的跟踪观察与记录，不管是学教育的还是不学教育的，大家对此都很熟悉。1920 年 12 月 26 日，陈鹤琴的第一个长子诞生了。诞生以后，他就开始用摄像以及文字，把陈一鸣在生活中的各种表现都详尽地记录下来，包括他的情绪的变化、语言的发展、美感的产生等，将陈一鸣在学习的过程当中是怎样一天一天地进步，健康成长的全过程，通过 808 天完整地记录了下来。

他亲自给孩子洗澡，亲自观察孩子的饮食、冷暖。我的奶奶，是他忠实的助手，他们非常细致地观察孩子有什么需求、什么情况下会哭闹、什么情况下要吃东西，他都将此非常详细地记录下来。这些记录对陈鹤琴来说，不仅是作为一位父亲对自己儿子的关注，更重要的是他把自己的孩子，作为研究中国儿童教育的一个非常重要的立足点。

这里要延伸到陈鹤琴为什么这样去做，陈鹤琴当年考取清华学堂，他在清华学堂学习以后又去美国学教育。在留美学教育的过程当中，他就立志要教育中国的儿童，要把自己的一生都放在这个上面。到达美国后，他就读于约翰斯·霍普金斯大学，从霍普金斯大学毕业后又到哥伦比亚大学师范学院专攻教育学和心理学，在这两个学校的学习，为他一生进行教育研究与实践奠定了非常深厚的基础。就读于霍普金斯大学的期间，"真理使你自由"的校训，对他影响非常深，教授们倡导的研究精神、实验精神，对他一生坚持通过实验来推进教育改革，通过研究儿童来教育儿童具有十分重要的启示意义。就读于哥伦比亚大学师范学院时，他受到先进的美国进步主义教育的影响，接受了教育民主的精神及最新的教育理论和方法，特别是美国著名教育家杜威的进步教育思想，对他回国后学术研究、教育实践的开展、活教育理论的形成起到了重要作用。其中在心理学研究这一领域，他原来是打算获取教育硕士学位以后，再专攻心理学完成博士论文的研究，但他还是接受了南京高等师范学校教务主任郭秉文的聘请，回国做教授。

1919 年 9 月起，陈鹤琴在南京高等师范学校教育科教授儿童教育学和儿童心理学，同时开展各项新教育研究。一年后他的长子出生了，他就想，我可以把这个孩子作为我研究中国儿童的一个实验的对象，实际上这时的他就开启了"活教育"的探索，因此陈一鸣也被人称为活教育研究的第一个对象。陈鹤琴在孩子身上进行了最初的观察实验，同时研究儿童心理的特点、儿童身体发展的特征，以及实施家庭教育的方法。在 1925 年的时候，他综合研究成果撰写的两本非常著名的著作问世，一本是《儿童心理之研究》，一本是《家庭教育》，这两本书奠定了他在中国儿童教育上的非常重要的地位。当时中国的儿童教育实际上还是荒芜一片，旧有儿童观念和传统教育陈腐不堪，国人对儿童教育根本不重视，把儿童看成一个没有地位的、任由成人主宰的对象。陈鹤琴为了中华民族的振兴，提出了科学的儿童观和教育观，他立志开拓中国现代儿童教育事业，别人不屑做的事情他亲自去做，而且是通过细致入微的研究和实验来做。

从南京到上海——孕育活教育的先行

陈鹤琴探索活教育的理论和实践实际上贯穿了他的一生，他曾在英文版的《活教育》中介绍和总结："活教育在产生和提出来之前是有其先行的。"他在南京的探索时期可视为"活教育"孕育的第一个阶段，1928年他到上海以后是"活教育"孕育的第二个阶段。

从在南京的教育探索起步，陈鹤琴所著的两本专著被列为大学教育丛书。

了解了儿童身心发展的规律再研究做教育的原则和方法，《家庭教育》被陶行知赞誉"系近今中国出版教育专著中最有价值之著作"，"以科学的头脑、母亲的心肠"提供给现代父母教育的实际上就是一部《家庭教育》的活教育读本。

1923年春，陈鹤琴倡议设立幼稚园，以实验中国化、科学化的幼稚教育，得到国立东南大学教育科的支持。一鸣近3岁也要进幼儿园了，陈鹤琴在自己的庭院里办了鼓楼幼稚园。后来幼稚园扩建了，成为国立东南大学的实验点。在鼓楼幼稚园刚开始建立的时候，园内共有12个孩子，主要是陈鹤琴和其他几位教授的孩子。陈鹤琴将家庭教育延续到幼稚园教育，观察孩子是怎么一步步地发展。在鼓楼幼稚园，他主张让孩子们一起过群体生活、一起合作、一起游戏，注重对孩子最初的行为习惯和技能的培

养。他请张宗麟和其他的一些助手一起在幼稚园全面开展课程等的实验，提出适合国情和儿童特点的办幼稚园的15条主张。

1928年，陈鹤琴接受蔡元培领导的大学院的聘请，参加并负责全国幼稚园课程的草拟和制定，主要依据鼓楼幼稚园课程实验成果，起草《全国幼稚园课程暂行标准》，后来经修订向全国正式推行的，实际上就是鼓楼幼稚园教育经验的精华。

1927年，陈鹤琴支持陶行知创办晓庄师范，兼任第二院幼稚师范院长，也合力开辟乡村幼稚园试验中心。在他任职南京市教育局教育课课长时，对南京的幼稚教育、基础教育、中等教育进行全面的整顿改造。他与陶行知、张宗麟一同发起了中国最早的儿童教育团体——幼稚教育社，以全面推进儿童教育、家庭教育以及社会教育的研究和发展。幼稚教育社成立后发展很快，参加者来自五湖四海。

1928年上海公共租界工部局同意设立一个华人教育处，这也是五卅运动后收回教育主权呼声下进步力量推动的结果，他们要找一个有教育背景、有儿童教育实践经验、有西方留学背景的人来办理华童学校。于是，陈鹤琴受到华人纳税会董事的推荐，被请到上海来。但是陈鹤琴当时在南京已经事业非常成功了，他为什么要到上海来呢？他觉得上海是一个中西文化荟萃之地，他可以更好地推进自己的教育理念，实现自己的教育理想，为中国的整个儿

童教育做更大的实践和研究。而且非常重要的一点是，上海公共租界地区的华人子弟教育现状非常落后，租界当局多方为西童办学，而华童只有四所男童公学，没有一所公办的小学。公共租界的这种落后的教育状况，引起了华人，特别是文化教育界有识人士的愤慨，大家觉得要改变这种现状。当时，蔡元培推荐就任的上海特别市教育局局长韦悫跟华人纳税会的董事联手，一起给工部局施压，要求收回教育主权，改变这种现状，所以陈鹤琴是在这种背景下，抱着为华童办学的时代使命感到上海的。

在上海，他把儿童教育由幼稚教育推进到小学教育、中学教育，并延伸到社会教育，他在上海办了六所小学，一所女子中学，还办了四所工人夜校，其中包括专为贫寒儿童设立的两部制小学。他的教育理想把幼儿教育、家庭教育、学校教育，包括社会教育的方方面面都联络起来，完整地来推进新教育研究，他的实验范围更加广了。1929 年他还把原来的幼稚教育社改组为中华儿童教育社，中华儿童教育社成立了以后成为一个全国性的学术研究团体，一些向往发展新教育的人也加入到这个组织里来，有很多知名人士和学校都参与其中，陈鹤琴主持的工部局小学、中学都是里面的会员。那么他在学校里搞了什么实验？他不仅是通过学校按照儿童健康人格发展的教育目标来做实践研究，而且注重培养儿童良好的行为习惯，主张儿童各门学科的设置既

要适合儿童的特点，又要符合社会发展的情况。以后形成的"活教育"理论体系所包含的教育目的、课程和教学方法、教育原则，等等，也是从长期的教育研究和具体实践中总结出来的。

他主张儿童教育就像儿童的生活，应该是完整的，不能把它作为一门一门的学科割裂开来。他认为幼儿园到小学应该要有衔接，儿童生活是完整的，就像一个手伸出来，它的五个指头是连接的，所以他提倡整个教学法，主张教育应该采用单元设计的教学形式，各门学科之间不能简单割裂开来，而应该互相关联。各门学科的老师可以把自己的学科和其他的学科通过活动课的形式结合起来，例如在工部局西区小学，美术教师联络常识课教师，编排了一个《原始人》的木偶剧，联络各科中有分工有合作，常识（语文）老师撰写剧本，美术老师牵头带领学生来制作木偶，音乐老师进行配乐和教唱，还有动态方面的肢体动作，体育老师也来配合。高年级孩子们参与在这个木偶戏的制作表演之中，教师是将各门学科结合起来，包括里面相关的历史常识，通过木偶戏的表演，可以把中国原始人的发展情况非常直观生动地呈现在学生面前。另外，当时我们国家受到日本侵略的程度越来越厉害，他们就编了有关文天祥、岳飞的木偶剧。陈鹤琴非常支持老师的这些想法，拿出此前他从欧洲 11 国考察带回的外国的木偶以及相关资料，并且教美术老师研究怎样

把这些资料渗透到课程中去，可见他的教育非常贴合儿童发展的需要和整个国家形势的需要。他的教育不是死板的，他是根据儿童身心发展的规律来教育儿童。例如在语文方面，他主张每个年级的语文老师不应该仅仅局限于课本上的知识，而应该教孩子们多阅读，并且推荐一些适合这个年龄段儿童学习的故事书，提倡各年级设计专门指导儿童阅读的书单，详细记载学生学了以后的体会以及教师指导下的进步。

陈鹤琴还专门研究了每门学科的教材应该怎样编写才适合儿童，他编写的课本得到很多名人的赞誉。他编了八册语文课本，每个年级都有，还将这些课本分了不同的地域，他觉得要让当地的儿童了解当地的情况，所以他把不同地域的资料、儿童平时的一些习惯，以及为人处事的方法全融入当地儿童的课本里边去。他还主张各个年级的老师把学校的课程跟节日结合起来，让学生参与到各种各样的活动当中，在整个发展过程当中对中国的节日有一些了解。他把整个教育，变成一个活动的过程，学生不是捧着书死读书，他最反对的就是我们传统教育中死读书的方法，在这方面他跟陶行知的观点是一致的，他认为学生的学习应该是读活书，不应该是钻在书本里做书虫。学生不应该像是一个牢笼里边的孩子，教师也不应该把学生当成一个填鸭式的容器，生搬硬套地灌输知识给他们，而是应该让孩子自主地、生动地、前进地去学习。所以，他的这些思想，在工部局小学包括附属幼稚园得到了很好的、全面的实践。

在上海，陈鹤琴通过主持中华儿童教育社，把有志于搞好新教育的那些同仁们都组织起来；在学校里，通过组织老师开课，教育同仁们来听课、评课，使教学研究推广得更加深入。在教师的培训上面，他也花了很大的力气。学生应该学的，应该了解的，他都让老师去深造，让老师有一个大的发展。在暑期的时候，他开了很多专题，让老师根据这些专题来学习，主张老师不仅要学自己本专业的东西，还要学得更深、更广，其他的旁类也都要学，主张老师应该要各个方面全面的发展。另外，儿童教育社的上海分社有一个上海读书会，通过定期的轮流主持读书交流的形式，让每个学校的校长和骨干教师在平时有一个进修的机会，以提高素养和能力。

在学校的设施方面，他充分考虑了儿童身心的特点与规律。比如教室的朝向、课桌椅的高矮，他都是细致入微地考虑的。他亲自设计操场上儿童游乐的器具，包括六角滑梯以及很多运动的器具；为了矫正儿童坐姿，他根据不同年龄阶段儿童的身形特点，亲自画好课桌椅以及写字板的设计图纸，交给工匠制作；他还特别注重保护儿童的视力，教室的光线从哪里来，窗户的设计他都是有精心考虑的。

学校还设立了很多专用教室，有美术室、音乐室、木工厂、劳作室以及自然室，音乐室里边有多个著名的音乐人画像和介绍，还有老师带着儿童制造的各种音乐的器具，在专用教室里，儿童能够在老师的指导下兴趣盎然地学习，这些各种各样的教室都是各工部局小学必备的学习场所。

同时，陈鹤琴也十分注重加强对学校的管理。他专门培训学校的职员以及工友，包括如何管理一个学校：从学校的外部环境到学校的内部环境，包括走道里面、上下课铃等方方面面的细节处都有涉及。另外，他还对学校的职员以及工友有相关的、细致的行为要求，设置相关的行为规范；对于教师，他认为教师首先要爱儿童，不能用老的方法来教育儿童，而要用慈母的心态。其次是教师还要有劳动的身手，要自己学会制作教具。他们每一个学科的教师，都会制作教具，陈鹤琴他自己也做了很多示范，包括前面提到的运动器具、课桌椅、字帖等。他主张教师要做一个研究者，研究教育，研究儿童心理，而不仅仅是做一位教书匠。所以工部局小学的教师都是多面手，既会教本专业的知识，也会教其他方面的知识，都会制作各种各样的适合儿童学习的玩具和教具，这些玩具和教具在上海进行纪念创业十周年成绩展示的时候引起了很大的轰动。

陈鹤琴事无巨细地考虑整个学校发展的各个方面，校长们是他建设理想学校所引领的理想团队，通过每个星期固定的一天教育行政会议，校长交流、汇报学校的细节，或商讨、研究、实施、总结学校工作。

新学期开学时，陈鹤琴经常到每个学校去给学生讲课，学生毕业时，他要亲自给学生发毕业文凭。他把这些学生的小学阶段看成是儿童成长的黄金时代，他觉得这一阶段非常重要，是发扬文化的始基，是造就人才的开端。

他亲自写校歌，要使儿童在爱国、爱人、爱学问的校歌声中潜移默化地学习做人的道理。同时每个年级都有级歌，这个级歌也是非常有趣的，每个年级的老师根据不同年级儿童的特点来编写级歌。一年级唱健康歌，二年级唱服务歌，三年级起唱歌颂历史人物的歌，如秋瑾、岳飞、班超、文天祥等民族英雄。这些级歌对儿童的影响非常大，他们期盼自己升级可以唱再高一级的级歌，同时这些级歌渗透在儿童的成长过程当中，给予儿童耳濡目染的影响。这些活的训育教育实践实际上都是陈鹤琴"活教育"理论体系当中的重要组成部分。这个时候他的理论还没有正式形成一个完整的理论体系，所以这个时候他称之为活的教育。

1937年8月13日上海爆发了淞沪会战，受战事影响的工部局小学大都迁到公共租界中心区域的临时校舍来。在这个情况下，陈鹤琴把学校设置成两部制，除了保证学校学生的学习之外，还让更多失学的难童，包括周边的江浙一带流入的学生有学可上。办两部制的教育，实际上早已是陈鹤琴的一个心愿，在 1934 年到 1935 年，他在欧洲考察学习的时候又做深入了解，回国后他就办了一所两部制的学校——蓬路小学，学费非常低，甚至是免费。他让周边最贫苦的儿童，都有学上，因为两部制可以吸收更多的贫寒儿童。战争的时候，他一方面是通过两部制来进行教育，一方面继续推行活的教育的方法。在淞沪会战打响以后，上海进行了全民的抗战，工部局小学的老师就带领学生，让他们来了解这些战区的变化。教师做了一个大型的地图，贴在学校的走道里，学生回去都去了解战争的变化情况，写在纸条上再放进信箱里，然后把小旗子插在一个地方，用红线连起来，老师每天和学生一起做这个事情。通过做这个图示，让学生了解抗战形势的发展，以及了解世界反法西斯战争的发展情况，这其实是有关社会课方面的活的教育。在自然常识课方面，工部局小学也有了相关的"活"的教学方法，例如海南被日本占领了，海南的物产怎么样，资源怎么样，它的历史发展是怎样的。但是我们国家的领土被日本给侵略了，所以要激发孩子们的民族情感。在语文课上，老师会带领孩子们了解落后的社会体制下穷苦人的情况，了解战时难童的悲惨情况，并且带着孩子们到难民收容所去帮助一些难童，并且让孩子们写文章，描述社会的发展、抗战的情况，这些文章写得非常生动，因为这是孩子们亲身去观察他们看到的社会变化，所以他们写出来的文章非常贴

切。另外在 1936 年的时候，鲁迅去世，老师也带着孩子们去悼念鲁迅。在公共租界的工部局的学校里，孩子们能够接受这样的活的教育，这并不是令人匪夷所思的，在陈鹤琴的支持和倡导下，教师们能够把这些活的教育，通过日常的教学渗透到学生的成长过程中。

上海十年间，陈鹤琴主持实施的教育实验延伸到整个儿童教育的实际问题，"把初等教育同中国自己的文化和精神协调起来"，对学校进行了多方面的改革，进一步促进了活教育的孕育。

1939 年 3 月，一本由陈鹤琴、陈选善主编，工部局小学教职员进修会共同创办的《小学教师》月刊诞生。陈鹤琴在发刊词中第一次明确提出了活教育的宣言，我们要教活书，要使儿童读活书，要使儿童对于事物发生兴趣，自动学习。

经历了抗战全面爆发后上海的"孤岛"抗战时期，陈鹤琴一方面为难民、难童的救助和教育工作倾尽全力，一方面还是坚持引领工部局小学的同仁"检讨以往、策励将来"，把学校十年创业的经验总结出来，1939 年 4 月，通过向全社会汇报的形式办了一个十年成绩的教育展览，全市参观的人非常多。展览以 6 所小学包括附属幼稚园为主，把每个学校的特点，通过各科教学演示公开课的形式来展示，通过各科成绩展示，其中有小朋友设计的作品，还有小学及幼稚园教师编写的教材、设计制作的教

具玩具设备，学生歌舞、戏剧、木偶戏等表演，以及不同学科之间的融合成果展示等。

社会人士以及教育界的同仁们参观以后，都纷纷表示这里就是生动活泼的活的教育，在行动中学习一切，值得效法。

1939年10月份的时候，陈鹤琴因为在难民、难童教育，支援新四军等文教方面做了很多抗日救亡工作，所以日伪对他恨之入骨，想要暗杀他。大家劝他走，他不走。这个时候，他在等什么呢，他就在等工部局小学创业十周年的纪念特辑，在《小学教师》这本杂志上登载出来，他就在等这本杂志的出版。当时的情形十分紧迫，有一天他得到工部局的一个报告，说日本人要暗杀他，把他列入名单了，已经要强令工部局采取行动，如果你们不采取行动，我们要采取行动了。然后上海地下党组织也通过进步人士来告诉陈鹤琴：敌伪要对他下手了，希望他赶紧离开上海。他在创建和主持儿童保育会工作时，他的助手朱哲甫也接到匿名电话，那没办法一定是要撤退的。所以他等这本杂志出来分享给教育界后，就决定要暂时离开上海，到宁波去避难一段时间。

在走之前，陈鹤琴做了几件事，其中一件是为儿童保育会下面的儿童保育院物色一位院长，因为原来陈鹤琴任命的朱哲甫是陶行知和他的一个学生，也是地下党，也要隐蔽起来，所以他看中了一个难童小学校长李瑞华，他要把这个保育院托付给她。

他觉得不能让这些原来流浪的孩子再流浪了，这些孩子原来没有父母，他们在这里享受了大家庭的温暖，不能让他们再失去这个环境，所以他一定要把保育院的院长找好。他还找了他的好朋友、原美国的同学帮忙，还包括社会资金的筹措，他都帮他们安排好，这是他很重要的一个托付；另外他约了原来在最大的难民收容所里建立的儿童玩具社的叶柄祥，叶柄祥是他亲自挑选、培养出来制造儿童玩具的设计师。儿童玩具制作出来以后，一方面可以用到学校教育和家庭教育方面，另一方面能够让难民得到一定的经济收入。所以，他觉得这些机械设备不能落入敌人的手里。叶柄祥在送他到码头的时候，他跟叶柄祥说，要把这些设备都保存好，日寇长久不了的，等我们胜利了，我们还是要继续做这件事情。这是十分感人的。他还和陈望道一起筹办了一个中国语言展览会。因为一旦日寇占领上海，肯定要强迫学日文。他们的目的是要通过这个展览会，使上海民众不忘祖国语言。在展览的筹备过程当中，他接到了恐吓电话。展览定于11月初举行，他是10月26号被迫离开上海的，因为当时日本人对他的威胁越来越大了。在离开上海一段时间以后，他告诉工部局，他要于11月13日回上海继续华人教育处工作了。结果这天晚上，他因为办了一件事延误返沪时间，就有几个特务冲到他在胶州路的故居来暗杀他。特务没找到他，就把他墙上的相框摔在地上，把照片拿走了，在庭院里开了好几枪。如果陈鹤琴正好在家的话，这真的是非常危险。实际上日本的暗探都深入工部局了，他们对陈鹤琴的一举一动都了如指掌。所以在这个情况下，陈鹤琴没办法返回，他离开了进行教育工作长达十一年的上海，去江西办学。实际上陈鹤琴在南京、在上海的教育领域实施的诸多项目和实验，直接为他的"活教育"理论体系的形成铺平了道路。

从江西到上海——高擎活教育的旗帜

1940年陈鹤琴到江西各地考察，并应邀演讲十余次，介绍活的教育和创办公立幼师实验活的教育。同时他通过很少的建校资金，亲自勘察、规划、设计、选材，组织教师和学生一起来动手，在江西泰和文江村附近的大岭山上把一所学校建起来了。这个学校的建立过程也是非常感人，实际上也是一个"活教育"的过程，他要办这所学校，是要完成他在南京和上海都不能实现的一个夙愿，为实现中国化的幼稚教育，他要办的是一所培养幼稚教师的学校。他要用活教育的方法，来培养幼稚教师，让有活教育思想的教师培养活的儿童。这就是他的"活教育"实践的更深的发展。

当时江西还属于后方，学校的学生有的是逃难过来的，有的是当地的。他组织师生力量一起用草编屋顶，一起开路，一起建立学校的设施，包括刷墙都是自己来动手的。学校建起来前后，他办起幼稚师范附属小学、幼稚园，把当地的一些孩子，还有政府部门的一些孩子也吸收进来，并且他还办起国民教育实验区，将当地的民众的教育结合起来。他通过这所学校来培养有"活教育"思想的老师，再通过这些老师培养活的儿童，以实现自己的教育理想。在江西的这段时间，他通过最初的实践以及对前面实践的总结，正式提出了活教育的思想和理论，包括活教育的三大纲领、教育原则、训育原则，以及前面所提到的五指活动：儿童是完整的，儿童的生活也是完整的，不能把它割裂，就像一个手掌上五个指头间的关系。

他在江西进行了大量的实践，倡导做人、做中国人、做现代中国人的活教育目的论。主张让每个老师都用活的方法来教育孩子，提出了大自然，大社会都是活教材的课程论。他提倡教师自己编写教材，带孩子们到大自然当中去体验，去学习，到社会当中去考察，让孩子学习一些活的知识，用活读书的方式来学习。有的人会怀疑陈鹤琴是不是主张不要教材，其实不是的。每门学科老师和学生的参考书非常多，但他不主张像传统的教育方式一样，整天捧着一本书从头到尾地学，他主张做中学、做中教、做中求进步的方法论，让学生在亲身体验当中直接学习，这样学生所学的知识就是活的，并且能够增强学生的动手能力。学生通过小组合作的形式来学习，大家在一起有互动，有交流，而不是老师单方面的灌输，这种小组合作的学习方式不仅仅是双向的，更是多向的。他还提出了教学的四步骤：一是实验与观察；二是阅读与参考；三是发表与创作；四是批评与研讨。这四个步骤并不是机械的、割裂的，它们同样体现了以"做"为基础的学生的主动学习，是适合儿童身心发展的特点的。

在江西，陈鹤琴把原来在南京和上海的教育实践总结上升到理论层面，因此，"活教育"诞生后，也开始形成了一个系统的理论体系。

1943年陈鹤琴获教育部批准将省立幼稚师范学校改为国立幼稚师范学校，并增设幼稚师范专修科。在这个学校，他还要培养幼师的师资和活教育的骨干力量，所以这个发展变成一个系列化的成果，在幼专下面有幼师，幼师下面有附属小学，还有附属幼稚园以及婴儿园，同时他还有民众学校、玩具工厂、小农场、小工厂等，形成一个完整的幼稚师范教育体系化及活教育的实验基地。这个体系化是他原来在上海和南京做不到的，在这个穷乡僻壤中，他开辟出一个理想的教育实验场所。学生通过大自然、大社会来熏陶自己，而且他提出做人，做中国人，做现代中国人的教育目的，让学生有世界的眼光，有广阔的胸怀，有民族的自尊心去了解中国，了解世界。

他自己写了很多教材，并且亲自给学生上课，比方说家庭教育、儿童心理等方面。他亲自教育师范生，让他们能够得到现代知识的熏陶，让他们知道在欧美最先进的教育理论都是建立在尊重儿童心理的基础之上的。通过他的讲述，也让师范生了解这些国际上有名的教育家的思想。然后还让师范生在附属的幼儿园、小学，特别是婴儿园，去认识孩子、观察孩子，并且记录下孩子的身心发展情况。这些师范生的实践渗透到教学当中去，他们在附小、附幼一边学习理论，一边进行实践。通过学生的这些实践的情况，包括怎么上课才能适合不同年龄阶段孩子的特点，编故事，讲故事，学音乐等来对老师进行考察与评定，对他们的要求是非常高的。原来鼓楼幼儿园的一位园长钟昭华在陈鹤琴的帮助下，也编了儿童节奏曲和儿童的游戏，这些书对幼师的学生以及幼专的学生是非常有帮助的。

但是随着日本侵华战争的不断推进，他们在那边的教育实践不断地被打断，被迫两度迁校。两次带领全校师生随校撤退逃难的过程也是非常艰辛的，这方面的内容可以以后叫我叔叔陈一心来讲，因为当时他是在那边跟着走的，所以他可以讲得更加生动。第一次撤退是将师生从泰和带到赣江，一年未到赣州告急，在国民政府让陈鹤琴把学校解散，给他钱让他自己走的情况下，他坚决不这样做，他说我是一校之长，我就是讨饭也要带学生走，一个学生都不能丢下。因为资金短缺，没有办法解决这个问题，他到处去募捐，带领两百多师生历经四十多天的艰难转移，最后在广昌县甘竹乡饶家堡重建校园，继续他的活教育的实践，继续他的教育理想的实践。所以这些学生就都叫他校长妈妈，师生间的感情非常深，就像一个大家庭一样。学生在这个过程当中学习如何做人，学各种各样的教学的本领，学做一个活教师，学习为建设战后的国家怎样锻炼与造就自己，所以学生的素质也是非常高的。

1945年8月抗战胜利举国欢庆时，陈鹤琴萌生了一个想法，他觉得"活教育"思想已经形成了系统的理论和体系，他要把这个系统的理论体系通过实践再提升。他想要把这些学校迁到上海，以获得更大的发展，让"活教育"生根开花。但是这谈何容易，上海教育局局长顾毓琇已经给他发电报让他到上海做国民教育处的处长。于是他跟学生承诺，我一定会争取把你们迁到上海。他回到上海之后，一方面为幼师幼专寻找合适的校舍，一方面为迁沪复校努力。但是国民政府教育部不同意把一个国立的幼稚师范学校迁出江西，学校的幼师这部分被留在南昌女子师范作幼稚师范部了。经陈鹤琴反复力争，教育部同意幼专保留可以迁到上海来，改称国立幼稚师范专科。

在这个过程当中，他还是在为继续办学筹划，他在上海，找了一些原来的同仁。大家看到他回来，

都非常的高兴，大家都有要把"活教育"在上海继续推行的想法，因为陈鹤琴在江西搞活教育全国知名，大家都觉得这个事情非常好，教育局局长顾毓琇也觉得这是一件非常好的事情。

陈鹤琴回到上海之后，因为三青团、国民党市党部相争，他们要把自己的人安排到国民教育处的处长这个职位，陈鹤琴被改任督导处的主任督学，他负责接受了原来是外国人所办的30多所学校，另外他对上海的中小幼基础教育等方面进行督导。他建议教育局设立音乐、劳技、美术方面的站点，根据教师的需求对教师进行指导与培训。

他在原来就是公共租界的那些外国学校的接收过程当中，找到了一个地方，这块地方原来是一个男女西童的学校，在1943年初的时候，被日军改成一个集中营，都是非常知名的在上海的外国侨民被关在那边，学校被全部破坏掉了。1945年8月抗战胜利，11月的时候，那些侨民都陆续走了，陈鹤琴获批在原西童女学原址筹办学校，被委任为市立幼稚师范学校校长，兼办幼师附小及幼稚园。原来的男童学校后来就改办市西中学了，陈鹤琴推荐赵传家任学校校长。

1945年12月24日，市立幼稚师范学校开学，陈鹤琴还是要培养中国幼稚教育的活教师，同时要把活教育的理论在上海进一步推广，要让它生根开花，得到更大的发展，继续实践"活教育"的教育理想。

他的思想就是通过反复的实践让理论上升到一定高度，从而再次指导实践，让活教育的理论和实践，成为一个更加成熟的、能够指导中国教育方向的理论。所以，师范学校成立以后，他还是延用在江西时教导学生的方法，江西幼师有校歌，这里也有校歌，歌曲的曲调都是一样的。基本相同的歌词，十分优美。他还给学生提出了服务创造的校训和活教育的很多要求，在江西因为条件有限，扩大宣传活教育的理论和实践是比较困难。他1941年在江西创办的《活教育》杂志在上海复刊了，并且他和教育同仁们还出版了活教育的理论和实践相关书籍，把原来活教育的理论整理得更加完善，并且向全社会推行。

在上海，师范学校建立以后，1947年2月份，国民政府教育局让他把师范学校改成女师，陈鹤琴非常生气，他认为抗战以后，百废待兴，教育应该有更大的发展，但是国民政府不重视幼稚教育。他决定在女师里边设立幼教部分，使普师、幼师一同发展。他对培养幼师始终不放弃，他认为儿童教育是教育的基础，而要想办好儿童教育，培养幼儿教师又是重中之重。在女师推行教育改革的过程当中，他聘请了一些非常好的、有进步思想的教师，同时他主张让这些教师通过活教育的方法，来设计自己的课程，主张让学生走向大自然，走向大社会。当时外界对他们的教学方式持怀疑的态度，特别是国民政府教育部门的人，说只看这个学校的学生进进

出出的，不好好学习。实际上这些学生，一方面他们参加了上海的学生运动，认识到了上海的国民党旧制度的黑暗的一面，他们要去争取一些权利和资源；一方面他们走向社会，深入了解上海的难童和难民，并且为他们提供帮助；他们还深入到舞厅，去了解舞厅里面的一些舞女的心酸史；他们还办夜校，办小学，通过自己的知识，来教育民众。所以学生做的事情是非常多的。那么为了回应这些教育部门对他们的质疑，陈鹤琴和他的教育同仁发动学生一起办了一个活教育的展览，结果上海轰动，几千人都来看参观了，他们都来了解这里的学生是怎样看待大上海的。各个年级，包括小学、幼师、幼专的，他们都是根据亲身的社会考察，然后找了各种资料，对上海的今昔的情况做一个比较，最后把成果反馈给大家。小学的学生还通过上课展示、分组汇报的形式，把自己所了解的上海今昔情况跟大家汇报。还有他们上课的做法、过程，包括教具、学生的成绩展览，所有的这些都很有力地回答了外界的那些质疑，这也是他们活教育扩大宣传的开始。做了一段时间以后，他们又通过进一步的展示，向全社会汇报"活教育"的理论与实践的发展。实际上，陈鹤琴办教育不是在自己学校关起门来办，他是把学校看成一个没有围墙的、开放式的地方，让学生对大自然、大社会，对中国的发展，对世界的发展有一个很远大的理想和前瞻的眼光。这是他的"活

教育"思想的升华，渗透在对学生各方面的影响中。学生接受了这方面的影响，同时又接受了当时的爱国主义进步教育的运动的影响，所以从幼师、幼专出来的学生都是非常进步的，能够很好地融入社会，关心民众的疾苦，做社会的榜样。在学校里，他们学习很多东西，跟江西幼师一样，学校下面有附小、附幼、儿童玩具工厂、国民教育实验区等，也是一个系列的，学生的教学也是渗透到这些过程当中去。在陈鹤琴兼任校长的上海国立幼稚专科学校，还分幼儿教学、特殊教育以及普通教育，学校的老师有专门对应指导的组，陈鹤琴的教育设置也是让专科生师范们去观察儿童、认识儿童。江西的幼专是一个专业，但上海的幼专现在是一所学校，因为江西的幼专迁过来以后，陈鹤琴就是在幼师原址没有条件再扩办学校的情况下，在学校的空地上，利用军用帐篷和原遗留的木板活动房作教学活动用的场地，条件实际上是非常艰苦的，但是学生们都十分好学。而且这些学生在陈鹤琴的影响下，在做人方面、对社会的关注方面，以及对教育的向往方面，都有了很好的成长。所以他培养出来的，从江西到上海的一届一届的学生，都成为活教育的播种者，成为推进中国新教育发展的骨干。

所以他在上海所推行的活教育，实际上是比江西更进一步了，在理论上有了升华。在这个过程当中，也受国内战争发展的影响和冲击，但是陈鹤琴还是坚持着自己的教育理想，一方面他对自己的学生有进步要求，另一方面他还是坚持把他的教育理想推行得更加广。他支持学生到农村去办农忙托儿所，后来在陶行知他们的上海大场工学团的支持下，办了四所农村托儿所，受到农民非常大的欢迎。他亲自带教授们去托儿所视察看望同学和孩子，张文郁是他的秘书，也是学校的教授，张文郁老师也是亲自带学生去托儿所并做指导，陈鹤琴还通过一些组织协会在资金上面支持学生。在这个过程中，他和张文郁去菲律宾讲学，向华侨说明学校的学生在农村里办托儿所，为了帮助农民建更大的托儿所，一些华侨就主动捐款，他们两个人把自己的讲学经费，包括华侨的捐款全部给了学生，在农村建了一个很大的托儿所，并且还为托儿所增添设备。陈鹤琴对学生的实习和发展，对农村和城市的劳动人民的孩子是十分关注与重视的，同时给予学生实习方面的指导，他在南京、江西、上海的时候都是如此。其实他认为办学的对象就是劳苦大众的孩子们，为了要让这些孩子读得起书，他所办的农村幼稚教育是免费的，所需资金是他想方设法去募集，包括他自己捐献的，学生们因此能够在专业上和做人方面得到更好的发展。"活教育"就是通过学生的亲身实践，来发挥潜移默化的作用，所以学生以后走向社会，他们都是像陈鹤琴所希望的那样，成为活教育的播种者。

因为我参加了上海陈鹤琴教育思想研究会的工作，陈鹤琴 120 周年诞辰的时候，也就是 2012 年的时候，我们出了一本书，这本书叫《陈鹤琴与上海教育》。这本书的前部分是有关历史的，后部分是我们上海陈研会基地园校践行陈鹤琴教育思想的汇报。前面的历史部分是我写的，我给这部分起了一个名字"教育家的足迹——陈鹤琴躬耕上海教育"，因为陈鹤琴是从 1928 年来到上海的，1939 年接近年底的时候离开，前后接近十一年。这段时间，实际上是他孕育活教育的第二个阶段。在这个阶段当中，他把中国的一些传统的、精华的文化跟欧美的先进文化教育结合起来，而且他在上海的时候，我觉得是他活教育孕育的一个推进时期。所以我们陈研会出这本书的时候，我对这一块的关注更多一些，包括工部局小学的演变历史，以及它在活教育孕育时期是怎么样做的。在出这本书过程当中，我也得到了我姐姐陈虹，还有我陈秀云嬢嬢的儿子柯小卫的帮助。柯小卫写过《陈鹤琴传》，所以他对陈鹤琴的事情也是非常了解的。他是北京陈鹤琴教育思想研究会的，也是陶行知研究会的。

回望和展望——纪念儿童教育家陈鹤琴

中华人民共和国成立以后，陈鹤琴结合新民主主义以及社会主义建设的国情，进一步修正与发展活教育。上海解放以后，他接受聘请回到国立中央大学担任师范学院院长，后来没过多久就改称国立南京大学师范学院了，1952 年他被中央人民政府教育部任命为南京师范学院的院长兼幼教系主任。南京师范学院的老校区有很多古风的建筑，实际上当时新建的教学大楼是他组织建设的。他聘请了梁启超的搞建筑的儿子梁思成教授来做这件事情，要跟原来金陵女子文理学院建筑的风格一致，保持民族的特点，所以这些建筑到现在还是很有韵味，校园非常漂亮。他做院长一方面要管理学校的建筑和设施，另一方面要招聘教授，他引进了很多人才，另外他还把上海幼专的学生并入南师了，于是成立了幼教系，实际上这是 1949 年后为推进幼稚教育专业化，建立的中国第一个幼儿教育系。

他在南京幼教发展方面也是有一个系列的发展。他在南京师范学院的幼师专业，下面也有教育学院、幼专、附小、附幼、玩具工厂，还有儿童玩具研究的机构，也是成为一个系列。在教育方面，他一步一步推进，然后系列化，这就是陈鹤琴搞教育实践的一个特点。讲到在南京师范学院的时候，我印象最深刻的一件事情是，随着抗美援朝时我国跟美国的关系逐渐恶化，实际上当时国内在批判那些从欧美留学回来的一些学者崇洋媚外，这对陈鹤琴的影响也非常大，因为他们一批人都是从欧美回来的，包括陶行知对杜威的教育是非常推崇的，当然还有欧洲的新教育、美国的进步教育，他们都非常推崇。这个时候我国在学习苏联方面推崇全盘苏化，片面认为这些欧美的教育理论都是错误的，都是帝国主义、资本主义的。所以陈鹤琴的活教育理论体系在50年代初受到了很大批判，他也被迫地做了检查。他认为活教育应该与时俱进地发展，所以他觉得如果是不适合的东西，也应该不断地革新与改进。因此，他还动员他的学生和他的同仁来写文章，批判他思想当中不好的东西。苏联专家也很激烈地批判他，他们在会上公开批判他的时候，他理直气壮地去回应他们，他认为不应该盲目地照搬苏联的东西，活教育当中具体内容还是有进步意义的，应该要继续做下去。

在四川，他跟婴儿之家的负责人交谈时，边上的儿童坐车里面有一对双胞胎，他有张非常著名的照片，就是他抱着这对双胞胎拍的。他情系中国儿童，在他的一生中尽管受到了这么多的磨难，但是他终究放不下中国儿童。

我的父亲陈一鸣实际上是陈鹤琴研究中国儿童教育的第一个实验对象，也被人称为活教育的研究对象。他的成长过程，陈鹤琴依据儿童心理实施的家庭教育以及爱国爱人爱学问的小学教育，起到了很好的奠基的作用。

我父亲自己的经历也非常坎坷，七十年代中期还没有平反，他得了癌症，在癌症开刀手术以后的

养病期间，他在照顾我爷爷，我爷爷和我父亲，都告诉过我一件事情，特别是我爷爷说，当《光明日报》登出"实践是检验真理的唯一标准"以后，我爷爷非常激动，他认为这说出了他的心里话。我父亲说，他在陪伴我爷爷的时候，帮我爷爷整理东西。因为爷爷留下的东西非常多，他在整理时发现我爷爷一生当中著书立说非常多，写了很多研究儿童的文章和书，以后又主编了《小学教育》《活教育》，《活教育》最后改名为《新儿童教育》。这五本前后相接的杂志承载着了陈鹤琴和同道者为确立中国现代儿童教育的奋斗和奉献，我父亲看了以后，感到十分震撼，告诉我实际上他的思想是有一个转变过程的，这个时候真理标准的出台，他的思想也发生了很大的变化，他认为要重新审视我们国家的教育发展、知识分子的道路。父亲在了解了陈鹤琴所做的这些努力以后，就决心帮爷爷，要把这些文章书籍等整理好。

包括我北京的秀云孃孃，她和我父亲一起决心要帮爷爷整理这些书籍资料。我爷爷向他们提出，希望自己一些重要的著作能够重新出版，首先是《家庭教育》，后来又提到有关儿童心理研究的文章和书。他希望能把这些文章集成文集出版，以供教育工作者研究。1949年之前已出了十几版的《家庭教育》，率先重新出版时，他欣喜地为这本书写了序。后来又出了《陈鹤琴文集》，可惜他还没来得及看到。

他当时还想要秀云嬢嬢帮助他把儿童绘画方面的研究文章也予以发表。

陈鹤琴对一鸣儿童绘画的研究
——在父亲培育中成长

我父亲在整理我爷爷书籍资料时，尤其感到震撼的是他小时候的绘画还被我爷爷保存着，而且都装裱好了，画页上记载着他原来说过的话，由父亲陈鹤琴留下的文字印证着不同寻常的意义。而根据这个，1956年的时候陈鹤琴还在任南京师范学院的院长，他提出来要召开南师第一次科学讨论会，在会上他作了《从一个儿童的图画发展过程中看他的心理之发展》学术报告，并展出一鸣从1岁到16岁的561幅图画中的205幅。这实际上就是他又一个重要的学术论著，也是陈鹤琴以一鸣为研究对象，对儿童绘画及其绘画心理发展方面的个案研究的总结。讲到这个事情上，我要回溯到陈鹤琴对一鸣的808天的观察，他观察儿童的各个方面，包括儿童的美感、儿童的绘画，这也是他在写《儿童心理之研究》当中的重要章节。他在研究这方面时是怎么对待一鸣的呢？当一鸣大概一岁多一点，还被抱在怀里的时候，他就给他一个小桌子，大的纸张和蜡笔，教他握笔，让他涂鸦。小孩子刚开始的时候，是无目的地乱画。陈鹤琴认为小孩在这个阶段的绘画是绘画游戏，是一个身心自由发展的涂鸦游戏。陈鹤琴在做这个实验之前，他学了大量的西方进步的教育理论，包括儿童心理研究、儿童绘画研究，然后他在实践过程当中，把自己的实践跟这些先进的西方教育理论结合起来，在以一鸣为研究对象的过程中，他不是去教他怎么画，而是观察儿童绘画及其心理是怎么发展的，经过哪些阶段，他认为一鸣是基本符合这些阶段的，但是他有着不同的特点。他主要是研究中国儿童在绘画发展当中的身心变化以及教育在绘画发展中的作用。

陈鹤琴关注到一鸣开始画图时，都是画从左到右的连续不断的弧形线条，过段时间后，他发觉一鸣开始顺时针地画圈了，为什么会这样画呢？实际上这个阶段的儿童的执笔动作还不习惯，从左到右或顺时针涂鸦的动作来得容易，他这样的动作跟他身心发展的规律是相协调的。陈鹤琴到后来也引申到，我们写字为什么要按从左到右的顺序写更好，也是跟这方面有关系。这是一鸣的涂鸦期的阶段。后来一鸣能说话了，陈鹤琴会记录下一鸣对自己的画的表述。一鸣的绘画发展到了象征期，在这个阶段他在画画的时候，他会一边讲，一边画。别人不一定能够看得清楚他画的是什么，但是他是用圆或者点来象征动物、人或者其他的一些东西，画的图形还不是很清晰明朗。

陈鹤琴在家里养了很多动物，有狗、猫、小羊，还有其他一些动物，这些都是孩子可以去观察的东西。而且他还会带一鸣到野外去观察自然界的情况，包括牛、羊等动物。在一鸣的画里都能看到这些变化，在他刚开始画人形的时候，人的手脚是怎么样的，五官是怎么样的，慢慢地从画蝌蚪人到画越来越完整的人。他并不会像我们现在有的家长一样去教孩子应该怎么画才能画得更像，而是去引导孩子，让孩子观察以后再在自己的绘画中来反映。这个过程当中他把一鸣的绘画是怎么样发展的全都记录下来，所以这些画很生动，每幅画的背后都有很多故事。然后人形画渐渐发展了，一鸣的绘画进入了第三个阶段。定形期阶段，他时常带着一鸣到街上去，到各处走走看看，之后一鸣的画里面不仅会有人形，还有各种社会场景。

在家庭教育方面，他引导孩子爱人，关注生活中的小细节。比如妹妹生病了，要关注妹妹，走路要轻手轻脚，讲话也要轻轻的。在一鸣的画里，就有一幅画画的是小妹妹在睡觉的样子。一鸣的画就像日记一样，看到什么，他有想法之后就把它画下来。有一次他带一鸣到一个教育馆去，看到一个生病的小女孩，一鸣就问他这位小女孩怎么了，他告诉一鸣这个小女孩眼睛有病了。然后回家以后，一鸣画了一个女孩子，并且告诉他这是一个生病的女孩，眼睛闭着，脸上没笑容。他感觉到一鸣这幅画里蕴含着对生病的女孩的一种同情和关注。陈鹤琴在日常生活中进行着潜移默化的教育，在一鸣的画里面都能看得出他在有意识地引导孩子爱人。包括他所引导的观察自然，融入自然，从一鸣的画中也能体现。有一幅画很有意思，画中有一个大的池塘；小朋友在池塘边上，天上有月亮，下面有一个月亮。他问一鸣，这幅画是什么意思。一鸣告诉他月亮不见了，月亮掉到了水里去了。实际上他带一鸣到外面去观察过月亮的倒影，一鸣在他的培育下学会了应该怎么观察自然现象。一鸣还画了有两个既像人又像蝴蝶一样的东西在空中飞，陈鹤琴记录：是把童话故事里仙女跟观察到的蝴蝶结合起来了。一鸣还有一幅蛮著名的画，他把生活中看到的桥和天上的彩虹结合在一起，画了一座彩虹桥，桥下还有桥墩，桥上有一个小人在跳舞。在这些童趣盎然的儿童画里，体现着儿童心理的发展，还有平时对自然界的观察以及父亲对他的引导。

这不仅是陈鹤琴从一位普通父亲的视角对自己孩子成长的关注，更重要的他把儿童画看作研究儿童心理发展的切入点，看作研究中国儿童教育的一个很好的契机。在儿童画里，他十分关注儿童心理发展的过程，儿童从什么方位开始画画，什么时候能够在绘画中表现视觉观察不到地方。比方说一鸣原来画过一幅牛的图，画得很生动，我觉得有点像毕加索的画的风格，很简练。后来他又画一个小孩子骑在牛背上，但是他画的小孩的两只脚都是在看得见的地方。再到后面，画看不见的地方他也能表现出来。在父亲的引导下，一鸣画画的兴致很高，每天都会作日记画，或称绘画日记。当一鸣进入鼓楼幼稚园时，陈鹤琴让所有儿童都来作绘画日记，也就是把每天看到或感受到的通过绘画的形式记录下来，这对促进幼儿的思维表达、扩展幼儿园的美术活动有很大的启示。因为兴趣使然，一鸣每天都带着画板，到处看，到处画。有时候回家后想到什么就画什么，画好以后，他会主动给陈鹤琴看，陈鹤琴就会问他你画的是什么，然后陈鹤琴就会马上把一鸣的那些童言童语记录下来，并且告诉他，我都为你保存好了，你画得非常好。这样一鸣画画的兴趣就越来越浓厚，所以他在绘画方面的发展是自然而然的，跟我们现在给孩子报绘画兴趣班，强迫孩子依葫芦画瓢不是一样的。

陈鹤琴主张让儿童自由地观察，自由地画画。儿童通过观察，自由画就越来越写实，越来越像事物本身，观察能力也能够提高，思维也逐渐得到发展。而且自由画创造的底蕴非常深厚，不是依葫芦画瓢，没有模板就画不出，因为是通过观察来画画，所以有很好的基础。但是陈鹤琴又认为，当儿童有表达需求，却达不到自己的目标时，我们要指点他，为他提供帮助。他给陈一鸣大量的儿童书，带他到自然、到社会当中去观察，使他的绘画水平能够不断提高。

7岁时，一鸣的绘画进入写实前期。上海工部局小学有一位美术老师，叫虞哲光，他后来成为我们中国木偶戏剧艺术方面的专家，他有很强的美术功底，得到陈鹤琴的鼓励和赞赏。一鸣进了这所小学以后，在虞哲光老师的指点下，他的绘画技能又得到了发展。他画了很多写生画，包括家里的老人孩子、兄弟姊妹，以及他的同学、上虞家乡来的一个老人都成为他画的对象。

一鸣12岁时进入写实后期，陈鹤琴就给他请了几位外国绘画老师，因为他觉得一鸣热爱画画，技能已有了进一步深造需求。三位外国老师中有一位是教钢笔画的，有一位是教素描的，还有一位是教色彩的，这三位老师对陈一鸣的绘画发展起了很大的作用。后来陈一鸣画的线条越来越简练，越来越流畅，人物的造型也越来越写真，这就是到了写实后期，他的绘画发展到了一个比较高的阶段。后来他在自己家里和苏州河边画了很多画，包括那些流浪儿童、难童、拉黄包车的人、背井离乡的人、背着木炭的妇人，他画的都是十分生动的社会画。再后来他也开始画一些富有想象性的漫画，针砭社会的不公。他说他在中学时期，因为对社会的不公正有非常多的想法，他画了瓢泼大雨，想把万恶的旧社会所犯下的罪恶给冲刷掉，他的画的思想性和时代性越来越强。这个过程当中，我爷爷陈鹤琴还带他去看米开朗基罗等世界进步画家的展览，把相关的书籍带给他看，还经常带他到处旅游，亲历社会的现象以及社会人物的变化情况。所以我父亲十分关注中国人民的疾苦，在他的画中都能够体现人民性这一点，这对他的成长起到非常大的作用。

在1936年的时候，我父亲那时候15岁，他们父子间有一段对话，我父亲跟我爷爷说："我想明白了，我立志终身为人民大众服务，一个人活着如果只是为自己，那太不值得了。"我爷爷听了之后非常赞赏他，说："太好了，我教育你从小学做人，你能够说这样的话我就放心了，我希望你能够做到这样。"从中也可以看出陈鹤琴培养孩子，不仅仅是观察儿童的心理发展的过程，更重要的是从小把儿童做人的基础给奠定好。陈鹤琴在《家庭教育》里提到，一个儿童他小时候不知道爱人，他长大了就不会爱国，所以他注重从小培养儿童的爱国情怀和良好的行为习惯，对儿童关心他人的道德方面的教育非常重视。我的父亲，包括他的妹妹、弟弟们，他们都是浸润在教育家父亲陈鹤琴的精心培育下成长的。

我印象比较深刻的另一件事是1937年7月7日卢沟桥事变时，实际上他们父子俩都是见证者。我爷爷办了中华儿童教育社，这个社后来形成一个全国性的最大规模的学术研究团体。7月初的时候，在清华大学要召开一个全国会议，和这个会议同时召开的还有教育学会的会议。爷爷也让我的父亲和我的秀霞嬢嬢一同前往。他们召开会议的这天当晚，

卢沟桥事变爆发了。我父亲第二天清晨就攀至清华的气象台平台上，向卢沟桥的方位急切张望，他在那张留影上题写了当时所赋的一首悲愤忧国的诗，从中可以看出我父亲在中学时代已经开始关心国家的命运和人民的疾苦了。卢沟桥事变发生后，他们的会议缩短了行程，我爷爷带着大批人南下回来，因为当时铁路不通了，他们是从武汉那边绕过来的，先乘车再乘船，再乘火车回来的。这个过程当中，我的父亲一路画写生，包括难民、船上的劳动人民，也画了他忧心忡忡的父亲。这段经历实际上对他们的触动是很大的，因为中国已经到了非全民抗战不可的地步了。回到上海，父子共同投入上海的抗日救亡运动当中去。我父亲这个时候参加了学生运动，我爷爷一面搞普通教育，一面搞难民、难童教育，这个过程当中，他们有很多互相合作的机会。我爷爷在难民教育当中，推广新文字运动，他出了民众课本，民众课本的插图全是我父亲画的。民众课本里面有说明用拉丁化新文字怎么来认识最基础的东西，比方说里面有一幅最著名的画，画的是有一位老先生，他有几个儿子，老先生手里拿了一把筷子，他就说中国人要团结起来，如果不团结起来，就不能赢得抗日胜利了，只要把中国人都团结起来，像一把筷子一样，就折不断了，他用新文字把这个故事写下来，这个插图是我父亲画的。民众课本及其插图，也是反映了父子共同投入抗日救亡的一个历

史证据。我爷爷还将国外小说《穷儿苦狗记》翻译成新文字读物，这本书讲的是一个有画家梦的流浪儿童，穷困潦倒，最后冻死在博物馆门口的凄惨故事。这本书翻译成新文字以后，难民、难童把它作为一种比较读物来学，这本书的封面、里面的插图也是我父亲画的。我爷爷在活教育实践过程当中编了大量的教材，还包括很多的英语读物、儿童唱歌的书，我父亲也画了好多画。这实际上也是我父亲绘画的一个新阶段。

后来我父亲参加了学生运动，他编的书和杂志里面有好多他画的插图，还有他画的大型抗战的画，所以他也有一个很大的发展。后来他要离开上海了，他把他 15 岁以后的大量的写生画交给我爷爷保管，看到陈一鸣继续保持绘画兴趣，而且能够有这么好的发展，陈鹤琴非常高兴，把这些画同原来他保存的画收藏在一起。

1939 年 10 月的时候，陈鹤琴被迫离开上海，临走前他把这些画藏在他原来创办的工部局西区小学，也就是现在静安区第一中心小学，他把这些画藏在学校的阁楼上。然后他到江西去办学，一直到抗战胜利回来，我父亲就看到我爷爷从这个阁楼上把这些画取下来，所以这些画经历了这些曲折还完好无损地保存下来是非常不容易的，并且陈鹤琴持续通过各种途径研究、写文章，来介绍儿童绘画的发展，介绍儿童心理的发展。

在 1930 年的时候，他写过一篇文章，叫《创造的艺术》。这篇文章告诉我们应该怎么样学习那些先进的艺术教育方法来教育我们中国的孩子，让孩子在艺术创造方面有更大的发展。艺术要教吗？要教的，但要针对不同年龄阶段的儿童提供不同的指导策略。陈鹤琴特别推崇欧洲的创造的艺术，他们主张让儿童自由发展，让儿童在绘画中创造。同时他非常推崇欧洲的几位非常著名的画家。巧合的是，1934 年到 1935 年的时候，他到欧洲十一国考察，特意去拜访了其中最著名的画家西石克。回来以后，他又写了篇文章介绍西石克，就是 1943 年在江西的时候发表的《奥国儿童画家》。陈鹤琴认为要让儿童自己画，但是这并不意味着儿童不需要指导，而是要让儿童自己画完以后，达到儿童自己创造的目的，让他在创造上得到进一步的发展。

1949 年以后，他还继续去关注，去研究。他进行师资培训，给老师讲儿童绘画，还把他教学的一些讲义都整理成一篇文章了。我刚才讲过了，大概在 1956 年的时候，在南师大的科学研究大会上，他做了《从一个儿童的图画发展过程中看他的心理之发展》的学术研究报告，他把一鸣的画全部装裱好，编好号，挂在房间和大厅里，在大会上图文并茂地给大家解说儿童绘画及其发展的自身价值，从儿童画中可以看出儿童心理是怎么发展的，教育的作用是怎么，怎么样丰富儿童的生活实践，引导儿童在大自然、大社会中观察，包括社会的进步与发展对儿童情感、道德的启示作用等。

教育家陈鹤琴在中国长期实践探索创建的活教育是对现代儿童教育领域的独特奉献，从一个儿童的图画发展过程探索研究儿童心理、儿童教育及儿童绘画的价值，也可以说是其中独特的一份。所以我觉得他在儿童绘画方面的研究和实施的活教育，不仅使我父亲的成长得到了很好的奠基，还对中国儿童美术教育、儿童艺术教育方面起到了重要的指导作用。

陈鹤琴的教育思想对当今社会的意义

我们回望中国现代儿童教育发展的历史，看到的远远不止陈鹤琴一个人，而是老一辈的教育家这一代人，他们把教育看成孕育人的最根本的方式，教育的根本目的就是育人。我们现在经常听到说"教育不要输在起跑线上"，但是这个起跑线到底是什么呢？在育人的过程当中，陈鹤琴认为起跑线就是儿童从小接受到良好的教育，这才是人生的基点，如果这个基础不打好，人的一生就会问题重重，很可能走到邪路上面去。所以我们关注儿童，还是要从最基础的教育开始，那么家庭教育就非常重要。因此，陈鹤琴在家庭教育上面，花了大量的心血去研究，把自己孩子作为实验对象，他就是想让中国

的教育同仁们以及中国的父母们有一个现代的家庭教育的理念、先进思想去教育儿童，这对我们中国现在的家长来说并不过时。他的《家庭教育》是在1925年写成书出版的，里面有许多事例，还有101条教育原则，在现在看来仍旧是鲜活的。这里面可能有些措辞当时存在现在已经没有了，或者说可能有一些过时，但是他的教育原则以及他注重在潜移默化当中教育儿童如何做人，这是我们教育的根本。所以我觉得他的家庭教育理论是不会过时的，而且这也正是我们当代教育最缺失的一部分。

现在我们上海陈鹤琴教育思想研究会，包括南京、北京以及全国各地的陈鹤琴教育思想研究会都在做一件事情：一方面是自己学习并践行陈鹤琴的教育思想，另一方面是在自己的学校教育实践中，给予父母科学的家庭教育方面的指导。同时，在上海，我们激励学校实践陈鹤琴的活教育思想，并将之推向了一个新的高度。比方说静安区第一中心小学、闸北第一中心小学，还有南西幼儿园，这三所学校原来都是陈鹤琴办的学校。现在这三所学校都是我们上海市的重点学校，这三所学校的校长都是我们上海市的特级校长或园长。在南西幼儿园，老师和家长合作，从孩子最初的教育方面推进，共同促进幼儿更好的发展，在课程游戏化方面做得很扎实。这就是我们现在教育的一个方向，就是怎么样把活教育渗透到我们的教育当中去，把教育育人的本身

落实到学校每一个步骤当中去，落实到家庭教育，让父母参与学校的教育。让学生在非常良好的社会环境、学校环境以及家庭环境当中得到全方位的成长，这才是我们现代教育应该要注重的，而不是只看重分数，忽视学生身心的健康发展。

华东师范大学朱家雄教授和华东师范大学的领导曾经邀请我父亲去参加了环太平洋教育会议，我父亲在会上，通过PPT展示了那些他儿童时期的绘画，讲述陈鹤琴在儿童绘画上，拿他做个案的研究及研究的过程，以此向国内外的一些专家分享了陈鹤琴进行的儿童绘画研究的成果，得到了国内外许多专家热评。他们看到我们中国的教育家在这方面重大的理论和实践研究，觉得十分有意义。所以这件事情也促使了我父亲有了要把这些成果用画册的形式呈现给父母和教育界的同仁的想法。因为他年纪大了，而且身体不太好，为了完成父亲的心愿，我和我姐姐就联手帮助他，在人民美术出版社出了一本这样的画册，就是《我的绘画世界——在父亲陈鹤琴的培育中成长》。这本画册非常特殊，不仅仅展示了我父亲小时候的一些画和儿童的四个绘画时期，而且它画里画外有非常多的故事，体现了教育家陈鹤琴把我父亲陈一鸣作为一个实验对象的研究过程，这对中国儿童绘画教育和艺术教育的发展，对重视艺术教育中儿童的创造性培养有着重要的指导意义。

柯小卫——陈鹤琴外孙

06

1892 年 3 月，陈鹤琴先生出生在浙江上虞百官镇一个破落的小商人的家庭里，自小因为受到私塾教育，读了 6 年的死书，他深刻感到了旧的教育制度对于儿童的束缚。他在姐夫资助下到杭州读了中学以后，又在清华深造，后面又去了美国读书。接受了新教育思潮的影响，他深感教育不仅是儿童发展的基础，也是国家富强、社会进步的基础，因此，他立志要做儿童教育。大家都知道，从五四运动以后，中国掀起新教育潮流，"民主"与"科学"观念逐渐被更多人们所接受。这是一个很重要的标志，我们的教育中心从伦理、从社会开始转向人了，转向儿童了。陈鹤琴先生知道，我们中国整个的教育要从儿童做起，他立志投身于儿童教育事业，而儿童教育最根本的问题是儿童心理。因为他知道，要去研究儿童，只能从儿童本身去研究，按照儿童的特性去发展儿童，而不是用社会的、伦理的概念性的要求，用成人的要求来要求儿童，因此他提出了要解放儿童，要让儿童从伦理里面，从成人的影子下面解放出来，使儿童能够独立生存和发展。另外教育儿童使他们能够超过前人，这就是陈鹤琴先生做的幼儿教育的一个最基本初衷。

陈鹤琴先生的基本发展阶段是求学的阶段。在求学的阶段，他受到西方进步主义现代教育潮流的影响。回国以后，他投身于"新教育运动"，新教育运动是由蔡元培、黄炎培、郭秉文、陶行知等发起。此时，"南高师"与国立东南大学被誉为新教育运动大本营。

1920年12月26号，他的长子陈一鸣出生，由此开始了长达808天连续观察、记录，用照相来记录儿童发展的每一个阶段，记录每一个动作的发生、成长的过程，由此开始研究、总结儿童身体、心理发展，生长环境与认知、经验、美感、道德、社会性等发展原理、规律。这是中国现代教育史上首例对于儿童个体的追踪研究，也是最早从心理的层面对儿童成长过程进行分析、阐述。因此从儿童心理出发是陈鹤琴先生区别于其他教育家的很大一个特点，也是陈鹤琴先生之所以被称为中国现代儿童教育奠基人的一个重要原因。从此，他开拓了儿童教育科学化的时代。

陈鹤琴先生关于实现教育科学化有三件事对中国现代儿童教育起了一个起点作用。808天的观察，他同时产生了两本书，一本书名叫《儿童心理之研究》，一本书就是《家庭教育》。这两本书都是从1920年开始写作，一直到了1923年应用于南高师，到1925年正式出版，到2016年正好出版了90周年。这两本书可以说是国家儿童教育科学化的一个标志，

一本书是讨论怎么样观察儿童以及儿童特点是什么样，另一本书是谈怎么来教育，因为家庭教育的副标题是怎样做父母，里面还有怎样教小孩。他提出成人的行为，成人的言谈举止对儿童的心理发展起到了至关重要的作用。要从小教其养成良好的习惯，培养基本的情感，比如他大儿子买了一只猫，那时候小孩子不懂事，老是要动猫耳朵，觉得很好玩。陈鹤琴跟别的父母不一样，他和他的夫人站在一边，把那个猫的痛苦的表情表现出来，使其儿女（陈一鸣）在玩的时候，看看父母，从父母的表情中感觉到猫的痛苦，从而知道疼痛是什么样的。陈鹤琴举过例子，陈一鸣小时候，他带着一鸣到田野上去画画，这时候突然打雷闪电，当然大家都躲都害怕。到晚上的时候，又打闪电，他就带着儿子到阳台上面，来观看闪电的美，培养儿女基本的情感，这是陈鹤琴一个非常重要的教育方法。

他还培养儿女良好的生活习惯，包括什么时候起床，晚上吃饭，怎么样强健身体，怎么样去学习。他知道，身体是一个人发展的最基础的条件，一个人只有身体好了，你的意志才会坚强，才会有决断力，从事各种事业才能有一个良好的状态，因此，身体是他最强调的。紧接着就是卫生的习惯。另外一点就是把做人作为一个最基本的教育信条，做人最先从哪儿开始，就是从培养良好的习惯开始，包括生活上的习惯和儿童的社会性。从小要养成这种习惯，

小朋友长大以后才能够更好地融入社会、适应社会，从而做一个高尚的人，做一个具有道德高尚、身体健康的人，才能建设和创造整个社会。

陈鹤琴的第三个贡献，是创办适应儿童身心发展的中国化、科学化、大众化幼稚园。中国第一所官办幼稚园是创办于1903年湖北幼稚园，园长和主要教师，以及许多教材、玩具来自日本。到了1923年，幼稚园已经有一段的发展历程了。这个时候中国幼稚园非常落后，起初完全是学日本的，后来由于外国传教士进入中国，很多西方的学前教育思想、课程连同教材、师资进入中国，在许多地方出现"外国化""宗教化"倾向。陈鹤琴先生与陶行知、张宗麟等教育家认为，中国要有自己的特色，建设符合自己国情的幼稚园，培养中国自己的儿童，而不是"外国化"儿童，更不是"小教徒"。1923年春天，陈鹤琴联合一些国立东南大学同事在自己位于南京鼓楼头条巷的寓所中开办了一家小型幼稚园，起初仅招收12名儿童，当年秋天，幼稚园正式开学。当时他的办园初衷有三，一是爱儿童，对儿童教育有兴趣，主张儿童要从小教起，研究教育要从基本教育——幼稚教育做起；二是研究儿童心理学、儿童教育要在儿童生活中进行；三是自己的长子一鸣三岁，已经到了上幼稚园的年龄。他为自己定下了三条办园目标：

第一，改造"中国化"幼稚园园舍，第二，改造"中国化"玩教具，第三，创造"中国化"幼稚园全部活动。

1925年的时候，陈鹤琴的学生张宗麟先生毕业后来到鼓楼幼稚园协助陈鹤琴先生开展教研工作，同时国立东南大学教育科也提供了资助、支持。陈鹤琴指导自己的团队，包括张宗麟、屠哲梅、钟昭华等开展了大量的教学试验。那些时候，他们白天陪着小朋友在草地上玩耍、追逐，晚上回来以后，在星光下，再去研究白天的课程与问题，研究第二天教学内容，再编写教材、开发教玩具、布置环境等。当时，鼓楼幼稚园教学活动主要包括两大部分：一部分是儿童日常习惯与技能的培养，他还制定了《幼稚生应有的习惯和技能表》；另一部分是幼稚园教学活动，包括一系列课程试验、艺术教育，以及幼稚园与家庭联络、师资训练等内容，他们不断摸索，如何才能使孩子们在相对自由、宽松的环境中受到"有用的"的教育。在二十世纪二三十年代，鼓楼幼稚园在国内名闻遐迩，其课程标准一度成为国家标准向社会进行推广。

1927年的时候，陈鹤琴与陶行知、张宗麟一起以鼓楼幼稚园为中心成立幼稚教育研究会，还办了一本刊物《幼稚教育》，在创刊号上他发表了一篇很重要的文章，甚至成为中国二十世纪二十年代幼稚教育的宣言，题目《我们的主张》，其中第一条就提出，幼稚教育要符合国情，就是适合中国国情的幼稚教育。1927年3月，陶行知就创办了晓庄师范，晓庄师范一共有两个院，一个院叫乡村师范院，院长是赵叔愚，一年多后又开办乡村幼稚园，聘请陈鹤琴担任园长兼指导员。不久后，陈鹤琴派出了张宗麟，参与创办了中国第一所乡村幼稚园——燕子矶幼稚园。这个时候陶行知也创办了晓庄、梅花村幼稚园等，为解决师资问题，陶行知与陈鹤琴商量，将这些乡村幼稚园与鼓楼幼稚园密切联系，形成教学研究"联合体"，开展"艺友制"，倡导"大自然大社会都是活教材"，因地制宜，充分利用各种教学资源，帮助儿童构建真实的生活。当时，陈鹤琴、陶行知的共同理想，是让幼稚教育能够普及，从少数人的教育变成多数人的教育；使教学研究成果像在实验室里培养出精良的种子一样，撒向广阔的大田。

到20世纪30年代以后，陈鹤琴就到了上海去办学，这一时期里，因为要收回教育主权，陈鹤琴在上海的工作，除了办学还要在学校里面大量推广、大量倡导爱国主义教育。他提倡学生们要了解中国的历史，要了解造成这种历史的原因，包括我们中国灿烂的文化，也包括我们中国逐渐被帝国主义欺凌、压迫，逐渐落后的历史，从而振奋学生，使每一个学生知道，我们每一个人都担负着对于国家和人类的责任。在这个阶段，陶行知在上海提倡山海生活教育和工学团，陈鹤琴全力支持和投入这个活动。因为在20年代初期，陶行知在南京和北京都开展了教育改革运动、平民教育运动和乡村教育运动，包括生活教育运动，在陶行知所从事的教育工作中陈鹤琴是非常非常积极的。因此，陈鹤琴是中国新教育改革中非常重要的成员。

1929年，陈鹤琴组成了中华儿童教育社。中华儿童教育社是由陶行知、陈鹤琴、张宗麟发起的在幼稚教育研究会的基础之上成立的，以后又办了一个幼稚教育杂志，办好杂志以后，又成立了一个中华儿童教育社。这是在当时的中国四大教育社团之一，也是中国最大的儿童教育团体。当时陶行知就写了一首儿童社的社歌，这个社歌充分体现了儿童观的问题。

1935年，中国爆发了一场争论，希望教育能够救国，教育怎么能救国，这个时候他们就希望叫读经云，就是读经书，但是这个经书儿童能不能读，能不能看得懂，能不能接受是一个问题。几岁儿童读什么书是有分别的，不能一概而论。第一要考虑他这个年龄能不能做得到，他的心智、身体能不能够吸纳，能不能变成知识。陈鹤琴有一个很精妙的比喻，就是知识和智力是两回事，知识是死的，是前人传下来的，但更重要的是发展儿童的智力，智力是活的，智力是以儿童为主的，是可以创造成功的。知识是以成人为主的，这种论述是非常科学的，奠定了我们的学科基础，现在学习的知识跟儿童的发展的关系值得现在幼儿教育工作者好好思考与研究。

1937年，先后爆发"七七事变""八一三"事变，中华民族进入了最危急的时刻，到了1937年底，由于日军对于上海的包围，大量的难民涌入了租界。上海全社会开展了广泛的救难运动、救济运动。陈鹤琴提出难民不能只是在生活上给予救济，必须要给他们以教育，使他们能成为自食其力的劳动者，尤其要救儿童，因为大量的儿童在街上流浪。在这个时候，陈鹤琴除了积极地投入到保育工作、救济儿童的运动之外，他还提出口号：保育民族幼苗。同时，他在难民营里面，组织难民一起来学习文化，组织儿童学习文化，包括卖报的儿童、流浪的儿童，

到了1939年，上海很快很快要陷落了。上海陷落之前，陈鹤琴和陈望道在上海举办了一次语文展览会。他把中国的语言文字做一个展览，他希望这个展览能使我们的人民不要忘记中国的文字，因为当时日本人在东北推广日文。我们要首先不能忘记文字，要记录自己的语文，法国作家杜德的《最后一课》，也有这样的一种情境存在其中。陈鹤琴当时在上海担任由赵朴初发起的慈联会的教育委员会主任，慈联会是一个慈善组织，由赵朴初等一批爱国人士、爱国知识分子发起、组成。其中的教育委员会由陈鹤琴主持，委员会的主要工作就是办儿童教育、难民教育，还有推广拉丁化文字。他们希望更多的儿童、更多的成人，能够不必为文字笔画多所困扰，以此来打破文字学习的难关，实现教育普

及。由于陈鹤琴先生积极从事进步文化、教育工作，宣传爱国精神，因此受到汪伪特务机关嫉恨。有一次他去绍兴出差的时候，家里面就闯进一群76号的特务，他幸免于难。在离开上海之前，他心里有一种不祥的预感，于是就化妆穿着长袍蓄起胡子，以此躲避日本的暗杀。在临行前把他在上海的一些孤儿院、儿童院都一一交代清楚。他的学生说，他像托孤一样说你们要好好照顾好这些孩子。

不久后，他下决心离开上海到大后方去办教育，所以他先到了南昌，待了一天以后，又到了重庆，到了重庆他首先到了合川，去请教他的老朋友陶行知。在育才学校，他被陶先生在艰苦条件下办学精神深深感染。这个时候，国民政府曾经提出，希望他留在重庆，甚至说有可能会担任国民教育司司长的职位。这时候江西方面给他发来了电报促使他下了决心，我要去办学我不做官。因此毅然来到了江西，在泰和创办中国最早的一所公立幼稚师范学校。

1940年他来到了江西办学，当局拨付经费不多，怎么办呢？学生从哪儿来呢？教员从哪儿来呢？在这个时候，他就陆陆续续请过去的一些同事、一些老师，和他的一些骨干来到了江西，跟他办学，成为他最早的一批老师。同时他的学生里面，好多都是逃亡内地的、躲避内战的学生。学生们都很小，有的才16岁，以女孩子居多。有的还是童养媳，从封建婚姻逃婚出来的，还有从大城市逃难出来的，

都是很小的孩子，他就带着这些师生们，到荒山上去开山，自己建校舍，辟荒山为乐园。终于建起了一个美好的校舍、美丽的校园。这个时候他就倡导了活教育学说，他认为教育应该是活的。他倡导"活教育"，包含三个基本理论，第一是目的论，即做人，做中国人，做现代中国人；第二是课程论，即大自然，大社会，都是活教材；第三是方法论，即做中学，做中教，做中求进步。其中"做现代中国人"应具备条件：要有健全的身体；要有建设与创造能力；要有服务的精神；要有合作的态度；要有世界的眼光。

1944 年的时候，由于日军南侵，江西告急，许多学校被裁撤。陈鹤琴带着全校师生转移到了赣州，住在一个公园的破庙里面，这时候在江西的许许多多的学校都已经遣散了。而政府拨下来的搬迁款项，只有一张支票，还迟迟不能兑现，他就拿着这个支票，找到了当时的专员，希望他能帮助兑换成钱，我们需要转移。专员说很多学校都已经撤退了，你和夫人，赶紧带着孩子坐飞机走吧，学生和学校遣散了就行了。他非常生气地说："我这 200 多个女儿怎么办，我走了他们怎么办？"他很生气，把门一摔就走了。走了以后，他决定要撤退，当时赣州城乱作一片，他先让学生们都上路，自己留在城里面去借钱、借粮食，人家都走了谁借给他粮食，谁借给他钱，怎么还。他就一家一家找，一家一家说你们能帮我们撤退吗？终于在炸桥之前，在朋友的帮助下，赶上

最后一班车，离开城赶上了队伍。正好队伍到了大河边上，可是他们又没有钱租船，队伍怎么渡江呢？正好看船的一个管理员，他读过陈鹤琴的《我的半生》这本书，非常感动。一看是陈鹤琴先生，就说，这样我拨给你们四条船你们走吧，这样他就租了船。但是他们在路上，又泥泞又饥寒交迫，跟前天下来的伤兵一起行进非常的艰难，到了春节，南方的天气又潮又冷，他们大家在一个破庙里面蹲在一起，陈鹤琴先生说多难兴邦，大家再坚持一下，咱们的国家就是在这样艰难处境下存活的，我们也一定能挺得住。这样一直坚持到了广昌，到了一个叫饶家堡的小村庄，当时他把学生们都分配在老百姓的家里面，发起认干娘运动，认了很多老百姓做干娘。后来终于在那个地方，我们幼师重新又开课了。

到 1945 年，日本投降，抗战胜利了，陈鹤琴就回到了上海。他很大的一个心愿就是要把学校也迁回到上海。因此他到处奔波，终于迁了一部分回到上海，把上海的幼儿师范改叫女子师范。陶行知从重庆回到了上海，立刻找到了陈鹤琴，希望由陈鹤琴继续来开办社会大学在上海的分校，也办生活教育社上海的分社，并请陈鹤琴当主任，当主席。这个时候中国的民主运动正在如火如荼地开展着，陶行知也投入了民主运动之中，陈鹤琴也是因为他有学校，跟陶行知先生进行密切配合。到1946年的 7 月，陶行知因为脑溢血突然就离世了。由于时局和环境

恶劣，陶行知去世后，陈鹤琴就担负起了组织和主持陶行知先生追悼会的工作，还出面作保，前往育才学校和上海共青团，把育才学校都迁到上海来了，这样使陶行知先生的事业得以延续。

从这以后到1948年，那时候的环境就是学生民主运动。这时他去了一趟美国，去参加联合国教科文组织的会议。回来以后，他对于特殊儿童教育非常之重视。因此就在上海倡导，并办了最早一批特殊儿童幼儿园。在他看来，所有的儿童，都应该得到相应的教育，特殊儿童也是儿童的一部分，同样要用后天的教育来弥补先天的不足。因此陈鹤琴除了幼儿教育之外，也是中国特殊儿童教育的开创者。

终于到了1949年中华人民共和国成立，陈鹤琴怀着最大的热情投入学前教育建设之中。1952年底，创建了南京师范学院，也就是现在的南京师范大学，陈鹤琴担任首任院长，并成立了中国最早的幼儿教育系。一直到了1978年以后，到了他的晚年，陈鹤琴在病重的时候，写下了他一生的愿望——一切为儿童。

陈鹤琴在幼儿教育方面的理论和实践主要表现在以下几方面：首先是儿童观，陈鹤琴先生说得很清楚，新教育和旧教育的区别在哪里？是以社会为中心，还是以儿童为中心？旧教育是以社会为中心，忽视儿童的需要，新教育是以儿童为中心，兼顾社会的需要。你的教育是不是以人为本，你的所有教育是要满足儿童的，符合儿童的特点，满足他的生理特征，满足他的需要，这是教育的基本出发点，是儿童教育工作者的基本出发点。你要站在儿童的角度来考虑问题，你要蹲下来跟儿童说话，你不能老是居高临下地和儿童说话，你要从儿童的角度来考虑儿童。你要爱儿童，每一个儿童工作者，首先是要爱儿童，其次你要了解儿童，了解儿童的特点，儿童有什么特点呢？那就是陈鹤琴在儿童心理学研究中，总结的儿童具有的四个特征：一个好动心，一个叫好奇心，一个叫模仿心，一个叫游戏心。在好动心方面，小朋友他天生就要动，因为他所有的学习都要在动中进行，大人要给孩子创造一个动的环境，让他们在活动中学习。在好奇心方面，小朋友对什么都好奇，要学习知识，好奇是知识的门径，小孩好奇，说明他想学习知识了，说明你要带他到广阔的地方去补充经验，满足他的好奇心，要给他一些正确的解答，鸟为什么会飞？蛇为什么没有腿却会爬？水为什么会流？这是打开他未来知识之门的钥匙。在模仿心方面，小朋友要模仿，环境对小朋友的影响是巨大的，成人的所有言谈举止，都会对小朋友产生深刻的影响。你声音高，小朋友的声音也会高。还有游戏心，小朋友天生就要游戏，他要用游戏来进行学习，他天生就要有小伙伴，要跟别人在一起，要有一个群体，要有活动，我们现在讲游戏是幼儿学习的主要方式，我们成人怎样将我们的教育内容很好地融合进去，考虑孩子们的特点科学施教，使儿童更能接受。

所有设计的儿童活动有两个前提，一个是引起儿童的兴趣，一个是满足儿童的需要。陈鹤琴主张幼儿教育要给儿童一个空间，一个想象的空间。他提出凡是儿童能想的，让他自己去想，凡是儿童能做的，让他自己去做。他认为大自然、大社会都是活教材，但儿童在广泛观察的同时，要有精密的研究，研究就要有指导，他不是自由的、无休止的、无边际的、散漫的自动活动，而是要有教师的正确的引导。他提出儿童学习应该是自动的，他把儿童当作学习的主体，要使儿童主动、自动，培养儿童的自动性，按照现在的话叫自助性学习。他希望幼儿园是一个美好的环境，是真正使儿童幸福的花园，他不同意将很多死板的、教条式的、训诫式的知识灌输给儿童，希望儿童能够在活动中，在跟成人的接触中，在老师的指导下，通过课程有规律地学习，从而使幼儿教育真正成为一种学习的过程。

另外，他非常重视艺术活动，重视艺术对于儿童的影响。他认为儿童的情感，以及基本的情操，包括人格都会受到音乐的感染，并与艺术教育有直接的联系。

此外，幼儿园与家庭是密切联系着的。

他还提出幼稚园教师要爱孩子，要有高超的教育的技巧，要有丰富的知识，要耐心，态度要平和，

个人的情感和社会生活要丰富，对别人要和善，同时跟家人要和善，这都是我们幼稚园教师的特质。他希望幼稚园教师都是笑口常开的、亲切的，儿童能始终生活在一种幸福的氛围之中。对于惩戒儿童，他认为没必要惩戒，惩戒要以不伤害儿童为前提，尤其不能损害儿童的名誉，要保护儿童的自尊心和名誉。

他有一个很大的特点就是非常注重教学的过程和细节，另外，一切要以观察儿童为基础，以儿童直接经验为基础。在教学方法方面，鼓楼幼稚园的单元教学法是最成功的，因为他认为经验是思想，经验是活动，广泛活动使儿童产生了充分的经验，在经验的基础之上，要提炼变成思维，变成认知，变成思想，因此经验是思想的基础。言语是思想的利器，要靠言语来表达思想，所以说小朋友要表达。表达是什么呢？要有物，要有思想，当你不会说话怎么办呢？不会绘画怎么办呢？会话是言语的先导，也就是说，会话不仅是一种技能，更重要的是一种表达，是儿童内心世界的表达。因为他把陈一鸣从小的200多张绘画一直收集着，每画一张做一个评语，到1956年他最后一篇文章《从一个儿童的绘画看儿童心理》，对儿童绘画领域进行了完整的阐述。

陈鹤琴的幼儿教育思想，在鼓楼幼稚园的实践中得到了非常充分的体现。同时，他也重视民间文化、中国传统的游戏、传统的童谣在教学活动中的应用。

他当时还从欧洲引进了木偶戏，编了许许多多幼儿教学的课本、工作簿等优秀的可以在鼓楼幼稚园里展示的作品。另外，他很强调教学目标，所有的教学最重要的目标是培养人，包括人的身体、人的情感、人的道德。他知道，人必须要从小开始培养，不仅从小就教起，并且要从小教好。

他认为幼稚园教师第一要爱儿童，每一个从事幼教工作的成人，每一个有孩子的成人，都要对儿童有深厚的感情。爱儿童体现在所有的教学，所有的教育，要从儿童出发，不能仅仅从成人，从社会的需要出发，要从儿童的需要出发，考虑到儿童需要什么。他需要游戏，需要环境，需要合适的读物，需要朋友。那能不能给儿童营造一个爱的环境呢？这一点应该作为全社会共同的责任，保育儿童，使儿童在一种健康向上的环境中成长。

第二点，对于当下来说，现在许许多多的父母，过度重视儿童吃穿住行，或者过多去关注儿童的学业、学习、知识，没有顾及儿童基本情感的培养，然而陈鹤琴是非常重视儿童基本情感的培养的。他认为现在很多成人的东西强灌给儿童，试图用这个来改变儿童的道德，实际上这是从成人出发的。真正怎么样去培养他的爱心、怜悯心，使他同情弱者，爱自然、爱环境，这一点非常重要。要重视儿童基本情感的培养，培养他们对于母亲的爱，只有培养了对妈妈的爱，对于周围人的爱，才能有自然的爱，

只有爱父母、爱家乡，才能爱国家，因此要在儿童幼小的心灵中撒下爱的雨露和种子。

第三，要让儿童具有充分的经验，更多地接触到广阔的自然，了解生命的平衡，而不仅仅是背一些书本，使孩子被困惑在一个窄小的空间里。这不仅影响到儿童的知识，也影响到他的性格。要使儿童真正能够在阳光下，在蓝天下，在草地上，像鸟在飞翔着，在成长。

第四，教学以儿童的天性、儿童的自由为前提，但是仅仅这一点是不够的。儿童天性和自由最大的发挥，是与教师的指导分不开的。教师的科学素质是至关重要的，尤其对于广大基层的幼儿园教师、广大农村幼儿园的教师更是如此。陈鹤琴非常强调教师的基本训练，不仅有技术上的训练，还有情感上的训练。一切为儿童，为了一切的儿童，为了儿童的一切。教师培训是建设自己的国家，使自己民族强大、国家强大的希望所在。

我小的时候，陈鹤琴因为是全国政协委员，每年都到北京开会，因此我每年都有一次机会见到陈鹤琴。他到北京开会时，总是要组织北京的子女和他们的儿女们在一起聚一聚，吃吃饭，看望大家。这时候陈鹤琴和我的外婆，给我留下很深的印象，我们有一张照片，他拉着我们几个小朋友的手，里面有我在拍照。

从个人的角度来讲，当时我们认为他是一个非

常慈祥的老人，到了1971年的时候，我该上中学了，这时候父母就带我来到南京住在他家里。每年我们都有一些时间跟他在一起，他当时家就在大行宫太平南路里面有个文昌巷那里。他给我的印象第一是他在这个巷子里头非常受人尊敬，出门进门，都有很多人给他打招呼，他家里有好多好多书，他有时候会给我们念。我记得他有一本1949年中华人民共和国成立的开国大典的书，他就如数家珍一样，一篇一篇给我们翻。他很重视我们念外语，当我们发音不对的时候，他马上就制止，再示范一遍，他很有意思，他不会说你不对。陈鹤琴教育小孩，不是说你说得不对，不是这样，比如你说了一个字，他会按照正确的方式，给你示范一遍。比如说你的语调高，他会给你一个很合适的语调，他再说一遍，他在暗示你按照我这个来，他跟别人不一样，别人可能就是简单的制止，他是给你一种示范。因此他很讲究在教育小孩的过程中用暗示的方法，他很少说不的，而是说你能什么，你还能什么。我们有两种教育方法，一种是你不能，还有一种教育方法就很直接。他可能一个眼色，一种动作，一种示范，只是给你一个正确的方式，叫你循着这个正确的方式，按照他的样子，再做一遍，直到听到你做对了为止，我觉得这种教育方式是很多家长都值得借鉴。

我还记得很清楚，我小的时候写诗，他知道我在写诗就送我一本过去讲平平仄仄平的书，我记得平平仄仄，仄仄平平，仄平平。他就用浙江话，用绍兴话，给我讲。因为他传统文化的底子非常好，这一代教育家都是中西文化兼备的，他受过深厚的传统教育，又受过系统的西方现代观念和技术的教育。他不仅懂儿童，还懂文化。我是从小爱好写诗，学习写诗，他给我最大的鼓励。

我小的时候吃饭老是爬在桌子上吃饭，陈鹤琴会拿一个碗，意思你说你要吃饭，你不要这样做，你再拿着，左手端碗这样吃。另外他对在餐桌上的礼貌很讲究，比如说吃菜，你就吃你眼前的，你不要都夹一个遍。陈鹤琴被誉为一个是永远微笑着的教育家，一个是他的腰板总是直的。不仅是他的腰板直，你去看陈家的七个子女，各个腰板都是很直的。他很强调做，他第一个工作就是改造课桌椅。他认为我们桌椅，要么是一个大长板凳，要么是我们中国式的凳子，是直的，不符合人体的曲线。他专门设计桌椅给中小学生，主要考虑桌椅怎么样去适合儿童阅读，因为他腰板很直，所以他很强调我们这些孙辈们的走路姿势，他很反对人驼背。另外，他自己生活很有规律，他定时起床，定时睡觉，三餐很有节律，这跟他的教育信念是一样的。他把这种东西，直接传授给了我们。

他对周围的人非常和蔼，从来不发脾气，这是教育家的一个基本素质。他是表里如一的一个人，他很坦诚，很真诚，晚年的时候依然处理很多关于幼儿教育的事情，包括 1978 年他给全国教育规划会议写信，除了从幼儿方针里面提出很重要一点，要重新重视陶行知精神的传播，编辑陶行知的著作，包括编辑陶行知的诗歌集等。他又被选为中国教育学会的名誉会长，他指出要研究了解儿童使他们超过前人。临终之前，高觉敷、潘殊几个老先生来看他，他当时已经病得很重了，还拿支笔颤颤巍巍地写了几个字：儿童爱我，我爱儿童，充分表达了一个老教育家的全部情怀。

肖皓林——陈鹤琴学生

07

　　我们十分缅怀我们的校长，感恩我们的校长。1945 年，当时因前方失守，赣州告急，陈校长带我们逃难，向广昌转移。这是史无前例的伟大壮举，当时如果没有陈校长带我们逃难，就没有我们的今天。我们当时年龄比较小，有些事情还不太清楚，但是高年级的同学跟我们讲，在逃离赣州之前，校长要去借船，船老大一开始不肯借，后来校长跟船老大讲"我有两百多个女儿"，船老大听得奇怪，问校长怎么有这么多女儿，校长就把带我们逃难的事情讲给船老大听了，船老大非常感动，就答应借船给我们。那时也没有多少经费，校长还四处借钱，就是在这种情形下他还是选择带着我们逃难，连自己的儿子陈一飞都没带着，我们就这样上路了。校长把学生是视如自己的子女一样地爱护、关心，如果校长那个时候不愿意带我们逃难，就地解散我们的学校的话，我们也回不了家，我们有些人家离得很远，还有些人的家乡都沦陷了，我们无家可归，只有流落在异乡的街头，这个后果不堪设想。

当时逃难的人大概有两百多，都是女学生，最小的学生当时只有十四五岁，我当时还不到二十岁，一路上真是困难重重。那个时候每家每户都在逃难，我看到一位妇人，她带着三个儿子、一个小保姆、十打行李，都受了不少的罪，更何况我们校长带了这么多的女学生，所以我觉得我们的校长真是了不起。当时，我们一路都是步行，历程有四五百里路，从落叶满地的深秋，走到大雪纷飞的寒冬，经过一个多月，才在广昌的饶家堡定居下来。我们有的时候一天要走60里路，晚上在泥地铺点稻草，直接躺在稻草上睡觉。但是我们并不觉得苦，我们觉得有校长带我们逃难，什么苦都不在话下，我们很开心，很幸福。到了一个目的地，一盆青菜加白米饭我们就能够吃饱，就心满意足了。

到了饶家堡安定下来之后，校长为了让我们能跟当地的老百姓打成一片，叫我们拜干娘。有的干娘对我们非常好，我们这些同学也都到干娘家里去做些事情。校长不仅要我们这些学生拜干娘，他还为当地做了好多事情，他办学校，办扫盲班、中学、小学、幼儿园，样样齐备。就在那时——1946年的春天，我毕业了，然后我留在了母校。总之我觉得校长他满脑子都是儿童、人民，到了一个地方就为当地的人民着想。他就像共产党讲的，革命的同志到了哪里就在哪里生根发芽。

校长真的是无微不至地关心学生，我觉得这种爱学生的精神应当永远发扬和传承下去。日本投降以后，校长要把我们的师范、专科都搬迁到上海来。当时上海同意转过来，但是有一些学生还留在江西南昌，那些学生虽然不能到上海来，但他们常常想念校长，经常在一块讲校长对他们的教导。他们还写了一篇文章，叫"怀念校长，想念校长"。校长视学生如同自己的子女，晚上还去查夜，实际上校长白天工作很繁忙，也很累，但是他还要提着马灯来查夜，看望我们这些学生。我们一位同学叫周凤英，有一次她在路上哭，校长看见了就问她，你为什么哭，周凤英说她想妈妈。校长马上就亲切地跟她讲，我就是你的妈妈。校长非常关心我们，爱护我们，他还会上台为我们表演，我觉得他真是童心未泯，年近半百的人，拿根棍子当枪，雄赳赳气昂昂地唱"我是一个小兵丁，我是一个小兵丁"。他还学青蛙跳，我们同学们都开心得不得了，哄堂大笑，觉得校长真是可亲可爱。校长还带我们一位同学去找工作，那位同学现在在北京，也94岁了。当时凡是有小学、幼儿园的，他都去问他们要不要招聘老师。结果在愚园路1200弄的一个四级学校，他们幼儿园要招聘一位老师，那个学校的校长当场就要他弹琴、朗诵儿歌，一直到答应校长让他的那位学生留下来工作。

校长真的是为我们学生考虑得十分周到，所以我缅怀校长，感恩校长。校长他还自己造房子，把文江那样一座荒山变成美丽的幼师。我们在上海的时候还经常唱我们学校的校歌："幼师，幼师，美丽的幼师……"我们一唱起校歌，就会想到幼师，想到校长。我觉得抗战时期我们的幼师真的像天堂一样，我们用的水都是校长想办法从山上引下来的。我们学生的伙食特别好，有的时候吃香菇烧肉，我们开心得不得了，我们在家里也没吃到这么好的伙食。那个时候我们就知道校长一生清廉，当时我去他家，有时候钱不够用，他把自己的钱都捐出来，我觉得像这样清廉的校长真的非常少了。我觉得我们校长就是为学生，为儿童，尽心尽力了一辈子。

校长是位著名的教育家，他研究家庭教育、儿童教育，非但有理论，还有实践，而且他研究的教育是符合我们中国国情的教育。校长是美国留学生，但他没有一味地崇洋，1949年以后他也没有完全照搬苏联的教育模式，他认为中国有中国的国情，教育应该符合中国的国情，但是他也不是传承中国旧的教育观，而是在改革旧教育的基础上吸收外来的先进的教育思想。20世纪50年代初，我们都学苏联的一套，苏联也派专家到上海来讲课。但是我们有些同学和同事认为，苏联有好的经验但不一定适合我们国家的国情，而校长定出来的教育大纲是适合我们国情的。所以那年在合肥开会的时候，我就讲，我们幼儿教育的教学大纲要以陈校长的这一套理论来实践。我记得校长说过，我们要带孩子走出去，多观察孩子，培养孩子的观察力、思考力。我们在梅林上课的时候，校长都是在室外的大树下面给我们讲课。我觉得校长的教育思想是符合中国国情的，同时也对旧的、不恰当的教育观念进行了改革。比如，他认为对待儿童要像对大人一样去尊重他们。

我从小学就欢喜唱歌，在当时的社会里，学音乐是要花很多钱的，普通家庭不可能去学音乐。但是在幼师，我学弹琴，学唱歌，后来到了上海校长办的幼师的附属幼儿园。我们的校长说我唱不好歌，就带我到处去听音乐会。有一次到十三女中听他们唱歌，我激动得不得了。我觉得有这样好的校长，我一定能够好好学音乐。后来我还上过音乐专修班，但是当时非常忙，我后来就没办法去了。我跟邹必珍老师也学过唱歌，邹必珍老师也问我想不想去参加广播乐团，我想我是校长培养出来的学生，我一定要一辈子从事幼儿教育，所以我就没去。我在这一生当中，办过三个幼儿园，两个幼儿园都是有现成的房子，其中一个幼儿园是苏联式的房子，所有的设备都是齐全的。但是到我50岁的时候，正值改革开放之初，百废待兴，那个时候要我去创办一个幼儿园，这个幼儿园叫控江幼儿园，什么设备都没有了，就只剩一个空壳子。而且这里本来是民办小学，里面非常脏，我去把这个学校清理了。后来我觉得我没有辜负校长对我的期望，这个幼儿园从创立之初就一直搞科研，成绩斐然。我觉得这些都是校长的培养与教育。

校长一生清廉，将学生视如自己的子女，品德十分高尚。但是我们那个时候因为不是高年级，跟校长的接触还不多，那些专科班的老同学，他们对校长的了解更深，我每次看到校长还是有点不敢接近他。但是从这一系列的事情可以看出，我们校长不仅是一位著名的教育家，更是一个品德高尚、爱国爱民的人。

张耀华——陈鹤琴上海幼师学生

08

抗日的时候，我的父亲失业了，家里粮食不够吃，日子过得非常辛苦。教堂里有一个姓汪的人，他很了解我们家的情况，就把我介绍到孤儿院，声称这个孤儿院吃住无忧。我想减轻我父亲的负担，所以就答应去孤儿院，但是却遭受了非人的待遇。这个孤儿院老太的儿子是生化药厂的厂长，赚的钱给她在郊区买了一套房子，她雇了两个姐妹，一个替她烧饭，一个替她种地，又弄来了6个孤儿，我是第7个人。我们9个人替她拾柴火、烧饭，我们像她的奴隶一样。那里面的孤儿同我一样遭受非人的待遇，吃不到一顿粮食，身体全部都垮了。日本无条件投降后，我父亲有工作了，我才从孤儿院里出来。所以我立志要去考幼师，将来要办幼儿园，让小孩能够受到良好的教育，而不像这个孤儿院的孩子一样受到这种非人的待遇。

日本无条件投降之后，我父亲在一个救济中心有了工作，这个救济中心是美国人办的。教会看重我父亲，就叫我父亲去做总管。我父亲非常慈祥，非常爱国，我们中国人想办教育事业或者医院

需要房子的话，我父亲都直接给他们。后来陈鹤琴校长在上海办了幼师，我父亲就来通知我，说是陈校长办的学校你可以去考，我高兴极了，所以就去考这个学校了。

那个地方本来是美国人在中国办的学校，条件非常好，所有设施都很齐备。后来日本侵略的时候，他们把这个地方作为关美国人的集中营。再后来打仗的时候，美国人都逃走了，这个学校算是没有了，被国民党抢去了。陈校长就在这个地方办了幼儿师范学校。学校刚刚开始办的时候，连电灯都没装，什么设备都没有，就是个空房子。招生时，很多考生都来参加招生考试，我心里害怕学校不收我，因为我失学这么久，又被关到孤儿院里两年，跟别的考生差距很大。别的考生都是刚刚初中毕业，都很年轻，而我已经快20岁了。我对自己十分没有信心，所以我就想最后一个进去考试，并且把我的心思告诉学校的校长。那时候房间里没有灯，点了蜡烛，我进去一看，坐满了老师，这些老师都挺好的。

我看见校长之后，恭恭敬敬鞠了一个躬，我想要把我的心里话都讲给他听。陈校长问我你就叫张耀华，我说我叫张耀华，你父亲叫张登营（音），我说是。说起我父亲在什么地方工作的时候我说不太清楚，下面的老师都笑了，我那时候心里很怕考不上。陈校长问我为什么想要考取这所学校，我跟他说了我之前被骗到孤儿院的经历，那里面的孤儿

跟我一样受着非人的待遇，我就想将来脱离苦海了一定要去改革教育，让小孩都能接收到良好的教育，请校长一定收下我。校长听了我的回答之后，就说我们欢迎你，我当时真的非常高兴。第二天看榜的时候，榜上第一名就是我，我兴奋得不得了。

我一到这个学校里，学校正要选学生会主席，当时还不叫学生会，我们叫大姐姐服务团。一位姓蔡的老师说我的年纪最大，可以教大家，就推选我当服务团的主席。那时候我每天晚上同蔡老师睡在一个床上，其实都是睡在地上，没有真正的床。蔡老师一直跟我讲有关共产党的事情，还有我在服务团里工作应该注意一些什么事情，指导着我的学习和生活。从此以后我变开朗了，我从来没碰到过这么好的人，从来没有觉得做人有这么轻松，被她一指导，我劲头都来了。再后来，在她的引领下，我成为一名光荣的共产党员，那时候还是地下党。当时她知道我信耶稣教，跟我讲了好多好多，要我脱离宗教。我被她说服了，我觉得世界上唯一要好的就是她，她说什么我都听，最后我就脱离了耶稣教，在学校里做了服务团的主席。

后来陶行知先生生病去世了，陈校长要把他的学校和学生从重庆全部搬到上海来。陶行知先生的学生全部来了之后，陈校长叫我一个人负责接待这些学生，吃住方面全部要我负责。虽然很忙，但我看到那些学生就像看到自己家里人一样高兴，想尽

办法让他们在这边过得好一些。我觉得校长很信任我，把这样的任务交给我负责。

那时候我还不知道，蔡老师就是陈鹤琴校长儿子的未婚妻。我只知道，我们学校有一位这么好的共产党员在指导我工作，我觉得我自己非常有福气，每天都向她汇报一些事情。她就跟我讲他们是地下党，后来要吸收党员，我是头一批被吸收为地下党。我主要工作就是同陈校长和一个主任联系，校长特别特别的好，我什么事情都跟他说，把他当作我的父亲。我父亲同我说话少，我同校长说话还更多一些，他更像我的亲妈妈一样，因为我跟我妈妈说话比较多。校长也非常欢喜我，什么事情都找我，我相当于成为蔡老师和陈校长之间联系的一个纽带。

因为我帮助过悦彩学校，过年的时候那边请我去吃饭，一个地区的负责人也被请去吃饭，知道我想办幼儿园，就想让我留下在他这里办幼儿园。虽然我那时候还是学生，但是我一直有这样一个心愿，我就去同陈校长商量这个事情。陈校长一听高兴极了，十分支持我，他说你要办幼儿园，没有条件我替你创造一些条件。于是他拿起名片来，写了他的名字，写了几句话，要我到他的朋友那里去。校长要我去见几个人，他们都出了好多钱来资助我。我离开陈校长的朋友们那里之后，还和大姐姐服务团的一位留学生一起去募捐。陈校长还做了好多好多的玩具，有大的爬架、木头的摇马等。他十分支持我的想法，好多事情都同意我去办。蔡老师也很赞成我的想法，说地下党要躲避的话我可以把人放到你这里来，隐藏在你这里。他们要求我要协助党内工作的开展，因为我当时也是一名党员。

陈校长的教育方法同陶行知先生一样，会根据不同孩子的不同特点来进行教育。陶行知把所有的苦孩子都收拢在一起，再请老师根据孩子的不同特点与才能来培养他们，培养了好多好多的人才。中国有这样好的教育家，像陶行知一样的，我很佩服陈校长，所以我特别支持他们的工作。三八妇女节那天幼儿园开张了，陈校长还亲自去了幼儿园。我们的幼儿园从一所办到三所，这是陈校长给我们打下的基础。陈校长希望学生们能够在幼儿园里边学边用，将学校里学习到的理论知识应用到实际的教育实践当中。结果学生到了固定的时间，都想来我们幼儿园蹲点，看我们怎么同龙城的小孩子一起生活。这是活的教育，它不是死的，它就是哪里需要到哪里去，真正地解决农忙时候孩子无人照看的问题，农民可以安心地去劳动，小孩子也得到了教育。我们吃的粮食都是来自农民家的，每个幼儿交一定的粮食就行，他们也觉得负担不重。其实这就像家访一样，我们对每个幼儿家里的情况能够更了解，同时我们也帮助解决幼儿的家庭纠纷或者其他的事情，幼儿父母的心情也愉快了。我们的工作做得很实际，这就是陈校长主张的活教育。

唐淑夫妇——陈鹤琴五十年代学生、南京师范大学教授

09

我算是陈老的第一届学生。

我对他的印象很鲜明，他是一个很有思想、乐观、朝气蓬勃的人，并且会给你一种非常亲和的感觉。如果用两个字来形容，就是"大爱"，我觉得他是一个有大爱的人。如果要从他的学风上来说，他又是一个实干的人。

我跟他接触过好长一段时间。从1952年开始，院系调整，他就做院长，我当时是中师毕业生。在当时，国家需要大量的大学生，有调干生，有中师选送生。我正好是国家首批中师选拔直接保送进大学的学生，1952年我毕业就来到这里，应该算是陈老的第一届学生。

一切为儿童

我觉得他整个一生确实就像他讲的："一切为儿童，我爱儿童，儿童也爱我。"在他的心目中，孩子永远是放在第一位的。他从研究儿童的心理开始进而研究家庭教育，又研究机构的教育，研究幼儿园的教育，之后又研究幼儿园老师的教育。当然，后来还涉及特殊教育。我认为在他眼里，儿童就是一切。他以一颗童心来研究儿童的教育，这一点给我留下非常深刻的印象。我觉得他特别爱学生，经常跟学生同游、同乐。每一年的元旦、新年晚会他都要扮成新年老人。十二点钟声敲响了，他跟学生在一起联欢、跳舞，所以学生跟他也很亲，他跟学生能够打成一片，甚至在运动场上，他的身影也在活跃着。

看望学生

我记得1958年，我已经毕业两年了，那时二十三岁，是一名年轻教师。因为当时的省教育厅在大力地开展扫盲运动，所以1958届的毕业生不到幼儿园去实习，也不到幼师去实习。当时我们江苏省的溧阳县是一个扫盲基础比较好的县，就由我带着这一批学生，二十几个，到溧阳扫盲。大学生到农村，用现在的话来说，是一条亮丽的风景线。当时有二三十个学生，分了七八个组，三四个人一组，到一个乡里去，开展扫盲运动。他当时是院长，那时候我们幼教系跟教育系已经合并了，我们系里老师还没有来的时候，他就带了一个年轻老师到溧阳来看我们。我把同学们从乡下四面八方聚集到一起，集结到县里面来，然后我们在人民公园照了一张相，在他的迎接地也有拍照。当时他给我们的印象是很亲切的。

体谅学生

我们班上有很多调干生，有机关来的、学校来的，也有家庭妇女这一类的，我们当时年龄的差距很大，年龄最大的学生都已经36岁了，她的孩子也是小学生了。像我们师范高中来的，才十七八岁。我那一年只有十七岁。在毕业的时候，我们有好几个同学都是有孩子的，而且他们的家都在南京。当时分配到南京的名额很少，包括留校的、留幼师的，都是相对来说学习比较好的一些同学才有机会。这些妈妈们，虽然她们有经验，但是，可能还不能留到幼师去。当时，三个有孩子的妈妈都被分到外地去了。这三个孩子妈妈直接去找他，诉说自己家庭的实际困难。有的妈妈都已经有两个孩子了，有的妈妈有一个孩子。陈鹤琴先生听了她们的诉说后又极力争取，把她们三个人都留下来了。一个妈妈留在南师附小幼儿园，后来做了园长，一个妈妈留在五台山幼儿园，还有一个妈妈给她争取留在了省级机关商议厅幼儿园（音）。从这些方面可以看出，陈鹤琴先生很体谅学生的实际情况。

像我老伴儿，他们那时候是中文系的，刚好遇到鲁迅逝世二十年。他们晚上推选代表，跟陈鹤琴先生请示，他们想要到绍兴去参观。陈鹤琴先生也是支持的，四个班一百多个学生，还有系里面的老师，浩浩荡荡地到鲁迅故乡绍兴去参观了。

还有一个学生，他本来是中文系的专科，那时刚好有本科了，他专科毕业以后，打报告向陈鹤琴先生申请。陈鹤琴先生后来还是根据他的实际情况，同意他专升本。在那个年代，像这些事情，都没有过先例，但是陈鹤琴先生能够从学生的实际出发。

我们那个时候要坐小火车到西三桥、东三桥去抗旱。陈鹤琴先生在一节一节的车厢里表演《小兵丁》，来鼓舞师生抗灾救灾，调动大家的情绪。所以我感觉到，他对学生、对儿童、对幼教事业，可以说是奉献了一生。他研究孩子的心理、家庭教育、幼儿教育等，一直到他离开了南师，到省政协，到全国政协。作为一个政协委员，他的提案和他到各地的视察，都非常关注儿童。

把教学、科研、生产融为一体

他从上海一调到南京就在南师附中办起了幼儿师范班，就是幼师班。继而又创立了南京师院的幼儿师范学校，他在南师附中幼师班的基础上，于1953年成立了幼儿师范学校，又为南师的幼儿师范学校办了一个幼儿园，就是现在的南京市实验幼儿园。所以他到南师以后，从幼儿园到幼师到高师，整个体系都建立了起来，并且他自己还建立了儿童教育的研究室，成立了儿童玩具教具的研究室。他当时搞的儿童玩具厂，生产的玩具远销东南亚。我们做学生时，每个星期六上午，都要在玩具工厂实习，做玩具。所以说，他在五十年代就把教学、科研、生产融为一体。他真的是一心为了我国的幼儿教育，奉献了他一生。

而且他做政协委员的时候，到全国各地去视察幼儿教育的情况、农村幼儿教育的情况。譬如说，他到了四川知道有一个叫陆秀的人也是一心办幼儿园。陈鹤琴有一张照片，就是抱了一对双生子的那张照片，就是在陆秀所在的那个地方拍的。陆秀是无锡人，他到美国留学回来以后办幼儿园。八十年代初，我到四川去的时候还专门去访问过陆秀。他一讲到陈鹤琴先生也是充满了感激之情，觉得陈鹤琴先生对他也很关心，很支持他的事业。在1979年召开了第一次全国教育科学规划会议，当时我参加了这个会议的，虽然他没去，但是准备了很多提案。比如说，关于研究教育史的，关于研究陶行知等教育家的，还有关于家庭教育的，要对儿童心理进行研究等。作为一个教育家，他自己在位的时候，他是全心全意地为儿童的教育事业尽心尽力。他充分发挥政协委员、人民代表的作用，为幼儿教育献计献策，督促政府、建议政府怎么样能够更好地发展幼儿教育事业。

他是一个实干家

我觉得他非常热爱儿童、学生、幼儿教育。从1952年开始一直到他逝世，至今也有三十几年了，我对他的这个印象还是非常深刻。他不像有些教育家可敬不可亲，他是可亲可敬的教育家，是一个实干家。就像国内、国外的教育家们都是自己在学校里、在幼儿园里进行长期教育研究，陈鹤琴也是这样的。

从研究儿童心理开始，研究家庭教育，研究幼儿园的教育，他都是亲力亲为。后来又办了幼师，他也是自己做校长。再后来在高师，他也是如此。他在高师也是自己上课，自己进行研究。

在1958年的上半年，他开设了一门课，叫活教育及其批判，那时候他公务繁忙，经常利用晚上的时间讲课，就在我们300号的会议厅。当时，他的每次课我都会去听，他绘声绘色地讲课，包括怎么办幼师，怎么进行教学改革。当然，那个时候没这种词汇。

他要求我们不要死读书，而是通过参加劳动以及学校的管理等，真正地在做中学、做中求进步。在抗日战争期间，他形成了活教育目的论——做人、做中国人、做现代中国人。

他给我的印象，是一个非常实干的人，他研究教育也不是空说。关于儿童心理方面的研究，都是在他进行个别研究和阶梯研究得到的一些数据的基础之上进行的。而且用这些数据跟国外的数据做比较，得出我们中国儿童的发展水平。《家庭教育》这本著作，也都是他自己教育孩子的一些经验的提升。后来他创办幼儿师范以及建设高校的幼教系，都是他亲力亲为。我感觉从学风上说，他是一个实干家。这种作风对我们都有潜移默化的影响，譬如，我们在学习高师幼教系的课程时，每周学六天。我们每个星期三都到幼儿园去见习，看了课或者活动以后，我们都要评析、讨论、分析，回来后写见习报告，老师给我们批阅见习报告。

理论联系实际，用心培养学生的科研意识

每个星期六，我们都要到玩具工厂去劳动，我们学卫生学的时候，老师还带领我们把那天的伙食

退掉，然后给我们制作各种菜肴、点心等。我觉得我们学习的时候不仅要动脑，还要动手。我们到幼儿园见习，又到幼师实习。现在想来，虽然现在也有这些，但是在分量上没有我们那时候多。陈鹤琴先生对我们进行实际能力的培养，还有科研意识、研究意识的培养，也是很用心、很鲜明的。

譬如，当时南师的校庆时间都是安排在国庆以后，因为我们高校都是国庆以后开学。在陈鹤琴先生提倡下，南师以科学报告会这样的方式来做校庆的庆典活动，这也是首届。

第一届的校庆纪念是 1956 年，陈鹤琴先生就做了"从一个儿童的图画看他的心理发展"的报告。我记得当时北大楼教室刚刚落成，他用几个教室来展览一些图画。那次给我留下的印象非常深，他自己讲他怎么做的，怎么来分析，怎么从孩子图画的发展来看他心理的发展。

另外，我们其他的老师也做了关于座椅尺寸的研究，譬如小班的孩子应该坐多高的椅子，用多高的桌子等。还有老师做了有关于营养的研究、关于语言的研究等。

不只是学专业课，他还安排了其他课程，我觉得他这么做跟他的教育思想有关。所以，我们的知识面比较宽。虽然我们学习幼教，但是当时学校里面的一流学者，像生物系的苔藓专家陈邦杰，地理系的主任，还有美术系的那些美术教育家，英语系

的主任等都是全国里数一数二的，陈鹤琴先生请他们来给我们上课。譬如在学习自然时，使用自然教学法，老师也带我们认识校园里所有的树木花草，这还不够，他还带我们到玄武湖去认识各种的树、花。

我觉得这确实体现了他的课程以大自然、大社会为教材，不光在幼儿园，我们的课程也是这样子的。所以，我觉得我在学校里四年，不仅仅学习到了专业的知识，而且老师这种注重实际、联系实际、结合理论进行研究的态度，以及理论联系实际的作风，影响了我们，我们继承发扬了陈鹤琴等老一辈这种理论联系实际的实干精神，这种精神鼓舞着我们前行。

从我这班老师开始，所有老师都在幼儿园进行研究。南师的幼儿园之所以是研究性的，可以说是因为我们南师几十年来一代又一代的老师形成的传统。南京市里的团队，譬如音乐教育方面的团队、课程方面的团队、美术教育的团队都是从老一辈老师那时候开始，可以说都是从五十年代开始，一代一代这样传承下来的。包括我们的这些年轻老师，像虞永平，留校以后开始的那几年就到幼儿园里去。到幼儿园中起码是半年或者是一年，就算是留在系里面工作，也要到下面去锻炼。有一个阶段，要求我搞英语教学法，我每个星期都到幼儿园里拜幼儿园的老师为师，并且自己还到幼儿园中去教孩子。

因为注重实践，我们研究的问题也都是幼儿园教学当中出现的问题。譬如，赵老师那时候为什么

要搞综合教育呢？这个问题的提出，也是源于幼儿园实践中的问题。在幼儿园教育当中，老师们觉得分科的、割裂的体系，不能让老师们轻松，反而加重老师们的负担。根据他们的需要，陈鹤琴先生对整个教学法进行研究、改革。当时也提倡系统论、信息论等。在这样的条件环境下，也是因幼儿园教学的需要，幼儿园老师的需要，我们的老师跟他们一起来研究、解决问题。我觉得这样的风气，不仅影响了我们本校的老师，而且通过我们又影响到我们的学生。所以我们的一些毕业生，出去以后也把这种注重实际的作风，带到各个地方去。

我的同班同学有很多都是在幼师做校长、做教导主任，他们也是非常注重实习、见习，注重培养学生的实际工作能力。联合国儿童基金会给了我们任务，要为全国培养幼儿师范学校的老师，在八十年代初，我们在全国十几个省市幼师中，挑选了一些学生来培养。这些人有幼师的基础，有实际工作经验，还有我们也为部队培养一些人。他们在我们这里虽然只学了两年，但是将南师这种理论联系实际的实干风气，带到全国各地去。而且，他们都认为在南师学习的这两年，给予了他们极为重要的影响。

促进厦门市的幼儿教育

陈鹤琴研究会是 1986 年成立的，当时厦门教育

学院的院长也是陈鹤琴先生在江西的学生。他到我们南师参加了陈鹤琴研究会成立大会，跟我们接触以后，他就认定要我们到厦门去办大专班。为这个事情我们也去了解情况，老师都是各个幼儿园选上来的，也经过一定的考试，我们给他们办了一期大专班，后来大专班的学员就成为厦门市从行政到幼儿园到培训机构的骨干。这次，他们正在筹备三十年的班庆，他们对我们南师印象很好，跟老师的关系也非常好，而且此举对厦门市的幼儿教育确实是起了很大的提高和促进作用。

理论密切联系实际

陈鹤琴真是一个实干家，他研究理论不是空洞的，不仅仅是从理论到理论，而且密切联系实际。当前需要解决什么问题，幼儿园存在什么问题，他就研究什么问题，这样的一个做法，这样的一种传承，我觉得确实是非常难得的，这也是他的一个很大的特点。一直到现在，从全国来说，我们南师的老师跟幼儿园老师的关系是非常密切的，其他学校是很难做到这一点的。我们整个团队，这种实事求是、理论联系实际的作风，我觉得还是很好的。所以，我用大爱和实干来概括陈鹤琴先生的为人。

中国儿童心理研究的奠基人

关于他幼儿教育理论的核心内容，我觉得可从这几个方面考虑。在儿童发展的研究方面，陈鹤琴先生用日记法来研究他的儿子，从儿子诞生一直到808天的历程，他做了方方面面的详细记录，同时得出了关于儿童言语的发展、动作的发展、心理的发展等各个方面的研究结论。我觉得对中国儿童心理的研究他是奠基人、开创者，在儿童心理学史上具有重要地位。他研究的成果，写在《儿童心理之研究》这本书里，后来又写了高校的教材《儿童心理学》，这些都体现了他对我们中国儿童心理研究的成果。他的著作被给予了充分的肯定。

他对儿童心理发展的研究，我觉得可以从这几个方面表述。他揭示了儿童在其终生发展当中的奠基性、可塑性。经过他的研究，他认为儿童期对他的一生，是非常重要的。人的语言、态度、动作等都是在儿童期开始学习，而且这个时期的人性像一张白纸一样处于起始阶段，你开始开得好，那你的结果也自然会好。根据颜之推古时的说法，从逻辑推理的角度讲"三岁看老"，而陈鹤琴是有科学的数据来证实的。他拿人跟动物相比，人的儿童期最长，严格地说可以延伸到二十几岁，都是属于儿童期，他都是在学习的阶段。而动物有的一生下来已经在成长了，不久它就成熟了。小狗、小猫也都有儿童期，

但都是几个月或者几天。人就不是，人类的儿童期最长，因为他需要学习的东西很多，所以这也肯定了儿童期的重要性和对人一生的重要性。

在儿童期，人的学习是最用功的，可塑性是最强的，他很重视儿童期的发展。然后，他也强调了儿童期发展的阶段性，他认为孩子的发展，不是一步就成的，是有个发展阶段的，这叫"先后发达、连续不断"。也就是说孩子的发展过程是一步一步的，前一个阶段为后一个阶段奠定了基础，后一个阶段在前一个阶段的基础上，再持续地发展。所以对于不同的阶段，你都要根据孩子的特点来进行教育。他根据孩子的阶段，对学前期也进行了分期：新生儿期，就是出生一个月之内，根据他的描述，一个月以内就是新生儿期。孩子的发展有什么特点，比如说动作、感觉这些方面，我们教育的重点就是什么。乳儿期，就是孩子尚在吃奶，一岁以内。还有一个步儿期，就是会走路了，他说从会走路开始，他就成为一个独立的人了。如果他不会走路，他有什么要求，只能用语言或者用手势来表示，当他会走路了以后，他就是一个独立的人，他想要到哪里，他就可以行动自如。所以他对步儿期非常重视。然后就是幼儿期，孩子可以说话了，发展思维是他的重点。孩子出生后，他只有一些反射动作，然后就是感觉运动发展，感觉运动以后应该是感觉发展，然后动作，然后就是情绪的发展、智慧的发展。每个时期都有

发展的特点，也有教育的重点。

我认为，他对儿童的发展做的分期，也是非常重要的。教育应该针对孩子的发展规律，你不能超越或者扼杀孩子的天性。像我们现在很多是拔苗助长，他不该学的，也要进行填鸭式的学习，一定要让孩子学。我觉得在这些方面应该充分地了解儿童发展的规律，他提出，孩子具备好动、好奇、好模仿、好游戏等特点。我们的教育应该针对这样的特点来进行。因此我认为，他关于儿童期的重要性、阶段性和特点的总结，给我们的教育奠定了很好的基础，我们的教育就要符合孩子发展的规律和特点。

现在很多家长，提早给孩子识字，具有小学化的倾向，这不符合孩子的特点。孩子在这个阶段，他就是要动、好游戏、喜欢到户外去。你不给孩子游戏，叫他一天到晚坐在那里识字认字，是不符合孩子的发展规律的。因此我认为，陈鹤琴先生对儿童发展的研究和管理，对于我们教育来说是非常重要的，否则是无的放矢。你不遵循他的规律，超越了或者扼杀了，那你肯定收不到好的教育效果。正因为孩子有这样一些特点，不管是在家庭，还是在幼儿园中，都应该根据孩子的发展特点，对他进行教育。所以我觉得他关于儿童发展的这一部分的理论贡献，也可以说是奠基性的。

活教育的思想

在活教育的思想里，他设计的目标是培养一个什么样的人。课程的问题，就是孩子应该学什么，怎么学。以及最后一个方法论，就是做中教、做中学、做中求进步，围绕一个做的问题。他的目的论，就是做人、做中国人、做现代中国人。对他来说他进行教育、进行研究，肯定不是重在知识，而是重在做人。我们也一直这样跟家长讲，并不是每个孩子都能够做什么了不起的科学家，但是首先要成人，不管你学问高低，你都要能够成人，这是最重要的。根据他当时的时代背景，他也提出了做中国人，这可以看出他的民族精神，他的科学的思想和科学的境界。人肯定要随着社会的发展做推动社会前进的人，因为他提出做现代中国人。一直到后来，他又提出来要做世界人，放眼世界。

他的精神境界是很高远的。从他的活教育的体系来看，他的教育目标是非常明确的。从他的课程来讲，大自然、大社会都是活教材。我觉得他确实是根据儿童的发展来说，只在屋子里呆板地、教条式地学习，这肯定不适合孩子。只有在自然和社会的大课堂里进行学习，人的各方面才能，才能够很好、很充分地发展。

他对幼儿园的课程思想也是针对当时的现状提出的。因为我国的机构教育也是外国人来办的，首先出现的是教会幼儿园，教会幼儿园比我们中国人自己办的幼儿园要早得多，那些人都是比较刻板式的，要求孩子根据音乐做一些律动，给孩子讲故事等。他提出的大自然、大社会，就是把孩子从狭小的课堂里解放到大自然里头，这个思想跟陶行知的思想、杜威的思想都是一脉相承的。我认为陈鹤琴是在国外学习了这些先进的思想以后，通过自己的实践来发展，将这些思想中国化。所以实际上活教育这个课程跟思想不仅是对幼儿园合适，对小学也合适。如果研究人的教育不到社会当中去，只在课本、书本上研究是完全不行的。你必须接受各行各业的人，才可能知道你怎么在社会上工作、谋生。所以，他认为大自然、大社会都是活教材，这是非常科学的，也是非常符合教育真正本意的。因为教育不是一个理论的东西，在实践中才能够发挥它真正的作用。

他的方法论是做中教、做中学、做中求进步，杜威从做中学和陶行知的教学做合一，他们都是一脉相承的，都是体现"做"。狭义上来讲，是指孩子的教育，孩子的教育也是积累经验的一个过程。我们把零散的直接经验通过教学的形式把它组织起来，使得这些经验系统化，并且不断地上升，实际上，教育就是一个这样的过程。无论如何，我们是离不开做的。如果我们教学离开了做，那就是空的，就像陶行知当年批评的那样。陶行知批评那种在黑板上种田，在岸上学游泳的教育方式。因为我的父亲

就是晓庄的学生，他说南京郊区的孝陵卫小学、卫岗小学都是他们读书时候创办起来的，就是一边办小学，一边培养小学老师。所以都是在做的过程中，学到这些知识，形成这些经验。我认为活教育形成这样一个体系，包括实际教学内容、实际教学的方法、学习的方法，我感觉这个对当时的死教育来说确实是一个很大的进步，而且我觉得到现在还是有它的价值。我虽然对小学没有任何研究，但是我感觉到小学现在还有一点生活课，比以前只学课本知识好多了。当然整体来说，和小学教育相比，我觉得还是我们的幼儿教育更接地气，更加符合孩子心理发展的特点。

教师要"敬业、乐业、专业、创业"

我认为陈鹤琴先生的活教育里很重要的一个部分是关于教师的，他当然也有很多对教师的要求。我认为他总结的八个字最能体现他的思想，也最符合对教师要求，就是"敬业、乐业、专业、创业"。

敬业，就是自己要重视教育工作的重要性。你要觉得幼教工作或者说教育工作是非常重要的，在社会上应该是很有地位的，这是敬业。

乐业，就是说不光这个工作重要你要去干，你还要喜欢这个工作，也就是提倡兴趣跟事业应该一致。我觉得我们幼教界都有这个特点，就是非常喜

欢这个工作。像他们有的人原来是英语系的，有的人原来是学中文系的，她们到我们这里来搞幼教以后很快地就投入进去，而且很快就喜欢上了幼儿音乐教育，或者是幼儿语言教育。幼儿教育很容易就把大家吸引过来了，我觉得这跟你的事业带给你的乐趣是分不开的，你看到那些孩子那么圣洁、那么天真，有一颗童心，你自己也必然受他们的影响。所以，我觉得他提的这个乐业，也是非常重要的。

然后，他提到专业，就是你做这个工作要进入角色用专业的知识技能来武装自己，你不能做个外行。所以，我觉得专业就是鼓励你能够很好地钻研自己的业务，从各方面来磨炼自己。

最后就是创业，我觉得他这个创业也提得很好。你一个教师不能照本宣科，人家怎么做的你也怎么做，你面临的孩子，三四个孩子是三四个不同发展水平和不同发展特点的孩子，你要根据这些孩子的情况带给他价值，促进他的发展。所以，这个工作一点都不死板，死板的人也做不好的，你一定要有创业精神，一定要开动脑筋。

总之，我觉得我们这个幼教工作是非常生动、有趣的，而且要不断关注出现的新的一些情况，不断地进行研究。我看那些有经验的老师，一些特级教师，他就有这个本事，他不重复人家的，总是不断创新。我有时候也很佩服这些幼儿园老师，脑子就像无底洞，花样百出。因为孩子是发展中

的孩子，而且一个个都不一样，你不可能死板地、教条地来对待他，老师要有一种创业的精神。陈鹤琴先生就是一个创业型的人，他一点都不刻板，也不死板。我觉得他对教师提的八个字，不仅仅是对幼儿园老师，对所有的老师，这个八个字都是非常适合的，确实是要以这样的态度来对待孩子，对待自己的工作。

关于教师，他还有一些具体的文化知识方面、政治觉悟方面的建议，特别是五十年代初，他对于新中国的幼儿园老师提了很多具体的建议。我认为这八个字是他对教师的高度概括和要求，包括了方方面面，有精神方面的、学风方面的，还有性格方面的，我觉得都提得很好。

对儿童玩具进行研究

他在鼓楼也进行了四个方面的研究，有一项就是关于儿童的设备。因为国外是国外的标准，他根据我们中国儿童发展的情况进行研究，后来我们也有老师在研究，不只是测试，还有实验。我们的玩具工厂也做玩具，比如攀登架、滑滑梯等。可能我们现在的玩具展览室里还会有这些玩具。他研究了玩具、设备，他也有很多文字是写这方面要求的。而且，他自己也发明了很多，譬如说有的是利用转盘，把泥人、糖放在上面可以转，转到哪里就会给你一

个东西。识字盘也是他引进来改造的。还有，他自己也在发明创造，积木的材质是不同的，有竹子做的，有木头做的。他对积木的尺寸大小，也有研究。

在南师期间，他创建一个儿童玩具工厂、一个玩具研究室。玩具工厂里有四五个工人，有技师，技师的手艺很好。所以蒙台梭利、福禄贝尔的全套教具，他们都能做出来。在我的印象里，有一种桌面的积木，是小型的。还有一种中型积木，中型积木在现在幼儿园里差不多都有，这个我们也都精心地研究过，也具体地做了。然后他们还做了那种大型的积木，这个是引进的，它们是大型积木，有板，还有圆球，上面都有洞，里头是镂空的。有正方的、长方的、立体的、平面的。这种大型积木不仅仅是玩具工厂制作出来，我们的老师也参与制作，做了以后拍照，还观察儿童玩这些玩具的反应、表现，再去征求幼儿园老师的意见。

所以，他们有一个玩具研究室、一个玩具研究工厂。我认为陈鹤琴先生对玩具的研究是出自他对游戏的重视，因为他认为儿童的特点就是好玩游戏，他认为游戏是儿童的生命，他把游戏提到非常高的高度。他认为，在游戏的过程中，儿童的身体、智力、品德等各方面都能够得到充分的发展。所以他觉得游戏对于儿童来说，是非常重要的。当然这也不是他一个人的看法，苏联的一些学前教育家，还有福禄贝尔等人，也都非常重视玩具。福禄贝尔当初把这个叫"恩物"，

也就是上帝赐给儿童的礼物。蒙台梭利就是以教具为中心，来促进孩子的发展。陈鹤琴也是这种想法。他认为玩具就是游戏的物质中心，儿童如果有玩具的话，就可以满足他进行游戏的内心，他可以更好地表现内心的需要。所以，他对玩具非常重视，对设备非常重视。比如说滑滑梯怎样保障儿童的安全等，他一直重视玩具的研究。

《家庭教育》这本书的科学化、艺术化

对于家庭教育，他专门有一本《家庭教育》的书，对《家庭教育》这本书，那些老教育家们都有很多想法。像陶行知，他认为这是一本天下父母绝对不可以不读的书，这本书中有很多教育方法。可以这样讲，陈鹤琴使得"家庭教育"现代化、科学化了。因为他在《家庭教育》这本书里，强调父母要根据儿童发展的特点来对儿童进行教育。

他的《家庭教育》不仅是科学化的，也是艺术化的。比如怎么样很巧妙地使孩子变悲为喜，他有很多的案例。这些都说明可以用科学化、艺术化、游戏化等来评价他的这本《家庭教育》。他不是说教，他提得都非常具体而且都很生动。比如说一鸣拿了一块旧的棉花胎在演戏什么的，他觉得棉花胎很脏，但是他不是强行地要把它拿下来，他拿另外一块更漂亮的、更好的去吸引一鸣，让一鸣很自然地就把

这块脏的丢下来了。再比如一鸣爬到桌子上。他要一鸣下来，小孩肯定不容易听话，孩子正玩得开心，他自己好不容易爬上去的。他就跟一鸣用游戏方法，我数一二三，看你能不能快速地下来。这样的一些鼓励的方法、转移的方法、玩游戏的方法、替代的方法避免了冲动，让孩子就能够根据你的建议，静下来。他跟一鸣做游戏，我数到三你就下来，他才数到"一"，孩子的小腿就已经开始动了；那"二"的时候，孩子另外一条腿也开始动了；"三"一喊，他就安静地下来了。陈鹤琴都是用这样的一些方法来教育孩子。

陶行知先生说，如果父母读了这本书，孩子要少掉多少眼泪。他这本《家庭教育》确实是给我们方法，因为，我们传统的家庭教育产生的家庭是长者为本位的，就像鲁迅先生解释的，幼者在家里头是没有地位的，都是把孩子培养成小大人。而陈鹤琴的这本《家庭教育》是以儿童为本位的，家长要根据孩子的需求来进行教育。所以这一方面，我认为对于我们原来的、旧的、传统的家庭教育，是很大的促进。

终其一生研究幼儿教育

很多教育家也研究过幼儿教育问题，但是陈鹤琴先生是终其一生研究幼儿教育。所以七十年代初，一位新华社记者就写了关于陈鹤琴的文章。确定党外的专家是四名：蔡元培，高等教育专家；黄炎培，职业教育专家；陶行知，人民教育专家；陈鹤琴，幼儿教育专家。为什么我们1985年就开陈鹤琴教育思想座谈会呢？因为是在这个背景之下的。

原来的陶研会都是在教育学会里的，也是在这个背景下，陶行知研究会拎了出来。先是中国陶研会从中国教育学会里头拎出来。然后我们省里头也是，陶行知教育事业研究会从教育学会里头都拎出来。陈鹤琴教育思想研究会也是在那个背景下，从教育学会里头都拎出来，成为省级学会。我觉得当时中央考虑的是这么四位教育家，定名陈鹤琴是幼儿教育专家，他确实是一直在研究幼儿教育。

我认为，他对我们国家的贡献，是使得我们幼儿教育中国化、科学化、现代化。陈鹤琴确实是我们中国幼儿教育的奠基人、开拓者，也是先导者、引领者。如果说对孩子的教育问题，从幼儿时就开始进行，我们古代就有贾谊、颜之推等人，他们都有有关的篇章来讲胎教、讲儿童的教育等，也有很多名言名句。但是陈鹤琴的幼儿教育是建立在科学的基础上，建立在对儿童进行研究的基础，所以他要研究儿童、了解儿童，只有这样，你才可能教育好儿童。我认为主要是因为他对儿童的心理，对儿童的家庭教育、幼儿园教育、师范教育，还有特殊教育进行研究和实践，而且有很多成果。

唐淑老师丈夫：

我是1953年进南师的，1957年毕业。我们那时候学校还很小，我虽跟陈鹤琴院长接触不多。但是陈鹤琴老院长，在同学的印象里，我们一直把他当作非常和蔼的、乐观的长者。

那个时候南师有一个传统的除夕晚会。除夕晚会他必出场，把自己化装成一个圣诞老人，后面带着一群女同学装扮成的小天使。新年的钟声一响，他就出来了，他用他的浙江话向同学们问好，祝贺新年。全场同学都热烈鼓掌，非常兴奋。这是我们几乎每年都有的，都变成了一个传统节目。由于太高兴了，同学有的时候会鼓掌，欢迎院长表演一个节目，或者是再唱个歌。我记得有一次他自己非常爽快地走到舞台，也不算是舞台，是在大的体育馆里面，举办晚会，同学都在跳舞。他出场那一刻，大家都退到旁边去了，他手上拿一个东西，反正不是一个正规的道具，他自己就表演节目了，表演什么呢？表演《小兵丁》，我记得他矮矮的身材、胖胖的身材，自己踱着步子就出来了。一直唱啊唱，把这个节目一直唱完，一边唱一边演，完全是像幼儿园的孩子那样的。"我是一个小兵丁，小兵丁，小兵丁"，唱完了。全场同学都非常高兴。

老院长非常乐观、开朗。大概是在1956年也就是我们快要毕业的时候，有一次我们开会请他来发言，大家都很关心他，就问他你身体怎么样。我觉得他也是很乐观的，他说我吃得下，睡得着，拉的臭。这个后来在我们同学中间，都变成了一个口头禅，就是说明身体好的三个条件。所以老院长在我们的心目中完全是一个忠厚的、和蔼的、乐观的长者，一点没有所谓大学校长的领导的那种架子，没有大学者的架子，这是给我们印象最深刻的。

我个人跟他除了在公开场合的接触以外，只有一次接触。那时，我们中文系有三个班，一共有一百二十几个同学，因为院系调整，把其他学校的一些文科的学生并到我们南师来了。所以我中文系一下子膨胀成三个班，我是其中一个班的班长。

1956年的秋天，正逢上鲁迅先生逝世二十周年的纪念活动，活动在那一年办得比较隆重。正好我们的课程安排有现代文学，学现代文学时讲到鲁迅专章。鲁迅先生的作品，大学生读后都会很感动，我们有一种迫切的愿望，希望能够到绍兴、上海，到鲁迅先生生活经历过的地方，去他笔上写过的那些地方，亲身体验一下，感受一下鲁迅先生作品的环境。我们经过努力，很多领导都没有答应，我们决定去找陈院长反映一下。我们几个班长到了陈院长的办公室，正好他在，我们就把这个情况跟他说了一下，说完以后，他说你们这个很好，你们读书要和体验感受结合，你们这个课程如果能够安排的话可以去。他同意了以后，我们那一届，恐怕也是唯一的一届,一百二十几个人,在系主任的带领之下,到上海参观了鲁迅故居,到绍兴去看了鲁迅笔下描绘的那些生活和场景。鲁迅的老家、鲁迅的外婆家、鲁迅写的《社戏》,写这些东西的场景,我们都亲眼看了。同学们都很高兴,非常感谢陈院长能够同意我们这次出行,大家去了以后,有的同学说,他好像都闻到了鲁迅写的烧蚕豆的味道。

　　要讲校长的事情，实在太多了，那是1940年，四月份我才到学校里面，他们已经上课了，我到了学校，校长就叫了一个同学带我去吃饭，带我去铺床，结果那个同学带我到饭厅里面，饭厅没饭吃了，他又把我带到另一个地方，那天我很不高兴，我就在该工作队旁边吃了。结果来一个工友，叫我"娘娘"，我发脾气了，把吃的东西甩了一地，我到了寝室以后就大哭，结果他们告诉我校长来了。我说，校长来了就校长来了，你们告我就好了，最多把我搞到山沟里去，不让我读书。结果我回头一看，来了一个人，这个人笑眯眯的，他说你不吃饭就要生病的，从来没有一位校长是这样子的。

10

一次上课，这个教室是个新教室，没有桌椅板凳，大家都站着做笔记。一开始都听得蛮认真，后来别的教室传来小提琴声，叫小乐曲，大家都去听这个声音，发现校长不在了，我们都不知道他什么时候跑出去的，后来校长笑眯眯地回来了，我们这个校长从来不骂学生。

我们这些学生都是师范生，将来毕业以后，是要教学生的，校长对我们这些人的仪表是非常重视的。因为我们这些学生，有的走路头抬着走，有的低着走，有的肩膀一高一低，校长就想了一个办法，他让我们学生走到讲台上，绕讲桌走一圈，结果我们各种姿势都有，校长自己也走了一圈，他挺着胸，笑眯眯的，姿势很好看。他跟我们讲："你们要学习老师走路的姿势，我们学校一个是钟老师，一个是孙老师，他们走路都很好看，胸笔挺笔挺的。你们现在走路的姿势不好看，将来小孩子学你们走路的姿势，就不好了。"校长给我们的教育都是形象化的，所以我们听校长上课和校长在一起，是最高兴的事情。我们上音乐课，校长也来听，大家请校长唱一个，他就唱《小兵丁》："我是一个小兵丁，小兵丁。"大家说再来一个，他就唱《两只老虎》："一只没有脑袋，一只没有尾巴，真奇怪。"我们跟校长在一起是最开心的，我们在学校里背后叫他什么呢？叫他妈妈。我们的幼师就像个大家庭一样，钟老师、孙老师就像自家的娘娘一样，校长就是妈

妈。有时候校长去重庆了，不在学校，大家就很想他，校长一回来，大家就非常高兴。校长在学校里面，不像一般的校长，而像一个家长，他不是一个封建家长，他是一个非常诚实、可爱的老妈妈。在读书方面，我们在校读书也不少，校长教我们不要死读书。他叫我们读书要跟实践相结合，他教我们唱儿歌，钟老师也教我们唱儿歌，但是他教我们要自己创作儿歌，比如，小朋友一跌倒在地，就哇哇哭。他就想了一个办法，大家集体唱歌，"大风车，大雨下，路有烂泥，泥有洼，不留心，跌一下，不用睬，不用拉，自己跌倒自己爬"。所以这些事对我们影响很大，他还叫我们走路要轻轻地，进门要先敲门，也要轻轻地，如果每个家长对自己的子女都像这样教育的话，那么不礼貌的事情就不会有了，后来我老了，耳朵聋了，我爱人就讲我我你看你讲话声音多大，我没有办法，我年轻时对学生讲话都是笑眯眯的，声音小小的，学习我们的校长。

我当了老师以后，教育学生就用校长教育我们的方法，我写了一本书，讲怎么当老师。我们校门口有一个校徽和一只红色的幼狮，校长说，我们总是要强大起来的，这只狮子要醒的，汪精卫叫他做事情，他谢绝。重庆的教育部长叫他做教育部的司长，他也拒绝，他不做官，他说我就教书。他这种思想对幼儿教育影响很大。我们这些人跟校长在一起就是高兴，毕业以后，还搞教育，到世界各地办幼儿

园。校长就讲，东北这个地方沦陷很久了，那个地方需要幼儿园，要办我们自己的幼儿园。我们有几十个人到中国台湾办幼儿园，他们先在台湾高雄办，后来又在台北办。

我们这批学生毕业后，被分配到江西的各个县里面去办幼儿园，幼儿园发展到两百多个。校长说这些孩子将来长大以后，都是国家的建设人才。在我们的思想中，学校就是家，同学就像兄弟姐妹一样，有的同学办幼儿园，经费就是大家帮助募集的，有一个去美国的同学还寄来两百美金帮助办幼儿园，同学之间的关系也是非常好的，如果现在老师和学生的关系这样好，一面学习，一面实践就好了。

校长总对我们讲，活到老、学到老。向什么人学呢？不管是什么人，好的地方都要学。比如说做玩具，我们不会做，向工人师傅学，我们有玩具工厂。比如说厨房里的事，两百多人吃饭，都是我们自己做。我们缺钞票，就自己种花生，到农场里去种。我们都没有赤过脚，地里又潮又烂。校长就卷起裤脚，鞋子一脱，下到地里。花生怎么收，校长和老师都教我们，还叫我向邢老师学画，我们都学会了。这有什么好处呢？这就是活教育。我们在学校里还要学会植树，在道路两旁植树、种花，因为我们的专业是幼儿园老师，将来在幼儿园工作，就要把幼儿园的环境建设好，孩子们在好的环境里就玩得开心，这样我们什么都得学。我毕业以后，做幼儿园老师，

当过幼儿园主任，担子重得很。我到了四川，在八路军办事处，当幼儿园主任，我还能够弹琴，我现在老了，还在继续作画，真正成为一个画家。现在，一过教师节我就想到我们校长，是校长教我做教师的。我们这些从江西幼师出来的学生，在全国各地从事幼教，有许多人一辈子做教师，有的当了师范的校长，也有的在中国台湾从事幼教，大家都做出了很大的成就，出去的人个个都能独当一面，有的学生一个人就创办了200多个幼儿园，校长培养、教育了我们一代人，我们一个班一个班出去实习，轮流出去实习，他说理论要联系实际。我们这些学生和其他学校的学生是不一样的，一般人都想不到。我们的学生有从沦陷区来的，有逃难来的，也有童养媳逃出来的。后来还有三个男生也要来我们学校，校长也收了，后来到了上海，我们就正式招男生了。有个学生上课的时候做小动作，校长看见了，就问你在做什么？她说看不见，近视眼。校长就在星期天带她到城里去配了眼镜。我和几个同学都到鼓楼幼稚园教书了，幼稚园的老师就说，来的这些人都是陈鹤琴的宝贝。

到乳山幼儿园去教书，校长到了乳山，学生都跟着校长跑。校长回到南京，坐飞机回来的，他是因公乘的飞机。当时正放暑假，有两个学生要回家，知道校长坐飞机，也说想坐飞机回家，校长就自己掏钱，为她们买了机票。有这么好的老师，我们为

什么不好好学呢。我一讲到校长就很激动。我毕业的时候，校长到重庆去了，我是别的老师分配的，本来要我去重庆教育局，但有一个张老师对我有意见，说我脾气不好，不应该分配到重庆去，把我放到另外一个地方，一个礼拜后，校长回来了，校长说你可以到重庆去，我马上就答应了。张老师不让我去，我偏要去，校长都叫我去。校长亲自给重庆教育厅的厅长写信，还给贵阳的教育局写信，让我从那里搭他们的车子去重庆。行前，校长叫我去看看各位老师，他连这种小事都想得这么周到。所以，我走前看了许多老师，一个屋子一个屋子去拜访和告别。在校期间，正值抗战，生活苦得不得了，早上一顿稀饭，晚上一顿稀饭，中午一顿干饭。菜呢？

萝卜干、南瓜汤。有一次校长出差回来，自己掏腰包让我们吃了一顿好的，不是公家开支。江西的同学，他们回家的时候带辣椒、猪油回来，拌在饭里面吃，但我们吃不来。还有打摆子、蚊虫咬，校长都要操心，他派人找医生为我们看病，好多事情都是他自己掏腰包。他去给我们弄吃的，给我们弄营养品来。那时候，环境很差，还有臭虫，校长叫总务处想办法用山上的一种草药来杀臭虫，他还编歌唱："自己动手动脑筋，自己想办法。他总是笑眯眯的，面对困难、面对生活。"学校盖房子、修场地，这些劳动校长都带头。他还带头唱我们的校歌："幼师，幼师，美丽的幼师……"

三、薪火相传

丁曼曼——丰台第一幼儿园老师

　　我们一直在学习和实践陈鹤琴先生的教育理念。陈鹤琴先生说，我们的生活就是活教育，那怎么才能将活教育的思想体现在孩子们自主、自愿的学习过程中呢？比如说孩子们喜欢玩小石子，石子是生活中最常见的，也是孩子们最熟悉的一种自然物，我们就把自主性还给孩子，让孩子们自己主动地去想、去创意，看看小石子究竟有哪些玩法，孩子们用小石头拼出了漂亮的花朵和神气的火箭，在这个过程中，他们的跳跃性思维就得到了很好的培养和发展。利用孩子们身边的自然物，来实现自然化、生活化、实践化的学习，正是体现了陈鹤琴先生的活教育理念。孩子们通过玩小石子，也发现了身边随处可见的美，他们设计美，创造美，体现美，同时在这种美化环境的游戏中，更是感受到了美，也是对应了陈鹤琴先生提出的做人、做中国人、做现代中国人的要求。

11

我们还设计以小厨师为主题的课程活动，在这个课程里，孩子们既可以体验当厨师制作美食的过程，还可以体验当服务员、收银员、打包员等不同的角色。为了准备主题课程，孩子们首先要参与选择菜单、制作食谱，画一些表格，进行一些数字的统计，在这个过程中，他们会慢慢建立对数字和数学的概念。在活动中，孩子们可以亲手去触摸这些食材，亲自用勺子炒菜，感受这些工具带给我们的便利。在日常生活中，家长是不会允许孩子们触碰刀子的，在我们的主题活动中，孩子们会在老师的协助下去尝试使用刀子，西瓜怎么才能切成小块儿，刀子是竖着切还是横着切才能把西瓜切得更漂亮，通过自己去使用刀子，孩子们能感受到西瓜的质感和刀子的锋利程度。在制作水果和蔬菜的过程中，孩子们还会对食物的营养价值有一定的了解，这都来自生活体验和学习。

通过小厨师的主题活动，孩子们的动手能力和团结合作能力都获得了锻炼，在这个厨房的情景当中，孩子们各司其职，有的扮演小厨师，有的扮演小服务员，大家团结协作，集体荣誉感也得到了培养，正如陈鹤琴先生所说，让孩子们走进大自然、大社会去体验、去生活、去实践，其实一切的生活活动都是学习，只要孩子们能在生活中学到一点点新的经验，那就是收获。

我觉得对于陈鹤琴先生的活教育思想来说，我们应该有一个传承和发扬的过程。我们广昌县鹤琴保育院是 1994 年建立的，目的是弘扬陈鹤琴的活教育思想，这是有渊源的。早在 1941 年，抗日战争时期，陈鹤琴就曾率领他的国立幼师，带着他所有的师生从江西的泰和逃难到我们江西广昌，在那里安顿下来，然后办学三年。

12

陈鹤琴先生在广昌办学，在当时也造福了一方，而他的活教育思想很重要的组成部分，就是在我们广昌办学的实践过程中形成的，所以我们当地政府为了弘扬陈先生的教育思想，在1990年办了全国第一所鹤琴幼儿园，1994年的时候，又把这个幼儿园从乡村搬到了县城，建立了第一所公办的鹤琴保育院，我当时担任了第一任院长。

我们鹤琴保育院的名字，是由陈一鸣老先生亲自书写、题名，并揭牌的。为了弘扬陈鹤琴的活教育思想，政府大力支持，我们保育院也做了大量的实践工作，不管是环境的建设，还是课程的设置，都是对陈鹤琴活教育思想的传承和实践。我们江西广昌是世界白莲之乡，在我们县城的周边有很多的农田，包括莲塘。每年到了白莲生长的时节，我们都会带着孩子们走出校园，到郊区和农村去观察白莲，了解莲藕是怎么种下去的，又是怎么长的、结籽的。我们这里产的莲子叫太空莲，是跟着神舟五号上天，发生了遗传基因的突变的，所以，我们会引导孩子观察太空莲的莲子与普通的莲子有什么不同，比如，它的生长期长、抗病性强、结实率高、颗粒大，等等。孩子们经过品尝，还会发现太空莲的莲心鲜嫩甘甜，即使不去莲心味道也不会苦涩。通过这个课程，孩子们不仅了解了植物的生长原理，还对太空知识产生了强烈的兴趣，这样的课程也从源头上让我们感觉到，大自然，大社会，就是活教材。

我觉得陈鹤琴作为我们中国幼教之父当之无愧，他的著作和思想值得我一个将近38年的幼教工作者永远学习，永远追随。陈老的活教育思想在我们幼儿园确确实实得到了发扬光大，不管是在教育教学，还是教研方面。我们幼儿园的老师和小朋友都会唱陈老的歌。一首是《赣州谣》，是陈老当年在赣州办学三年的歌曲："山青青，水泱泱，赣州山水青，赣州山水长，中华儿女来四方，学习实践聚一堂，聚一堂，喜洋洋……"还有一首《小兵丁》，我们幼儿园的每个小朋友都会唱："我是一个小兵丁，小兵丁，小兵丁，我是一个小兵丁，小兵丁，是我。我是一个小工人，小工人，小工人，我是一个小工人，小工人，小工人是我……"孩子们很喜欢，陈鹤琴先生还亲自演过这个，扛着一个锄头，唱"我是一个小农民"，我们的孩子也会表演，很有趣的。

王梅元
　　　——江苏省宝应县曹甸
中心幼儿园业务园长

13

　　我们宝应县曹甸中心幼儿园位于扬州市宝应县最北端的一个乡镇，跟周恩来总理的故乡淮安接壤，幼儿园周边的自然资源和乡土资源比较多。因为现在农村的孩子，已经开始像半个城里小孩一样了，所以，我们幼儿园就一直立足于挖掘乡土资源，想让我们农村的孩子，真正地了解农村，真正地成为农村的孩子，成为有野性的孩子。

因为地处农村，我们幼儿园占地面积比较大，有 14566 平方米，户外面积大约有 6000 平方米，是我们宝应县最大的一所幼儿园，从空间和地理位置上来说，条件都比较好。幼儿园里面的环境、设备也非常好，有水车、PVC 的软材料地面，还有塑胶地、水泥地、草地、小土坡，非常的齐全。幼儿园在课程游戏化建设这一块投入比较多，我们想让课程真正地做到生活化、游戏化，让孩子真正地成为孩子。幼儿园周边的设施设备也比较全，我们充分利用周边的资源，努力让孩子们走出校园，到大自然中去学习，去探究，去观察，去探索。

为了鼓励孩子们从室内走向室外，我们把幼儿园室外的每一处场地都充分打造起来，让环境呈现课程的意愿，让环境会说话，让环境真正发挥隐性的教育功能。我们设置了农家小院、水上世界、涂鸦墙、小蜜蜂农场、激情农娃训练营、开心建构站等十多个户外的场地。在小蜜蜂农场里面，孩子们可以播种、收获、品尝，还可以观察、比较。在涂鸦区，孩子们可以根据时节进行创作，春天到了，孩子们画柳树，画小河，画小蝌蚪，画身边美丽的大树，画风筝；快过年了，孩子们画鞭炮，画花灯，画饺子……他们用各种材料尽情地涂鸦，描绘自己看到的，想到的，还有他们的生活体验。在农家小院，我们针对农村孩子的生活打造了农家特色的游戏。开学的时候，我们跟孩子们玩包饺子，卖糖葫芦。

我们还专门建了一个土灶，我们那边方言叫锅枪，在土灶上，孩子可以生火，用铁锅、铁铲，去炒花生、炒瓜子。在农娃训练营，孩子们可以玩舞龙舞狮、滚铁环、打年香、跳竹竿、跳皮筋、抽陀螺这些民俗游戏，充分体会传统民俗的丰富多彩。

每年 3 月份是播种的季节，孩子的奶奶、外婆、妈妈都开始在自家的农田播种了，我们就把孩子们生活当中喜闻乐见的事情带到幼儿园来，组织生活老师、保健老师、厨房阿姨，还有班上的老师一起配合，教孩子们怎么种油菜。老师们准备好菜籽、塑料薄膜等材料，开始跟孩子们讨论，我们从什么地方开始播种，我们材料怎么设置，方法是什么，程序是什么，孩子们讨论得非常激烈。经过热烈的讨论以及实地的调研，大家决定从翻地、松土开始，然后整地，接着开始播种，撒菜籽，菜籽撒好以后浇水，然后把四周的地再重新整理一下，把塑料薄膜盖上去，做成大棚，最后用泥土把薄膜的四周盖好，这样，整个播种的过程就完成了。

为了让孩子进一步了解自然环境下和塑料大棚里的油菜生长的区别，我们在大棚的旁边又开辟了一块能够充分享受阳光和雨水的没有大棚遮盖的田地。两块地靠在一起，两块地的旁边，都有一个小标签，这块地是哪个班级，哪天去种植的，它的环境怎样，大棚里面的室温是多少，户外田地温度是多少……孩子们每天去进行观察、比较，记录植物生长的不同状态，通过自己的观察，孩子们发现原来同样的植物，在不同的环境下，生长的状况也是不一样的。

除了这些，我们还充分结合本地的特色，春天的时候带孩子们打菜籽，结草泥，搓草绳，秋收的时候帮农民伯伯捡麦子，组织孩子们体验传统的编织、刺绣和剪纸活动。这些课程活动都是根据孩子们的兴趣、需求，结合我们课程的开展情况进行生成和预设的，在游戏中全方位地开发孩子们的智力和能力。

我们认为，陈鹤琴先生提出的活教育，实施的最终目标应该是在我们乡镇的幼儿园。因为活教育强调大自然、大社会都是活教材，在这方面，我们乡镇幼儿园拥有天然的地理优势和环境优势。作为管理者，我们一直在努力去学习，去探究，去研究，去内化，去反思，去实践活教育的理论，同时我们一直想让我们的老师更多地学习和运用活教育的理论，让我们的骨干教师在学活教育理论以后，把这些内容进行消化，然后再全员进行推广，把活教育真正落实到每个班级、每个孩子，甚至于每个家庭当中。作为农村幼儿园，我们的师资跟大城市的幼儿园相比，会弱一些，一些有能力的老师会选择去城市发展。但是我们幼儿园的老师都比较年轻，有干劲，所以我们对青年教师的培养，做得也是比较细致的。

我们幼儿园的周边处处都是活教育的资源，我们周边资源太多了，关键就是怎样把这些资源用活，用好，用巧，能真正地促进孩子的成长。

我们曹甸镇是全国重点镇，镇上的支柱产业是教学玩具，所以也被称为教玩具之乡，镇上还有专门的教学玩具展览馆。同时，我们镇还是一个重要的红色教育基地，1942年陈毅亲自指挥的曹甸战役，是新四军历史上的一个重要战役，纪念抗大九校的苏中公学纪念馆，也是双拥和国防教育的重要场所。我们幼儿园就努力把这些教学资源、红色元素都渗透融合到孩子的教育当中，让孩子们知道，自己是革命老区的人，不管怎么样，不能忘本，这个其实就是革命传统的教育，也让我们的课程更加丰富多彩。

在课程游戏化还没有实施之前，我们的教学模式还是比较死板的。县教育局下发了一个一日作息时间表，老师就按部就班地照着表上的时间，掐钟掐点上课下课，每个班的活动都是一样的，没有弹性。陈鹤琴先生的教育思想对我们影响很大，尤其是他的活教育理念，不管是对我们老师、孩子、家长，还是对我们的课程实施启发都非常非常大。我们从作息时间的调整、资源内容的开发、培养目标的修正、老师的课程观念的更新、家长配合意识的提升等方面着手，改变我们的教育理念，让我们的课程活起来。

经过多年的努力，我们幼儿园目前可能是乡镇幼儿园里面做得相对好一点的，但是我们觉得，还有做得更好的幼儿园，我们要向他们学习，学习他们的优点，汲取他们的精华，让我们幼儿园不管是课程、环境，还是我们的教育理念、管理理念，都能够更上一个台阶。

园长

申玉容——北京朝阳区光明幼儿园

14

我从事幼教工作已经 30 多年了。不管是做老师还是做管理，在整个幼教工作的过程中，陈鹤琴这个名字一直陪伴着我。从刚入门的年轻老师做到一线教师的时候，我就是陈鹤琴研究会的会员。2002 年，我从北京市第五幼儿园调到北京市东城区光明幼儿园做园长，做全面的管理工作。

光明幼儿园应该说是北京市最早的陈鹤琴教育思想研究基地，也是我们北京市陈研会的秘书处。所以从八十年代中期至今，30多年来，我们一直以陈老的活教育思想来统领我们幼儿园的各项工作。同时，光明幼儿园也是《北京市幼儿教育规程纲要》的试点园，在实践中学习贯彻《纲要》和《3—6岁儿童学习与发展指南》，我们在整个学前教育学习和实践的过程中，也特别深刻地感受到，《纲要》和《指南》有很多核心内容源自陈鹤琴先生的教育思想。

在做幼儿园管理的过程中，我印象最深的一件事，就是2003年参加了南京鼓楼幼儿园的八十周年园庆。在这次庆典活动中，我见到了陈鹤琴先生的七位优秀的子女。通过这个活动，我也看到了南京鼓楼幼儿园在学习、实践陈鹤琴先生的教育思想中所取得的成就。陈鹤琴先生是我们中华民族优秀的教育学家，也是中国的幼教之父，我对这位伟大的教育家发自肺腑地崇拜和敬佩，我也下决心一定要把陈鹤琴的活教育思想在我们光明幼儿园落地生根。

学前教育最重要的一个方面就是尊重儿童，要尊重儿童的年龄特点。陈鹤琴先生最核心的思想也就是一切为了儿童，他把毕生的精力都献给了祖国的儿童教育事业，所以他是我们的楷模和榜样。陈鹤琴先生的活教育思想，一直是我在管理上、在理论学习上和我自身的专业成长过程中一个非常坚定

的理论支撑。我们学习《纲要》，贯彻《指南》，以及我们幼儿园的常规工作，都是以陈鹤琴核心的教育思想，也就是活教育的"三论"，目的论：做人、做中国人、做现代中国人；课程论：大自然、大社会都是活教材；方法论：做中学、做中教、做中求进步，来指导我们幼儿园各方面的工作。所以，不管在环境创设上，还是队伍建设上，以及幼儿园的园所文化建设上，我们都在学习和践行陈鹤琴的活教育思想。

在整个幼儿园的教育过程中，我们一方面要引导我们的老师，教育这支队伍要学习陈鹤琴的教育思想，要理解陈鹤琴教育思想的核心内涵，就是活教育，同时要尊重儿童的学习特点。陈先生在他这么多年的理论学习和实践过程中，总结出了17条教育原则，这17条原则使我们的老师能够在尊重儿童、了解儿童、关注儿童，以及给儿童提供更好的游戏、学习和感知的这个过程中，有一个理论的依据。

我们在整个幼儿园的教学活动中，提出了"在环境中的教育、在游戏中的教育、在自然中的教育和在生活中的教育"，这几个方面也都源于陈鹤琴先生的活教育课程论。以这个课程论为切入点，我们的老师要注重引导孩子观察生活中的点点滴滴，在游戏中，在孩子喜爱的动手动脑的活动中，去解放孩子的手、眼、口、鼻，让他充分地去感知身边的事物，同时用他自己的方式来表达。

我们在幼儿园的课程建设过程中，也遵循了儿童的学习特点，很多的学习活动是在室外进行的。比如，小朋友的游戏活动有玩彩泥的，通过观察周围的事物，用他们灵巧的双手去捏花草树木和小动物。再比如幼儿园的绘画活动、手工活动，不管是水墨画、简笔画，还是美工类的废旧材料制作等，都是在引导孩子观察、了解事物特点的基础之上，再运用多种丰富的材料，让孩子亲自去做，去尝试、去发现、去创造。在幼儿园的教学过程中，我们会把孩子与自然环境、身边事物的互动，以及同伴之间的互动、孩子与材料的互动，作为我们整个教学活动的主体。使整个的学习活动中充满了儿童的观察和孩子之间的配合。在游戏化的学习过程中，孩子能够通过自己的感知、通过自己的认知、通过自己的创作，留下他自己对美好事物的记忆和表达，这个也非常符合孩子的年龄特点。

在幼儿园环境的营造中，我们遵循孩子对自然界、对动物，以及对事物的认知规律，不管是室内也好，室外也好，给孩子提供了可操作、可互动、可观察的活的环境，让孩子们在这样的环境中观察自然，丰富他们的经验，提升他们的各种能力，比如说观察力、语言表达能力，以及用艺术的形式来表达的表现力，为他日后的生活打下很好的基础。

在我们幼儿园还建立了北京市第一家娃娃农庄。在这个娃娃农庄里，我们种植了几十种常见的植物，比如说西红柿、黄瓜、豆角等，还饲养了小动物。每天孩子会到农庄里去观察农作物的成长变化，也能够在小园地里对小动物进行照顾和观察。这些都为孩子们生活经验的积累，以及为从小培养孩子关注生命、热爱生命的情感提供了很好的外在环境。环境育人也是我们幼儿园贯彻陈鹤琴活教育思想的一种尝试。在这个过程中，我们尊重了儿童的学习特点，不管是幼儿园的楼道，还是各个班级活动区活动的材料，我们都鼓励孩子把他们生活中常见的或者是使用过的物品带到幼儿园，使孩子能够在生活化、自然化的环境中，获得认知能力的发展。

在实践中，我们也遵循了陈鹤琴先生所说的"要有服务的精神"。我们搞儿童教育，最重要的就是培养什么样的人，作为中国的公办幼儿园，我们还是要培养中国娃娃，要做民族的教育，要走我们自己的路，就是要遵循陈鹤琴先生的活教育思想。对于我们幼儿园的每个孩子来说，我们要给他快乐的童年，给他健康的身心，给他良好的习惯。这个"三给"是我们幼儿园在学习、贯彻、理解陈老活教育思想中，总结出的答案。

这三句话说起来容易，但实践起来要求非常高。我们所做的每一步都是在遵照孩子的成长特点以及我们国家对未来人才培养的要求，要培养孩子大气，要培养孩子爱国，要知道感恩，要指导小朋友之间互相友爱，要把爱放在心里面。所以我们也形成了我们光明幼儿园的真爱教育。没有爱，就没有教育。真爱教育，实际上也源于陈鹤琴先生的"一切为了儿童"，源于他对儿童那种无私的爱，他影响了我们几代人。在我们幼儿园的每个老师，尤其是我们陈鹤琴教育基地园的每个老师心中，必须有一个响亮的名字，那就是陈鹤琴。陈鹤琴给我们最突出的、最深刻的印记就是毕生热爱儿童，所以他提出"一切为了儿童"，也反映了老人家对儿童的这种大爱和真挚的情感。

我们光明幼儿园的所有老师的职业生涯中一个最根本的要求，就是爱孩子。在整个幼儿园的真爱理念的提升过程中，我们从几个维度上来体现。首先，所有的教职工要有真心实意，要真心地喜欢孩子、爱孩子，真心地热爱幼教事业。其次，要有真才实学，儿童教育是非常复杂也非常有意义的创造性劳动，特别是学前教育工作者，每天要面对三至六岁的小宝贝们，老师的一举一动都在潜移默化地影响着每个孩子，所以老师的专业技能、老师的言传身教，对儿童的影响非常大。作为一名优秀的幼儿教师，首先要爱孩子，同时还要有真才实学，比如观察孩子的能力、组织活动的能力、设计教育活动的能力、与人沟通的能力、反思总结能力等，这些都要求我们的老师一定要有真本领。然后，还要有真抓实干的精神，我们光明幼儿园贯彻的是园风朴实，做人诚实，做事扎实的"三实"园风，作为"三实"

园风的进一步引申，我们每一天的工作要有质量，要让孩子能够在幼儿园快乐地生活，每个教育环节对孩子的身心都有一个正能量的引导和培养。所以老师们一定要真抓实干，要真心地去付出，全身心地去对待儿童。

我们光明幼儿园在培养孩子的过程中，坚定了四个字的目标：健康、习惯。健康，一方面是指身体的健康，另一方面是心理的健康。陈先生在目的论中谈到了做人、做中国人、做现代中国人，最重要的一点是要有健康的身体。不管孩子将来从事什么职业，首先要有良好的身体，这是最重要的。所以在整个幼儿园的教育培养过程中，我们对全体老师提出了要求，也跟家长宣传，我们要培养孩子健康的身心。

另一个就是习惯，良好的习惯对人的一生影响深远，童年时候养成的很多习惯成人后往往继续保持着。对儿童来说，三至六岁是人之初的教育，所以在整个幼儿园的管理和园所的建设过程中，我们特别注重孩子良好习惯的养成，比如说卫生习惯、学习习惯、待人接物的礼貌习惯，等等。这些看似是小事，但是对儿童来讲，会直接影响他未来的生活质量，一旦在幼儿时期养成良好的习惯，将来就能够从容地面对小学、中学的生活。

在幼儿教育的过程中，我们提出来的真爱教育、"三实"园风、健康习惯，其实都是源于我们对陈鹤琴先生"一切为了儿童"的活教育思想的学习和实践，是对陈先生幼教育思想的一种传承，也是我们幼儿园的立园之本。

作为一名园长，每天接触大批的家长，我能感受到，现在的家长都非常重视孩子的早期教育。所以不管是玩具的选择、幼儿读物的选择，当然还有幼儿园的选择，家长都非常地用心。但是毕竟现在独生子女还是比较多的，很多家庭对儿童的教育还是源于过去传统的做法，过多地去保护。很多家长，尤其是隔辈人太溺爱孩子了，帮孩子做这个做那个，给孩子自己去锻炼，自己去做、去尝试的机会非常少，这是我们经常碰到的问题。还有很多家长教育的过程中，比较关注孩子智力的发展，对孩子情商的培养，教孩子做人，与人为善，关注他人，关心周围小朋友，关注整个周围的环境，这方面的教育应该说还是欠缺的。

所以在从事幼儿教育工作的过程中，我们发现了很多的问题。陈鹤琴教育思想研究会这么多年来开展学前教育的研究工作，我们特别深切地感受到，所有的家长，只要为人父母了，就应该来学习，在养育孩子的过程中，和孩子一起不断地去学习，不断地去成长。最重要的一点，就是要了解孩子，了解孩子的年龄特点，尊重孩子的成长规律。在这个过程中，陈鹤琴先生的理论，给我们很多年轻父母提供了很好的理论支持和实践指导，陈先生撰写的《家庭教育》这本书，特别适合年轻的父母去阅读。

所以在幼儿园的家长工作中，我们会举办家长学校的讲座活动，来宣讲陈鹤琴的活教育思想，以及《家庭教育》需要家长了解、需要家长去学习的内容，给家长提供这种支持，告诉我们年轻的爸爸妈妈，怎么样看待我们的孩子，怎么样给他们提供各方面的支持和帮助，使他们在很好的环境中成长。

在我们北京陈鹤琴教育思想研究会（简称"陈研会"）开展的各种活动中，各个幼儿园也都把家园合作、家园共育作为一个重要的研究课题。很多基地园都开展了这方面的研究活动，使我们所有在园的小朋友家长能够从理论上、实践上，对陈鹤琴先生好的家庭教育方法，以及活教育的理论有所认识，在指导和教育孩子的过程中，能够活学活用，收到良好的效果。

我们光明幼儿园的执行园长，也是我们北京市的首批市政标兵，在我们幼儿园待了四十年了，他的整个幼教职业生涯都在学习并且受益于陈鹤琴先生的幼教思想。他说："我的成长离不开陈研会，是陈研会的教育和陈研会这个组织成就了我。"所以我觉得作为一个幼教人，我们在学习陈鹤琴教育思想的过程中，在我们整个的职业生涯中，不仅要学习老先生热爱儿童、尊重儿童的这种伟大的品质，更要践行他的思想，使我们每个人能够得到一种心灵的修炼，使我们内心更加宁静，更加热爱儿童，更加尊重孩子、理解孩子，给孩子创设更好的成长环境。

现在，学前教育应该说得到了空前的重视，不管是各级政府，还是我们学前教育工作者都在积极地为每个孩子的健康成长而努力。教育部提出了学前教育八字方针——"快乐生活、健康成长"。这八个字实际上就是对幼儿园三至六岁儿童教育的一个指导，儿童在幼儿园里应该怎么样去生活，应该怎样去学习，应该获得什么，这八个字，应该说是一个高度的概括。但是，帮助孩子实现快乐生活、健康成长，应该说路还很漫长，是我们每一个幼教人需要去努力的一个过程。所以不管是一线的教师，还是我们做管理的，都应该牢牢地把陈鹤琴先生的活教育思想，以及他的科学育儿理论，能够真正地学懂、学会，然后贯彻在我们每天的工作中，使我们整个幼儿园、整个社会，都能够形成一个尊重儿童和一切为了儿童的氛围。

在我自身的学习中和从事管理的实践过程中，我感觉陈鹤琴先生的书越读就越爱读。他把理论和实践都融合在他的书里面，特别通俗易懂，能够让我们看得特别亲切，就像一位老者在谆谆教导我们，应该怎么样去理解孩子，应该怎么样尊重孩子。现在很多的年轻老师都是 80 后、90 后，他们在家都是独生子女，从小也是被娇惯，带着独生子女的很多特性。当他们走进幼儿园，从事幼教工作，面对这么多更小的小宝贝，他们能不能用专业教师的这种要求去影响孩子，给孩子创设良好的环境？陈鹤琴先生给这些年轻老师们总结出了很多的经验，提供了很多的好方法，让这些年轻老师去学习、去理解、去应用，就能够少走弯路。

例如，陈鹤琴先生提出来幼儿的年龄特点之一，孩子是好动的，那么老师应该怎么样避免一些危险。比如说水杯应该放在孩子们够不着的位置，但是如果老师没有意识到孩子好动的这个年龄特点，有可能就会出现一些意外伤害的事件。所以陈鹤琴先生他提出的不管是十七条原则，还是儿童的年龄特点，我们每一位幼教人都应该认真地去学，并且在学习的过程中结合自身的工作去应用。陈鹤琴的活教育思想，永远值得我们幼教人学习，值得去践行，也是让我们获得专业成长最有力的支持。我们必须要把陈鹤琴的活教育思想传承给年轻的老师，使他们在职业生涯中能够获得更好的发展。我想这也是我作为陈研会成员的一个特别深刻的体会。

在我们幼儿园，每一个学期都要做这方面的业务培训，我们每个班级，不管是小班、中班、大班，都会根据孩子的年龄特点选择陈鹤琴先生的语录贴在家长园地上。老师们能够通过它了解孩子的年龄特点，也帮助家长来了解陈先生的理论，共同掌握孩子的特点，共同配合，让孩子在良好的环境中获得能力的发展。这个过程，不仅仅是对老师，对家长这也是一份沉甸甸的责任，这也是我们陈研会工作的一个重要方面。

园长　朱继文——北京丰台区第一幼儿园

我认为，陈鹤琴先生是我们教育的大家，是教育大师，我做老师这么多年，一直是在陈鹤琴先生幼教理念的引领下前进。他有很多经典的话，他说要教孩子"做人、做中国人、做现代中国人"，我就一直在琢磨，"做现代中国人"，"现代中国人"应该是一个什么样子？其实他已经给了我们"五指活动"这样一个回答，所以我们幼儿园在办学过程中，一直都在思考并实践着陈鹤琴先生的教育思想、陈鹤琴先生的课程论，其实在我们的幼儿园里面，我们就能够从我们的生活中，从我们的环境中找到。

15

我经常问我们的老师，咱们幼儿园有多少棵树？很多老师说，您为什么问这个问题。我说你们要带着孩子们去数数，其实有的时候课程就在我们身边。幼儿园有多少棵常绿树，有多少棵落叶树，有多少棵开花的树，有多少棵结果的树，什么时候开花，什么时候结果……我们在种植这些树的时候，就已经考虑到了，要为孩子们打造美好的自然环境，把幼儿园变成一个大乐园，把幼儿园变成一个大花园，让幼儿园成为孩子们生活学习，乃至跟社会接触的一个小天地，让他们感受到生活的多姿多彩。

比如说我们幼儿园里种着柿子树、石榴树、海棠树、山楂树、核桃树，每种树的形态是不是一样的，树叶是不是一样的，开花的时间是不是一样，我们会让孩子们去观察、比较，然后去测量树的长短和粗细，让他们在真实的大自然中去体验和感悟，获得宝贵的直接经验。再比如，我们幼儿园的地面也是经过精心设计的，有泥土地，有塑胶地，有草地，还有石板地、石子地，我们会发掘不同的地面对于孩子不同的教育价值。在石板地上，孩子们可以拍皮球、玩轮滑；在塑胶地上，孩子们可以跑步、做操；在草地上，孩子们可以踢球。每一个点滴细节，都考虑到儿童真正的发展需要，这就是陈鹤琴教育思想在我们的幼儿园的体现。

陈鹤琴先生告诉我们，要让孩子接触生活，让他们在真实的生活中学习，所以我们幼儿园就努力为儿童打造接近自然的生活环境。比如说，我们幼儿园还养了许多小兔子，孩子们每天去跟小兔子玩耍，他们不愿意把小兔子关在笼子里，我们就给小兔子放养着，幼儿园的草地也成为小兔子的乐园。小兔子把草吃了，过一段时间小草又长起来了，孩子们说小兔子就是我们的割草机，这些来自生活的直接体验虽说并不是真正的课程，但在这个潜移默化的过程中，孩子就能够感受到大自然的秘密，这其实就是陈鹤琴教育思想的体现，陈鹤琴先生所说的"做中学、做中教、做中求进步"，就是要让孩子在体验中学习，在操作中学习，在真实的生活中学习。

其实，孩子们的生活中每天都有很多这样的细节，比如说吃午点，如果孩子们吃午点就是为了吃而吃，那对他们来说并没有什么特别的教育价值。那它的教育价值到底体现在什么地方呢？假如说今天吃橘子，老师就会跟孩子们聊天，你吃的橘子有几瓣啊？这个橘子瓣你是怎么数的啊？有的小朋友说，我是一个一个数的，有的小朋友说，我是两个两个数的，如果两个两个地数，数到没有了，那就是双数。如果有的小朋友数到6个瓣，有的小朋友数了8个瓣，那么6和8之间，小朋友就自然地学会了对比。老师还可以问小朋友，吃完橘子吐出几个核儿啊？小朋友之间又可以进行对比，核儿和瓣儿还可以进行对比，在对比的过程中，孩子们就能够学习数学的知识。接着，我们还可以让孩子们去摸一摸吐出来的橘子核儿，为什么黏呼呼的呢，因为它里面有糖分，那我们怎么才能让它不黏手呢，可以用水洗一洗。接着我们可以问孩子，橘子核儿种在地里面会不会长出小橘子呢？孩子们可以去种植。如果有孩子说，我不想种橘子，我想给它晒干，需要多长时间呢？那就取决于橘子核儿放在哪里，放在太阳底下，放在有风的地方，还是放在阴凉的地方，哪一种环境下的更快地干透呢？待橘子核儿晒干了，可以怎么玩儿呢？有的孩子说可以数数玩，有的说可以用它粘贴成一幅画儿，还有的小朋友说可以在核儿上打洞，串成项链、手链和小耳环。现在班里缺一个小门帘，我们可以把小橘子核儿串成小门帘，还能给它们染上不同的颜色，并且根据色彩进行排列和组合。在这整个过程中，孩子们的想象力和创造力都得到了发展，他们在游戏的过程中寻找问题的答案，在体验中学习，在生活中学习，在大自然中学习，这完全符合儿童的年龄特点，符合儿童的发展水平，是真正的做中学、做中教、做中求进步。

对于孩子而言，大自然、大社会里有很多的宝贝，在户外玩耍的时候，孩子们捡来的小石头、小木块、小树枝，都是宝贝。孩子们卷卷卷，小树枝就变成了一个小笔筒，孩子们把小木块摆来摆去，就变成了小房子、小太阳，变成了他们想象中的各种东西，

他们会用这些捡来的宝贝创造出很多特别有价值的东西，因为大自然、大社会都是活教材。孩子们的这些创意常常带给老师们意外的惊喜，但是如果老师没有创造能力，培养出来的儿童肯定也不会有创造力。就像我们看诺贝尔奖评选，在科学领域日本有 20 多个诺贝尔奖获得者，大家都在反思，我们的教育出了什么问题？其实我们就是没有给孩子充分的自由，没有给孩子创造的机会。陈鹤琴先生早就告诉我们，要倾听儿童的声音，从小培养孩子的创造力，儿童有很多创造的火花，但是我们老师有时候没能抓住，就给他丢弃掉了。

我们总说要向儿童致敬，我们总说要给孩子适宜的玩具和游戏材料，我们知道，陈鹤琴先生当年就给儿童创造了丰富的、满足儿童需要的玩教具，那我们作为老师，又创造了什么符合儿童需要的玩教具呢？所以我就带着我们老师，研究、制作了大量的玩教具。这些玩教具都是用我们生活当中的材料制作出来的，比如说小木块、小树枝、小石子、废电线，等等，我们有千余种废旧材料，我们的老师能够带着孩子们动手去创造各种各样的玩具。所以，老师的培养也很重要，既要有爱心，有责任心，还要有能力。陈鹤琴先生说，我们要爱每一个儿童，要像爱自己的眼睛一样爱每一个孩子。爱是需要能力的，如果没有能力，不了解儿童的年龄特点，不了解儿童真正的需求，我们的爱从哪儿来呢？所以，

如果我们真正地爱每一个儿童，我们就要不断地去研究每一个儿童，真正地去了解每一个儿童，真心地去观察每一个儿童，根据儿童的需求采取恰当的、适宜的教育方法。

我们总说要践行陈鹤琴的教育思想，但是怎么才是真正的践行，怎么才能把口号落地，怎么才能真正地关注儿童、发现儿童、了解儿童、尊重儿童？我觉得，只有从儿童的角度出发，去钻研儿童，才能真正了解他们的心理，懂得他们，给他们教育，给他们支持。在我们幼儿园的各个地方，都有孩子们喜欢的各种材料，来源于生活，低碳环保，孩子们又动手把这些材料创造成了他们想象的东西，再用于他们的生活，打造成他们特别喜欢的环境，好像满山遍野都是孩子们的。

很多来我们幼儿园参观的人都提出了一个问题："朱园长，你们幼儿园各种琳琅满目的作品都摆放得那么好，难道没有孩子搞破坏吗？为什么我们幼儿园的孩子们都喜欢把作品给摘下来，有的还给挠破了、弄断了。"我就说："如果是这样的情况，孩子们一定是不喜欢这些东西。既没有来源于孩子，也没有服务于孩子，那孩子们肯定不知道这些作品要讲什么故事、有什么意义，他当然不喜欢，就会搞破坏了。"如果我们的作品都来源于孩子的生活，是孩子们自己精心制作的，又能服务于孩子，他们肯定就会珍惜，会给其他小朋友讲，我这是什么，

是用什么材料，怎么做出来的。他们会把这种兴奋的心情传递给其他小朋友，在这个过程之中，他们的语言表达能力也获得了发展，并且乐于到这个环境里去游戏，去观察，去发现。正如陈鹤琴先生的"五指理论"所说，孩子们从科学、健康、艺术、语言等领域，都获得了发展，这也跟现在的教育观念特别吻合。所以，这么多年来我们都特别崇尚陈鹤琴先生的教育理论和教育思想，并且让它在我们幼儿园里落地生根，开花结果，让孩子们享受着陈鹤琴教育思想给他们带来的健康成长，这样的一种良性发展，是我们幼教工作者最愿意看到的。

当然，在对老师的专业化培训中，我们也紧密结合了陈鹤琴先生的教育思想，制定了具体的培训指标和要求："一年行、二年成、三年能，行哪儿行，成哪儿成，能哪儿能。"培训的方式是多样的，有集体学习，也有小组学习；有理论学习，也有实践学习；有自我学习，也有专家导师指导学习。在学习的过程中，特别是学习《幼儿园工作规程》和《3-6岁儿童学习与发展指南》的过程中，我们都能够感受到陈鹤琴教育思想的影响，比如说在方法论上，陈鹤琴指出要在做中学、做中教、做中求进步，而我们的《规程》和《指南》里，也要求孩子们在体验中学习，在操作中学习，在感知中学习，在探索实践中学习，这和陈鹤琴的观点是不谋而合的。所以在学习的过程中，我们就引导老师们去感受，什

么是做中学、做中教、做中求进步，具体在教学过程中应该怎么做，为什么这么做。那做的根基肯定来源于儿童，儿童是什么样的，小班、中班和大班，他们分别有什么年龄特点，针对不同的年龄特点，应该采取什么样的教学方法。

为了帮助老师们更好地在教学过程中践行陈鹤琴先生的教育思想，我们的老师在生活中也要不断地学习，我们也经常带着老师们，走进大自然，走进大社会。比如说，孩子们每天睡觉要盖着被子，夏天是薄被子，到了冬天要换成厚棉被，孩子们就会发现，被子里面有棉花，那棉花是从哪儿来的呢？其实很多时候我们老师都不知道，他们也没有见过棉桃儿。再比如说水稻、麦子生长的过程，水稻是怎么播种和种植的，又是如何结穗、收割、脱粒，最后变成米饭的。老师自己都不掌握这些知识，怎么可能跟儿童进行有效的衔接呢。

所以我们经常带老师们走进大自然、大社会，让他们去接触自然，接触社会，让他们了解书本以外的知识。比如说挖野菜，有一种马勺菜是有药用功能的，夏天孩子们起痱子了，可以把马勺菜熬成汤，抹在痱子上，治疗效果非常好。再比如说我们幼儿园有核桃树，核桃成熟以后就要把里边的核桃仁剥下来，但是一剥就发现手上黑得不得了，原来核桃的外面还有一层皮。以前老师们并不了解这些知识，但是在跟大自然的接触中，就慢慢发现了大自然的

奥秘，正如陈老先生所说，大自然、大社会都是活教材，确实体现了一个"活"字。所以我们要求老师们，首先要热爱儿童、热爱生活，然后才能热爱事业，你热爱生活，尊重自然，尊重生命，尊重生命中的每一个人，愿意把这些情感无私奉献给每一个儿童，才能够真正跟儿童一起生活。所以我们幼儿园一直传播的就是"人和园美"的"和"文化，和蔼、和睦、和气。

有这样一句话，"参天红杉滋养，七彩儿童绽放"，儿童是七彩的，这也是陈鹤琴的教育思想，每个孩子的发展是有差异的，有些孩子还会有某些残障或者智商的缺陷，这样的儿童难道不应该被老师所重视，不应该被老师所关爱吗？所以，老师应该爱每一个儿童，这也是我们一直追求的。我们曾经收过一个股骨头坏死的孩子，他走路很难，有时候甚至要爬着走，我们看着就特别心疼，谁也没有权力剥夺他接受教育的权利，我们会把这样的孩子招收到我们幼儿园，让他们跟其他孩子一样，接受同等的教育，要给他们更多的关爱。而且，每次看到他们的成长，心里也会特别愉悦，这就是陈鹤琴先生的教育思想，让每一个儿童都获得最好的发展。陈鹤琴说，孩子们是需要鼓励的，也是需要赞美的，所以赞美文化也是我们幼儿园一直提倡的，在培养孩子的时候，我们要求老师们能够发现每个孩子的优点，找到每个孩子最值得我们赞美的地方，通过

这个小小的点去鼓励孩子，让他们充满自信地成长。

其实，赞美文化也同样适用于我们老师的培养。我们幼儿园是一园六址，每个月，我们都会开一次全员会，把六个园的老师集中在一起，总结上个月的工作成果，布置下个月的工作重点，表扬上个月的好人好事。会议时间要么是周五晚上，要么是周六上午，占用的是大家的休息时间，所以，开会时最担心老师看手表了。后来有一次我就说，以后全员会不开了，各个分园各自开会吧。但是一到月末，我的手机短信不断，都说朱老师，什么时候再开全员会啊，我们还是想听您叨唠叨唠。我就有点纳闷儿了，为什么他们会喜欢开我的全员会呢？

原来我的全员会有三个板块，第一个板块就叫赞美板块，因为我觉得孩子们是需要赞美的，老师也是需要赞美的，赞美的方式会影响老师，进而通过老师去影响到儿童。在会上，我们有时是击鼓传花，有时是抛绣球的方式，抛到谁了，谁就要站起来，先夸奖自己两分钟，再夸奖别人三分钟。夸自己的时候，不需要美丽辞藻的堆砌，而是要说具体的事儿，发生在你跟孩子们之间的小故事，如果你觉得这件事情值得在200名老师面前提起，我们就为你点赞。夸自己，是对自己表扬和激励，夸别人，也是对别人的赞美和鼓励，因为，能看到别人的优点，就是自己最大的优点。所以幼儿园就形成了这样的氛围，每个人都会用眼睛来关注别人的优点，虚心向别人

学习，而这些慢慢都会潜移默化地影响到儿童，形成一个良性的循环。

第二个板块就是讲故事，我喜欢给老师们讲故事，也会给孩子们讲故事，每次都通过故事让老师们去思考和分析，为什么今天会选这个故事，故事里传播的到底是什么样的思想。让她们学会分析故事里的人生哲理，也学会分析和理解儿童的需求，这种思考、分析、总结的能力，我觉得在教学中是至关重要的。

第三个板块就是唱歌，每次全员会，我都会让老师们一起高唱一支歌，通过歌曲的合唱，让大家更有热情，更有激情，因为热情和激情是做好教育的最主要的因素，也能使我们的队伍变得更有凝聚力，更有战斗力。还有一点，就是要让我们的老师身心健康。为什么唱歌还能让人身心健康？以我自己为例，我管理6个幼儿园，要看课程，写大量的笔记，还要去全国各地，讲课、培训老师，但是在我的脸上看不出"累"字。因为我每天都会去天坛公园，那里早上有许多的老人在唱歌，每天我都跟他们唱10多首歌，唱得我浑身出汗，唱得我激情澎湃，心情愉悦，然后就回家洗个澡去上班。在跟那些老人接触的过程中，他们的热情和激情深深地打动了我，也传递给了我，我就把这些激情热情都用于我们的幼儿教育事业，我的老师们，我也希望他们成为这样的人，身心健康，富有激情。

所以，我们幼儿园的全员会议，就是以这样的方式吸引着我们的老师，因为在开会的过程中，她们会自然地习得很多的东西，这也是陈鹤琴先生的教育思想在我们幼儿园的管理工作中的延伸：在做中学，做中教，做中求进步。通过这种方式，我们希望培养出热爱孩子的老师，勤奋的老师，有钻研精神的老师，有创造力的老师，有职业幸福感的老师。

因为喜欢研究儿童，我发现商场里卖的玩具，其实很多不符合的儿童需要，我一直在问自己这样一个问题，很多大人喜欢奢侈品，比如贵重的服装、饰品，那孩子们的奢侈品是什么？有老师说，孩子的奢侈品一定是贵重的玩具。我认为不是这样，随便从商场里买的这些贵重玩具，未必就是真正符合儿童发展需要的奢侈品。奢侈品"奢侈"在哪里呢，"奢侈"在深入地研究消费者的个性化需求，并且有针对性地满足消费者的不同需求。我就敢说，我们的幼儿园就是孩子们的奢侈品的天堂，因为我们为孩子们配备的玩教具一定是符合儿童真正的发展需要的，大量的教玩具都是特别定制的。在我们幼儿园里，有很多小型的玩具"加工厂"，"加工厂"的工人都是谁呢，是我们的老师、家长、孩子们，还有我们的社区里爱孩子的热心人。他们会利用生活中、大自然中随手可得的原材料，制作出丰富的符合儿童需求的玩教具。

比如说，他们找来大大小小的纸箱，在里边放上或轻或重的东西，让孩子们尝试着去搬运。孩子一个人搬不动，就会寻求小伙伴的帮助，两个人抬，三个人抬，一起搬动纸箱，在这个过程中，孩子们的合作能力自然而然就培养出来了。再比如，有的家长将空的奶粉筒废物利用，串上铁丝，装上木棍，就变成了小推车，有一个辘轳的，两个辘轳的，还有三个辘轳的，孩子们玩得不亦乐乎。还有，看见水里的水草，我们会把它割下来编成小辫子，绑在孩子们身上，玩捉尾巴的游戏，还会把木头加工成陀螺，拿水草辫子玩抽汉奸的游戏。废弃的包装绳也可以利用，把它们做成球，里面放着小铃铛，孩子们抛着玩儿，扔着玩儿，滚着玩儿，踢着玩儿，还可以系在腿上跳着玩儿，铃铛"叮铃铃叮铃铃"地响，小朋友玩得停不下来。

所以我们的教玩具"加工厂"，都是根据儿童的年龄特点，根据儿童的发展需要来创意设计的，在制作玩具、使用玩具的过程中，老师、家长和孩子都感受到了创意和创新的乐趣，也激发了他们以更大的热情投入教玩具的创意设计中去。制作教玩具，已经成为我们幼儿园一个特别的亮点，我就想，将来一定要做一个大的儿童玩具加工厂，不仅仅供我们幼儿园的小朋友使用，还要提供给全国的幼教人和孩子们，根据孩子们的年龄特征和成长需求，为他们提供私人定制。

陈老的活教育是他的教育核心，"做人、做中国人、做现代中国人"是他培养孩子的一个要求、一个目标。

朱燕红
——北京华凯蓝天幼儿园
园长

16

首先要有健康的身体，所以我们在任何一个活动中，都非常强调孩子体能的发展，特别是新一代的独生子，缺乏体能锻炼往往会影响他们体质的发展，因此我们很强调户外锻炼，特别是大肌肉的锻炼。同时我们融入了"要做现代中国人"的理念，我们融入了中国功夫，融入了民族武术，让我们孩子有一种中国人特有的精神气。其次做中国人，除了要有健康的体魄，还要有建设性，有合作能力，有创造力。我们的每一个班级里面，特别是大班，孩子应当有合作意识，有竞争力，我们就建立了小班长，因为他们要上小学了，将来都要独立地管理着自己，因此，我们就希望通过小班长的形式，使他在管理好自己的情况下，能够协助班级来进行工作。除了有班长，我们还有小助手，小助手是协助班长来进行工作的。那么，班长用什么来管理呢？要用你自己的威信，用你与人良好交往，与人沟通。我们会给每一个孩子锻炼的机会，班长是轮流的，他们还当过值日生为班级服务。

在创造性方面我觉得无时无刻没有创造，我们不是有意创造，我们是利用所有的自然环境，遵循陈老大自然、大社会都是活教材的这样一个理念和思想开展我们的活动，活动中，比如说我们有小文化墙，我们孩子可以利用文化墙，进行平衡、冒险类的活动，比如说我们有孩子玩小摇船、小摇椅，我们就拓展他的玩法，我们还利用幼儿园的园门进行了高空抛物的练习，所以这都是我们在践行陈老的思想，践行"做人、做中国人、做现代中国人"的这个目标。

17

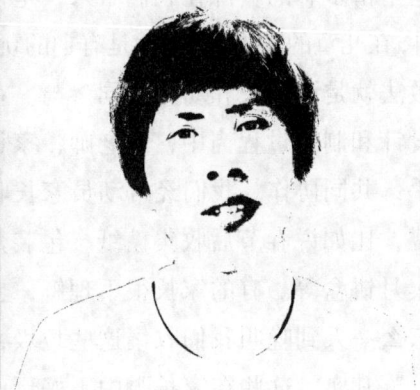

陈鹤琴先生曾经说过，玩具不仅仅带给儿童快乐，它还是儿童的第一本书。怎么理解"第一本书"这个说法呢？我觉得它不是指狭义上的教科书，而是指促进儿童学习、发展的任何材料，都可以成为儿童学习的内容。对于儿童来说，任何东西在他们手里，都有可能变成好玩的玩具，只是有时候我们成人可能出于安全或者其他因素的考虑，会忽视、剥夺孩子去跟这些材料互动的机会。

陈鹤琴先生很早就对儿童的玩具制作和选择提出了一些标准。第一条标准就是可以发生改变的，能便于孩子变换的，结合我们现在的理念就是可以改变结构的，能够一物多玩、变换出很多花样的玩具。第二条标准是能引发孩子的创造力和想象力，可以让儿童从自己的思维角度出发，想怎么玩就怎么玩，玩出快乐的玩具。第三条标准是就地取材，结合当地的自然资源，便于家长、孩子接触和搜集到的各种常见的材料做成的玩具。第四条标准是符合儿童兴趣的，能够激发孩子的兴趣，吸引孩子积极参与游戏的玩具。

同时，教育部发布的《3~6岁儿童学习与发展指南》也非常强调游戏是儿童的生命，游戏是儿童学习的主要方式。而游戏离不开材料，离不开玩具，基于这样的思考和理解，我们在设计幼儿园玩具的时候，主要是从三方面去做。第一个做法，我们充分利用本地的各种资源，进行材料的收集和玩具的制作。我们上虞有一个镇叫作松下镇，是中国伞城，出产品种丰富的雨伞布，有各种的颜色、各样的形状。我们就动员老师和家长把边边角角的材料和相关的一些资源收集起来，用来制作孩子们比较喜欢的玩具。比如说制作一把大伞，孩子们做早操的时候，可以在大伞下面做小鱼的游戏，游来游去；我们还会在大伞上面放一些沙包、一些蘑菇，请孩子们齐心协力把大伞撑起来。比如说用伞布缝制一些沙包

和沙袋，组织孩子们进行翻越、助跑跨跳、投掷等丰富多彩的游戏。再比如，浙江盛产女儿红，我们会将女儿红的酒坛设置成障碍，让孩子进行绕障碍跑，或者组织孩子们在坛子上面画画，给酒坛添加漂亮的装饰，等等。我们有个学生家长是开纸箱厂的，他给我们提供了各种大大小小的包装盒，我们就将包装盒进行组接，在上面画画，制作了各种造型的机器人，还可以利用纸箱的不同组合，来设计纸箱迷宫等。这些丰富多彩的资源在我们看来，是低碳又环保的材料，在儿童的眼中，它们就是有趣的玩具。

第二个做法就是请家长和幼儿共同参与。在玩具的选择、设计和制作过程当中，由老师、家长和孩子一起动手，共同协作。我们经常动员家长收集各种瓶瓶罐罐，比如说春节后收集糖纸、包装盒，中秋节后收集月饼盒等。有的家长很不理解，也不太配合："怎么一天到晚叫我们收集这些垃圾，干什么用的呢？"其实，这些在家长眼中不好玩、没有价值的东西，在我们老师和孩子的眼中，就是宝。我们会通过老师的引导，通过师生的共同合作，把这些废弃物变成促进儿童学习、发展的一些非常好的材料。家长在开放活动时，看到用这些素材做成的学习材料和游戏材料，就会恍然大悟，幼儿园老师真的是好厉害，能够运用这些平常不起眼的素材，开展那么多丰富的活动。所以，这样一个变废为宝的过程，就是慢慢让家长理解、转变观念的一个非

常好的契机。同时，这样做也是让家长们树立一个观念——在家庭教育中同样可以资源再利用。比如说家里废旧的扑克牌，我们可以从大到小排列，按照花色进行分类，还可以比大小、猜数字、做拼图、进行加法的运算、编应用题，等等，带着孩子玩出智慧、玩出花样、玩出聪明。比如麻将牌，可能弄丢了一两张，整副牌就浪费了。拿到幼儿园以后，我们可以组织孩子进行观察，看牌上的符号和图案，比较它们的异同，还可以在桌面上进行多米诺骨牌的游戏。这样的话，就能充分动员我们的社区、家庭和幼儿园，共同参与儿童玩具的收集、整理和制作，把我们生活当中丰富多彩的素材，有机地整合到教学活动当中来。

第三个做法就是充分利用自然之物。我们幼儿园一直致力于实践陈鹤琴先生的"大自然、大社会都是活教材"的理念，幼儿园的一草一木、一花一虫，都是儿童游戏和学习的途径。春天桃花开了，我们会带孩子们在桃花树下面开展"桃树下的小白兔"主题教学活动，摇一摇桃花树，下桃花雨了，他们会感受到花瓣飘落时的千姿百态、婀娜多姿。撑开雨伞，可以把桃花瓣收集起来做一些艺术创作。夏天广玉兰开了，我们请孩子们捡起花瓣进行拼接，做成孩子们喜欢的艺术造型，一个娃娃、一个月亮，或者是一架火箭、一艘轮船。秋天是桂花盛开的季节，我们会带着孩子们用伞布去收集掉落的桂花，然后

教孩子们泡桂花茶，缝制桂花香包赠送给朋友。一年四季，花开花落，孩子们会感觉到，大自然带给我们这么多美好、有趣的东西，这也是帮助他们学习、启发他们创造性思维的自然材料。

我们幼儿园还有个植物博物馆，不同的季节，我们会组织不同的活动。比如说秋天，我们会收集各种各样的种子，然后写上种子的名字、植物的名称，观察它们长大以后会变成什么样子。我们有很多的棕榈树，小班的孩子们会捡起棕榈树掉落的种子摆成一些图形，老师们利用这些种子教他们数数，开展种豆豆的游戏。中班和大班则会利用种子制作植物项链，他们去收集各种各样的种子，在老师的帮助下打好洞，孩子们动手来串成一条条非常漂亮的项链。在串项链的过程当中，就有一个排列的问题，甚至会涉及美学的设计，有坠子的和没有坠子的，对称的和不对称的，这样一个设计的过程，也培养了孩子们的观察能力和审美意识。在我们幼儿园门口还有一棵铁树，大家进进出出，从来没有发现铁树也是有种子的。有一天，有个孩子把这个种子带到了幼儿园，大大的、圆圆的、橘黄色的，非常漂亮。老师们都不知道这是什么树的种子，孩子说是铁树的，在哪里找到的？就在院子门口找到的，大家恍然大悟，然后孩子们就把铁树的种子做成了一串漂亮的手链，给妈妈做礼物。

在我们的教室里，除了各种各样的植物种子，

还会收集植物的叶子、根、茎，特别是秋天丰收的季节，孩子们会去农场里收割玉米，把叶子去掉，玉米秆子带回来，可以玩骑马的游戏，可以做成玩具手枪，还可以捆起来做成一个帐篷，大家在里面玩躲猫猫、过家家的游戏。收割回来的玉米，老师会让孩子们数一数，玉米棒子到底有几排呀？玉米籽是怎么分布的呀？把玉米籽吃掉以后，孩子们再把玉米棒子切开来，变成一小片一小片的，做成飞机、轮船等各种各样的拼图造型，既锻炼了手工能力，又习得了生活经验。

所以，这些大自然馈赠的材料，我们认为都是玩具，因为它们能够促进孩子的学习和发展。当然，我们幼儿园也有很多买来的玩具，比如电动玩具、彩色积木等，在这些玩具的选择过程中，我们倾向于有不同的花样，能够变出不同形态，有利于孩子思维开发的玩具。如果这些玩具只有一种玩法，只有一种形态，那我们是拒绝的。

我觉得还有一点就是，在儿童跟玩具的互动过程中，老师其实是一个观察者、指导者和合作者。我觉得老师应该树立这样的观念：成人只是比儿童稍微年长了一点的人，要努力跟儿童处在同一个视角上游戏，这样才能体会到儿童在摆弄玩具的过程当中，是以怎样的方式在玩，玩出了什么花样，如果我是个孩子，我又会怎么玩，我作为比他年长一点的玩伴，应该提出怎样的引导。我想这个就是教育者在儿童跟玩具的互动当中所要树立的理念，老师是儿童的支持者、合作者和引导者，在游戏的过程当中，不能让儿童放任自由地玩，因为我们的教育是有目的、有计划的，所以必须要有这样一个观念，要引导着孩子向更高的游戏品质、往更高的发展层次去迈进。

陈鹤琴先生作为中国幼教之父、中国幼儿教育的奠基人，无论在理论上、实践上，还是在情怀上，都是我们幼教工作者敬仰的楷模。先生的三大理论，目的论：做人、做中国人、做现代中国人；方法论：做中学、做中教、做中求进步；以及大课程论：大自然、大社会都是活教材，一直是我们构建园本课程的过程当中遵循的基本原则。

在园本园训的构建过程当中，我们的宗旨就是培育鹤琴型教师，因为园本课程的构建肯定是离不开我们的教师团队，课程构建既需要理论指导，也需要组织实施，为了让我们不同层面的老师都能够非常好地理解物质活动课程，了解课程的目标设定、实施途径和内容构成，我们主要从以下方面开展工作：

第一，我们成立了园本课程架构的核心组，由园长、业务园长、课程中心的主任构成。这个团队的主要任务就是根据"大自然、大社会都是活教材"，以及"做中学、做中教、做中求进步"这样一些原则，来架构整个五指活动课程的框架。课程的总目标是什么，各年龄阶段的分目标是什么，课程内容包括什么，组织实施途径是什么，评价机制如何构成……整个框架建构起来，就能够引导实施组的老师按照这个基本的框架去开展教学。

课程实施组主要是由不同年段组的老师组成，我们非常重视对年段组长的培训，每个月有一次年段组长走进现场，走动式观摩培训会。根据整个园本课程的内容设置和实施途径，分年段进行现场观摩，一方面解决年段组老师在课程实施过程当中遇到的一些问题，同时也能了解老师们在主题实施的过程当中的一些想法、思考和改进。除了现场培训，还有现场教研，教研机制怎么制定？教研的主题是否明确？教研的方法是否有效？教研的氛围是否良好？解决了哪些问题？哪些问题还没有解决？通过对话式的交流，共同纠正园本课程实施过程当中的一些偏差，然后及时地扭转，调整到良性的轨道上来。

除了每月一次的现场培训，还有每学期一次的年段教研成果展示，一学期以来，园本课程实施取得了哪些成绩？通过什么方式研究了哪些问题？老师们在实施的过程中，有哪些收获？取得了哪些成果？各年段组都要选择合适的方式做课堂的展示和观点的报告，结合年段组长点评、名师互动等方式，来检验这一学期的教学成果。此外，还有每年一次的优秀年段教研组评选，对一年来园本课程组织实施的优秀团队加以褒奖，同时，总结、整理出一些比较有特色的教学活动。

陈老说大自然、大社会都是活教材，针对这一理念，我们在本学期开展了哪些比较有特色的活动呢？春天，我们利用幼儿园的小竹林，在小班开展了"春天在竹林里"的活动，小朋友们唱着春天的儿歌，在竹林寻找笋宝宝。笋宝宝什么时候从地里钻出来了？哪个笋宝宝最高？哪个比较矮？哪个笋宝宝比较粗？哪个比较细？笋宝宝切开来后，它的内部和外部结构有什么不同？完成观察后，孩子们还会用绘画或是捏橡皮泥的方式，表现笋宝宝可爱的形态。老师还会带着孩子们收集竹笋、竹叶、笋壳，来进行艺术创作。通过这个教学活动，孩子们既获得了关于植物的科学认知，又在动手的过程中培养了艺术素养。

在中班，我们开展了"春天里来百花香"的活动。首先是认识春之草，我们幼儿园有个非常特别的百草园，这个小天地里有各种菊花，还有薄荷、鱼腥草、艾叶等中草药。孩子们通过看一看、闻一闻、捣一捣、栽一栽、尝一尝这些方式，走近神奇的中草药。然后，我们会带着孩子们探访中草药店，去看看还有哪些没有看到过的奇妙的中草药。孩子们会采访药店的医生，中药是怎么形成的啊？不同的中药有什么效用啊？中药是如何煎服的啊？回到幼儿园后，他们就会在教室里开一个中药铺，建一个小药房，学习配药，枸杞两粒，菊花三朵，艾叶四支，这样子配起来，在游戏中又学习了数学的知识。

在大班，我们每年都会做"播下希望的种子"主题活动。我们每一个班都有一块实验田，每到春天，孩子们就会讨论最想种什么，我喜欢吃西瓜我就种西瓜，喜欢吃番茄我就种番茄，还有青瓜、南瓜之类的。带着各自的喜好，他们会走进种子公司，去询问各种各样的种子分别适合在什么时候播种。

第二，我们幼儿园还建立了各种特色课程教研组，给不同特长、不同兴趣的老师打开另一扇门。幼儿园里有很多有特长的老师，涉及英语、美术、音乐、语言教学等不同领域，老师们会根据自己的兴趣和优势，选择参加不同的教研组，比如英语教研组、美术特色课程教研组、亲子园早教教研组、"越读越美"绘本研究教研组、"玩转音乐"教研组等。

前几年，我们的美术课程开始探索各类画种的拓展，比如说水墨画、拓印画、版画、线描画、水粉画等。现在我们美术教研组又开始开发创意手工。像我们的中班，就是纸的世界。利用不同材质、不同颜色的纸素材，搓纸绳、搭纸屋、折纸盒，进行各种纸的创意和探索。大班有很多玩具旧了，比如玩具汽车，孩子们就把旧玩具拆下来，再重新组合成各种造型，机器人啊，机械臂啊，这些创意的手工能够打开孩子艺术学习的另一扇窗。

还有真实践课程中心，重阳节的时候，我们会带着孩子走进老年大学。孩子们会思考：爷爷奶奶喜欢吃什么呀？他们适合吃哪些东西？有的爷爷奶奶有糖尿病，孩子们就会去买一些无蔗糖食物送过去，还会给爷爷奶奶做贺卡，写上送给爷爷奶奶的话。用什么成语合适呢？福如东海、寿比南山……孩子们又会去探索。还可以给爷爷奶奶表演一些节目，陪他们做游戏，用自己独特的方式去庆祝这个属于老人的节日。劳动节，我们会带着孩子走进商场、自来水公司、环保局，用不同的方式去慰问各行各业的劳动者，帮孩子们培养劳动意识，热爱劳动，尊重劳动者。国庆节，我们会邀请武警官兵来幼儿园进行升旗仪式，孩子们会学习如何正步走，如何擒拿格斗，观看武警官兵整理床铺，整理内务，在这个过程中，孩子们的秩序意识、规则意识和服从意识都受到了潜移默化的影响。

这样一些课程的开发都是由我们的特色课程研究组、真实践课程中心来完成的，他们会对我们幼儿园周边的资源进行拓展，努力将邮局、医院、小超市、电影院、烘焙店等资源纳入我们幼儿园的课程当中来，为我们拓宽园本课程起到了非常重要的作用。

第三，我们针对青年教师开展了分层园训。每年都会有一些年轻老师加入幼教队伍，幼儿园的年轻老师比较多。这些青年教师，他们的喜好和特点跟中年老师完全不一样，他们充满朝气和活力，思维也非常活跃。因此，充分利用他们的特长，挖掘他们的潜力，非常重要。我们就努力搭建一些平台，供他们发挥优势，快速成长。比如说六一儿童节，每年都要过，如何才能带孩子们玩出新意呢？在讨论过程中，年轻的老师们提出要做一个鹤琴幼儿园的迪士尼花车巡演活动。那么要设计哪些花车？孩子们要如何来自己装扮花车？花车巡演的过程当中，要播放什么音乐，做什么动作？这些细节，他们都做了分工，统筹安排。儿童节这一天，花车巡演成功亮相，孩子们都非常兴奋，青年教师也都非常有成就感。再比如说幼儿园的运动会，开幕式怎么做？运动员怎么入场？我们幼儿园有三十几个班级，如果按照传统的入场方式，时间很长，孩子们也觉得无聊。今年的运动会，我们就采纳青年老师的意见，用快闪的方式入场。大班这样出，中班那样出，小班在吉祥物的引领下萌萌地入场，现场一片欢乐，孩子们也不觉得累，整个氛围非常好。

所以在这些活动中，我们都是通过项目引领的方式，让年轻教师能够有个舞台展现自己的一些特长和优势，并且迅速得到成长。在我们看来，幼儿园整个园本课程的建构，肯定是要归结到幼儿园发展的愿景：我们要培养怎样的老师、培养什么样的孩子。只有让每个老师都明确我们幼儿园发展的愿景，他才能够在我们园本课程构建当中贡献自己的一份力量。

陈鹤琴先生还有一本很重要的著作——《家庭教育》，因为家长是儿童的第一任老师，从儿童出生开始，甚至是在孕育的阶段，家长就已经要作为一个教育者存在了。在孕育的过程当中如何进行胎教，怎么样给宝宝一个健康的身体，其实从这么小就要开始了，在儿童漫长的人生道路当中，家长起着不可低估的作用。

针对即将进入我们幼儿园的孩子家长，我们首先会举办入园前的说明会，告诉家长我们幼儿园的立场、办园宗旨和理念。小朋友入园一个月以后，我们要开展新生家长学校活动，整整一个月下来，了解家长对幼儿园了解多少，对幼儿园的老师有什么评价，对幼儿园的活动、一日生活的组织，有什么样的困惑和疑问。一方面，给新生家长一定的育儿培训；另一方面，给他们权利来质疑我们的教育，他在幼儿园的所见所闻，觉得老师哪些是做得比较好的，哪些是不足的，或者哪些我们还可以往更好的方面去改进。入园以后，针对不同年龄层次的孩子，我们还有很多的家长互动活动，比如说亲子教育当中，孩子的卫生习惯怎么养成，动手能力怎么养成，阅读的习惯怎么养成，大班的孩子幼小衔接要怎么做，在不同的时期，开展不同的交流互动。

现在二胎全面开放，我们就发现，一些上了幼儿园的大宝们会表现出明显不安的情绪，比如盘衣服、咬手指甲、使劲眨眼睛，等等。在我们的绘画课上，有孩子给妈妈写了一封信："自从妹妹出生以后，妈妈总是跟妹妹待在房间里面，我就总是在房间外面。"然后他就大哭，这样一个画面，让人非常心疼。我们老师发现以后，就及时跟妈妈联系，他妈妈还没有注意到大宝情绪上的这些变化，只是感觉孩子现在经常会发脾气，黏着妈妈，妈妈终于明白，原来二宝出生，对大宝的影响这么大。发现了这些问题后，我们就开展了针对二胎妈妈的讲座，告诉她们怎么做好对大宝情绪的关注，如何跟大宝进行有效的沟通，帮助妈妈们解惑释疑。

还有一块互动，是爸爸助教团。幼儿园老师女性偏多，阳刚不足，所以我们组织了公益性的爸爸助教团，有运动队，有安保队，有交通管理队等。每学期，家长可以自由申报参加助教团。有些爸爸是老师、医生，或者是交警，他们会用不同的方式来跟孩子一起做游戏，在这个过程当中，走近儿童、理解儿童、体验儿童心理的特点，在这个基础上，才有可能去看懂儿童的行为，理解儿童的行为。

常常有些家长无法理解孩子的情绪，觉得我的孩子怎么老是这样啊，不明白孩子为什么会发脾气。我们幼儿园曾经有个孩子，上学的时候经常哭，家长的情绪也很不好，会气急败坏地指责孩子。我们认为孩子是不可能无缘无故地哭的，一定是有他的原因的。经过一段时间的观察和沟通，原来是家庭发生了变故，虽然家人没有明确地告诉他爸爸妈妈已经分开了，但是他们的言行举止已经在无形当中影响了孩子的情绪。针对这个情况，我们主动地跟家长沟通、交流，帮助他了解孩子的敏感和脆弱，告诉家长要克制自己的情绪，帮助孩子度过困难的时期。

正如陈鹤琴先生所说，积极的暗示甚于消极的制裁，正面的鼓励非常有效，一定要多鼓励孩子。陈鹤琴提到的幼儿教育的十七条原则，我们都会在家长学校当中发给家长，一条一条地去解读，你想要儿童怎么做，你就要教给他们怎么做。儿童的世界其实是复杂的，要完全读懂儿童，是一件非常困难的事情。但是我们凭着职业的经验，以及那么多年对儿童教育的情怀，慢慢地去走近他们，家长也要慢慢地树立这样的观念，去理解儿童、走近儿童，才能够在他成长过程当中，起到非常好的助推作用。

陈鹤琴先生说儿童的特点是好游戏、好动、好野外生活的。现在我们整个幼教界也是非常强调游戏的价值，包括我们在课程组织实施过程当中，保证孩子们每天有一小时的自主游戏时间，两小时的户外活动时间。但是现在社会上，对儿童的教育还有很多认知的误区。曾经有一个爷爷，冲到我的办公室里来，说："怎么孩子上到大班了，二十以内的加减都不会算，你们一天到晚就游戏游戏，我看他们都是在胡闹，你看社会上现在很多的人就是因为玩游戏玩出问题，甚至犯罪的。"我说："爷爷，这个游戏不一样吧？那些玩出问题的，更多是网络游戏，沉迷于这些他才会走上犯罪之路啊。我们幼儿园的游戏跟你讲的那个游戏不一样，我们的游戏是儿童主要的学习方式，他在游戏的过程当中更能够展现性格当中的优点和不足。针对这些不足，我们才能去帮助他改进和提升。"其实，游戏对老师的挑战是非常大的，在这个过程中，既要组织孩子们开展游戏，还要有针对性地去观察、指导、跟进，对一些老师来说，压力也非常大，但是为了孩子们的快乐成长，老师们都在尽自己最大的努力。

苏雪峰
　　——青岛市崂山区北宅
街道教育中心幼教辅导员

18

我们街道是从 2012 年开始推进活教育示范街道建设，以打造活教育示范街道品牌作为目标，从创设活环境，培养活幼儿，推行活管理，打造活队伍，开展活教研等五个方面来推进幼儿园的活教育建设。

我们街道一共有十所公办幼儿园，两所普惠性民办幼儿园。陈鹤琴先生说过，环境是孩子最直接接触和体验的，要打造环境，利用环境，所以我们首先从创设活环境入手，从 2011 年开始，对街道所属的十所幼儿园全部进行了建设和改造，改造的过程也是处处体现活教育的思想，让孩子从幼儿园的环境中能得到教育，潜移默化地受到影响。陈鹤琴先生说大自然、大社会都活教材，所以我们就结合周围的资源做好幼儿园的课程创设。我们是山区里的农村幼儿园，周边有丰富的自然资源、北九水景区、世界园艺博览会，还有多种多样的农作物，我们都把它们纳入幼儿园的课程开发中来，打造我们的特色乡土课程。

我们北宅每年都有樱桃节，所以我们就开发出"樱桃红了"这个课程，每到这个时节，就带孩子们走进樱桃园，了解樱桃的相关知识。还有一个课程叫"美丽的石头会说话"，因为我们山区有很多小河，河里有很多石头，幼儿园就会组织孩子们到河里去捡石头，回到幼儿园之后对这些石头进行艺术加工，比如在石头上画画，或者粘上橡皮泥，孩子们根据自己的想象去创作各种小作品。我们还会经常带着孩子到大自然中去进行社会实践活动，比如说远足踏青，走进世博园，或者走进美丽的北九水景区。我们中心幼儿园去年就搞了一个专题活动，带着孩子到北九水景区去探索大自然，去写生，孩子们都玩得非常开心，并通过自己的作品把所见、所想、所感都表达了出来，孩子们通过亲身的体验，学到了很多知识。

其次就是推行活管理。幼儿园本身需要不断地完善，升级达标，经过精心的组织，不断的努力，目前，我们街道的十所公办幼儿园有七所达到了山东省示范幼儿园的标准，还有两所幼儿园也顺利通过了青岛市示范幼儿园的验收。从 2015 年到现在，街道一共有四所幼儿园完成了升青岛市级示范幼儿园的工作，这个成绩也得到了市领导和区领导的一致好评。

再次是打造活队伍。陈鹤琴先生说过，老师教育老师，本身也是一种进步的方式。我们街道一共有近 170 名幼儿教师，近几年来，我们开展了各种各样的教师培训活动，并且通过建立名园长工作室、名师工作室等方式，充分发挥骨干园长和骨干老师的引领作用。我们去年就安排了名师工作室的成员到北京光明幼儿园挂职培训，培训回来之后，再把自己学到的知识和经验分享给我们的老师。每年针对新招录的教师，我们也有专门的青年工程，所有的新老师在街道幼儿园工作两到三个月之后，都会被送到我们山东省十佳幼儿园、崂山区实验幼儿园，带着工作中遇到的问题和困惑去集中培训两到三周的时间，帮助他们迅速地适应幼儿教师的岗位和工作。

最后就是开展活教研。幼儿园的活动离不开教研，我们街道的十所公办园，彼此距离都比较远，我们就采取了分片与集中相结合的教研方式，将幼儿园分成南北两个片区，分别开展教研活动，进行户外活动和区域活动的研究，研究的成果大家一起分享。同时，我们还经常开展园与园之间的展示活动，比如说，在优秀的幼儿园搞开放日活动，要求全街道的园长和老师们去参观学习。

通过这几年的活教育示范街道建设，我们的老师和孩子们也是受益良多，近几年不断地涌现出市级、区级的优秀教师，孩子们各方面的能力也随着我们活教育示范街道项目的开展得到很大的提高。

例如，五龙涧幼儿园的盥洗室最初用的是普通的水龙头，在活环境创设时，我们对盥洗室进行了改造，给三个洗手盆分别安了不一样的水龙头，脚踏式、触摸式、感应式，改造以后，洗手就变成了一件让孩子们非常快乐的事情。有一次我去这个幼儿园，正好碰到一个小朋友在里面洗手，我就问他，洗手的水是从哪儿来的呀，他就用脚踩那个脚踏式的水龙头，告诉我说，阿姨，水是从这儿来的，你看我一踩水就出来了，我一松开就没有了。所以说孩子把洗手也当成了一种开心的游戏，这种游戏化教学方式，既是陈鹤琴先生所提倡的，也是我们国家《3-6岁儿童学习与发展指南》所要求的。

还有一件让我印象深刻的事情，五龙涧幼儿园是个农村幼儿园，孩子们之前可能没有接触过那么多先进的东西，所以，刚刚维修改造完搬入新楼的时候，孩子们都比较胆怯。我记得有一个小班的小男孩，我主动去和他打招呼，他就直接躲到老师的身后去了，比较的腼腆，不敢和陌生人说话。过了一段时间我再去的时候，他一看到我就主动上来问候，"阿姨好"，然后再回去玩他的游戏。上周我又去了一次，进去的时候正好是幼儿园加餐的时间，小男孩坐在那儿吃水果，他现在是大班的孩子了。他一看见我，就过来拖着我，把我带到他的建构区去看他搭的积木，很主动地给我介绍："阿姨你看我搭了一座高楼，楼里有两个门。"我说："为什么要两个门，房子不是都一个门吗？"他说："因为我后面还有一个游泳池，旁边还有一座花园。"我一看，游泳池边还用废旧的易拉罐和木头搭了像滑梯一样的滑板，还做了一个跳板。

我非常开心，作为农村的孩子，他平时所看到的都是农村普通的民房，现在居然可以搭出这样的高楼，我觉得这跟我们开展活教育有非常大的关系。一方面，我们的老师学到了活教育的理念，整个幼儿园的教育活动有了一个提升；另一方面，孩子有机会走出村庄，走进大社会，到世博园、到博物馆去参观，增长了他们的见识，回来之后，才能创作出这样的作品来。他从一个胆怯的农村小孩，到现在可以主动与人交流，并且搭出这么好的作品，真的是受益于我们的活教育建设。陈鹤琴先生也说过，要教孩子做人、做中国人、做现代中国人。既要培养孩子健全的身体，还要开发他们创造的能力，我觉得他搭建这个作品就是创造能力的体现。

随着建设的推进，我们幼儿园的硬件也有了明显的提升，原来十所幼儿园只有一所有食堂，现在七所幼儿园有了食堂，孩子们的一餐两点都可以在幼儿园里进行。我们有针对性地锻炼他们的自理能力，比如让孩子自助取餐，比如让大班和中班的哥哥姐姐给小班的弟弟妹妹盛饭、分餐，培养他们互相合作、互相服务的精神。我们还搞了国际跳棋、儿童礼仪的教学，并且组织了早期阅读等活动，让农村的孩子们，不仅能适应自己的环境，还要有世界的眼光。

家园共育，也是我们幼儿园的一项重要工作，因为活教育理念，不仅我们的老师要知道，家长也要理解并且接受，这样才能让我们的孩子受益。前几年，很多家长不了解幼儿园教学理念，有很多家长就说，为什么你们公办幼儿园不教孩子认字，孩子上学以后什么也不知道，他们会对幼儿园持怀疑的态度。所以我们就慢慢地向家长普及陈鹤琴的活教育思想，让他们更好地配合幼儿园的工作。比如，给街道所有幼儿园的家长做了关于家庭教育的讲座，当时也是座无虚席，家长听完都感觉意犹未尽，受益良多。家长们普遍反映，孩子在幼儿园确实有很大的进步，无论是礼仪方面、行为习惯方面、创造性思维方面，都有所收获，所以家长会认同幼儿园

的工作，对幼儿园的工作非常支持。我们幼儿园都有家委会，孩子们的每周食谱，都会让家长来参与制定。2015年，洪园幼儿园创建市示范幼儿园的时候，家长们都主动到幼儿园来帮老师打扫卫生，整理我们的种植园地，有了家长的支持，幼儿园的工作也越来越好开展。

我们学习活教育，学习陈鹤琴的思想，也就几年的时间，但是我觉得，自从开始活教育示范项目，已经有很多的感受和收获。所以，我们现在全心全意地继续推进活教育的建设，我们会一直沿着活教育这条道路走下去，我们的孩子肯定会有非常好的发展，我们的老师也会有非常好的发展，我们街道的学前教育事业也会更加美好。

幼儿园教师

杨雪蓉——施甸县旧城乡中心

19

幼儿园老师这份职业对我来说是非常有吸引力的，每天陪着孩子们吃饭、睡觉、上课、做游戏，这些事情对于大家来说也许会有点琐碎，但是对我而言是一个很享受的过程。今天我带着孩子们上了一次染松果的课，这就是来自陈鹤琴先生的"大自然、大社会就是活教材"的观点，我非常崇尚陈鹤琴先生的幼儿教育观。

孩子的天性就喜欢玩，他们热爱到大自然当中去捕捉他们喜欢的东西。作为家长，作为老师，我们要尊重儿童、热爱儿童，应该为他们搭建符合孩子身心发展的大舞台，让他们融入大自然当中去，去感受大自然的美，享受大自然馈赠给我们的礼物，孩子们在玩中学到了知识，而且他们的天性没有被磨灭，这一点让我非常开心。

我来这个幼儿园已经五年了，慢慢地从一个学生转化为一名幼儿园老师。过程虽然有一些艰辛，但是这群宝贝总是会给我不一样的惊喜，让我在困难当中一次一次学会成长。我和这群孩子就像连在一起一样，我们一起成长，一起开心，一起玩耍。我非常喜欢我的小朋友们，我的小朋友们也非常喜欢我。

我们幼儿园是一所乡镇幼儿园，位置也比较偏远，在大山里面，条件也比较艰苦。我们就结合本地的特色，给孩子们制作一些传统的乡土玩具，咱们的家长也比较配合，跟老师们一起动手，给孩子制作了很多传统的教玩具，有陀螺、独轮车、小推车、铁轮，等等，这些玩具在我们平时的活动中起到了很大的作用。我们旧城是傣族聚居的地方，在这里到处都有芭蕉叶，孩子们随处都可以见到这些大自然馈赠的礼物，他们就把这些东西带到课堂上来，在老师的指导下，用芭蕉叶制作各种小包包，宝贝们都很喜欢这样的小玩具，他们背着自己用芭蕉叶编制的小包包，开开心心地去逛街、逛超市了。在这些传统的手工制作过程中，孩子既了解了本地的特色资源，培养了动手的能力，感知觉能力也都获得了发展。

因为身处大山，我们还会带着孩子们玩一些山里才有的游戏。比如说，山里面有很多松果，孩子们就会跟着老师和家长走进大山去收集松果，在这个过程中，他们能欣赏到大自然的美景，还会碰到好多小松鼠，还有一些其他小动物，孩子们都非常兴奋，回来他们就会给我画一幅画，画上有大树、小草、小花，还有各种各样的小动物。这些教学的方式方法，就是结合了陈鹤琴先生的活教育理念，让孩子们走进大自然，融入大自然，在游戏中学到了知识，也感受到了大自然无限的美丽。

我们还会利用家长们帮忙设计的教玩具，组织孩子们参加富有本地特色的运动会，比如抽陀螺、踩高跷。孩子们在抽打陀螺的那一刻，神采飞扬，非常高兴，因为这些陀螺既是大自然的馈赠，更是爸爸妈妈亲手制作的传统玩具，孩子们在玩的过程中，既感受到了父母的爱，也接受了传统文化的熏陶。孩子们在玩踩高跷的时候也很投入，因为想拿第一，就把速度放快了，然后就有人不小心摔倒了。但是我们的宝贝很坚强，自己站起来了，后面的小朋友们也很主动地跑过去，帮他拍拍身上的灰，问他有没有摔伤，疼不疼。

陈鹤琴先生说过，教育是活的教育，要尊重儿童，热爱儿童，让孩子在玩中学会做人，学会分享，学会团结互助。在踩高跷的过程当中，孩子学会了互相关心，互相体谅，互相谦让，在踩高跷的时候，他们会互相提醒："你慢一点，小心摔跤了。"而摔倒了的同学，也能果断地爬起来，继续比赛。在这个过程当中，他们学会了勇敢地面对挫折，战胜困难。

孩子来到这个世界，就是要不断地经历风雨，如果为他铺了一条平坦的路，什么磨难都不经历的话，在未来，他的成长可能会受到挫折。如果说害怕孩子摔倒，害怕孩子受伤，就让他们躲在温室里边，成为温室里的花朵，这样的话，孩子的身心都得不到健康的发展。人生不可能一帆风顺，受一点小小的挫折，跌倒了再爬起来，我觉得这就是孩子成长的一部分。当然，在幼儿教育中，安全是第一位的，所以在组织孩子们玩这些游戏，使用这些教玩具的时候，我们教师要一再确定各个环节的安全性，同时也要确保孩子们严格遵守秩序，将危险系数降到最低。

陈鹤琴先生曾经说："医生是医病的，我是医人的。"我想说，作为一名幼儿园老师，我是陪孩子们玩的，首先要让孩子们在游戏中跟我一起开心地玩，在玩的过程当中，他们就已经学到了知识和经验。我们的这些教学理念和教学方式，也得到了孩子们积极的反馈，每一天看见他们开心地跟我打招呼，我就觉得我的工作非常有价值。作为一名幼儿园老师，我是非常幸福的。无论做什么职业，只要你有幸福感，你就成功了，所以说，我觉得我很开心。

20

　　"大自然、大社会都是活教材。"我感觉，陈鹤琴先生的这种教育思想是非常经典的，非常符合儿童学习发展的特点和他们的学习规律。在我们太平巷幼儿园，我们的课程就特别关注儿童的生活环境，关注他们在生活当中感兴趣的问题。前一段时间，南京地铁3号线开通了，我们幼儿园附近的太平商场就有一站，很多孩子都会坐地铁过来上学。我们都知道，孩子喜欢汽车，喜欢火车，地铁也让他们觉得很神秘。因此，我们就设置了一个以地铁为主题的课程，带领孩子们去乘坐地铁，进入地铁的操控中心去参观，并且请来地铁的工作人员给他们做讲解。

孩子都是喜欢玩的，能够参观这个神秘又神奇的地方，大家都非常兴奋，他们自己参与设计规划，然后分成很多组去做了地铁调查：地铁是如何运行的，地铁里的叔叔阿姨有哪些分工，他们是怎样工作的，地铁如何做安检，地铁里的各种标志都是什么意思……孩子们通过调查获得了很多的收获，回到幼儿园后，就把他们新的发现给画了出来，栩栩如生。这样一个游戏的形式，既帮助孩子们获得了关于地铁的直接经验，同时还给了孩子接触社会的机会，增加了他们的社会属性。

除了大社会，孩子还特别喜欢亲近大自然，所以我们在幼儿园里面种植了很多的植物，包括树木、水果、农作物，还养了很多的小动物。春天到了，大自然给我们带来很多欣喜的变化，笋子突然冒出来了，昨天还没有，为什么今天就长出来了呢？第一天还那么矮，第二天怎么就长高那么多了呢？围绕这个主题，我们就设计相关的课程，组织孩子们去探究自然，在自然中获得鲜活的知识。

还有柿子树、梨树，也是我们的课程资源，孩子们会去观察它们生长的整个过程，比较柿子树和梨树有什么不同，它们的树干、树枝、树叶分别长什么样子，并且把它们画出来。到了9月底，柿子成熟了，孩子们还会在老师的帮助下爬上树去采摘柿子，摘下来的柿子带回家揖一揖，然后再进行一些品尝和交换的活动。

在我们幼儿园的菜地当中还种了油菜、小麦、蚕豆。在每颗油菜的底下都有一个棍子绑着，上面有很多小纸片，纸片上记录着：3月14日，这颗油菜多高了；到了3月17日，有多高了；到3月24日又有多高了……孩子们会对每颗油菜进行观察和测量，并一一记录下来。一段时间以后，通过比较，孩子们欣喜地发现油菜长高了，更重要的是，在这个过程当中，他们感知到了生物生长变化的过程，这也是一种科学能力的培养。在这个过程中，不仅孩子们有很大的收获，也给老师带来惊喜。我们是回到了陈鹤琴先生"大自然、大社会都是活教材"的理念，在做中学、做中教、做中求进步，坚持这样的方法论，那么这些有趣的事情，每天都会发生。

陈鹤琴先生说，儿童最重要的一个特点就是好玩，孩子天生就是好玩的，幼儿园就应该是个好玩的地方。所以我们从幼儿园的环境入手，创设了很多真实的、拟真的情境，让孩子们可以在这个环境里做他们喜欢的事情，在玩的过程当中，获得多种能力的发展。孩子们在过怎样的生活，其实就是在享受怎样的教育，所以我们的教育应该回归到儿童本身的生活，根据儿童的生活来创设相关的环境，开展多样化的教学活动，让孩子获得全面的发展。

课程是促进孩子发展的一个非常重要的途径，课程应该是怎样的呢？课程就是要创造各种机会，让孩子去做事情，做他喜欢的事情，做对他的发展有意义的事情。因此，我们幼儿园设计了丰富多彩的手工课程，锯木头的活动就是其中一种，这是孩子们非常喜欢的一种手工活动。最初我们也担心这个活动的安全性，为此配备了专业的工具，包括护目镜、保护手套等。后来，我们发现，其实孩子有很多的能力，包括自我保护的能力，只要我们活动的材料设计得比较恰当，工具也提供得比较合适，同时师生共同讨论，建立相应的游戏规则，就可以确保孩子们在安全的前提下完成动手创作的游戏。所以，这样的活动在我们幼儿园开展了很多年，从来没有出过问题。

在讲到方法论的时候，陈鹤琴先生强调要在做中教、做中学、做中求进步。前面我们举的很多例子，都是孩子在做中学，在行动中获得进步和发展，其实老师们也应该在做中学，在做中获得专业的成长。

比如在孩子游戏、活动的时候，老师在旁边观察和记录孩子的各种状态。一方面是对孩子的发展情况做一个观察、记录和分析，以便更好地把握孩子们实际的发展状况，思考接下来应当给孩子们提供怎样的帮助，支持他们自主地学习和发展。另一方面，这种行为也是让老师在真正的教学现场，在教与学互动的过程当中，获得专业的发展，实现自己的成长。

陈鹤琴先生还提到，孩子是合群的。一旦有一个群体存在的时候，每个人的发展都有不同的个性，呈现出明显的差异性，这种差异其实就是资源。老师要创设一种平等的、互动的关系，让孩子们相互学习，共同研究，共同成长。我们幼儿园也进行了很多这样的尝试。组织不同的项目小组，让孩子们开展分工合作。在小组合作的过程当中，孩子们互相交流，互相探讨，互相帮助，协作能力得到了培养，与此同时，孩子们还会观察小伙伴的动作，借鉴他们的做法，通过对他人的观察来进行自我的学习和提升。

21

　　我们南京市鹤琴幼儿园是一个新建的幼儿园，2016 年 9 月 1 号才正式开学。我们为什么要建这所幼儿园呢，因为南京师范大学学前教育系是陈鹤琴先生曾经工作过的地方，我的导师也是陈鹤琴先生的学生，我们作为陈先生的学生，以及学生的学生，有这样一种感情，希望能够把陈先生的教育思想更好地去发扬光大。同时也想探索在当前的教育环境下，如何使得陈先生的教育思想更加现代化、与时俱进。正好有这样一个机会，南京市建邺区教育局和南京师范大学要建立起政府和大学之间的合作关系，所以，我们决定共建一所幼儿园，命名为鹤琴幼儿园，在南京这个陈先生工作、生活过的地方，能够有一所鹤琴幼儿园，也是一件非常有意义的事情，我们的办园宗旨，就是想把这个幼儿园办成陈鹤琴教育思想的研究与实践基地，办成我们南京师范大学的教师培训基地，同时也成为学前教育专业学生一个实习基地。

鹤琴幼儿园的办学也得到了南京市很多知名幼儿园的支持，三个班级的班组长是来自南京市实验幼儿园、太平巷幼儿园和北京东路幼儿园这样一些名园的经验丰富的老师，他们来到鹤琴幼儿园做访问教师，协助我们幼儿园迅速地走上正轨。我们鹤琴幼儿园现在所进行的课程探索，也使得我们幼儿园成为国内幼儿教育思想和实践经验的一个汇集和交流的中心，这也是一件非常有意义的事情。

鹤琴幼儿园的办园目标，是做一个最典型、最中国的幼儿园，这跟陈鹤琴先生提出的幼儿教育中国化的使命是一脉相承的，我们并不是想把它办成一个高端幼儿园，而是要探索在中国当前的教育环境下，如何打造一个高质量的幼儿园。在探索园本课程建设的过程中，我们一直遵循着陈鹤琴先生的活教育思想，我们的园训就是"活教育，全儿童"，具体体现在我们的老师要做活教师，我们的家长也应该是活家长，最终我们的孩子是活儿童。所以，我们课程设置的一个基本原则就是生活化、游戏化。

陈鹤琴先生活教育理论一个非常重要的原则就是大自然、大社会都是活教材，因此我们的课程就是要让孩子更多地在户外活动，进行环境的探索和认识。我们每个星期五都有半天的远足活动，学校周边的社区、菜市场、超市、轻轨站，都有孩子们活动的身影，虽然跑得并不远，但是我们发现，只要走出去了，孩子们的眼睛就是放光的，话也变多了，

因为周围的一切都能够引起他们兴趣，他们的好奇心，他们对周围世界的敏感性就有了一个充分的表现。我们也在实践陈先生教育思想的过程中感受到了，为什么孩子需要在大自然、大社会当中去学习。

陈鹤琴先生非常强调教育和孩子生活的联系，他鼓励孩子们用自己的眼睛去观察世界，体验生活，他还鼓励孩子们去再现、去创造自己的生活。

比如说，我们带着孩子们去参观轻轨车站、去坐轻轨，回来以后，孩子们会在幼儿园里面玩坐轻轨的游戏，再现当时坐轻轨的真实体验，这样就把真实的生活和孩子们想象的游戏生活有机地结合起来了，丰富了他们的游戏体验。通过这个活动，孩子在游戏的过程中加强了对生活的兴趣，而他们的生活体验也有了一个梳理和提升的机会。所以，真实的社会生活和孩子在幼儿园里的游戏是有机联系的。

其实，现在城市幼儿园里的孩子是不太有机会接触大自然的，我们幼儿园的空间也不是非常大，但是孩子天生是非常亲近大自然的，所以在课程当中，我们还是尽量创造条件，让孩子接触大自然。

在我们的幼儿园里，小兔子就养在教室里面，小朋友们都会积极地报名，排队来负责照料小兔子。周末的时候，小朋友们还能够轮流把小兔子带回家照料，轮上的小朋友都非常的开心。在照顾小动物的过程中，实际上也就强化了儿童和自然的联系。

我们还组织小朋友们进行一些种植的活动，其实对孩子来说，种什么并不重要，关键是他有一个和植物共同成长的经历。在我们的教室里就种了一排大蒜，每个小朋友都有一棵。小班的孩子还没有数学概念，他们就用夹子做标记，用夹子高度来标识大蒜的生长速度，孩子们每天都会去看看，我的大蒜有没有长高一点了，我的夹子是不是可以往上面挪一点了……这其实就是一种成长的经验。孩子们对于小动物和植物的照料无微不至，稍微碰一碰，他都非常担心你会不会把它们弄伤了，从这些课程当中，我感觉到的就是孩子们与大自然的关系的一个最质朴的表现。

张 倩
　　——南京鹤琴幼儿园春游
组织老师

22

　　春天到了，我们就在想组织一次春游，带孩子去哪里好呢，中山陵、玄武湖、牛首山都是南京春游的好地方，但还是感觉应该选择跟孩子的生活接近的地方，也是符合陈鹤琴先生"大自然、大社会都是活教材"这种理念的地方，也就是让孩子去感受体验真实的生活，感受身边的社会，所以我选择了南京的河西城市生态公园。

这个地方，我们班秋天曾经来过一次，当时孩子们看到了金黄的银杏树叶、红色的枫叶，以及各色各样关于秋天的风景，而现在春天，我们熟悉的河西城市生态公园，会变成什么样子呢？孩子们带着问题出发，去找寻春天和秋天不同的足迹。那么，怎么前往城市生态公园呢？我们老师没有让家长直接把孩子送过去，而是选择了一个孩子熟悉的方式，搭乘有轨电车。

因为孩子们都坐过有轨电车，对它很熟悉，所以在这个过程当中，老师就选择做一个被引领者的角色，有轨电车的车站在哪里啊，从我们幼儿园要怎么走过去啊，左拐还是右拐啊，走人行道还走盲道啊，要不要走地下通道啊，所有这些问题，孩子们都积极回答，给出了正确的答案，在大自然、大社会当中，孩子们的主人翁意识被成功地激发了出来。

到了车站后，我们就会跟孩子们讨论，乘坐有轨电车要不要买票呢，孩子们会发现，原来那里有个尺子，大家都跑去量一量，130厘米以下的孩子都不用买票，而老师们身高都超过130厘米了，所以是需要买票的，于是孩子们又通过亲身体验掌握了一项生活的常识。

其实对于孩子们而言，春游除了可以欣赏春天的美景，最大乐趣就是可以跟小伙伴们一起席地而坐，去野餐，去游戏，去感受春天的氛围。在出发之前做准备时，孩子们就讨论决定，需要带一些一次性的桌布铺在草地上，这样才能坐下来野餐。那么这些折叠在一起的桌布要怎么铺开呢，怎么样才能让桌布不随风飞走呢，经过多次摸索，孩子们终于可以熟练地把一次性桌布打开，并且发现可以用小书包将桌布的四个角同时压在草地上，经过分工合作，孩子们成功地完成了这个小小的任务，而这正是我们组织这次活动的初衷，正如陈老所提出的理念，让孩子们自己去想办法，去合作，去解决在生活中所遇到的真实问题。

在组织活动的时候，孩子还有一个小小的分工，到了公园以后怎么玩儿呢，全班分成了三个组，第一组是放风筝，第二组是捞小蝌蚪，第三组是春天的写生，根据不同的分组，孩子们提前准备好合适的工具，有计划地组织并完成了这次春游，所以这一次的经历，对于他们的成长也是一个难忘的体验。

陈海鹰

——江西广仓县鹤琴
保育院原院长

我们鹤琴保育院是位于江西广昌县城里面的一所民办幼儿园，占地面积 20 多亩，我们幼儿园一直以陈鹤琴先生的活教育思想为指导，致力于打造自然生态的文明幼儿园，给孩子创设良好的生态环境。

在幼儿园里，我们设立了养殖区和种植区，一年四季，孩子们都能近距离地观察动物和植物的生长和变化。在我们幼儿园里，孩子们最喜欢的地方就是幼儿园的养殖区，因为这里面既有可爱的山羊，也有漂亮的孔雀。我们在养殖区养了几只山羊，后来，山羊妈妈生下了小宝宝，小朋友们就在老师的指导下一起照料新出生的小山羊，喂它们吃草，帮它们清洁，陪它们游戏。照顾小山羊，陪着它们一起成长的过程，也激发了孩子内心最柔软的情感，培养了他们对小动物的爱心，小朋友感受到了生命的神奇，并萌生出对生命的敬畏之情。养殖区里的孔雀最初只有两只，经过这几年的精心饲养，孔雀生了蛋，孵化出了七八只小孔雀，也成为小朋友们最喜欢的小伙伴。平时，老师经常会带着孩子们看望小孔雀，悉心地照顾、喂养它们。老师们用视频记录下了小孔雀成长的每一步，并且引导孩子们仔细观察孔雀从破壳出生到渐渐长大的过程。小朋友们在老师的引导下，也用手中的画笔画出了小孔雀的成长历程，制作成孔雀成长日记绘本。所以，孔雀园是我们养殖区里面孩子们最喜欢的一个场所。

陈鹤琴先生的活教育思想明确提出，家园共育非常重要。我们幼儿园的很多活动都邀请家长来参与，比如我们幼儿园的种植区，每一个班都有他们的责任田，种植什么品种，收获什么果实，都是由老师、家长和孩子共同决定的。

作为陈鹤琴先生活教育思想的实验基地，我们幼儿园在平时的教学中会尽可能多地给孩子安排一些社会实践课程，尽量让孩子多接触自然，多了解社会。比如，我们生活中每天吃到的油盐酱醋是从哪里来的，是怎么生产出来的？为了让孩子有个直观的认识，我们特地带他们到工厂里面，看酱油是怎么酿造出来的，了解它的整个生产工艺。到生产车间看了以后，孩子们会问工人叔叔很多问题：这些粮食是怎么变成酱油的？酱油的颜色为什么是黑色的？放在嘴里品尝为什么有一点香香的，还有咸咸的味道？酱油可以用来做哪些调味品，做哪些美味的菜肴？孩子没有接触的时候，感觉非常好奇，了解酱油的整个生产工艺以后，孩子们就知道了，从粮食酿造出来的酱油、米醋，它是香香的，然后咸咸的，可以做出来很多美味的佳肴。

我们幼儿园办园已经13年了，一直遵循陈鹤琴先生的教育思想来培养我们的孩子。作为院长，我最深切的体会是，通过活教育思想，能够让家长活起来，让幼儿园活起来，让孩子们活起来，能够真正地让孩子们健康快乐成长起来。所以，我们深感实践陈鹤琴的活教育思想，不论是对于幼儿园的发展，还是对于孩子的健康成长，都起着非常重要的作用。

每年都有很多老师，还有幼儿园园长到我们幼儿园参观，当我给他们讲起陈鹤琴教育思想的时候，有些人还不是十分理解。我觉得我们应该让每一位幼教工作者都了解中国近代幼教之父陈鹤琴先生，了解他的教育思想，特别是他的活教育思想，这条路任重道远。

赵秀红——上虞鹤琴幼儿园园长

陈鹤琴先生是我们上虞人的骄傲，他是上虞百官镇人，一百多年前就是清华学堂的佼佼者，是中国最早的实力派海归，后来成为我国著名的儿童教育家、儿童心理学家。他是中国学前教育界教育理论研究与实践探索的先驱，是中国幼儿教育的奠基人，也被称为中国幼教之父。陈鹤琴先生的活教育理论，是我们学前教育的宝贵财富，即使在当代，也具有非常先进的指导意义和现实价值。

陈鹤琴先生提出活教育的目的论——做人、做中国人、做现代中国人。尤其是做现代中国人，他提出了五个条件：要有健全的身体、建设的能力、创造的能力、合作的精神和服务的意识。这个培养现代中国人的目标跟我们现代社会所需要的培养人的核心素质，我觉得是非常一致的。他提出的活教育的课程论——大自然、大社会都是活教材，以及做中学、做中教、做中求进步的方法论，跟我们现在《3-6岁儿童学习与发展指南》和《幼儿园教育指导纲要（试行）》，在指导精神上是完全吻合的。

陈鹤琴先生提出的五指活动课程，非常形象地把幼稚园的课程比喻成人的一个手掌，每个手指代表了五大类活动的一个领域，他提出的五大领域是健康、社会、科学、艺术、语文，跟我们现在提倡的五大领域健康、科学、社会、艺术、语言，仅一字之差。而且，他提出幼稚园的课程应该是相互渗透、血脉相连的整体，应该在儿童的生活当中，在儿童的实践当中展开，这跟《3-6岁儿童学习与发展指南》当中提出的幼稚园课程应该是一个整体，相互渗透、相互融合的理念也是一致的。

所以，陈鹤琴先生的教育思想具有现实的先进性，对我们当代的学前教育具有非常强的指导意义。作为陈先生的同乡，我们上虞的学前教育工作者非常荣幸，也非常骄傲。每次我到全国各地参加学前教育研讨会，或者我本人去各地进行经验分享，我

介绍自己的第一句话就是，我来自陈鹤琴的家乡——浙江上虞。

我们幼儿园是在1992年，陈鹤琴先生100周年诞辰之际，更名为鹤琴幼儿园的，因为社会各界都非常希望在陈鹤琴先生的家乡，有一所以鹤琴先生的名字命名的幼儿园，经上虞市人民政府同意，我们百官镇幼儿园正式更名为鹤琴幼儿园，我也是在那一年开始担任园长。当我接过这块沉甸甸的牌子，我就在思考，既然是以鹤琴先生的名字命名的幼儿园，我们就应该学习、实践、传承、发扬陈鹤琴的活教育思想，不辜负社会各界对我们的期望，使陈鹤琴的活教育思想在他的家乡生根、开花、结果。那么如何践行陈鹤琴的活教育思想呢？从1992年到现在，我们经历了几个摸索的阶段。

第一阶段是单元主题教学的研究。当时，本市的幼儿园还都处在分科教学的状态，我们在全市率先打破了分科教学的壁垒，以陈鹤琴的单元主题教育思想为指导，开展单元主题教学研究。一年以后，我们承办了绍兴市单元主题教学现场观摩展示活动。

第二个阶段是五指活动课程体系的研究。1996年，我们感觉幼儿园做得还是不够好，要想比较全面地实践陈鹤琴教育思想，就需要进一步地学习和研究，需要请专家来指导。所以我们就通过陈老的女儿牵线，联系上了南京师范大学学前教育系主任唐淑教授。唐淑教授对我们非常关爱，她亲自带我

们到南京鼓楼幼儿园观摩，让我们跟鼓楼幼儿园结为姐妹园，学习他们的先进经验。同时呢，唐淑教授当时正在搞中国幼儿园课程体系的改革研究，这是国家的一个重点课题，我们园被纳入其中，作为全国的 16 个试点园之一，跟随唐教授进行了五指活动课程体系的研究。

第三个阶段是五指活动课程背景下的艺术教学研究。我们跟随许卓娅老师进行了五指活动课程背景下的音乐教学编制研究，并且在绍兴文理学院艺术系的主任指导下，进行了情志和幼儿美术课题研究。

2001 年，我们幼儿园总园建成，占地面积比较大，资源也非常丰富，所以我们开始进行五指活动课程下的环境资源开发研究。在学前教育专家的指导下，我们将现代生态学理念跟陈鹤琴的活教育理念相结合，进行生态式幼儿园五指活动课程的开发研究。经过多年的摸索和实践，我们的课程研究取得了一定的成绩，有多项成果获得省一、二等奖，生态式幼儿园五指活动课程也被评为浙江省首届精品课程，得到了专家及同行的认可，全国各地来参观学习的幼教同行也非常多。生态式幼儿园五指活动课程，就是把陈鹤琴的活教育思想与当代的生态理念相结合进行实践研究，主要体现出四个"一"和四个"真"的理念与特点。

四个"一"，第一是立足一个基点：做人，源于陈鹤琴先生提出的做人、做中国人、做现代中国人的目的论。做人是基础，要把做人贯穿到整个幼儿阶段，在日常生活当中进行教育渗透，从小培养孩子良好的行为习惯，以及完善的品行。

第二是贯穿一条主线：生活。陈鹤琴先生提出，大自然、大社会都是活教材，只有儿童生活中接触得到的、熟悉的东西，他们才会非常积极地去投入，调动各种感官去参与，去探究，去发现问题、解决问题。围绕生活展开的学习活动，不仅能激发他们的兴趣，而且他们会学得比较深入，了解得更加透彻。

第三是凸显一种艺术：创新。陈鹤琴先生提出做人、做中国人、做现代中国人，有五个条件，要健全的身体、建设的能力、创造的能力、合作的精神和服务的态度。那么创造创新是作为做现代中国人的一个必备条件，也是我们现代教育培养人的一个核心要素，所以创新是课程的要素，幼儿的想象力和创造力是非常强的，只要我们用心呵护，就可以起到事半功倍的效果。

第四是强调一个核心：实践。因为陈鹤琴活教育的方法论，就是做中学、做中教、做中求进步，所以我们在课程当中非常突出"做"字，让孩子动手去操作，去参观，去调查，去了解。

四个"真"的特点就是真生活、真情境、真实践、真体验。我们五指活动课程下面还有一个小的课程，那就是"开心农场，智慧成长"，我们以百草园、百花园、百树园为核心，进行开心农场课程的开发研究。不同的年龄段，在小农场的目标定位是不一样的，像小班，主要引导他们对自然界感兴趣，能够走进自然，关注植物非常明显的变化，比如说开花了，结果了，收获了。中班则是引导他们主动观察植物的变化，并且能够用自己的方式去理解，去记录，去表达。大班就会参与种植的全过程，从选种子、播种，到养护、收获，再到分享。

有一个非常典型的案例，每年春天，大班会有一个主题活动"我和春天有个约会"。首先让孩子们讨论，我们班这块地打算种什么，有的说种西瓜，有的说种玉米，有的说种土豆，有的说种四季豆，各种想法都有。那么这个季节到底适合种什么呢？孩子们就去走访，去问自己的爷爷奶奶，去问小农场里面负责养护的爷爷。爷爷告诉他们说，这个季节种四季豆和玉米都可以，他们就选择了种玉米。

他们对玉米的种子进行了分类，筛选出好的玉米种子，那每个坑到底种几颗合适呢？有的孩子说应该种一颗，也有的说万一一颗种下去，没有发芽怎么办，那就种两颗吧。有孩子说我的种子小一点，种三颗应该可以。还有的说我想多一点，种四颗五颗，其他孩子就提出反驳了，四五颗这个小房间就太挤了，住不下的。经过讨论，孩子们普遍比较认同种两颗或者三颗，也有孩子说我的这一颗种子比较健壮，我觉得一颗就足够了，它一定会发芽的。所以

最后播种的时候，有种一颗的，有种两颗的，最多也有种三颗的。

种子播下去以后，孩子们就天天去观察，终于有一天，种子发芽了，孩子们很兴奋，把它们画了下来。又过了几天，芽才长出了一点点，孩子们就每天期盼着。然而有一天他们去玉米地，却发现地里的芽都断掉了，看到自己辛苦播种、细心养护的小苗居然断掉了，孩子们"哇哇"地哭成了一片。究竟是谁破坏了我们的小苗苗呢？会不会是地鼠肚子饿了，把它给吃掉了？会不会是小偷来偷过了？有没有可能是小班的弟弟妹妹不小心把它们碰断了？这时候，有个孩子说这里有监控的，我们可以去找安全部长看监控。看了监控录像后，孩子们发现，是一种叫雉鸡的动物干的坏事，它长得像鸡一样，尾巴很长，非常漂亮。

孩子兴奋地回去报告："老师老师，凶手抓到了，是雉鸡。"直到这个时候，老师才从孩子们口中知道了有雉鸡这么一种动物。雉鸡会藏在哪里呢，我们要保护玉米地，就一定要先找到雉鸡。老师就带着孩子们上网去搜索，了解雉鸡的生活习性，并且到幼儿园的附近去寻找雉鸡的下落，结果却发现雉鸡是会飞的，是抓不到的。虽然孩子有点失落，但是老师很开心，老师尊重了孩子的兴趣，放手让孩子自己去解决问题，这个过程是非常有意义的。孩子们还在讨论，既然抓不到雉鸡，我们总要想办法

保护我们的玉米地啊。有的孩子说可以用扁担撑一个筐，里面放点玉米，雏鸡过来吃玉米的时候，一拉扁担，就可以把它扣住了。有的说可以在树上装一些网兜，雏鸡看不清楚，就飞进网兜里了。大家七嘴八舌，想了很多的办法，老师也非常尊重孩子的想法，带着他们进行了尝试。他们做了柳编帽戴在头上，躲在旁边的树林和油菜地里守候了一个多小时，结果可想而知，雏鸡肯定是不会来的。到底该怎么办呢？这时候，有一个孩子想起来，他的家里有樱桃树，爷爷说要保护樱桃不被麻雀吃掉，可以做一些假人放在地里。孩子们觉得这个办法很好，回到班级，他们用报纸、稻草做了很多的假人放在玉米地里，玉米地就这么成功地保护下来了。

他们继续照料玉米，给玉米地浇水、拔草。在浇水的过程中，有的孩子没有掌握好力度，"啪"一下浇下去，玉米抖动了，其他孩子就说："玉米害怕了，玉米害怕了，你不能这么浇水。"那怎么浇水才好呢？老师就教他们，可以在矿泉水瓶上扎些小洞洞，做洒水壶，那洞洞多少大比较好呢？扎几个洞比较合适呢？孩子们就反复地进行实验，终于做出了合适的洒水壶。

在孩子们的悉心保护下，玉米终于慢慢长大了。孩子们都非常兴奋，因为是自己辛辛苦苦，通过自己的劳动、养护保护下来的玉米。孩子们在幼儿园里贴出了海报，分享喜悦：我们的玉米终于可以采

摘了。他们戴上帽子，穿上防晒衣去摘玉米，采回来以后称重比较，谁的玉米宝宝最大？收获的玉米除了在班级分享，每人还拿回家两个，与家人分享劳动的成果，家长们也非常感动。

毕业的时候，这块儿玉米地还是好好的，孩子们就很舍不得："我们走了，玉米地怎么办呢？"他们就找到了接班的班级小四班，拉着小四班弟弟妹妹的手，像托付自己的孩子一样，把玉米地交给小班的弟弟妹妹："弟弟妹妹，我们要毕业了，这块玉米地你们一定要好好保护，要经常来看看它，来给它浇浇水，我们把这块地交给你们了。"说得非常感动，老师都流眼泪了。

毕业的那一天，孩子们都在幼儿园里面拍照，当老师家长问他们去哪里拍毕业照的时候，孩子们都不约而同地说，我们要去玉米地！他们穿着小博士服装，带着爸爸妈妈，一起到玉米地拍照留念。我想这样的一种童年经历，一定会在他们的人生当中留下非常深刻的印记，当他们长大以后，回想起来，可能还会记得儿时幼儿园那块充满神奇故事的玉米地。我想这就是我们活教育课程带给孩子们的一种深切的感情，也是真生活真情景、真实践真体验的课程理念的体现。

陈鹤琴先生提出，幼稚园的环境就是课程的中心，所以我们在进行课程研究的时候，第一步就是从环境入手，打造生态教育环境，第一步就是把大自然搬进

幼儿园。我们幼儿园总部占地55亩，我们在园内堆起了小山坡，种植了大片的草地，建了果园、树林、竹林、农场、百草园，为孩子们提供了非常丰富的自然资源，让他们有真实的体验和真实的感受，让他们在一个变化无穷、色彩斑斓的自然环境当中生活、实践、劳动、学习。

第二步就是把社会元素融入幼儿园环境。比如说，在果园建了一个创意小屋，可以开商店，办娃娃家；在竹林里面建起了竹楼长廊，放上乌篷船；在农场建了农家小院，有儿童厨房、植物博物馆、茶吧等；在树林里、绿化带上，还建起了打仗区、游戏吧和小舞台……让孩子们在这些自然与社会相融合的环境当中进行各种角色的扮演，进行实践的体验，进行社会性的学习。

第三步就是把艺术元素渗透到环境当中。我们在布置环境的时候就做好了设计，开花的、不开花的，结果的、不结果的，常绿的、落叶的……品种多样，错落有致。同时，我们还加强了环境的设计，比如说宣传长廊，就采用了器乐的造型来强化艺术感，涂鸦墙也进行了艺术的设计，让孩子随时都有美的体验。除了这些，幼儿园所有的角角落落，每一堵墙，每一块地，孩子们都和老师一起进行了美化，让孩子们在优美的环境当中感受美，发现美，体验创造的乐趣和审美的愉悦。

在环境的创造当中，我们还非常突出开放性、参与性、动态性以及地方性。所谓开放性，是指我们所有的环境，农场、果园、树林、农家小院等，都是开放的，不管什么时候，孩子们都可以无拘无束地进去，跟环境互动，在环境当中学习、体验。

参与性是指，所有的环境的主角都是孩子，无论是室内的装饰装点，还是室外的环境美化，都以孩子为主体，让孩子们动手参与。比如门口这些柱子上的画都是孩子画的，每一块石头，每一个酒坛上面的装饰也都是孩子们制作的。陈鹤琴先生说："凡是儿童能够做的，应该让他自己做，凡是儿童能够想的，应该让他自己想。"所以我们就抓住一切机会，只要是孩子能够参与的，就让他们自己动手来做，孩子就会对环境会有非常强的亲近感，会主动跟环境去互动，去交流，孩子变成了环境的主人，环境也成为我们的活课堂。

所谓动态性，是指环境不是一成不变的，环境是课程的中心，所以我们非常关注它的动态变化。一方面是跟随自然节气而变化，比如说农场、花园、百草园，不同的季节种植不同的谷物、花卉、瓜果、蔬菜和药材，这种自然节气的变化，会带给孩子们关于季节的不同体验。另一方面是根据社会节日而变化，比如说，端午节的时候，我们就会组织孩子们做香包、包粽子，体验中国传统文化。春节的时候，我们会开展欢乐中国年的主题活动，孩子、老师、家长一起参与，营造过年的氛围。根据年份的变化，我们还会用不同的生肖装点幼儿园门口的大石头。猴年的时候，这块石头变成了美猴王，羊年就变成了美羊羊，鸡年的时候，老师和孩子们就把它打扮成一个报晓的金鸡。幼儿园里的大树都穿了红红的、黄黄的喜庆服装，树上挂满了灯笼，当孩子们看到这个红红火火中国年的环境，情不自禁地就唱了起来："新年好呀，新年好呀，祝福大家新年好……"我觉得这就是环境的魅力，就是环境隐性的课程作用。

课程设计的地方性是指，在环境装扮的过程中注重乡土文化和地方特色。陈鹤琴先生认为，本地的产品孩子比较熟悉，自然就非常喜欢，基于这样的认识，我们在环境创设的时候，非常注重收集本地资源。我们当地的小溪沟里有很多鹅卵石，我们就把鹅卵石搬进来，放在绿化带中，放在水池里。孩子们不仅可以把它作为游戏的玩具，还可以作为创意的材料，把它变一变，装点在走廊里、楼道里。我们上虞是中国伞城，资源非常丰富，我们就利用这些伞的部件来自制小玩具，放在幼儿园的游戏角。再一个，绍兴是黄酒的故乡，上虞是女儿红的故乡，所以酒坛子、酒瓶子特别多，我们就收集这些酒坛子、酒瓶子，装点在各个角落，不仅可以作为装点的器具，也可以作为孩子玩乐的材料。通过这样一些开放性、参与性、动态性、地方性的环境创设，我觉得我们切实地体现了陈鹤琴先生所说的大自然、大社会都

是活教材，从孩子的生活出发来进行环境的创设和课程设置的理念。

当然，课程的成功实施离不开教师队伍的培养。第一类培训，我们会根据课程推进的要求，根据教师不同的教龄、水平进行分层培训，工作三年以内的新老师在新手组，工作三到五年的老师在胜任组，有五年以上教龄的老师在骨干组，这类培训旨在帮助老师们在原有水平上获得提升。第二类培训是以年段组为单位进行，围绕日常课题、园本课程的实施进行研究和讨论。比如说我们小农场的课题要实施，小班可以做什么活动，中班的活动主题是什么，大班的种植活动怎么做。除了分层培训和年段组的培训之外，我们还有课程研发中心，根据我们课程推进的需要，结合每一个阶段课程实施的状况进行主题研究。我们有两个课程中心，一个是真实践课程研究中心，一个是美术课程研究中心。

除了这些，我们还有课题研发和教研机制，比如说我们设立了一个鹤琴论坛，定期对课程研究过程当中取得的经验和成果进行分享，对陈鹤琴先生的活教育理论进行研读和分享，并且设立了一个做"鹤琴人，养鹤琴风"的培训机制，不仅是业务的探讨，还有师德的教育。

陈鹤琴先生认为，凡是可以给孩子刺激的，都是好的环境，一切物质都是他的环境，所以幼儿园中，不仅外部环境是课程的中心，玩具也是孩子进行探

索学习必不可少的器具。玩具的制作，我们非常强调的一点就是，充分利用自然材料以及我们当地可以搜集到的材料。比如说，用雨伞布做一些自制的玩具，用玉米衣做成毽子、做成溜溜球，玉米棒扎起来可以变成平衡玩具，等等。再一个，在玩具取放的时候，我们非常注重开放性，我们有一个长廊，所有的自制玩具都在那里分门别类地摆放，给孩子提供一个自由玩耍的空间，同时还可以养成孩子分类收纳的良好习惯。玩具玩好以后，引导孩子自己归还，自己动手整理。小的玩具一个人可以拿回去，大一些的玩具，比如说大的推车、长的梯子，孩子一个人拿不动，可以叫上小伙伴，三三两两一起搬回去，不仅体现了自己的事情自己做，同时也体现了一种合作性。

陈鹤琴先生还非常重视家庭教育，他曾经在二十世纪四十年代专门以他的子女为例，研究了儿童的家庭教育，出版了《家庭教育》这本书，可以说到目前为止还是畅销书。在书中，陈鹤琴先生指出，儿童的教育不仅仅是学校的事情，还应该是家庭和社会共同的责任，幼儿园不仅要重视园内的教学活动，还要引导家长来共同进行育儿工作，起到家园共育的作用。

从幼儿园发展的过程来看，前几年社会上有很多课程的形式，比如说蒙台梭利，比如说综合性主题教学等，这个专家这样说，那个专家那样说，有些幼儿园会盲目跟风，一会儿搞这个，一会儿搞那个，好比是猴子掰玉米，最后什么都没有剩下，老师们很累，幼儿园的教学质量也提不上去。我们幼儿园20多年来始终坚持陈鹤琴的活教育思想不变，践行陈鹤琴活教育思想的原则不变，当然，先进的理念也是要学的，比如说方案教学。陈鹤琴先生在五指活动的课程编制中，也提出弹性编制，就是幼稚园的课程可以预先设定，但是当社会环境当中发生一些有教育价值的内容的时候，可以临时调整，但是他没有提供具体的操作方法。那么方案教学有一个特点，预设和生成有操作的理论和方法，我觉得跟陈鹤琴的弹性编制在本质上是一样的，我们可以把这些具体的做法融合进来，成为我们践行陈鹤琴五指活动课程的补充和完善。所以，办园这么多年来，无论是国内外幼教的先进理念，还是《纲要》《指南》的精神，我们都把它融合进来，完善我们的活教育课程。

幼儿园的发展经历过误区，家长们对幼儿教育的认知也存在一定的误区，主要体现过于注重智力的开发和知识技能的学习。今天学跳舞，明天学器乐，后天学画画，大后天学数学，这些显性的、能够看到结果的东西，家长非常看重。其实富养孩子，更多的应该是给他们丰富的经历，一个人的成功不仅仅取决于他的智力因素，还有一个更关键的因素——坚毅的品质，这是现在独生子女非常欠缺的，也是家长们容易忽视的。我们可以通过一些活动来加以引导，比如说我们搞的亲子徒步15公里活动，最初家长都觉得不可能，这么小的孩子怎么可能走15公里。但是我们咨询专家，发现是可行的，而且我们做了充分的准备工作和安保工作，并且加强了活动的策划和设计。活动开始后，绝大部分中班和大班的孩子都成功走完了15公里的路程。家长们也感觉到，这样的活动比学几道算术题，念几首儿歌要好得多，很多家长的观念有了一个全面的改观。不要用成人的眼光去评判孩子，孩子的能量超乎我们的想象。

通过这个活动，孩子们也有很大的收获。走完5公里，坚持坚持，再走10公里。这个过程对他们的成长也是非常有意义的，首先，培养了他们的目标意识，我一定要成为徒步小勇士；其次，帮他们建立了集体荣誉感，大家相互帮助，相互鼓励，一起走完全程。陈鹤琴先生说，单单学课本的东西，那是死的东西，走到大自然、大社会当中去学习，那是活生生的，对孩子的成长发展更有意义的东西，给孩子丰富的生命体验，这才是多彩的童年。

通过这样的活动，我们发现，在教育过程中，对家长的引导非常重要，家长对孩子的认知，家长对孩子技能的评价都是需要引导的。我们在教学过程当中非常关注孩子的感受，尽量杜绝范化的教学，鼓励孩子们按照自己的理解来表达和创作，这样孩子画出来的作品就丰富多彩，充满了自己独特的审美情趣。有一次，孩子们学着画古建筑物，各种各样的楼台、亭子、城堡，其中有个孩子，他画的亭子有一个角非常的长，妈妈进来以后，就批评他："别人的亭子都画得那么像，那么干净，你怎么画得乱七八糟，黑乎乎的一团？"孩子听完就哭了。我们就问妈妈："你知道孩子画的是什么吗？你应该先听听孩子的想法。"原来，孩子画的是个六角亭，其中的一个角画得特别长，因为这个角的下面有一个凳子，凳子上面坐着叔叔阿姨，他希望画个长角，可以为下面坐着的叔叔阿姨遮风挡雨。多细心的孩子，多好的创意，竟然被妈妈批评了，这个其实就是家长评价孩子技能的一个误区，鉴于这样一个案例，我们决定定期开展专题讲座，积极引导家长建立起正确的认知、评价标准，并不是画得像就是好的，学得多就是好的，应该尊重孩子的个性，鼓励他们的想法，和而不同，才是美。

当然，对孩子的引导更加重要，要让孩子去关注自然界，关注社会的发展变化，培养他们对环境和社会的敏感性。比如2015年9月3日，举行了抗战胜利90周年阅兵活动，我们给每个家庭发了一张表格，引导孩子跟爸爸妈妈一起观看阅兵礼，然后让孩子画下来，在哪里，跟谁一起观看阅兵礼，最喜欢的是什么画面。回到幼儿园后，孩子们分享观礼的感受。我们发现他们对阅兵当中出现的武器、各国军队的服装、各国的国旗都非常感兴趣。于是，我们就设计了一个关于军队的主题课程，帮助孩子们去了解军队、武器的知识。阅兵的队伍那么整齐，解放军叔叔是怎么练出来的呢？孩子们到网上查看了以后，发现需要一些辅助的工具，比如说头上顶一本书，小腿夹住一张纸，孩子们就试着练习，让自己站得像解放军叔叔那样笔直。这样的训练体验让他们非常开心，他们觉得，我们也可以来进行阅兵礼啊，男孩子说我们叫野战队，女孩子说我们是白衣天使队，取好队名之后，又开始设计队旗、制作武器，全部做好以后，幼儿园举行了一个非常隆重的娃娃阅兵礼，家长们也都很欣喜，孩子们不仅关注国家大事，还了解了世界各国的军队、武器和着装，最重要的是，孩子们自主地选择队名，设计队旗，选口号，做兵器，甚至自己用纸盒糊了个坦克，这种能力的锻炼确实是很全面的，家长也非常认同，原来幼儿园的学习不仅仅是画画、讲故事、念儿歌，而是让孩子们去关注自然，了解社会，培养丰富的人生体验。

赵美娜——北京又一城幼儿园园长

陈鹤琴先生认为，大自然、大社会是知识的宝库，是活教材、活老师，大自然和社会中的人、事物，都可以经过老师的选择、加工而成为幼儿园的课程，是我们重要的学习内容的一部分。自然界的花草树木、鸟兽、鱼类、云、景都可以成为增长幼儿知识点的有效素材，对儿童接触大自然，热爱大自然，丰富儿童的直接经验有独特的作用。作为老师，要引领幼儿接触身边美好的人和事，指导幼儿利用身边的各种素材表现和展示自己，表现和展示生活的美好，帮助小朋友走进大自然，聆听大自然各种各样的声音，观察、感受生活的千姿百态，发现其中蕴含的美，提高幼儿的艺术感受力，丰富艺术的体验，从而促进幼儿更好地进行艺术的创作。

根据陈鹤琴先生的理念，结合我们幼儿园的实际情况，我们的课程设定主要是从幼儿的生活中来，从几个方面来组织小朋友进行艺术的创作，一是关注幼儿生活中的某一件事情、某一个节日、某一个生活场景、某一个情境，围绕特定的主题特征，扩展

形成一个网络。例如围绕花的主题，我们可以扩展出欣赏插花、装饰花等艺术活动，让小朋友不仅熟悉花的生长过程，还可以利用花朵来装饰自己的生活环境和学习环境。二是以某一个艺术要素作为主线，到大自然当中去，到社会生活中去创作艺术作品，把它有效地展示出来。例如以叶子为主线，可以拓展为欣赏叶子艺术的作品，制作叶子的拓印，以及一些叶脉工艺品的展示。小朋友的感知能力和创作能力是训练出来的，在充满艺术元素的环境中，在参加一次次艺术创作的活动中，小朋友的艺术素养可以得到发展。

因此环境教育，特别是自然物艺术的教育，不能仅仅局限于老师组织的一些活动，应该贯穿于儿童的一日生活当中。首先我们可以带小朋友到大自然和社会生活中，寻找多样的艺术元素，培养敏锐的艺术感知，积累丰富的艺术体验。大自然和社会中存在大量的审美教育的资源，比如春天的嫩芽、秋天的落叶、各种各样花卉的颜色、树木的造型、橱窗的布置、节日的街头、动物优美流畅的动作、等等，都蕴含着美，要组织孩子们寻找生活中的乐曲、生活中的画、大自然中的节奏等，帮助他们摆脱日常生活中认知的局限，培养幼儿对艺术的感知力、对自然的感受力，为欣赏艺术作品奠定基础。

其次，注重一日生活中的环境创设，使幼儿生活在充满着艺术氛围的环境中，因为环境是无声的教育，是幼儿学习的重要途径。在幼儿学习中，创设一些自然物艺术教学的活动区，放入一些哥哥、姐姐、同伴、老师，甚至一些中外艺术大师的美术作品，供小朋友去欣赏；放入各种各样的绘画、制造用具和废旧物品，供小朋友去观察；放入一些生态材料，供小朋友自由地创作。

小朋友对世界的感知和体验是直接的、充满情感的，在创设这一区域时，我们要结合幼儿生活的逻辑，给他们一个融会贯通、自由创作的空间。要注重中西艺术品的兼容，各种艺术门类的兼容，以及成人艺术作品和儿童艺术作品兼容，要立足于整体的教育，而不是割裂各种艺术领域的联系。还要经常补充、更换一些材料，让小朋友在艺术活动当中保持持久的创作动力。创设好艺术活动区域之后，老师还要适当地介入，成为小朋友艺术学习的支持者、引导者和帮助者。

结合自然物艺术教育，组织小朋友到大自然去，和社会生活做更亲密的接触，目的是培养小朋友更为精细的感知和感受，培养小朋友更为丰富和广泛的理解能力，将教育与幼儿生活连接起来，使小朋友更能体会到自然和社会中艺术的要素和组织的原理。拓展小朋友对生活的经验，加强对生活的理解，体验生活的乐趣，自然物的艺术教育，实质上是人生的教育，是让儿童作为一个个个体，以艺术的态度去体验、去感受我们真正的生活。

洪晓琴——上海南西幼儿园园长

上海南西幼儿园的前身是由陈鹤琴先生于 1945 年创办的。那时候陈先生在上海办女子师范学校，为了给学生们提供一个见习的基地，陈先生就办了一所附属幼稚园。办园 70 多年来，我们一直践行陈鹤琴先生的教育思想，特别是他的活教育理论，即使在我们幼儿园今天的课程设置下，也能够感悟到陈先生活教育理论的博大精深。所以，我们办幼儿园至今，最有收获的方面就是办园思想与理念的坚守。

26

在活教育的目的论中，陈鹤琴先生说要培养儿童做人，做中国人，做现代中国人。这个教育观一直影响着我们今天的幼儿教育。我们就思考，今天我们的教育是为了什么呢？幼儿园教孩子三年，但是我们要为孩子想30年，为儿童未来的成长着想，要有健康的人生，要有国际视野，要让他们有幸福感，做一个快乐的现代中国人。

陈鹤琴先生的活教育理论还给了我们一个启示，那就是方法论，在方法论中讲到做中学，做中教，做中求进步。那么什么才是真正适宜儿童发展的学习方式？我们今天幼儿园的孩子，他们的学习方式是怎么样的？所以我们要研究3到6岁儿童的年龄特点。

陈先生说孩子生来好动，游戏是他们的生命，这句至理名言给了我们两个方面的启示，第一个启示是儿童的学习特点和生理发展的特征，就是好奇、好动、好问、好探究、好冒险等。所以我们的老师在课改实践当中要善于发现儿童的这一特点，要激活儿童的这种特点，要找到最适合儿童特点的课程方式，而不是埋没他们的天性。

另一个启示是，游戏是儿童的生命，这告诉我们学前教育必须符合儿童的发展规律，要求我们去研究幼儿园的课程是不是真正适宜儿童，既符合3到6岁儿童的学习特点，又区别于中、小学以知识为主的教育体系。儿童的学习既是生活经验的积淀，

又是社会能力的学习，如何才能满足儿童的需求？我们在幼儿园的教学实践当中，提出这样一个观点：一个好的幼儿园一定是孩子们爱笑的地方，也是孩子们爱哭的地方，是允许孩子们玩闹的地方，只有让孩子们的主动性、自主性、独立性充分地张扬和发挥，才是真正的儿童的学校。所以从儿童教育与学习的方法论来讲，我们提倡儿童身心充分的张扬，在游戏中让儿童学习，在游戏中让儿童发展。

我们提出一个办园理念：快乐玩，有效学，让孩子在玩中学习，玩中求进步，玩中获得发展。在实践当中，我们把游戏看作最好的"做中学"，这种"做中学"不是以传统的知识和经验的灌输为主，而是既要引导，又要让儿童充分地体验和实验。在游戏的过程中，孩子们与他人、与环境互动，习得了对事物的感受和认知，获得一些认知、情感、态度和能力的发展。而且在这个过程当中，也让孩子建立起他在幼儿园中美好的人际关系。

陈鹤琴先生说，凡是儿童能想的，让他自己想，凡是儿童能做的，让他自己做，凡是儿童能说的，让他自己说。那么我们的游戏就是要充分让儿童想自己所想，说自己想说，做自己能做，所以在游戏活动当中，我们的指导思想是鼓励孩子把想的说出来，把说的给做出来，把做的给亮出来。在这个过程中，师生是一个共同的学习体，教师作为孩子们的良师益友，要用他们的智慧引导孩子，用他们的

爱心陪伴孩子，这样一个过程，就是儿童自我学习，教师引导，师生互动，共同成长的过程。所以，我们幼儿园要创造这样一个环境和土壤，让游戏成为我们幼儿园教育的主导活动和主要学习方式，借助于游戏这样一个平台，实现陈先生所说的快乐玩，有效学。

我做了20年的班主任、18年的幼儿园园长，在这样一个漫长的实践过程中，我越来越真切地领悟到陈鹤琴先生《家庭教育》这本书的指导意义，感受到陈先生幼教思想的现实意义。陈先生说幼儿教育，不等于幼儿园的教育，幼儿教育是家庭教育、幼儿园教育和社会教育之和，这个也是我们在实践当中真正感悟到的。

我可以举一个例子，其实儿童的差异不是到了中考、高考阶段才产生的，儿童的差异从零岁就开始了。从事幼教工作这么多年，3岁的孩子进入幼儿园的那一天，我们就能看出亲子关系的差异，而决定这种差异的根本因素是家庭的教养方式。因此，在孩子进入幼儿园之前，我们就会组织家长参加相关的讲座、培训，通过家访和游戏的互动，让家长体验到家庭教育中培养儿童独立生活能力的重要性。

我们首先会给家长提一个简单易操作的方式，比如说，小班的孩子上幼儿园，常常需要带毛巾和替换的内衣、内裤，防止在幼儿园出汗太多，或者是小便在身上。这些东西放在哪里呢？过去我们没有搞实践研究的时候，家长会把这些儿童需要的用品，悄悄地塞到老师手里。而现在，我们就让孩子把这些小物件，比如说吸汗垫、小手帕、小短裤，放在自己的小书包里，让他们自己天天背书包上学，需要用的时候就自己去拿，老师会在旁边指导。在这个过程当中，就让孩子慢慢学会自己的事情自己做。

但是，在实际的操作中，我们发现，孩子的物品是放在书包里了，但是入园的时候，书包都是由家长背着，孩子还是甩手掌柜，就这样"啪嗒啪嗒"地走到幼儿园。针对这个情况，我们再与家长进行互动和沟通，要解放孩子的手和脚，首先是要让他们在生活当中学习简单的自理，因此请家长在准备孩子物品的时候、送上学的时候，务必让孩子亲自参与、自己动手。两周以后，我们就欣喜地发现了孩子们的变化，大部分孩子学会了自己背上小书包，高高兴兴地上幼儿园。有的孩子开始有些情绪，但是一到校门口，就跟爸爸妈妈说："我自己来背书包上学。"

但是，家长们又开始担心，孩子愿意背上小书包去上学了，到了幼儿园以后怎么样呢？于是我们老师就拍了录像和照片，让家长目睹在幼儿园里孩子需要用自己小物品的时候，都是自己到书包架上去取，去拿，去放。家长们的感触非常大：前面的三年、一千多天里，我们怎么没发现孩子的本领居然那么大，真不应该小看他们。所以，通过游戏的教育方式，我们用事实来告诉家长，每个孩子都是有发展潜力的，要相信我们的孩子，在家庭教育中也是如此。

为了更好地将家庭教育和幼儿园教育相结合，我们幼儿园每年的"六一"儿童节都会举办玩具义卖活动，并且鼓励家长积极参加。在义卖开始之前，孩子要从自己最喜爱的玩具中挑选一到两件拿到幼儿园，与大家一起分享，一起玩。到了"六一"儿童节的时候，就把这些玩具进行拍卖，拍卖所得的钱，就由家委会的家长带着孩子们到上海的红十字会去捐赠，捐给一些心脏病患儿、白血病患儿，给他们的医治提供一些帮助。

在这个过程中，我就发现这么一个案例。一个孩子看着自己的玩具天天放在那里给大家玩，他就说："妈妈，我自己的玩具我舍不得送人，我一定要买回来。"但是真的到了玩具义卖的那一天，这个孩子却没有买回自己的玩具。为什么？因为十天的游戏，十天的交换与共享，让孩子知道了其实玩具是可以分享的，玩自己的玩具只是玩了一样，但是分享以后，大家都可以玩百样千样。在游戏当中他体验到了一种互动，一种满足，所以他就高高兴兴地跟爸爸妈妈说："我自己的玩具跟其他的小朋友一起去分享吧，我也可以去分享别人的玩具。"

所以我们觉得，在情感教育和社会性教育中，关于友爱的教育和关爱他人的教育，不是仅仅通过语言去传达的，而是要真正地让儿童在小社会实践当中去体验和感悟。我们幼儿园有一首园歌，跟其他学校不一样的是，这首歌是我们的教师跟孩子们一起讨论和创作的，它的名字叫"爱心歌"："你有一颗心，我有一颗心，你的心里有个我，我也有个你，你有困难别着急，请你告诉我，我们都是好朋友，快乐在一起。你有一颗心，我有一颗心，你的心里有个我，我也有个你，你有困难别着急，我来帮助你，我们都是好朋友，快乐在一起。"

徐 颖
——广州乐新幼儿园园长

我们学习陈鹤琴先生的活教育理论，是要提倡儿童在教育活动当中靠自己的智慧、自己的想法，去发现问题，从做中学习知识，积累经验，同时我们还融汇了教育学家陶行知先生的"一日生活皆教育"的观点，去完善我们的教、学、做合一。在活教育过程中，陈鹤琴先生认为大自然、大社会都是我们的活题材，倡导在做中教、做中学、做中求进步，这也是非常适合国情的教育理论，结合我们幼儿园的实际情况来说，活教育是要随时关注孩子感兴趣的知识点，及时满足他们的需求。

陈鹤琴先生的活教育理论，是提倡儿童在教育活动当中自主去思考，去发现并且解决问题，从做中学习知识，积累经验，达到教、学、做合一的效果。而在这个过程中，一定要充分利用大自然、大社会这个活教材。我们广州市地处岭南，有非常丰富的物产，如何把大社会的"食在广州"融入我们小幼儿园的大自然活课程当中去呢？我们在幼儿园里栽种了很多本地独特的食材，每年播种和收获的季节，我们就会开展"食在广州"系列课程。

在这学期"食在广州"的课程当中，我们开展了一个挖香芋的活动，小朋友在挖香芋的过程当中，了解到了食物的果实既可以生长在枝头，也可以生长在我们看不见的土壤里。挖香芋的时候，孩子们发现有小的甲壳虫和小蚯蚓在土壤当中爬来爬去，他们都很兴奋，觉得非常有趣。老师及时地关注到了他们的好奇心，并且有效地引导了他们，蚯蚓为什么会在土里面呢？原来植物的生长离不开阳光、空气和水，如果果实埋在地里，与空气接触少的时候，小蚯蚓的蠕动就会使土壤变得松软，使水分更加容易被吸收，植物生长就越来得越好。小朋友在这一场随机教育当中，既了解了植物、小昆虫和土壤的关系，收获到了知识，同时也保持住了对新鲜事物的好奇心以及无穷的探索欲望。这刚好就是非常符合我们做中教、做中学、做中求进步的要求，让孩子通过亲自的经历掌握最直接的经验。

我们认为，儿童形成直接经验的过程，就是提高他们思维能力的过程，也是他们自主研究精神形成的一个过程，这是谁也没有办法替代的，作为幼教工作者，我们的任务就是要启发孩子自主研究的精神，因为幼儿教育不是将儿童关在幼儿园里面闭门造车，而是要向儿童的生活靠近，使孩子的身心都能得到充分的发展。

陈鹤琴先生指出，只有充分地了解儿童的心理，认识儿童，才能有效地教育儿童。幼儿身心发展的特点告诉我们，环境是最好的老师，在环境中学习是一种吸收性的学习，儿童与环境接触得越多，自主吸收、积累的经验就越丰富，孩子的知识形成也越快，认知就越广泛，只有贴近儿童生活的教育，才能使幼儿的学习变成自主、自动的学习。但是目前的教学活动、教学课程往往都是来源于书本，孩子们得到的大多是来自成人的间接经验，他们并不理解，也不能够很直观地去进行消化和吸收。所以我们要打破只听、只看的教学模式，充分鼓励孩子用脑子思考问题、自己动手做事，强调让孩子从直接经验当中去习得知识，在做中教、做中学、做中求进步。

因此，我们在幼儿园的课程设置上严格遵循陈鹤琴先生所提出的教育理论，以儿童为中心，以幼儿的实际生活为出发点，将各个学科连成一片，注重孩子的兴趣和经验，实时体现儿童的主体地位。

就像我们这个"食在广州"的活动,孩子们挖完香芋以后,可以亲自参与制作香芋美食,他们有自主的选择权,可以添加任何他想要添加的食物配料。在美食制作的过程中,孩子们不仅对食材的搭配有了基本的了解,对食物的营养成分也有了一定的认知。在吸收了这些知识以后,他也会跟老师、同学和家长进行交流和反馈,孩子在学习和交流的过程当中,既完善了自己的直接经验,也与同学进行了良好的互动,共同学习,共同进步。这就体现了陈鹤琴先生所提出"教师教教师,儿童教儿童"这个非常重要的观点。

随着我国幼儿教育事业的不断发展和幼儿教育改革的不断深入,广大幼教工作者对于能够有效地指导实践的教育理论的需求越来越强烈。陈鹤琴先生经过长期的实验观察、科学验证而形成的幼儿教育理论,通俗易懂,具体细致,既非常贴近孩子们的生活,又不失科学的严谨性,是我国学前教育科学中的一份宝贵财富,我们也会一如既往地去落实和贯彻他的经典理论,做中教、做中学、做中求进步。

谭 艳——深圳特蕾新教育集团

总园长、特蕾新裕锦幼儿园园长

我们特蕾新裕锦幼儿园主要是从三个方面去践行陈鹤琴先生的活教育思想的。第一个方面是生活课程的选择。我们借鉴了陈鹤琴先生的研究成果，根据孩子自发的需求和引发的需要，围绕孩子们当下的生活和未来的生活，同时也结合幼儿园园内的生活和园外的生活，进行了课程的设置。比方说我们在幼儿园每个班级都设置了生活区，有榨豆浆、剥花生、切水果等活动，这些都是围绕着孩子当下的生活来进行设置的。不仅锻炼了孩子们手部的小肌肉，也让孩子们掌握了生活的技能，体验了生活的乐趣。

28

第二个方面是自然课程的设置。幼儿园每学期都会组织小朋友外出郊游、踏青，进行一些户外的运动体验活动，让孩子们尽情地拥抱自然和社会，感受季节变化的魅力。正如陈鹤琴先生所提倡的，大自然、大社会都是我们的活教材，都是孩子获得知识能力的源泉，这些是孩子们天天接触的，也是他们最感兴趣的。比如说下雨了，我们可以让孩子们去听听雨声，感受风声，去踏一踏雨水，因此我们会根据天气的变化，带领孩子们开展各种各样的活动课程。我们在幼儿园开辟了种植园地，让孩子们种各种植物，感受植物成长的过程，通过观察植物的生长来感受大自然，认识大自然。我们还带小朋友到附近的超市、小学进行一些体验活动，让孩子们充分感受社会，丰富孩子们的社会经验。

幼儿获得经验的途径有两种，一种是直接经验，一种是间接经验。比如说亲自种植植物，孩子明白了植物生长的过程，这就是孩子的直接经验。而当老师讲授星球知识的时候，孩子无法通过实物获得直接的感受，这样的经验就叫间接经验。我们在教育的过程当中，会提倡老师尽可能多地使用直接经验，让孩子获得感知和体验，让孩子通过感受，通过自己的亲身操作，通过丰富的游戏活动获得体验，这种经验是最重要的。

第三个方面是幼儿园的艺术活动。我们尽可能给孩子创造一个享受美、感受美的环境氛围，比方说我们让孩子进行一些绘画的活动，参加一些艺术的表演活动，在每天的生活活动当中，通过歌曲音乐的律动，在运动游戏活动当中，通过富有节奏感的运动音乐，让孩子们从多方面感受艺术的美，享受艺术的美。

对照陈鹤琴先生的幼教思想以及我多年的幼教工作实践，我认为当下一些的家庭教养方式是不科学、不适宜的，存在几个方面的问题，需要跟大家探讨。第一个问题就是在生活上包办代替，缺乏信任。现在的孩子在家里都是独生子女、娇娇宝贝，一个孩子身边往往有四五个家长围着转。包办的现象在家庭生活当中是非常严重的，这种包办既剥夺了孩子对生活的体验，也剥夺了孩子掌握新技能的快乐，会导致孩子的自理能力缺失，生活技能缺乏。我们经常会发现孩子只要学会了一项本领，他会非常高兴。比方说今天爸爸妈妈让他帮大人盛饭，他会很开心地去帮忙，当他开心了，有成就感了，他就愿意去做这件事情，每天去做，就掌握了这项技能。正如陈鹤琴先生所说，做是孩子的权利，孩子要自己做，要自己学会生活，自己从做中得到快乐，获得各种知识、各种技能。

第二个问题是在精神方面直接灌输，缺乏启发。当孩子遇到各种问题的时候，家长往往会直接出手，帮忙解决，不给孩子尝试的机会，不让他们体验处理问题的过程，因为家长害怕孩子会输，害怕孩子受挫折。在生活中，家长总是急于把自己的经验、自己认为正确的观念灌输给孩子，而不愿意给孩子自己去探索、解决的机会。俗话说，欲速则不达，久而久之，孩子的耐心，抵抗挫折、分析问题、解决问题的能力，都得不到培养和锻炼，而这些恰恰是陪伴孩子一生，能让他们终生受用的能力。

第三个问题是着眼未来，忽视当下，就是所谓的"不能让孩子输在起跑线上"。在这种观念的裹挟下，家长们盲目地去给孩子报各种各样的兴趣班，而这当中又存在两个认知方面的误区。一个误区是，我们根本忽略了兴趣班其实在倡导"兴趣"二字。我们家长往往不是根据孩子的兴趣去报班，而是根据社会的热点给孩子选择兴趣班，这是一种害怕孩子输在起跑线上的盲目跟风，认为孩子没有特长，就没有自信。

我想大家心里应该都非常清楚，一件事情一定是基于孩子的兴趣和爱好，才是他愿意去做的。一个人在他的一生当中如果找到了自己真正喜欢的、热爱的东西，他一定会有兴趣去坚持，去做他感兴趣的事情，最终才能成为一种艺术的修养，成为他的一生当中的专长。相反，如果逼迫他去学习一种兴趣，那当孩子懂事的时候，一定会形成逆反心理，把它当成一种应付家长的工作，久而久之，孩子会变得叛逆，孩子和家长之间会出现很多矛盾。比如，

有一些孩子对学钢琴毫无兴趣，可是家长每天逼着孩子去练钢琴，这样可能会导致孩子从心底里厌恶钢琴，终究学无所成。

第二个误区是很多家长不知道培养孩子兴趣的最好方式是什么，以为花了钱，把孩子放在托管班，让老师去教，就可以培养孩子的兴趣。以艺术学习为例，陈鹤琴先生很早就指出，父母应该营造一种艺术化的环境，让孩子在艺术的氛围当中进行熏陶，从而陶冶情操，培养孩子对艺术的兴趣，而不是说把孩子放在兴趣班、课外辅导班上，每周学两三个小时，这样的效果是很差的。

如果孩子没有接触过大自然，没有听过风声、雨声，没有看见过花开，没有触摸过树叶，那他怎么能够画得出花、鸟、树叶的美好呢？如果他没有看见过长江、黄河，如何能够画出江河涛涛的磅礴气势呢？孩子凭空是想象不出来的。所以要培养孩子的艺术素养，一定要像陈鹤琴先生说的那样，大自然和社会都是我们的活教材，经常带孩子到户外去活动，到野外去探索大自然的奥秘，去感受风声、雨声，捡拾飘落的黄叶，倾听鸟语花香，欣赏日出日落，这样孩子才能在绘画的时候脑中有栩栩如生的画面，在科学探究时提出有价值的问题，这才是对孩子艺术的熏陶和教养。

薛小丽
——北京蓝天幼儿园园长

29

陈鹤琴先生幼教理念与其他幼教理论的主要特色与不同之处在于，活教育是他教育理念的核心，教孩子"做人，做中国人，做现代中国人"是他培养孩子的目标和要求。一直以来，我们始终遵循着陈老的教育理念，开展幼儿园的课程教学活动。

陈鹤琴先生说，教孩子做人、做中国人、做现代中国人，首先要有健康的身体。所以，我们在所有的教学环节中，都非常强调孩子体能的发展。我们发现，在儿童的成长过程中，家长出于关爱，常常会越俎代庖，过度地包办、代替，影响了孩子的体质发展。特别是对于独生子女家庭而言，作为唯一的掌上明珠，家长容易过度宠溺，导致独生子女在体能锻炼上普遍比较欠缺。因此在幼儿园，我们很强调户外的活动和儿童体能的锻炼。在体能锻炼中，我们增加了中国功夫，融入了武术这种中华民族特色，让孩子们在锻炼中培养出一种中国人特有的精神气，教他们做堂堂正正、健康向上的中国人。

同时，我们还强调要培养儿童做现代中国人，除了要有健康的体魄，还要有合作能力、创造力和建设性。为了培养儿童的合作能力，当孩子们开始有合作意识和竞争意识的时候，我们就在每一个班级，特别是大班，设立小班长和小助手，班长负责管理，小助手负责协助班长的工作，因为他们即将升入小学，将来都要学习自我管理和互相合作。通过设立小班长这种方式，不仅培养了儿童的自我管理能力，也帮助他们学习如何协助班级来开展工作。

小班长是轮流当的，每个孩子都会获得锻炼的机会。那么，班长用什么来管理班级呢？要用你自己的威信，要用良好的人际交往能力，善于与人沟通，愿意为大家服务，这也是陈老在他的教育思想里非常强调的。

关于创造力，我认为在幼儿园无处不在，我们不需要刻意去营造一个富有创造性的环境，而是遵循陈鹤琴先生所说的，大自然、大社会都是活教材的理念和思想，利用身边的自然环境，开展我们的教学活动。比如说，开展户外活动时，我们会充分利用现有的户外资源，我们有个小文化墙，孩子们就利用这个文化墙，进行平衡、探险这样的活动；我们有小摇船、小摇椅，就利用这些工具拓展玩法，让小朋友们从里面穿越，寻找新的游戏方式；我们还利用幼儿园的园门进行高空抛物的练习。除了这些，还会组织室内活动，以及带孩子们走出园门、走进大自然开展一些大型活动，在我们的课程中融入大自然、大社会……这些都是我们践行陈鹤琴先生思想，围绕"培养儿童做人、做中国人、做现代中国人"的这个目标所做的努力。

四、中国的福禄贝尔

一见真理子——日本国立教育
政策研究所总负责研究官

30

今天是陈鹤琴先生 120 周年诞辰的日子，在中国时常会召开一些亚洲地区的有关儿童科学的国际学术研讨会，这次为参加这个理事会，我从东京来到上海。在这个会议上，我见到了参会的学者、研究者及实践者，彼此进行了很多的交流，大家都认识到陈鹤琴先生以幼儿时期为出发点的科学研究是留给中国的优秀遗产，并从陈鹤琴先生那里获得很大启示。

日本也同样如此，为了实现儿童权利，儿童的教育必须从小抓起，为达到国际通用的理念，大家都在相互协力着。

其中亚洲作为新教育先进的实践者，特别是人口众多的中国，在20世纪初，陈先生就做出了努力和贡献，他的思想和研究成果在很多方面值得我们好好学习，也会对日本的研究起到鞭策作用。

陈鹤琴先生提倡尊重儿童，理解儿童。东方文化在很长时期讲究长幼尊卑，一种来自长者告诫教诲式文化，这是对传统的挑战，日本也是同样面临这样的挑战，所以陈鹤琴先生所倡导的是共同意义的，虽然还有一些亚洲国家不太了解陈鹤琴先生，但正因如此才能达到共同研究的价值。

陈鹤琴先生认为快乐游戏是儿童的天性和权力，我看过一些陈鹤琴先生做的玩具作品图片。这样的玩具最适合学龄前幼儿，有数数字的，有教文字的，还有一些是幼儿自己制作的手工玩具，件件都非常棒，都是根据幼儿自己的兴趣制作的。在中国识汉字非常不易，这些对我们来说是非常有参考价值的。

日本很多东西都是从中国学来的，两国有着共同的基础。只是日本是岛国，四季的变化、气候也比较平稳，是个小国家，幼儿大部分时间都在玩耍，这也是传统，似乎不像中国幼儿园花那么多时间来学习。仔细观察两国的幼儿教育还是有很多不同点的，因此进行比较研究是非常有意义的。假如陈鹤琴今天能看到日本的幼儿教育，一定能分析出非常有趣的观点来，从而达到相互交流、取长补短的效果。

幼儿的学习环境要从空间和时间上找窍门，比如玩耍能促进幼儿脑部发展，平衡教育很重要。中国很多年轻老师也逐步开始这样去做，这也是陈鹤琴先生的作用与影响，年轻老师只要加以不断学习，从幼儿具体实际出发，一定会给幼儿带来幸福。

丁海东——福建师范大学教育学院
教授

陈鹤琴关于游戏的一些观点，关于游戏的一些实践上的探索，应该是他的活教育理论体系中的一个重要组成部分。他的《儿童心理之研究》著作里面也有关于儿童游戏的一些论述，他介绍了一些国外的关于游戏的研究和思想，开拓了国人关于游戏研究的视野。比如说他认为小孩喜欢游戏有两方面的原因，一方面是由小孩子的体力和能力的发展水平决定的。这个年龄段就适合于以游戏的方式来表现他的生命状态。另一方面从最直观的角度看，小孩喜欢游戏是因为游戏能给他们带来快乐，当然他就会愿意去参与游戏。

31

实际上从教育的角度来看，游戏的确对孩子发展带来一些积极的推动作用。孩子的心智、身体、道德等方面的发展都可以在游戏当中得以实现。所以他倡导要通过游戏的方式来实施教育，游戏是一个很重要、很有效的教育手段。关于游戏在实践层面上的探索，他提到了模仿游戏、运动型的游戏、模拟装扮的游戏以及智力游戏，他也做了各方面的探索。在他所在的那个时代里，大家对于儿童心理的研究还没有形成一种很广泛的自觉意识，很少有人从儿童心理的角度去考虑教育。当时中国的教育还是比较传统的，以成人为主导的、强迫的、灌输式的教育，还是普遍存在的。在那样的时代背景中，他倡导让孩子在游戏中去学习，去成长，确实有着很重要的历史意义，他其实是在扭转人们错误的教育观，倡导尊重儿童天性的儿童观，以适合孩子先天发展的一种活动形式来完成教育的实施，这确实是在当时产生了积极的推动作用，对于当时的科学化的学前教育的实践的建构以及科学思想的建构，起到了非常重要的奠基作用。所以他关于游戏的研究，在某种意义上来讲，也奠定了在学前领域关于游戏研究的基础，他应该是中国在学前教育领域进行游戏研究的奠基人。

从现实意义上来讲，现在我们的幼儿教育界已经越来越认同游戏在幼儿教育中的重要作用。学前领域以游戏为基础活动，这是幼儿园教育的一个原则。而在当下幼儿园小学化现象比较普遍，成人化的、不适宜的、超前的、追求功利化目标的教育在今天的教育现状中还依然比较广泛的存在。可以说，陈鹤琴关于游戏的研究，他倡导的教学游戏化和课程游戏化，对我们当今的幼儿教育的发展依然还有着重要的启示作用，他的很多关于游戏的建议和实践上的做法，即便到今天都还是科学的、先进的。

游戏对孩子的价值

如果立足于孩子的先天性发展，他的身体可以在游戏中得到锻炼，动作技能技巧可以在游戏中得到提高。在智能的发展上，游戏还可以让孩子获得知识，开阔视野，感知一些具体的事物，形成一些概念。在情绪体验上，孩子在游戏里面，他的情绪情感、他的需求、他的兴趣，都能够得到满足和宣泄，所以游戏可以丰富孩子的情感，因为在游戏里面，他或者是紧张，或者是兴奋，或者是愉悦，或者是放松，都会获得一种情绪情感的体验。游戏能够给孩子带来情绪情感上的满足感，游戏有它的情感价值。在社会交往方面，孩子和同伴一起游戏，他们结成特定的一种关系，在共同的规则之下，孩子学会交往，因此游戏能够促进孩子社会交往能力的发展，获得良好的社会性品质。因此游戏对孩子心理发展的促进作用是全方位的，从某种意义上来讲，游戏一方面适合于孩子的年龄特点，另一方面，游戏也确实促进了孩子的发展，我们在说到游戏的意义的时候，会说游戏是孩子最佳的一种学习方式，这也是对于游戏的意义和价值的最好的概括。

在陈鹤琴的儿童游戏的思想里面也表现出来了这种价值趋向，他非常重视游戏的意义和价值，这一点他确实是从尊重孩子身心发展需求和特点的角度来构建学前教育的课程体系以及实践体系的。陈鹤琴谈到大自然、大社会是活教材，这是构成他的活教育课程观的一个重要的核心。他还谈到教育的方法，做中学，玩中学，强调孩子应该在行动当中学，而游戏是促进低龄儿童发展的一种最好的方式。

适合幼儿身心健康发展的游戏

从目前幼儿园游戏教育实践的现状来看，大家习惯上认为在教育操作层面上，游戏主要表现为两种组织方式，一种是在集体教学当中，集体教学指的是狭义上的有目的、预设性很强的、老师发挥主导作用的教育活动，在集体活动的过程中有一些游戏手段的应用，强调用游戏来服务老师教的意图，以达到教学目标。另外一种游戏组织形式是自主游戏，强调教师放权和儿童的解放，让孩子自由自主地去选择，去表现他的创意、他的意愿和他的兴趣，自由地与同伴之间结成某种关系，自由地选择活动

指向的玩具、设备和材料，是一种自主的、个别化的、强调带着个人的兴趣去主动学习的一种游戏形式。这两种游戏，前者强调目标性，后者更强调目标的隐蔽性，如果说前者的目标更多是预设的、明确、显性的，自主的游戏中更强调在游戏的过程中的生成目标，在游戏过程中不断产生的一些新的目标和新的任务，让孩子在游戏中即便没有意识到学习的目标，也能够达到学习的效果。自主游戏中的学习目标是隐性的，孩子不觉得有学习的压力，他的身体、思维、情感、动作技能、解决问题的能力都能在游戏的过程中不知不觉得到锻炼和发展。

要想游戏更好地发挥它的教育意义，确保孩子在游戏里面能够得到充分的发展，我们应该强调游戏的安全性，同时要强调游戏的有趣性和挑战性，游戏应该是幼儿所感兴趣，同时又能够对幼儿有一定的挑战性。游戏还要有一种好的价值取向，比如说要注意培养孩子良好的道德品质，所以说游戏里面也蕴含着价值观的陶冶。当然最重要的一点是游戏应该适合于孩子的发展水平和年龄特征，游戏里面的任务如果过难，超出孩子的能力水平，那孩子体验不到成功和满足，但低于孩子的能力发展水平，游戏就很难起到推动幼儿发展的作用。所以老师在组织开展孩子游戏活动来实现一定的教学目标时，要考虑游戏的玩法与目标可能给孩子带来的挑战和经验，能不能匹配于孩子的年龄特点、身心发展水

平和需要。

陈鹤琴不仅仅是一个儿童理论的思想者，一个理论构建者、探索者，他也是一个身体力行的实践者，身体力行地去创办幼儿园，构建幼儿园的课程、玩具的相关研究。当时应该是二十世纪二十年代，他创办过自己的玩具厂，开展玩具生产，他也亲自去利用一些身边的、触手可及的材料去设计和制作玩具，提供孩子在游戏当中、学习当中所需要的物质条件的支持。

他提到玩具应该适合孩子的年龄特点，适合他的身心发展水平，玩具应该是坚固的、耐用的、实用的，玩具不是摆在那里看的，应该是孩子可以动手操作的，应该是能够激活孩子对玩具的操作兴趣的。因为他行动了、操作了，他就感知了，就获得了经验的发展。

他还强调玩具应该要有美感和艺术性，玩具能够给孩子带来一种愉悦感，玩的时候，他能够很快乐。玩具给他带来一种愉悦的情绪体验，就是有童趣。他提了一些关于玩具怎样才是适合孩子学习，适合孩子发展的具体的要求，并且身体力行地去尝试给孩子设计和制作这样的玩具。

然而在现实生活中，家长们看到商场里儿童专柜上琳琅满目的玩具，会感到眼花缭乱，他们觉得这个玩具贵、漂亮，可能就买了。但是我们还要考虑玩具本身的操作和玩法，它蕴含着怎样的原理，

它可以给孩子带来怎样的经验，这种经验是不是孩子需要的，是不是适合于这个年龄阶段的孩子的身心发展水平。所以给孩子买玩具不是随便的，还要考虑到玩具是否适合于孩子的身心发展水平。

陈鹤琴认为玩具要具有可操作性，要可拆、可卸、可动。如果玩具只是形式上好看，色彩上很鲜艳，外形上很逼真，是能吸引孩子的注意力，但是它不能提供机会让孩子进一步动手和创作，那这个玩具的价值也是打了折扣的。现在有好多家长在买玩具的时候存在一些误区，比如认为玩具买得越多越好。其实玩具未必越多越好，有时候玩具多了，反而不利于孩子注意力的集中，孩子可能不会珍惜自己的玩具，有时候随便扔掉或者直接破坏掉。还有一个误区是，有的家长觉得玩具越贵越好，其实玩具的教育价值和它的价格并不存在必然的联系，贵的玩具未必是适合于孩子的。而有一些玩具很简易，并不需要很多的钱，但孩子很喜欢，对玩具进行来回的摆弄、反复的操作，孩子非常乐在其中，这种玩具对孩子的发展就更有价值。所以在提供玩具给幼儿的过程中，我们依然可以从陈鹤琴关于玩具的标准和要求里获得一些启发，能够让我们家长在买玩具的时候有更清晰的思路和目标。

这里涉及一个问题，就是当下的玩具设计以及市场上出售的玩具有哪些不足。我觉得现在关于玩具的研究，至少从教育领域这个角度，还是很不充分

的，其实我们应该学习陈鹤琴研究玩具的精神。目前来讲，市场上出售的由玩具厂家生产的这些玩具，对教育的关注比较少，玩具本身要安全，要符合环保的要求，要坚固，在形象上要追求美观等方面强调得比较多，从儿童心理的角度去研究儿童玩具的意识还不是很明显。另外现在教育领域里大家都在关注游戏，关注活动，关注课程的构建，这种涉及从教育的角度研究具体玩具的，还是比较缺乏的。

陈鹤琴的活教育理论可以说是他教育思想的精髓。而且他也身体力行地在幼儿园课程实践探索当中去践行他的理念，所以无论是理论上，还是实践上，他对于我们国家学前教育专业的建设，起到重要奠基作用，甚至在某种意义上来讲，他也是科学的学前教育理论体系和实践体系的构建者和拓荒者，所以有人把陈鹤琴称为中国的福禄贝尔，这其实一点都不过分。这也说明在我们国家的教育发展史上，至少在儿童教育研究领域，陈鹤琴是一个里程碑似的人物，这个地位是谁也不能撼动的，这也足以表明陈鹤琴在中国学前教育理论的建设和实践探索研究的道路上是一个开创者，他甚至可以被称为"神"。

王振宇——华东师范大学教育学部

教授

32

　　陈鹤琴先生在中国教育界，尤其是在中国的幼儿教育界，是一位非常重要的人物，所以学界有人称他为中国的福禄贝尔。福禄贝尔是 19 世纪德国著名的幼儿教育家，是世界幼儿教育之父。陈鹤琴先生是中国公认的幼教界的开山鼻祖，是中国的第一所实验幼儿园的创始人，所以称他为中国的福禄贝尔是非常恰当的。

陈鹤琴先生对于幼儿教育的贡献，我认为主要有两个方面，第一个是理论方面，他为我们中国的幼儿教育做出的巨大的贡献是发现了中国儿童。所谓发现中国儿童，是因为我国的幼儿教育起步晚，更多依靠国外的理论，那么外国儿童的教育方式如何为中国儿童接受，如何使中国儿童能够从中得到发展，这需要我们去研究中国儿童的特点。陈鹤琴先生研究了中国儿童的心理特点、生活条件、教育状况，指出我们中国的儿童除了有儿童的普遍特点之外，还有中国儿童自身的特点。这就是所谓的为中国的幼儿教育发现了中国儿童，这是陈鹤琴先生一个重大的理论贡献。

其实这也体现了陈鹤琴的儿童观，陈鹤琴先生的儿童观是有出发点的，可以从以下几个方面来看：第一点是对儿童心理学的研究，要认识儿童特有的身心发展特点；第二点是儿童心理学的研究要为教育服务；第三点是儿童心理学的研究要采取科学方法以及客观严谨的态度。从这三点出发，陈鹤琴先生形成了自己的儿童观，他认为儿童是独特的、发展的、值得我们尊敬的人。所谓独特是指儿童的身心特点不同于成人，儿童有自己独特的身心特点和发展规律，他们有自己的主观世界、情感需求、思维特征和行为特征。我们作为幼儿教育工作者必须对这一点有充分的认识，只有认识到这一点，儿童才有可能真正地接受到有利于他们发展的教育。陈

鹤琴先生还认为，儿童是一个发展的个体。儿童从出生之后就是在发展的，而且这种发展是有规律的，我们要尊重儿童身心发展的规律。陈鹤琴先生指出儿童是值得尊敬的，也就是说我们要特别关注儿童的需要，要充分地认识到儿童在人类社会的延续与发展、人类文化的传承、社会以及家庭的存在过程中的重要价值，我们要尊重儿童，既要关爱他，也要教育他，关爱和教育构成了尊重儿童的主要内容。

陈鹤琴先生的儿童观实际上还是建立在三个"不同于"的基础之上的。第一个不同于指的是，陈鹤琴先生认为儿童不同于成人，这个是由大量的心理学研究、教育实践所证明的，儿童的生理特点和心理特点都不同于成人。只有充分认识这一点，才能形成科学的儿童观。第二点，陈鹤琴先生认为，儿童不同于洋人，具体地说就是中国的儿童不同于外国的儿童，因为当时的幼儿教育理论和方法大多数都是从日本，从美国，或者从其他国家引进的。陈鹤琴先生认为，所引进的这些方法在很大程度上与中国儿童之间是有距离的，因为幼儿教育要与幼儿周围的生活环境以及经济的、社会的、文化的、历史的观念因素相联系。中国儿童和外国儿童，尤其是和西方儿童之间是有距离、有差异的。幼儿教育不能简单地把国外的教育理念和教育方法引进中国教育，这样达不到教育的目的。第三点，陈鹤琴先生认为，现在的儿童不同于古人。因为在中国封建

社会里，中国的儿童是家长的私有财产，是家族的私有财产，而现在的儿童是社会的财富，我们不能用古时候教育儿童的方法和内容来要求现在的中国儿童。陈鹤琴先生特别指出，现在要求儿童要勇敢，要有民族理念，要能够勇于为社会服务，要有创造性，这一点是当代儿童的特点。从上面的分析可以看出，陈鹤琴先生的儿童观有三个基点、三个重要方面和三个"不同于"，我想这就构成了陈鹤琴先生整体的儿童观。我们知道儿童观是教育观的基础，只有拥有科学的儿童观，才能形成正确的教育观。

我们可以看出，陈鹤琴先生的儿童观受西方现代的儿童观的影响很大。最早的现代科学儿童观，是由卢梭提出来的，再由后来的美国教育家杜威发展，现在在现代教育中加以应用。在幼儿教育中，是意大利的教育家蒙台梭利首先使用的科学的儿童观，陈鹤琴先生的儿童观和他们是一致的，核心是认为儿童是教育的中心与主体，教育必须适应儿童的特点，必须让儿童学到应该学到的东西。

陈鹤琴的儿童观决定着他的教育观。谈到陈鹤琴的教育观，我想他的教育思想中最核心的内容就是活教育。陈鹤琴先生认为，我们的传统教育是一种死教育，教师是"教死书，死教书，教书死"，学生是"死读书，读死书，读书死"。而陈鹤琴先生认为我们应该要让教师教活书，让学生学活书。因而，陈鹤琴先生提出教育必须要培养人，而不是培养一个容器或者机器，教育就是要让儿童学到他们需要的东西、有用的东西、学得会的东西，而不应该教那些脱离实际的、脱离活动的课本知识。

陈鹤琴的活教育是中国幼教实践的一个伟大成果，所以我们可以说，陈鹤琴在他的儿童观的基础上形成的教育观是他对中国的儿童和中国的幼儿教育的第二大贡献，就是为中国儿童办有中国特色的幼儿教育。陈鹤琴先生一贯重视教育要联系国情，教育要联系儿童的实际，教育要有社会的内容，有自然的内容，这些都构成了活教育的主题思想。

陈鹤琴先生和他的同事们对活教育进行了长期的、艰苦的、有效的探索，他们形成了三个主要目标、十七个教学原则、十三条训育原则、四个步骤、五指活动，这些构成了系统而完整的活教育理论和实践。陈鹤琴先生的活教育理论思想受到了杜威的现代教育的影响，但是他并不是杜威的现代进步教育理论思想的简单翻版。陈鹤琴先生自己也说过，他们的理论和实践受到了美国进步教育思潮的影响，但是他们又有自己的观念和自己的理论。比如陈鹤琴先生提出，不但学生要在做中学，教师也应该在做中教，这也是陈鹤琴先生对幼儿教育的重大理论贡献。又比如，陈鹤琴先生明确提出教育的目的是要培养人，培养中国人，培养现代中国人，后来陈鹤琴提出新的教育目的论：做人，做中国人，做世界人，这就是把教育和培养人的根本任务结合起来，而且他还将现代中国人和有世界观念的现代人相联系，很好地解决了自然人和社会人，民族性和现代性的关系，这也是陈鹤琴先生的一个重大理论贡献和教育实践贡献。

陈鹤琴先生的活教育的理念，不仅是儿童观的正确运用，同时也是办学实践的一个成功探索。陈鹤琴先生指出教育必须考虑国情，必须着眼于培养人，直到今天，这也是我们必须认真思索和认真贯彻的教育理念。

陈鹤琴先生的活教育的理念的更大的价值还在于他为我们中国探索出一条如何引进现代西方教育理论的道路，也就是说外来先进的教育理论应该与中国的社会实践以及中国的需要相结合，要符合中国的国情，不是用先进的理论去迁就落后的现实，而是用先进的理论去引领中国人寻找一套适合中国儿童的需求的教育，然后把中国的儿童引领到现代化的道路上，这就是陈鹤琴先生"做人，做现代人，做世界人"的重大意义和重大价值。他为我们如何看待现代文明，如何看待中国现实，以及如何把现代文明和中国现实之间的差距缩小，如何加以引导、加以改善并加以发展中国的教育提供了一个成功典范。

为了要完成活教育的理念，陈鹤琴先生特别重视游戏。他强调，游戏对儿童来说，是他的生命，是他的天性，游戏就是工作，工作就是游戏。陈鹤琴先生多次提出在幼儿教育中要充分利用儿童游戏的天性、游戏的特点，让儿童在游戏中得到教育，在教育中充分游戏。陈鹤琴先生特别提出，自主的游戏是儿童游戏的最高境界，自主游戏可以让儿童根据自己的需要和自己的兴趣来游戏，儿童能够在游戏中学到最实用的本领。同时陈鹤琴先生也指出，要让儿童完全达到自主的游戏状态，难度很大，最大的困难在于我们教师的水平，只有教师能够了解儿童的心理特点，懂得儿童的教育规律，才能够放手让儿童去自主游戏，才能更好地指导幼儿的游戏。

这对我们当代的幼儿教育来说，也是非常重要的指导思想。目前我国幼儿教育界对游戏的作用越来越重视，尤其是在安吉游戏的推动下，很多幼儿园开始探索如何把游戏变成儿童的主导活动，把游戏变成幼儿园的基本活动，实现我们《幼儿园教育指导纲要》和《幼儿园工作规程》中提出的目标。总体而言，我们离这个目标还很远，我想陈鹤琴先生关于幼儿游戏的论述，在今天依然是值得我们好好学习、好好探索的重大课题。

我们纪念陈鹤琴先生125周年诞辰，更重要的就是要把陈鹤琴先生的这种儿童观、教育观，运用到我们今天的幼儿教育中。我想首先我们要充分地认识陈鹤琴先生的儿童观和教育观，因为正确的儿童观和教育观是我们开展幼儿教育的基础，而事实上，我们现在对陈鹤琴先生的儿童观和教育观理解得很不充分，贯彻得很不彻底，可以说在很大程度上，我们背离了陈鹤琴先生的儿童观和教育观。比如说在儿童教育实践中普遍的小学化现象，这就是对陈鹤琴先生的儿童观、教育观的一种背离。又比如在社会上流行的一些错误口号——"不要输在起跑线上"，在很大程度上冲击着幼儿教育和社会理念，这种口号是成人中心的，而不是儿童中心的，把成人内心的焦虑投射到儿童身上，使得儿童处于高度的焦虑与压力之中，这对儿童的发展是非常不利的。我们曾经提出"不要让儿童伤在起跑线上"，目的就是对抗这个错误的口号。希望我们的教育工作者以及广大的家长，能够充分认识到陈鹤琴先生的儿童观的价值，让儿童有一个愉快的、充分发展的童年。把游戏的权利还给儿童，让童年变得更幸福，更健康。

我们纪念陈鹤琴，还应该充分地认识到，陈鹤琴先生的儿童观、教育观对我们今天幼儿教育的现实意义。改革开放以来，各种各样的国外教育理念不断进入我们的教育领域，许多国家的教育课程、教育模式、教育方法都在影响着我们的幼儿教育，但对于哪一些是适合的，哪一些是需要改进的，哪一些是需要抛弃的，我们没有好好研究，只是一股脑地引进，没有做到像陈鹤琴先生那样，考虑国情，考虑儿童特点，考虑教育的需要，这一点我们要好好地向陈鹤琴先生学习。

教育离不开研究儿童心理特点，但是儿童心理特点和教育规律之间不是对等的，因为儿童心理学是一门科学，它关注的是因果关系，注重的是事实。而教育是一种社会现象，它关注的是价值观念、培养目标，因此心理学的理论规律、研究成果，再运用到教育之中，是需要创造性地转换的，而不是简单地把心理学的发展目标、发展规律和发展阶段，简单地运用到教育中来，当作教育的目标、课程的目标，或者是一门课的目标、一堂课的目标，这些做法都是不对的。而陈鹤琴先生正确地处理了心理学规律与儿童教育之间的关系，所以他的教育既有根基，同时又考虑到国情以及中国儿童的特点，我们今天也要好好学习陈鹤琴先生的这种科学方法与科学理念。

我们今天还要大力加强幼儿游戏的研究，游戏是幼儿园的基本活动，陈鹤琴先生也高度重视游戏在儿童教育中的作用。但是事实上我们对游戏的理论和游戏的实践都缺乏系统的、深入的研究。新型的游戏理论和我们的幼教实践之间存在着很大的差距，不能够解释当今我们游戏发展的现实，这需要我们重新建构新的游戏理论，来解释幼儿教育中出现的一些新现象和新问题。让游戏成为儿童的主导活动，让心理学的研究以及游戏的理论更好地为幼儿教育实践服务，这方面我们要向陈鹤琴先生学习。

陈鹤琴先生的理念还有很多方面值得我们学习和研究，我想如果我们把陈鹤琴的教育思想和教育实践的内容加以归纳，可以总结为陈鹤琴先生的儿童观和教育观是科学的，是符合国情的，他的活教育思想体系的实践是成功的、有效的。

但是很遗憾的是，在很长的一段时间里，陈鹤琴先生的教育思想并没有得到充分的重视和学习，更谈不上传承。长期以来，他的教育观、儿童观都受到了不公正的批判，遭到了全面的否定。今天我们学习陈鹤琴的教育思想，学习陈鹤琴的儿童观、教育观，实际上应该要好好地整理、学习、传承他的教育思想，然后才能将它发扬光大。所以我认为幼儿教育当前最重要的是回归陈鹤琴的儿童观、教育观，用陈鹤琴的儿童观、教育观来指导和发展我们的学前教育，来建设有中国特色的幼儿教育的课程和幼儿教育的制度。只有回归到陈鹤琴，我们的教育才能够走上正路，否则的话我们既不能传承，更不能创新。所以回归到陈鹤琴，应该是我们当前幼儿教育中最庄严、最响亮的口号，也是我们继承和发扬陈鹤琴教育理念的必由之路，这是我们中国教育面临的重大课题，应该认真严肃地考虑这个问题，使我们中国的幼儿教育能够真正地为儿童服务，为儿童谋幸福，真正地为基础教育打好基础，为人格的发展做好准备。

活教育是陈鹤琴先生终身追求的目标，也是陈鹤琴先生引以为豪的成果，虽然活教育曾受到了不公正的批判，但是陈鹤琴先生的内心对活教育是高度重视、高度自豪的。1979年3月教育部召开全国教育科学规划会议，陈鹤琴先生因为身体不好不能参加会议，为了使教育更好地为社会主义现代化服务，他给会议写了一封信。在信里面，他建议国家要好好地研究与总结五四运动以来我国教育的成果，包括学术著作、课程、教材等。陈鹤琴先生回顾了自己一生中的九大成就，其中特别提到了活教育的理论和实践，可见陈鹤琴先生把活教育放在一个极其重要的位置上，他希望他的活教育理论以及其他教育实践和教育理论能够得到很好的分析和评价，能够推陈出新。我殷切地希望，我们通过认真地回顾陈鹤琴先生的生平和业绩，能够充分地认识到活教育对于我们当今的幼儿教育的价值，能够客观地、科学地加以分析和评价，从而在这个基础之上推陈出新，使教育为儿童服务，为社会服务。

刘　馨——北京师范大学教育学部学前教育研究所副教授

33

　　我在 1981 年就读于南京师范大学教育系幼儿教育专业，在幼儿教育专业学了四年，然后非常有幸得到了免试推荐的名额，继续在本校攻读学前教育专业硕士学位，又继续学了三年。在南京师范大学学习的过程当中，我们接触了很多有关学前教育方面的理论，当时中国对于学前教育的研究，还是起步得相对晚一些，但是在我们之前，中国还有很多研究学前教育的先辈们。

1988 年研究生毕业以后，我来到北京师范大学工作，一直到现在，有 30 年了。我主要的研究方向是学前儿童健康教育，包括卫生保健、健康、体育等方面，还有 0~3 岁婴幼儿的保育和教育。

因为陈先生是我们南京师范学院的第一任院长，所以在我们入学以后，学校就特别介绍了陈先生的教育思想以及经历。我们有门课程叫作中国教育史，其中也专门讲过陈鹤琴和张雪门的教育思想。所以在那个年代，中国研究学前教育的先辈们所做的这种实证研究，对我们的影响非常大。

陈先生以他自己的孩子作为研究对象，研究儿童身心发展的规律，实际上这是一种称为日志法的研究方法，这种研究方法对我们学前专业的学生影响很大。当时我们有些同学私下开玩笑说，我们将来要有孩子的话，是不是也应该研究研究我们的孩子，这也是一个记录孩子成长经历的过程。陈先生主张要研究教育，要做好学前教育，一定要研究儿童，所以他的这种理念和思想，一直扎根于我们学生的专业思想当中的。

我们的老师不仅是在高校给我们上课，他们也亲自到幼儿园的实践当中去做研究，做学问，去了解孩子。所以我们有一门课程叫作专业入门课，也要求我们学生一星期去一次幼儿园，到实践当中去了解孩子。我们的老师为我们联系了好几所幼儿园，我们每星期去幼儿园观察孩子，看孩子怎么玩，怎么做游戏，怎么生活，培养我们对孩子的喜爱，同时我们还会去观察老师是怎么教孩子的。那一年去幼儿园的经历让我们能够很好地将理论和实践结合，我们的专业思想在不断提升，专业的认同感也在不断增强。

南京师范大学有一个特别重要的教育精神，就是特别重视理论和实践的结合，所以学校里的每一位老师都会定期去幼儿园进行实践研究。每位老师都有自己固定合作的幼儿园，去做一些专业方面的研究。所以我工作后，不管是研究 0~3 的婴幼儿，还是研究 3~6 岁学前儿童，我都会亲临幼儿园，跟孩子们，跟幼儿园老师们在一块，在实际的观察中研究幼儿园的教育问题。

我当时在北京师范大学工作，《幼儿教育杂志》有一个 0~3 岁幼儿的栏目，想请我们学校的老师给他们一些幼儿教育专业方面的稿件。当时编辑想请我通过研究自己孩子 0~3 岁的发展情况，从专业的角度来指导家长如何对 0~3 的幼儿进行保育和教育。我觉得这是一次挑战，因为我自己从来没有做过母亲，从这个过程当中，我可以记录我的孩子的成长，同时我也可以更好地专注于 0~3 幼儿的保育和教育。我更觉得这是一个非常有价值、有意义的一件事情，因为毕竟我们可以从专业的角度来指导孩子，这是一次真正地将理论运用到实践当中的好机会。就像在大学的时候跟同学开玩笑，以后也要像陈先生一样去研究自己的孩子，这是受到了陈先生的影响。

但是最大的问题是我的经验不足，尽管我学了很多的专业知识，真正用于实践研究时，我心里面也觉得没有底。但是我们都希望自己将来能够在学前教育专业方面有一定建树，这种建树是一定要基于科学的研究。所以我的孩子出生后，我开始记录孩子身心各方面的发展情况，这是一种特别好的跟踪研究的范式，能够真正去了解孩子。

我记录孩子的角度和陈先生记录他儿子的角度是不一样的，陈先生主要是每天对孩子各方面发展的情况做一些观察记录和摄像等，并且他是从儿童发展的不同领域来进行观察的，比如动作、语言、情绪、思维等方面。我是在孩子出生以后，从如何进行保育和教育的角度来进行观察与研究的。当时我跟编辑讨论的时候，我们就想写如何用专业的视角，来看儿童点滴的身心发展与变化，给家长介绍孩子在哪些方面有所发展，孩子的这种行为代表了一种什么样的发展状态，所以这就要基于对儿童生理和心理的研究。在记录写作的过程当中，我运用了我的专业知识，并结合孩子的表现来解读孩子的行为，让家长能够理解孩子的行为。所以，陈先生做的是对儿童心理的深入的系统研究，我主要是用专业的角度去解读儿童的行为，分析儿童发展的状况。

在我记录孩子行为的过程中，也发生了很多特别有趣的故事。都说小孩子喜欢探索，我的孩子小时候也是如此。经常去敲敲这儿，敲敲那儿，干一些让你感觉很头疼的事情。例如他会把东西扔到马桶里面，看它是不是会被冲下去。他还拿着刚买的小汽车在那敲，有些大人可能会以为他是在破坏物品，那我会去观察他，并且会去跟他交流，询问他这么做的原因，探索他的内心世界。我们作为幼儿教育者，特别需要有这种眼光。我去问了他以后，他说因为他想做修车的师傅，但是车没有坏，他就修不了，所以他就想办法把车给打坏，这样他就可以当修车的师傅了。可见，这并不是单纯的破坏物体的行为。儿童有很多探索性的行为，但是有些家长可能只看到了儿童表面的行为，认为他在搞破坏，所以要去制止他，往往忽略了儿童行为背后的想法与动机。所以，我写这篇专栏的时候，我会站在儿童的角度来思考问题。我的文章当中，有一个短的栏目叫《法法的世界》（音），我的孩子叫法法，在这个栏目中我用第一人称的角度来谈，我要干什么了，我想干什么了。我把儿童心理学中儿童发展的需求以及儿童内心的想法都融入进去，这实际上是我们成人换一个角度来了解孩子。从陈鹤琴先生对他自己的孩子的研究当中，我们就看得出来，孩子有着好奇、好模仿的心理特点。同样地，我也能够通过很生动的实例看出孩子的心理特点。

实际上，在教养孩子方面，理论知识真正用到实践，需要一个不断探索的过程，所以在研究孩子的过程当中，包括我在写书的过程当中，也是在一边学习，一边进行理论实践，坚持理论联系实际。我去尝试了很多学习方法用到我的孩子身上是不是适宜的，我把我尝试的过程记录了下来，供读者来看，这样我就知道我的孩子是按照怎样的方式来解决问题的。我的孩子也是像普通的孩子一样经历了中考、高考，最后他考上了北京的大学，现在已经工作了。我认为在孩子的成长过程中，母亲的专业知识、专业素养以及对孩子的爱、对孩子的影响是非常大的。因为孩子在成长过程当中是需要良好的家庭环境的，所以母亲的专业素养越高，越能够帮助孩子处理很多问题和困难。

我觉得陈先生让我印象最深刻、给我启发最大的地方在于以下几个方面：第一点是要做幼儿教育一定要深入研究孩子，一定要跟孩子接触，基于对孩子的了解去研究孩子。只有走近了儿童，跟他们接触，我们才能够了解孩子的发展、想法与需要；只有研究了儿童，我们才能够提供一种有针对性的，让儿童需要的教育，这是我们做幼儿教育的根基。我们的教育一定要从儿童发展的角度来考虑，要和儿童各方面的发展结合起来，要服务于儿童，要促进儿童的发展，所以教育要服务于实践。我在自己专业的学习和工作当中，一直也是这样要求自己的，要求自己一定研究儿童。

第二点是教育理论的研究要基于我们中国的实际情况。我们要研究我们的国情、我们的家庭和我们的孩子。我们是一个怎样的国家，我们国家的教育问题在哪些方面，我们孩子需要什么样的教育，我们要研究我们国家目前存在的问题，然后去解决问题，让老师以及家长能够给孩子提供一个良好发展的空间。中国的家庭教育是要基于我们中国家庭的背景的。现在有很多家长倾向于学习西方的教育思想和方法，借鉴外国先进的教育理论是很好的，但是我们教育的土壤是中国的国情，所以我们要结合中国国情和实际情况，来解决中国的教育问题，不能完全照搬外国的教育思想。所以现在我也在从事一些0~3岁婴幼儿的研究，研究孩子的发展，研究如何科学育儿，以及如何指导家长，这就是我们面临的现实问题。学再多的理论，最终还是要以促进孩子发展为目的。

第三点是他的家庭教育观，陈鹤琴先生一直很注重家庭教育，他认为家长是孩子的第一任老师，而且他自己写了《家庭教育》这本书。学前阶段是一个人人生发展最基础的阶段，但是很多家长对儿童的这个阶段缺乏科学的认识，他们经常把自己的观点、意志强加给孩子。科学的育儿方式以及良好的家庭教育对于促进孩子健康、自然、快乐地成长非常重要，研究家庭教育也是我们幼儿教育工作者的重要责任。所以陈先生所做的工作，实际上都是需要我们现在踏踏实实，非常深入地去做的工作，我们并没有做得很好，但是我们一直在这条路上努力。

陈善明——福建幼师高等专科学校

原校长

大概是七十年以前，我当时在上海格林学校念书，那时候我还不到二十岁。从外表看，我们学校是一所不起眼的学校，没有高楼大厦，都是木板房，但是我们学校教师的教学质量非常好，校园里面的空气也非常好。陈鹤琴当年是我们学校的校长，他对我们很爱护，同时也十分重视学校的教学质量和师资水平的提高，对我们当时所进行的一些工作也是十分支持的。所以在我的印象里面，我们学校的校长陈鹤琴是一位思想广阔，有坚定的革命意志，带领我们在幼儿教育这方面开辟新天地的奠基人。

34

那时候他年纪也不是很大，大概五十多岁，我们那时还只是十几岁的小姑娘。当年在学校教我们语文的那位老师本来是北京大学中文系的系主任，因为当时被国民党排斥逃出来了，而后又因为陈鹤琴校长的缘故，他留在了本市，在我们学校教我们语文。他讲课讲得非常好，我们所有人都十分震惊，可以跟着如此优秀的老师学习。不过，1949年以后，他就回了云南的大学。另外。我们学校很多的专家是附近一些大学里面的，他们被认为有政治上的问题所以被学校赶出来，我记得当初我们学校有两个老师是被苏州的一个大学赶出来的。陈校长把这些老师都招收到我们的学校里，也不需要通过考试。所以我们的学校虽然小，但是我们一直都能跟着很优秀的老师学习。

当时，我们学校里地下党的学生活动很多，但是陈鹤琴校长从来不干涉我们的活动，这是十分可贵的，不像过去有些学校管学生管得很紧。我就是在这所学校里面，懂得了好多事情。当时上海国共两党的斗争很激烈，我们搞学生运动，上街游行，因为我们学校的学生都受到了陈校长的保护，我们当时也不会感到危险，就觉得陈校长像父母保护孩子一样在保护着我们。

我还记得一件事情，就是当年上海解放以后，华东军招到我们上海的一大批学生参加南下随军服务团，我当时是跟着这个团下来的。学校里的学生愿意走，他都支持，他都保护。我还记得那个时候，我们参加南下服务团，要走的时候，他亲自来送我们，还给我们每个人一张照片，跟我们每个人握了手。可惜了那些东西，在"文化大革命"的时候都被毁掉了，因为我当时被判定为"走资派"，不然那些东西留到现在会是一个很好的历史资料。

这是我当时作为一个学生的看法和感想，当时他就教我们唱校歌，校歌唱起来很好听，但是我现在几十年没有唱，忘记了，只记得前面的一点。当时校歌里面很清楚地表达了陈鹤琴的教育思想。我现在慢慢回想起来这对我以后开展的幼儿教育事业影响很大。"大自然、大社会是我们的工作地……建设我们新国家，教导我们的小天使，幼专，幼专，前进的幼专。"这是第一段我现在只记得这一点了，还有好多段。从他为我们写的校歌的歌词就可以看出，他的事业很宽广，大自然、大社会都是我们的工作地。当年陈鹤琴校长在上海的郊区办了一个龙城的托儿所，虽然托儿所是他办的，但是他并不管理，里面的工作都是我们学校的学生去做的。我们学校大批的学生被带到农村里面去跟农民在一起，去办幼儿园，办托儿所，我们跟农村的小孩子接触，和他们共同生活、共同成长。这其实是跟解放妇女，提高劳动生产力，鼓励妇女参加生产有关系的，其实当年我们还不懂办幼儿园还有这样一个很重要的影响。这件事对我以后搞幼儿师范教育的影响非常大，在 1958 年的时候，我在学校搞了一套托儿化运动，就是受到他的影响。现在我到了这个年龄，能够更深刻地体会到校歌里的"大自然、大社会是我们的工作地"。我以前上的学校的校歌都是歌颂自己的学校怎么好，而陈校长并没有在校歌里讲学校特别好，而是把大自然、大社会跟我们的学校前途联系在一起的。还有校歌中的"幼专，幼专，前进的幼专"，他在那种情况之下，还在一直强调学校要前进，要进步。虽然我们学校不大，但是陈校长的事业心很强。所以我现在一想起我们这位老校长，我都会心潮澎湃，是他带领我们下一代幼教人在中国发展属于我们自己的幼儿教育事业，虽然是七十年前的事情，但是影响了我一辈子。

我们要在农村里面办托儿所，办幼儿园，还要提高幼儿教育的质量。那时我们学校决定每一年的 6 月 1 号搞六一活动。这个传统一直维持到二十世纪八十年代，我们在搞幼儿园活动的时候没有想到领导都来了，即使我们没有请当时的乡长同志，他也来了。因为我们是在学校里搞，没有想到外面的事情，说明我们当初举办的活动的影响还是很大的。所以我们还是很感谢我们的校长，他对我们的领导，对我们学生的培养，对教育资源的保护都让我们受益匪浅。

林美莲——新加坡南洋理工大学
新加坡华文教研中心学前部主任

　　我个人认为陈鹤琴先生的教育思想对现代的教育有一定的作用，尤其是在生活教育这一块。以新加坡为例，新加坡是一个多元文化的国家，很多时候因为其受西方文化的影响，在幼儿园布置娃娃角落的时候，很多人只考虑开西餐馆或者是快餐馆。其实孩子每一天的生活经验，用餐都是在小贩中心，而小贩中心所卖的东西都是包含着多元文化的，例如有华人的食物，有马来人的食物，也有印度人的食物。我觉得陈鹤琴强调生活经验的理念很好，幼儿园往往受西方的影响，忽略了幼儿的生活。我觉得应该在布置学习角落、娃娃角落的时候，体现孩子每天接触到的食物，幼儿所吃到的食物不是只有汉堡包，还有华人、新加坡人所喜欢吃的海南鸡饭、马来人所吃的沙嗲或者印度人所做的印度煎饼，这些都应该体现出来，而不是只偏向于某一种文化。

陈鹤琴先生的理念非常适合中国的教育，以我个人多年来中国参观幼儿园的经历，我觉得因为中国开放了，所以中国的教育可能受到西方的一些教育理念的影响比较大。有时候踏入中国幼儿园我会有一些感想，就是中国有很好的文化，例如《西游记》中的传统故事，我觉得应该传承下去，让孩子从小就有自己的民族文化。中国的传统文化应该发扬光大，不要把自己的文化丢弃。

"大自然"是活教材肯定是有很多的指导意义，尤其是有关于大自然的。我觉得中国有非常好的自然环境，应该把幼儿园的小朋友，不是只关在屋内，而真正让他们走进大自然，让孩子去玩，而不要过分担心孩子会跌倒等安全问题。我觉得孩子一定要在大自然中锻炼自己，锻炼自己除了使孩子的身体健康，还有一个很重要的好处是有助于孩子良好品格的形成，这点非常重要。

我觉得学前教育现在可能存在一个误区，很多人只注重教师的文凭。我常觉得幼儿园老师不要失去当初当幼儿园老师的热诚，唯有那个热诚，那份你对孩子的爱是从内心出发的，而不是园长给你的。我觉得尊重孩子是很重要，尊重孩子是出自内心的，尊重孩子表现在当你跟孩子说话的时候蹲下来，当孩子犯错误的时候给予他时间成长，我觉得这个理念还是非常重要的。

家庭教育

我看过陈鹤琴先生对他孩子从一出世就一直研究到孩子808天的一个记录，而且那些记录是非常科学化的。当然研究儿童对幼儿园老师来说是很重要，因为我们只有观察孩子，才能知道孩子的兴趣点在哪里。但是也不要为了做而做，目前幼儿园的老师花太多时间拍照、写档案，没时间去反思你到底写了一些什么，为什么你这样写，如果只是为了满足家长的需要而拍照片，就失去了当初你观察的那个目的。

我觉得家庭教育真的是非常重要。父母其实是孩子们的第一位老师，对幼儿的教育应从家庭教育开始。幼儿园不仅要在幼儿上幼儿园后与家长沟通，在幼儿还没进幼儿园的时候，就应该跟家长沟通，要与家长在怎么科学教育孩子方面达成一个共识。要让家长知道其实3~6岁这一段时间是孩子创造力最强的时候，不要浪费这些时间去准备孩子小学化。你认得多少个字又怎么样呢？你可以机器式地认很多字，但是如果你不会发问，你等于是白学的。

活教育

学前教育不应该分科，应该注重孩子整体的、全面性的发展，我非常赞成陈鹤琴先生的教育理念。

孩子常常在游戏的过程中，已经具备综合解决问题的能力。我觉得现在很多幼儿园教育太注重让幼儿达到6岁应该学习几个字、会20以内的数算等目标，但是这些结果只是满足你上小学一年级的要求。一个人的成长过程中，非智力因素更重要，养成好习惯对孩子成长是非常重要的，人是终生学习的。学会一种技巧，或者这三年之内幼儿学会一些什么技能，那是非常短暂性的一种目标。

有关"大社会"的活教育理念我非常赞同，因为我觉得在班上，很多时候老师跟孩子讲规则就是教师说幼儿做。我记得在新加坡时，我看过一堂小班课，3~4岁的孩子不知道什么叫次序，什么叫排队，老师就立下一条一条的规则，例如说喝水要排队，上洗手间要排队。我记得那个老师他很开放地用这个课题跟3~4岁的小朋友谈什么叫作排队时，一个小朋友这么回答说："排队就是说话的时候也要排队。"孩子定义的比我们定义得都好，那个公约成了全班同学的公约，而不是只有教师自己的公约，很自然地，那个公约成为幼儿生活的一部分。

我觉得陈鹤琴的理念很接近现在新加坡整个教育的改革，因为我们现在也是注重从游戏里面学习。孩子的学习应该从生活经验开始，例如学习语文，新加坡有一个双语的制度，英语是新加坡的行政语言，而华语、马语其实是我们的母语，严格来说是我们第二语文的学习。过去我们华文教学，是老师规定孩子念"我喜欢吃苹果""我喜欢吃橙"，其实孩子是死背的。但是现在已经改变了这种教学的方式，是情景教学，孩子学习的东西是孩子生活中可以应用的，语言变成孩子生活经验的一部分。跟陈鹤琴老师所说的相似，学任何东西一定要跟他生活经验相似，他才可以应用。如果只从成人的角度看，是不能满足孩子内化和他长远学习的需要的。

36

　　陈鹤琴先生终身致力于幼儿教育以及幼儿教师教育的研究与实践。他的幼儿教育思想十分丰富，而且是一脉相承、相互生辉的。二十世纪八十年代初，我们学校好几位老师都毕业于南京师范大学的学前教育专业，我也是其中一个。我们深受陈鹤琴教育思想的影响，并且在我们幼儿教师培养，以及我们复苏幼儿园的办学过程当中，我们也在继承和发展陈鹤琴的教育思想。

陈鹤琴的教育思想中最有代表性的是活教育思想，包含活教育的目的论、课程论和方法论。其中目的论和方法论，可以说是已经深入地渗透到我们学校人才培养的全过程。关于目的论，在幼儿教师的培养方面，我们坚持立德树人。所以他的目的论，对我们来说是启发很大的，而且这也是我们所坚持的。正如他在活教育目的论里所提的"做人，做中国人，做现代中国人"，培养的是新型的、专业化的幼儿教师，所以我们学校坚持立德树人。

我们所坚持的立德树人主要有两个方面，一方面是怎么做人，另一方面是怎么做教师。立德树人贯穿在我们整个人才培养的过程中，是以"做"为基础的。通过各种各样的做来养成良好的品德，通过各式各样的做来培养能力、积累经验和提升素质。在教育过程当中，我们把他思想的核心"做"发扬光大。所以我们不断创新人才培养的模式。比如说一年级的学生刚入学，我们就让学生了解校情，了解我们中国有一个伟大的幼儿教育家陈鹤琴先生，他是如何爱孩子，如何爱幼教事业，如何去研究孩子，如何加强实践的。接下来我们就让学生每周去一次幼儿园，跟幼儿园里的小朋友相处，在相处的过程当中去观察和了解孩子，去培养情感，去学习讲故事，帮助孩子解决问题，为后面学习理论积累经验，更重要的是培养对孩子的爱。

我们的课程教学建立在高校老师、幼儿园一线老师以及幼儿多方参与的、反思性的、实践的基础上。学生在学习专业课程之后，他们会去面对幼儿园工作的实践以及典型的任务，比如说学习理论之后再结合对幼儿园的孩子和教师表现的观察，来更深刻地理解这个理论。他们还可以在幼儿园观察与实践的过程当中运用自己在学校所学的理论，比如说设计教育方案的时候，他们能够进行不断的反思与提升。通过做中学、做中教，在这个过程当中去不断地取得进步。我们把我们学校的学生培养成现代的、有责任有担当的、专业的幼儿园教师，我们学校每年学生的就业率都是百分百，供不应求。这也可以看出我们学校培养出来的学生的质量是非常高的。

陈鹤琴先生的活教育思想是经过长期的、大量的实践研究而形成的，这对我们中国教育的发展具有重要的指导意义，给我们中国的幼儿教育和幼儿教师教育留下了宝贵的经验，我们应该继续深入地研究与学习他的活教育理论，深挖它的教育价值，让它发扬光大。

1952 年秋天，我从美国留学四年后回到南京，被分配到南京师范学院。那个时候陈鹤琴是学院的院长，当时我们幼教系是独立的，是二十世纪五十年代全国唯一的幼教系，后来并到教育系里面。有幸跟陈鹤琴共过事，现在还在世的可能只有我了。陈鹤琴在五十年代的一些学生，现在是他的教育思想的积极推广者。

37

二十世纪二十年代的时候陈鹤琴从美国留学回来，在南京办了鼓楼幼稚园。当时我们中国的幼儿教育没有新的教育思想，所以他在鼓楼幼稚园里研究新的教育思想。

二十世纪五十年代，我们南京师范学院有两个附属幼儿园，附属幼儿园的园长都是师范学院的副教授，他们都是美国留学生，两个幼儿园每个星期轮流进行一次开放活动。我们师范学院的老师带着自己的学生在幼儿园里看活动，大家一起讨论。这种方式一直延续到现在，现在我们去幼儿园，还是能看到高校的老师或者理论工作者到幼儿园里去，跟一线的老师一起研究。我有幸跟陈先生在五十年代的时候共事，他非常亲切、热忱。我记得我刚从美国回来的时候，不熟悉国内的环境，他还请我到他家里吃饭，跟我讲新中国的幼教。这位老先生的热情、热爱幼教的思想，我在和他共事的这段时间内充分地感受到了。他特别热爱孩子、热爱幼教，研究幼儿教育的各个方面，包括家庭教育、儿童心理。我记得当时我们有一个玩具研究社，他当时每天要到这个研究社去看看，做了很多模片插在一起，做成各种各样的玩具。他认为玩具是幼儿的第一本书，而那个时候很多玩具都是外国进口的，他在百货公司租了一个柜台，宣传他自己研究的适合中国儿童的玩具。

进入二十世纪八十年代，全国幼教研究会成立，后来又成立陈鹤琴教育思想研究会。那时陈老先生已经不能说太多话了，他让他的孙女陈虹帮他发言："我们中国人一定要研究中国自己的幼儿教育，从外国学到的东西，一定要在中国实践，然后再考虑中国怎么样来发展"，这一点我觉得是陈鹤琴教育思想中最基本的东西。陈鹤琴的活教育理论体系主张把幼儿园周围的社会环境、自然环境都纳入幼儿园的教材中。因此，陈鹤琴是要我们研究自己的幼儿教育。

唐淑在二十世纪五十年代是陈鹤琴的学生，我那时刚从美国回来。在我之前的那些留学生都年纪大了，不能带领学生做活动。所以就是我跟唐淑两个人负责，要把一些东西重建起来，我们到地县去引导并帮助幼儿园老师，以推动幼教的发展。

二十世纪八十年代初期，我到南京实验幼儿园进行研究，那时候中国的幼儿园还采取的是分科教学，幼儿园老师跟我们的人说，分科教学让老师跟小朋友的负担太重，问我们可不可以把几门课结合起来。后来，我就带领我的研究生、助教到实验幼儿园开始了综合教育课程研究。我跟我的助教每个星期花两个半天到幼儿园去，看看幼儿园在做怎样的活动，并思考与讨论怎样的活动适合幼儿园的老师跟孩子。当时我们主要采用的是陈鹤琴的幼儿教育思想，因为我们发现，二十年代的时候陈鹤琴在自己办的幼儿园里所采用的是整个教学法非常适合，整个教学法就是指把孩子一天的活动作为一个整体来发展。陈鹤琴教育思想研究会在这方面做了很多研究。我也受到单元教学、整个教学法，还有大自然、大社会都是活教材这样的一些思想的影响，我的综合教育课程研究从中受到了很大的启示，所以我认为我是从这些方面去继承和发展陈鹤琴的教育思想的。也可以说，我们当时还是受到国外的一些先进幼儿教育理论的影响，这跟陈鹤琴当年的思想是不约而同的。陈鹤琴主张要按照我们国家的实际情况来研究我们国家自己的幼儿教育，外国学到的东西一定要结合我们中国的国情，结合我们中国儿童的特点，在我们自己幼儿园做相关的研究。

开始的时候我们是在南京实验幼儿园这一家幼儿园展开研究的，后来到二十世纪八十年代中期，我们江苏省幼儿教育干部跟我们说，现在农村里面学前班发展得很快，但是学前班用的教材是城里的老师编的，农村的老师没有办法用，最好你们去农村的幼儿园研究研究。因为陈鹤琴的教育思想中最根本的一点是跟着国家幼教的发展形势的需要去研究，我们研究的内容也是基于国内幼儿教育的实践发展需要的，所以后来就有中国化的幼儿园教育课程，从城市又走到农村，慢慢发展。因为从全国人口来讲，80%的孩子在农村，城市的孩子只占20%，所以我们要到农村的幼儿园去研究。

于是，我们带领实验幼儿园开了个头之后就让他们自己研究下去了。我和唐淑，还有我们毕业班里有一位叫虞永平的同学，组织了一个老、中、青三代的研究队伍到农村去。我们在江宁县（现为江宁区），还有扬州某个幼儿园以及另外好几个地方，开展了我们的研究。那个时候联合国儿童基金会在支持我们，给我们提供了一个大的车子，我们自己开车到几个幼儿园去试点，跟幼儿园老师一起研究幼儿园的教材。我们刚开始去的时候那边办的是婴儿班、学前班。后来我们和那边的老师们一起编了教材，他们自己又发展下去，变成了三年制的幼儿园。再后来，我们在农村做了四年的幼教工作，我们编了一本学前班的教材。好多农村幼儿园都用这个教材，并且都发展成为学前三年的幼儿园。

二十世纪九十年代的时候，我从南京师范大学退休后有一个愿望，就是要研究两岁到三岁托班的课程。后来我去到深圳，那个时候深圳的家长要孩子学英语，我在满足当时的幼儿学英语的需要的前提下做了相关研究。我住的附近有一个民办幼儿园，现在这个幼儿园还在，我在那里研究两岁到三岁的幼儿。当时民办幼儿园的托班，把孩子关在教室里，不让他们出去，什么玩具也没有。因此，我就开始研究两岁到三岁托班的课程。我觉得陈鹤琴的教育思想，特别启发我的一点是，做研究是要满足幼儿教育实践发展需要的，我们去幼儿园帮助老师们研究了一段时间后，再让他们自己研究下去。我觉得这跟联合国儿童基金会的思想也是一致的。

　　所以一直到现在，有一句话说，全国的幼儿教育工作者不管走到哪里，都能听到南师大的声音。我并不是着重继承和发展陈鹤琴教育思想的具体教材和具体内容，我觉得特别重要的是要带领我们的大学老师和大学生走到幼儿园的一线，根据幼儿教育的需要来进行相关研究。所以他们说走到哪里都有南师的声音，因为一旦深入实践去研究了，影响力就大了，就能够听到南师的声音。三年前，我还跟一批退休老师到江宁区指导了两家幼儿园，后来这两家幼儿园在我们的指导与帮助下慢慢发展与进步，逐渐地他们又能够自己发展下去了。陈鹤琴主张我们要研究自己的东西，特别是注重研究自然、社会、教材，要跟当地的实践结合起来，这是陈鹤琴教育思想特别宝贵的一点，对我一生在幼儿教育方面的研究也有很大的帮助。

　　总的来讲，陈鹤琴的教育思想是从实践中来研究我们国家的幼教发展，这对我们现在的幼儿教育的研究与发展都具有十分重要的启示意义。有幸与他共事的这段时间，我被这位老先生对儿童、对幼儿教育的热忱与热情所深深地感动了。

侯莉敏

——广西师范大学教育
科学学院学前教育系主任

38

在陈鹤琴所处的那个年代，中国正好处于教育思潮和整个文化思潮变革的时期。陈先生从美国学习了先进的西方幼儿教育理论回国，实际上他看到了中国文化里面一些积极的方面，同时也看到了中国文化里面有待改造的方面。比如说对于长幼有序，长者为本的文化观念，并不是说我们不要尊重长者，也不是说为了尊重长者，儿童就需要去穿长衫，需要完全照着大人的样子行事。所以我想他提出的儿童为本的观念，跟中国的长幼有序，长者为本的这种思想不是完全矛盾和冲突的。我认为应该在合理地吸收原来中国文化中的优秀部分的基础上来理解儿童为本的观念。在当时，陈先生所提出的这样一种全新的儿童观，对中国文化的改造、教育的革新都具有非常重要的意义。直到今天，他提出的思想理论，对我们建设新时期正确的儿童观、教育观都是有帮助的。

比如说，我们中国有自己的特殊性，20世纪80年代的计划生育政策，使得儿童从原来的完全以长者为本的导向变成了家中的小皇帝、小太阳，两者现实中的分化特别厉害。实际上陈先生当时说的要以儿童发展为本是要我们尊重儿童，并不是主张儿童可以为所欲为，随心所欲。怎样在传承中国优秀的传统文化的基础上，认真学习如何促进孩子健康地成长，我想这对现在的幼儿教育也是有启示意义的。如果说要举一些具体例子的话，我想在幼儿园里面，我们其实有很多这样的例子。比如，幼儿园中和谐的师幼关系的建立，要求老师要在学会倾听和尊重孩子的基础上引导孩子，我想这可能就是前面我所提到的，长幼有序跟尊重儿童之间的平衡。很多幼儿园老师在这方面做得非常棒，这也是陈先生的思想观念在实践中的应用。

中国幼教之父

我们通常称陈鹤琴先生为我们中国的幼儿教育之父，因为他最早进行了儿童心理研究。他当时学习了西方的科学研究儿童心理学的方法，回到中国以后再通过实践来研究我们中国的儿童。比如说他第一本著作，也是我们国家的儿童心理学专著，叫"儿童心理之研究"，他观察了他的长子陈一鸣808天，每天分两段时间来进行观察，再从心理学的角度进行分类，从言语发展、情感发展、社会性发展、美术发展等方面，一点一滴地去观察他的儿子并记录下来。这就是我们现在幼儿教育研究中经常用到的观察法。实际上他是在运用观察法的基础上，进行个案研究，最后通过系统的分析总结出群体儿童心理发展的规律。在当时的中国，用这样的一种方法来研究，形成了一本著作，并在大学里面开设这一门课，陈先生是第一人，他为我们中国的幼儿教育指明了发展的方向，所以我非常感谢陈先生给我们这些持续在幼儿教育这条道路上努力的人，留下了这么好的一种研究范式和许多经典的著作。我们当今的幼儿教育工作者，依然还在采用他当时引进的研究方法，并在此基础上有一些发展。

儿童的早期的公民素质教育

我们通常说，任何一个人实际上都是双重人的存在：自然人和社会人。自然人指的是自然生命的存在，从自然生命的角度来说，要吃、喝、拉、撒、睡，要阳光，要空气，我们才能正常地生长发育。从孩子的角度来看，他的生长不仅仅是受着自然的生命存在的影响，他还受到人的心理和生理的影响。社会人指的是人同时是一个有社会生命的人，他会受到国家的文化的影响。我们培养一个孩子，期待他未来生长，他身体健康的同时还要心理健康，能够融入社会中,能对社会文化进行继承和改造。所以,从这个角度来看,任何一个人所处在的国家、民族,以及时代背景都会在他身上印下烙印,所以做人要做符合自己所处的时代以及自己所属的国家的人。教育从根本意义上来说,是培养人的双重生命,或者说教育从根本上也是为了完成双向目标,一个是幸福的个人,一个是合格的公民。所以陈先生在那么早的时期就提出了他的教育目的论:做人,做中国人,做现代中国人,对我们的启发非常的大。做人,要健康,要幸福;做中国人,要对国家有热爱,有归属感,要愿意去奉献;做现代中国人,就是不能墨守成规,要有开放性的眼光。所以我觉得这三句话,无论是在过去还是在未来,都是具有十分重要的意义的。我想只要社会还存在着,陈先生的教育目的论对我们中国教育目标的发展仍具有导向作用,都会影响我们中国的教育。所以从这样的角度来理解陈鹤琴先生的思想,我认为他是一个有大情怀的人。

贯彻和实现活教育理论

陈先生除了在儿童观和教育观上给我们指明了方向之外,也在研究方法上给我们做了很好的指引,形成了经典的书籍来指导我们,同时他提出来的活教育的课程观同样对我们当下的幼儿园教育活动的开展具有十分重要的指导意义。他主张大自然、大社会都是活教材,也就是说幼儿园所有的教育内容是来自儿童所生活的自然和社会环境。同时,这也跟陈先生提倡的"做人、做中国人,做现代中国人"是相一致的。那么如何从大自然和大社会中汲取教育的素材和内容,陈先生也是十分有研究的,在《陈鹤琴选集》中有一卷是专门讲述这个内容的。中国的幼儿园老师应该好好学习陈先生论述的关于幼儿园课程的内容,其实他当时所提到的大自然不仅仅等同于我们感受到的自然界,大社会也不仅仅等同于我们所生存的方圆几十里的社区,他主张应该立足于本地,跨越更大去选材。对于幼儿园的孩子来说,到花园里面接触大自然,观察小虫,观察小蚂蚁,观察小鸟就是一种学习;在生活中,孩子跟成人以及同伴交往,就是一种学习。实际上在大自然、大社会里边,陈先生也讲了很多很有效的课程的实施方法,比如说榜样示范法、熏陶法,在相互交往过程中产生学习。所以这种课程观,对我们的启发是幼儿园的活动不能让孩子长时间地静坐在教室里听老师讲课,而应该让老师去挖掘自然和社会中的课程资源,跟孩子一起在自然中、社会中学习。所以我们现在幼儿园的课程已经从原来的学科课程变成了活动课程,我们所有的人都在追寻着陈先生给我们指引的道路,形成我们中国对幼儿园课程的理解。我们在幼儿园课程不断建构的过程中逐渐意识到,幼儿园的课程是要让儿童在跟自然和社会的有意接触中，通过获得有益经验来获取学习的内容，得到发展。因此，今天我们幼儿园所主张的经验课程和活动课程，我想这也是陈先生给我们的一个指引。

陈先生是中国幼儿教育之父，也是我们现代中国幼儿教育进行科学化、系统化建设的一个重要人物，所以我今天在幼教界里面的所有的前行之路，都是在陈先生的指引下进行的，这是他的理论思想对我个人发展的意义。对整个中国的幼教界来说，陈先生所留下来的所有的宝贵教育思想和教育实践，对我们当代的幼儿教育的发展具有重要的启示意义。所以我想陈先生的思想会一直指引我们幼教人，为我们在前行的路上点亮一盏灯，指引我们往前进。

因为我是在 1990 年开始学习幼儿教育的，我第一位老师是唐淑老师，唐老师应该跟陈先生共过事，而且受他的影响比较大，所以我读的第一套有关学前教育的专著就是《陈鹤琴教育文集》。如果我们把陈先生留下来的这六册教育文集里面的所有思想和理论实现，中国的幼教应该可以达到先进的水平。所以我们今天面临的最大的问题是，如何将外来的先进的幼儿教育理论转化为我们中国自己的幼儿教育理论，以适应中国儿童发展的需要。我们学习了很多西方先进的教育理论，但是外来的一些先进的理论并不一定适合我们中国的儿童，而实际上当时陈先生已经从理论，到评价方法，到实践，从各个方面把他整套的活教育理论体系都做给我们看了，

非常扎实，非常朴实。

陈先生说过很多具有教育意义的话。比如，他说"我要做事，不当官"。当然他并不是说当官不好，他扎实地在幼教的理论和实践的对接里面做研究，不贪图荣华富贵与地位权势，我觉得这是很感召我们的。现在中国学前界的人都不太愿意去从事管理层面的岗位，而更愿意去做学术研究，更愿意把毕生献给孩子，我想这是他的人格魅力所在，深深地影响了我们一代又一代的幼教人。

在陈鹤琴跟他子女交流过程中，会发现陈鹤琴先生是一个言行特别一致的人，所以我觉得这也是特别值得我们后辈学习的地方。因为之前我跟陈一鸣有过一些交集，陈一鸣跟我说过在他小时候，一般下雨天打雷、闪电的时候，小孩子会怕，但是爸爸会带着他们所有的子女到户外观察大自然，跟他们解释这是闪电和打雷，是自然的天气现象，他不会说雷公公生气了，或者说一些吓唬孩子的话语。可以看出，陈鹤琴在他实践中就是这么做的，把大自然、大社会当作活教材。我还问过陈一鸣陈先生给他留下的最宝贵的东西是什么。陈一鸣先生那时候 70 多岁了，跟我说他爸爸在他小时候规定他们家所有兄弟姐妹，早上起来第一件事情就是去排便。一天的开始先解决完这个，才可以干其他事情，所以他们一家人的身体都很好，都没什么慢性的疾病，都很健康，这跟他爸爸注意从小培养他们的健康习

惯是有关系的。所以我觉得，陈先生为他的子女留下的最宝贵的东西应该是健康的身体。我们学前教育的五大领域里面，也是把儿童的健康放第一位的，这也是陈先生在他教育子女的实践中总结出来的。

最后我还是想重复那句话，我们中国的幼教界真的要沉下心来，好好梳理陈鹤琴先生的思想，然后把它运用到我们的实践中去，如果我们都能做到这样，那么中国的幼教会有一个全新的发展。

祝士媛——北京师范大学教育学部教授、世界学前教育组织中国委员会原主席

　　我在 1950 年的时候考了北京师范幼师班，当时不是幼师，是中华人民共和国成立以后，第一届招的未来幼儿园教师。我们入学以后就要学习专业课，我们的专业课老师是留美回国的，资历挺老的，他很重视理论方面的培养，跟后来的幼师的老师不太一样。他跟我们讲各种西方幼儿教育的流派，中国的主要讲的是陈鹤琴和张雪门。陈先生跟张雪门不太一样，陈先生特别重视实践，他搞了很多的实践研究，办了很多实事。张雪门更注重理论，在北京的时候，他是国民党那时候办的北京幼稚师范学校的校长。所以我是从我们专业课的这位老师那里最早听到陈鹤琴老先生的名字的，而且我们那时候每礼拜都有一天去幼儿园见习，当时见习的幼儿园基本上都是采用的陈鹤琴先生的单元教学法，又叫中心制课程、整个教学法。所以我们当时很早就接触了单元教学，也看得比较真实。

当时的幼儿园用的是陈鹤琴先生在 30 年代制定的幼稚园课程标准，可以说那是第一个真正的中国的幼儿园课程标准。因为在清朝，中国的幼儿园课程标准基本上是抄的日本的。所以我十分欣赏陈鹤琴先生制定的幼儿园课程标准。他制定的幼儿园课程标准其实有一个最低限度，最低限度就是要保证每个孩子必须达到的水平。我们现在的幼儿园没有升学制度，孩子到了年龄就可以上学，可是陈先生的最低限度对孩子在入学之前发展到的水平设定了一个标准。这一点给我印象很深，我觉得陈鹤琴先生所设定的最低限度很科学，因为每个孩子的水平和发展的情况是不可能一样的，但是会存在一个最低的限度。

我当时也听到了"活教育"这个词。陈鹤琴先生主张做中学，做中教，做中求进步，而且用大自然、大社会做教材，做人要做中国人，做现代中国人。所以我们很支持我们中国自己的幼儿教育家，这是我最早接触到的幼儿教育思想。

大概在 1952 年之前，幼儿园基本都采用的是陈先生的单元教学法。但是之后，苏联的幼儿教育专家来了，刚开始时苏联的东西还没有完全搬到幼儿园去，他们当时主要还是以培训为主。我那时候还没有上北京师范大学，当时全国的幼教干部都来北京师范大学听专家讲课，苏联的幼儿教育专家讲苏联的幼儿教育的主张，带来了学科课程与分科教学。

很快，幼儿园就都改成了苏联的分科教学模式。所以我毕业以后留到幼师附幼工作，用的就是苏联的这一套。

那时候我为什么很佩服陈鹤琴先生，因为我知道咱们中国的幼儿教育从一开始就是完全引进外国的。首先就是引进日本的，清朝的蒙养院的教学法也都是用日本幼教课的文件来模仿着写的。我们是 1903 年有了幼儿园，到了 1919 年，也就是十几年的时间，这时候杜威到中国来了，他在中国讲学两年，然后我们国家马上从学习日本的幼儿教育转到学习西方的幼儿教育。所以当时我就觉得我们这种行为就相当于过去鲁迅批评过的一种行为，叫拿来主义，原封不动地拿过来使用。中国原来是有自己的私塾念书的那一套的，而我们把它完全抛弃，现在的幼儿教育完全是新兴的、模仿外国的。陈先生是从美国留学回来的，但是他很重视从中国的实际出发来研究适合中国儿童的幼儿教育，因为中国有中国自己的文化背景，不同于其他任何国家。他制定的幼儿园课程标准，也是美国没有的。美国在 1979 年才成立了教育部，大概到了 21 世纪才制定了幼儿园教育指导纲要，所以美国完全是主张自由教育。陈先生制定的课程标准就是一个将西方先进的幼儿教育理论中国化的典例，也容易操作。当然他的教育思想中也蕴含着很多西方先进的幼儿教育理论，比如过去我们的小孩没有游戏，就是念书，他提出了幼儿园要生活化，要游戏化，这是学习西方的，对我们传统的死读书、读死书的教育观是一个很大的冲击。

改革中国的传统教育

首先我佩服的是陈先生的研究精神，他在其长子出生后，将其长子作为实验与研究儿童心理的对象，对其从出生起的身心发展进行持续跟踪观察与记录，以探索儿童身心发展的规律，我觉得这在中国来说算是创举。其次，按现在的语言来讲，我佩服他是因为他所主张的一套东西非常接地气，特别能够跟中国的实际情况以及中国人追求的这种文化素质相吻合。而且他不仅是一位教育家，他还是一位实干家。他进行了大量的实践，他办幼儿园，办刊物，办学校，还有研究机构，是一个非常全面的教育家。在中国，一直到现在来讲，再找一位像陈先生这样的教育家还真的不好找。我们也是从西方回来的，但是走的路和他是不一样的。

在"五四运动"的时候，杜威在中国讲学了两年，中国，特别是中国的高层对西方的教育理念已经有了一些初步的认识。当时已经开始反封建，并且成立了共和国，反对那种背书、读书、写字，培养未来的科举人才的传统的教育模式。所以在这种社会背景下，我认为陈鹤琴进行的应该可以说是一场教育革命，或者也可以说陈先生是我们中国教育革命，或者说是中国幼儿教育革命的一个旗手。但是"教育革命"这个词是50年代以后才出现的，甚至是在60年代以后我们才经常讲教育革命，在这以前好像没有这个词。所以没有人说陈鹤琴是在进行着教育革命，只知道他有在改革中国的传统教育。

当时中国很多幼儿园不是日本式的就是西方式的，他说孩子看的是外国的图画书，吃的点心是洋点心，每天还要祈祷，完全是西方式的。当时中国的幼儿园很少，而且很多幼儿园都是教会或者是私人办的，国家办的幼儿园很少。所以这种背景下，他觉得中国的教育虽然不是死读书了，但还不是中国式的，不符合中国文化传统。

实践的重要性

陈鹤琴的活教育理论强调做中学，做中教，做中求进步。按现在语言来说这就叫作实践，要密切联系生活，在实践中学，要有实际的操作。我们中国的传统就是比较重视书本知识，比如说现在的高考制度的指挥棒把学生引回到了书本，不用说手工课、劳作课，连音乐课都没有。我最近刚从贵州回来，他们那边的学校把音乐课都取消了，腾出来准备高考的文化课。而很多西方的幼儿园还有日本的幼儿园都十分注重培养幼儿的动手能力，幼儿每天放学都会把自己在幼儿园做好的东西带回家去，我们的幼儿园就不太重视这方面。陈鹤琴主张的做中学，很强调人要动手，要在实践中学习，既要学习知识，也要学习实践。从做工业产品就能看得出来，日本的工艺特别好，这就是为什么大家都跑日本去买东西的原因，他们十分注重从小培养幼儿的实践动手能力。我印象深刻的一件事是联合国有一次来考察我们中国的幼儿园，世界学前教育组织的一位专家到我们幼儿园观看幼儿园的活动，看了之后他觉得非常地不能接受，因为孩子都安静地坐在教室里面听老师讲课，而他认为幼儿不能离开动手，一定要做事情。日本一位教授跟我很熟，他说他们日本的幼儿园设计的课都是要让幼儿做点什么，在亲身操作中学习的知识才能变成幼儿自己的知识。他们都觉得中国幼儿园的这种灌输式的教育很可怕，在西方的幼儿园里每一个孩子都在动手做东西。

人的各方面的发展都是离不开手的动作的，手的动作就是要刺激大脑神经的发展。陈先生很重视人的全面发展，那就不能光动脑，也需要动手。我觉得他是从培养全面的人的角度来考虑教育的，教育绝不是培养书呆子。他所做的这些玩具也是为了培养孩子的动手能力、想象能力和创造能力，激发他们的智慧。

家庭教育

家长是孩子的第一任老师，这是公认的。可是很多家长却又没有意识到这一点，他们往往认为把孩子交给幼儿园老师了，好像他们就没责任了。实际上家长在无形中教会孩子很多东西，家长的为人处事的态度会在潜移默化当中影响到孩子。有一次我到美国去，当时咱们中国驻联合国，我去给联合国的工作人员讲解中美教育的不同，我给他们上完课之后，他们的大使和夫人请我吃饭，饭桌上交谈的时候，他们就讲到一个事儿，我觉得这是一个很好的例子。他们说他们有一个孩子，孩子跟他们讲你们现在怎么样对待我的奶奶，我将来就会怎么对待你们。所以说父母是孩子的第一任老师，孩子会以父母为榜样，父母的一言一行都会在无形之中影响到孩子。

我还记得我教一门儿童文学课需要做的一个调查，调查的主要内容就是问孩子爸爸妈妈在家最喜欢做什么事。在这个调查当中，孩子只能选择一个选项，结果选项里选喜欢阅读的，妈妈只有28%，爸爸只有24%。特别是在爸爸的选项里面，孩子们还会说爸爸最喜欢玩游戏机，最喜欢抽烟，小孩特别天真，他们会认为爸爸在家里做得最多的事情，就是爸爸最喜欢做的事情。调查结果显示大多数的家长在家里都不看书，那么在这种家庭环境成长起来的孩子怎么会热爱阅读呢？所以我觉得这就是家庭教育对孩子的影响。后来我还带我的研究生做了一个研究，主要研究家长的阅读行为对孩子阅读兴趣、阅读能力、阅读习惯等方面的影响，我们做了将近一年的研究，收获很大。在研究的过程中，我们要求父母每天必须当着孩子的面阅读半小时，我们提的条件很宽松，就是不管真读或者假读都可以，必须要做一个读书样子，看报纸或者杂志也都行。结果家长都说，自从我们做了这个研究以后，他们慢慢地也养成阅读的习惯了，每天吃完饭，总想阅读点什么东西。结果孩子们也受到了影响，家里如果有客人，孩子们马上就蹦蹦跳跳在屋子里乱闹，但是只要我跟爱人一块念书，孩子们就会很安静地念书或者画画，家长说这就是榜样的作用。所以我认为如果家园不能够很好配合的话，幼儿良好的行为习惯就培养不起来，而幼儿阶段又是一个人养成良好行为习惯的基础阶段。

我们学校也有这么一种现象，我们学校有很多工人，我们都很熟，在我们很小的时候，他们就在那里工作。有一些工人就会说，我们和你们没法比，你们能够给孩子补习，所以你们的孩子都可以考上大学。我说你说错了，我有两个小孩，读的都是理工科，而我是学文科的，我根本不能给他们补习，而且几十年后的教材都变了，我也都忘了。他们很疑惑，不知道是什么原因造成的这种差距。我说你

们每天下班后，有时候在一块儿打牌，有时候在一块儿喝酒，而我们老师在家都是在备课，后来家里有了电视也都不大看，所以这就是家庭环境的影响。从幼儿园开始，工人和老师的孩子在同样的幼儿园、小学、中学上学，可为什么有的人能够考上大学，有的却考不上，也就是说学校教育条件是相同的，但是由于家庭环境的不同，孩子的差距会慢慢地显现出来。

陈先生教育理论对我有很大的帮助，我一直在学校里教学前教育课程、学前教育学，但是我教的时间最长的是儿童文学和幼儿园语言教学，所以在我的教学法里边，我经常引用陈先生的东西。我在2011年写了一本书，在里面我引用了陈先生写的一篇文章《幼稚园的故事》中有关为什么要给孩子讲故事以及怎么给孩子讲故事的观点。另外，有一年我给《山东教育》写了一篇很长的文章，有关中国语言教育的发展，其中有很大的篇幅讲的是陈鹤琴先生对儿童故事、儿歌、儿童语言方面的主张。我非常推崇他的思想与主张，我不仅自己学习，自己教学生，我还把他的思想宣传到全国去，所以他的教育思想对我的影响是很大的。

关于为什么要读书这一点，我也深受陈先生的启发。他认为读书首先要引起读者读书的兴趣，我觉得这一点是最重要的。幼儿在幼儿园里学的东西，并不能成为系统知识，但是养成幼儿读书的兴趣是

最重要的，因为兴趣是人行动的内部驱动力。现在有的家长不懂这点，他们主要是通过外在的奖励来刺激孩子，逐渐地，孩子会因为这些外部的动机去学习，一旦外部的奖励消失了，孩子可能就失去了学习的动力，而内部动机是孩子自己想要去学，孩子有兴趣去学。所以我们主张培养孩子的内部动机，兴趣就是最重要的内部动机。前些年我有时候做一些家庭教育咨询的时候，很多家长非常苦恼，他们跟我说现在家庭经济情况很好，孩子想要什么我们都能给他买，但是我发现孩子对什么都没兴趣，给他买钢琴他不弹，给他买了书他不看，甚至买了玩具他都不爱玩。所以我们可以看出兴趣对一个人的影响是很大的。

文学作品对幼儿的价值

同时，我觉得还有一点也非常重要，就是人的成长是离不开文学作品的熏陶的。一直给孩子讲各种做人的道理是行不通的，孩子不喜欢听。可是如果看文学作品，孩子会非常佩服、非常喜欢作品中的主人公，然后可能想效仿他，从而去学习一些做人的道理。所以说看文学作品可以涵养性情，孩子可以通过行动的模仿来学习作品中人物的高贵品质以及做人的态度等。另外，文学作品里的语言都是经过加工的艺术语言，而不是日常生活中的语言，

孩子们通过阅读文学作品可以学到很多艺术性的语言，这对他将来的写作都是很有帮助的。

文学作品还可以引起儿童的想象，想象是创造的前身，没有想象就不可能有创造。有一次我去美国，他们送给我的图画书里就有些动物是世界上没有的，比如说有它里面的鸡有三只脚，兔子多出来一只耳朵，里面的动物奇奇怪怪的，我管它们叫怪兽。这本书这样画动物的意图就是发展幼儿的想象力，虽然在现实生活中没见过这样奇怪的动物，但是可以想象世界上可能还有这种怪的东西。而现在的孩子确实缺乏想象，我们有一次开国际会议，我在艺术组里，艺术组里有一个画展，一面墙是中国儿童画的画，一面墙是澳大利亚的孩子画的画。中国儿童画的画，技能技巧特别好，画什么像什么，画得特好看；澳大利亚的孩子画什么不像什么，但是在作品的下方写着孩子们的说明，想象力特丰富，但是技能技巧差。后来在研讨会上，澳大利亚人说，我们国家孩子想象力是比中国孩子的想象力更丰富，但是我们国家的孩子绘画的技能技巧也需要加强学习，这样才能画得更好。中国儿童画的画人像人，车像车，但是很死板，所以我觉得引起想象可能是发明创造的一部分。

同时，文学作品还可以抑制恶感，引导幼儿树立正确的价值观，因为在文学作品里都是好坏分明的。另外，孩子听了故事之后，他会尝试去讲故事，

而通过讲故事又可以提高幼儿的发表能力，也就是表达能力和讲述的能力，还有随机应变的能力，孩子的语言丰富了，他就比较能随机应变地表达自己。

陈鹤琴先生还特别重视讲故事的要求，他讲了这么几点，要精神同化，要彻底了解，要感到十分兴趣的态度，要有自然的姿势和动作，要用适当的言语和音调，要经常练习，这些都是讲好故事的最重要的技术。陈先生讲到的要精神同化指的是在讲故事时你要进入角色，在故事里面你不是客观存在的，这样你讲故事时才有感情，听故事的人也能够产生共鸣；再有，讲故事前要做好充足的准备，对故事的主题、情节等都要很好地了解，只有提前深入地了解故事之后才能把故事讲好；要感到十分兴趣的态度指的是只有教师对这个作品特别有兴趣才能够真正感染孩子，才能把故事讲好；还有一点是，要有自然的姿势和动作、适当的言语和音调，在这方面他讲述得非常详细，他认为讲故事时字句要文雅，注意句读和段落，讲故事时要有节奏，字音要清澈、利落，各个字都如珠落玉盘，要有抑扬变化、快慢顿挫，注意调息和发音的高低。陈先生对老师讲故事的要求是精益求精的，但是现在有些幼儿园教师在讲故事的时候跟念书一样，没有感情，没有节奏，也没有兴趣，所以这仍是我们应该继续学习的地方。

有关幼儿应不应该识字的争论

在儿童的语言教育方面，他还有一个很重要的贡献就是有关幼儿识字的问题，因为在中国，幼儿要不要识字这个问题已经争论了80多年了，你都想不到一个这么简单的问题争论了有80多年。最早是在抗日战争之前，有的中国人就认为幼儿不适合学习识字，但是这个争论也只是存在于平民百姓之间。比较大的争论还是在中华人民共和国成立之后，大概在1952年前后的时候，在《人民教育》杂志上，当时南京是以陈鹤琴先生为首，主张幼儿可以识字。反对的是北方教育部的幼儿教育处的领导人，反对的原因是当时的处长认为，字是抽象的符号，认字是一个比较复杂的脑力劳动，幼儿由于年龄较小，高级神经还没发展好，对于幼儿来说认识抽象符号是困难的，不适合他们的年龄特点。另外他还用自己的子女作为例子来证明了过早识字对孩子会产生不好的影响。他说他有一个独生女，学习很好，是师大女附中的学生。到50年代的时候，学校派人去苏联留学，她被选中了，成为留苏预备生。但是在体检的时候因为眼睛800度的近视，失去了这次机会。处长说是因为他女儿识字很早，而且在小学的时候就看了很多小说，结果就把眼睛看坏了，这是他一个非常惨痛的教训，不能再影响到后一代。他认为最好是先让幼儿认识形象的东西，比如说一个茶杯，幼儿能够认识茶杯以及茶杯的形状、颜色和用途就足够了，不用认识茶杯这两个字。

而陈先生认为孩子生活在有字的环境里面，到处都有字，再加上在 50 年代的时候，每个家庭还都是多子女，小孩不认识字，但是他的哥哥姐姐认识字，他自然就会跟着哥哥姐姐一块认字。另外，在外边的广告、路牌上的地名都是有字的。他认为孩子从 4 岁开始就可以认字，如果认为孩子太小的话，可以推迟两年，6 岁就可以认字。因为在 1949 年前，孩子上学没有规定的年龄，当时有的小孩在四五岁的时候就上学了。在我们学习苏联以后，我们国家也改成了 7 岁入学，6 岁的孩子还在上幼儿园，所以他就觉得幼儿园的孩子是完全可以认字的。另外，他认为认字对孩子来讲，是孩子自己需要的、感兴趣的，并且这也是有可能的。可是，因为反对方是教育部的领导，所以在这几十年里，中国的幼儿园是不允许教识字的。教育部后来在二十世纪五六十年代发布了一些文件，规定幼儿园一律不许学习识字。

到了改革开放以后，陈鹤琴的一位学生，是幼儿园园长，同时是我们教研室的副主任，也是南师大毕业的，他同意陈先生的主张，认为幼儿是可以识字的。所以他在他们的一个幼儿园里进行了相关的实验，因为政府虽然不允许幼儿园识字，但是并不反对幼儿园做相关的科学研究。研究表明幼儿确实是有能力识字的，而且识字并不会对他们造成不良影响。小班可以认 200 个字，中班可以认识 600 个字，大班可以认识 800 个字。而且他还总结了很多经验，后来我用在我们学校里，因为我对他们的这个识字的研究挺感兴趣的。另外，从这个研究中我们还有一个发现：孩子在四岁到五岁的这个年龄阶段，识字能力发展得特别快，识字量增加迅速，这一点在以前没被人认识到，因为在幼儿园的工作中一般会重视小班和大班，小班刚来要重视常规的培养，到了大班了，孩子快上小学了，要进行入学准备，而中班常常是被人忽视的。有经验的老师都分配去教小班和大班，可实际上中班这一段时间幼儿可以有一个飞跃的发展。

孩子的行为是很自然的，孩子在环境里自然地识字，在图画书中自然地识字，并且孩子有自己识字的方法和途径，陈先生认为识字比写字容易，发展得更快，他不主张让幼儿写太多的字，现在大家也接受这个观点。写字一般先由绘画开始，比如画一面旗子，就像 4；画一些东西，有点像拼音符号之类的。所以我觉得现在幼儿园所做的入学准备也有所发展，陈先生指出的这一点可以让我们有理论根据，因为在几十年前，就有人提出幼儿可以认读字。这个争论可能好多人不太知道，因为斗争时间太长了，而且大家也不会去看 50 年代的《人民教育》。我是因为教学需要，会去看《人民教育》上的相关文章，再把重要的东西摘录下来。最终主要还是行政的力量比较大，所以几十年不允许幼儿园识字。改革开放以后，很多幼儿教育家进行识字研究，效果都不错，但说起主张幼儿能够识字的，还是陈先生最先提出来的。

所以在幼儿识字问题上，中国有过很多争论，但是我觉得陈先生的主张是正确的。我们也一直在争取，争取的结果就是在 2001 年中国颁布了《幼儿园教育指导纲要》，提出可以让幼儿有前识字、前书写的技能。可以看到这个问题从 20 世纪就开始争论，到 21 世纪国家才颁布了相关的文件，提出了可以让幼儿有前识字、前书写的技能，过程是十分艰辛的。

对陈鹤琴先生的教育思想和实践研究的评价

因为陈先生生活的时代跟我们不一样，我们现在已经是 21 世纪了，在那个时代，中国还处于很保守的时代。在保守中又吸收了一些西方的东西，但是吸收的东西怎么使它在我们中国的土壤上健康成长是一个很大的问题。陈先生是在二十世纪三十年代以后提出了幼儿园的课程标准，他办的学校，都

是具有建设性意义的。他主张合理地、有选择性地吸收西方的幼儿教育理论，并且注重与中国的实际相结合，为我们今后中国幼儿教育事业的发展指明了前进的方向，为我们现代的幼儿教育奠定了一个非常好的基础。

直到 21 世纪，我们中国的幼儿教育才有了很大的发展，获得了很多的研究成果，陈先生奠定的基础是非常重要的。改革开放以后 80 年代前后，中国研究了主题教育、综合教育，最开始的时候还是完全模仿陈先生的理论，但是后来越做越有当代的东西了。因为毕竟陈鹤琴的幼儿园教育理论还是属于早期的，比如说他的整个教学法注意横向的联系，在系统性方面有所缺乏，孩子获得的知识有时有点零碎。可是我们现在主张的主题教育，既注重横向的联系，也注重纵向的联系，这就是我们后来的进步，但是陈先生为我们奠定了很好的基础。也就是说，我们先重复他的东西，在做的过程中学习和发展，并且不断完善。陈鹤琴的幼儿教育思想奠定了现代幼儿教育的基础，给当代的幼儿教育发展起了很好的启蒙作用，但是时代在发展，需要我们后人在科学研究基础上，把他的思想再发展，再充实，再巩固。

顾明远——中国教育学会原会长

40

陈鹤琴先生是我们中国老一辈的教育家，是我们非常敬仰的先辈，对我们中国的幼儿教育做出了巨大的贡献，我们今天非常怀念他。陈鹤琴先生主要的贡献是他先进的教育思想，他研究儿童心理学，主张生活教育，他从美国回来以后，一直从事幼儿园教育的工作。他认为幼儿园教育很重要，是人一生的基础阶段，所以他非常关心这个事。可以说在我们国家，陈鹤琴先生是关心学前教育的先驱，他写了很多书，我们读了他很多著作，包括《儿童心理之研究》。这本书不仅有理论知识，而且还将小孩一天一天成长的过程记录下来。这种观察的研究方法以及研究的内容对我们幼儿园的教育研究具有非常重要的借鉴意义。

他后来提倡生活教育，主张学习是在生活中进行的。我们长期以来比较重视学校制度化的教育，但其实一个人的一生不光在学校里面学习，很多的学习可能就在无形当中，在生活中能够做到，所以他提倡生活教育，我觉得这一观点一直到现在来讲都非常有意义。我前不久写了一篇文章——《学生的成长在活动中》，活动指的是生活中的活动，也就是在生活中学习，其实这也是学习了陈鹤琴先生的思想之后得到的一些启发。所以无论在理论上还是在实践上，他的事迹在我们中国现代教育发展的过程中都是不可磨灭的，他做出的贡献是非常大的。

新中国成立以后，他担任了南京师范学院（现为南京师范大学）的领导，他非常重视师范教育，特别是对幼儿教师的培养尤其重视，对我们幼儿园教育体系以及幼儿师范教育体系的建立做出了巨大的贡献。所以我觉得陈鹤琴先生以及陶行知先生，都是老一辈的先生，奠定了我们中国现代教育的基础。

最近几年我们的教育发展很快，学前教育发展得更快。但是仍存在很大的问题：一方面是师资的缺乏，另一方面是很多家长以及部分幼儿教师的观念还是比较陈旧，比如说对孩子管得比较多，不能够放手让孩子自己去生活，去学习。现在的学前教育在理念上还存在不少问题，因此我认为要办好学前教育还需要重新再读一读老前辈们有关学前教育的思想。他们在那个年代就已经意识到教育应该首先要培养孩子良好的生活习惯。现在很多家长把孩子送到幼儿园就是为了学知识，而没有注意到要培养孩子的生活情趣、与同伴的交往能力以及良好的行为习惯，其实这些方面陈先生都在他的著作中有提到过。我认为家长以及幼儿教育相关的工作者都应该更好地发扬陈鹤琴老先生的学前教育思想，以更好地促进中国孩子的发展，提高中国学前教育的质量。

倪鸣香——中国台湾政治大学幼儿教育研究所所长、副教授

每一个国家或者是每一个民族，都有自己的幼儿教育发展史，陈鹤琴正好是那个时代的转折点。因为海峡两岸分割，以前我们学生时代时根本就不认识他。但是当海峡两岸开放了以后，我们就有机会读到有关陈鹤琴的文字资料，当时心里泛起来的是一种作为中国人的骄傲。因为在很长的一段时间里，我们认为我们中国好像没有自己的幼儿教育理论，我们读的是西方的一些资料，那到底我们中国人自己的资料在哪里？所以当看到陈鹤琴的资料，而且他还是我们中国的学者，我们就仔细地把它保留起来，那真的是一种感动。我刚刚讲到的每一个国家、每一个民族，都有自己的幼儿教育。陈鹤琴在那个时代里，就好比福禄贝尔在德国，在德国有福禄贝尔开创了孩子的新世纪，在中国有陈鹤琴，他是中国那个时代的灵魂人物，他为中国幼儿发声，为幼儿做了很多的事情。

41

他像皮亚杰一样记录他自己的孩子，从自己的孩子再推广到幼儿园的孩子，他研究家庭教育，协助幼儿家长，最后他还十分重视对幼儿教师的培育，那简直是不可思议的一股时代的力量。可以说陈鹤琴是我们中国的幼儿教育之父。他在那么艰辛的时代里，一直不断地强调我们中国的教育要有我们中国人自己的教材、自己的内容，并且他亲身地去履行了"做"这个字的实践的力量，这可以说是一个新世纪的开始。在读他的资料的时候，我有太多的感动，我深刻地觉得他留给我们的是一个华人的幼教文化资产。这个资产是千年的宝贝，因为他说了很多的真理，而且他是用我们中国的话语来说的。

在中国台湾的时候，我研究熊慧英老师。我在采访她的时候才知道她当初在上海幼专读书的时候是跟着陈鹤琴学习的。当时在不了解陈鹤琴的时候，我只是耳闻熊慧英老师是陈鹤琴的学生，后来我终于可以联系到熊慧英老师，可以看到陈鹤琴作为一个时代的楷模对他的学生们的影响。熊慧英老师在台湾奎山，以幼稚园作为教育实践的场所，一直在追寻着中国的教育模式，可以说陈鹤琴是熊慧英老师的楷模。熊老师在台湾幼儿教育后期的整个发展过程中做出了巨大的努力和探索，这是让我很感佩的。

陈鹤琴认为教育的目的是：做人，做中国人，有了民族的意识和文化的涵养之后，再来做世界人。当时他就有了一个全球化的视野，所以不要认为他提出的这个教育目的很简单。做人，成人之美，孩子要从幼儿变成成人，然后做中国人，然后做世界人，对世界仍然保持一种关怀。

我记得那时候开学时他还对学生说过很多期待的话语，期待学生要做个好老师，更期待学生除了做好老师之外，还可以做社会的领导。这并不是指的做一个位阶上的领导，而是作为一个好老师，去启蒙孩子，去关怀社会。最后他就成为当时社会的领航人。

他用科学的方法在实际地观察着他的孩子，收集着孩子的资料，然后慢慢地去了解这个孩子的世界。现在我们作为学者，都还不见得能够做得到这个地步，这是我们可以当作真理来看待的。事实上在当时的那个时代，陈鹤琴跟张雪门都在为中国的整个的新教育的转变做着很多的努力。因为台湾的幼儿教育其实深受美国的影响，大家对于过往生根的教育工作者其实不是那么地重视，最早从事幼教史研究的是芳翁老师，她以张雪门作为研究对象。

对于陈鹤琴的活教育思想体系，我们最多只了解五指活动，只重视了这个五根手指头的上层，其实我们还忽略了一句话：它是一个综合的、全面性的课程。所以在发展的过程中，大家只看到分科教学，手掌心下面的这个整合观，反而被忽略掉。长期以来，人们好像觉得陈鹤琴的教育理论没有什么内容。其实陈鹤琴的活教育思想体系主张我们要去除掉"旧"

的包袱，要让教育变成一种真实的、活现的、有效应的，是在生命上面发展的活的教育，而不是死的教育。其实这一点在台湾实践陈鹤琴活教育思想的过程中被误解了。尤其是老一代的老师们，他们在实践的时候，在历史的记载里面，五指活动的整合观没有彰显出来。我们这一代所看见的，陈鹤琴的单元教学、五指教学就像是分科教学。所以再也没有人愿意去讨论陈鹤琴的"五指活动"。两岸开放之后，我们这边也开始有学生有机会阅读陈鹤琴和张雪门的资料，他们会非常震惊地发现陈鹤琴这么早就已经把怎么跟孩子讲故事这一点讲得如此透彻。以前以为陈鹤琴的教育思想是一种八股式的民族教育，现在发现他讲的是民族的认同感。

西方的、美国的学潮依旧是很旺盛的，大部分学生其实还不认识我们的幼儿教育史的这位专家。在我自己的教学实践中，我每一次都会问学生你们有没有读过张雪门或者是陈鹤琴的资料。到今天十几年过去了，偶尔有一个学生说知道这个名字，听说过五指教学法，可再也没有其他了。可是大家也不用伤心，因为如果你问他知不知道福禄贝尔，他会说知道。但是除了知道福禄贝尔是幼儿教育之父，其他的什么也都不知道了。所以其实我们要做的工作还有很多，我真的觉得我们需要让我们的下一代有机会看到我们时代的巨人，我们自己有我们自己的前人耕耘下来的幼儿教育的知识宝库。这一辈子花了很多的时间去研究皮亚杰，彰显了皮亚杰的思想理论，是因为有很多人的投入。同样的，如果我们把我们的时间也投入到对张雪门或者是陈鹤琴的研究中，我们会得到跟我们研究皮亚杰或福禄贝尔一样宝贵的资产。而且我们应该跟随着历史的潮流，让我们自己的学术文化资产能够源源不断地传承下去。

教授　黄书光——华东师范大学教育学部

很高兴在这里介绍我们当地最著名的幼儿教育家陈鹤琴。陈鹤琴又被称为中国的福禄贝尔，他不仅是现代幼儿教育家，实际上也是一位全方位的大教育家，可以说是与陶行知齐名的一位教育家。他于 1892 年 3 月 5 日，出生在浙江上虞县的一个小商人的家庭，他读了私塾，在中国又接受了多种的教育，后来他通过清华学堂，考取留美。1914 年他与陶行知一起坐船到美国去留学，他先是到了霍普金斯大学，后来又转到了哥伦比亚大学学教育。他本来是想去学其他专业的，后来为什么学教育，在他自己的自转里面曾经说："我是爱孩子的，孩子也是爱我的。"所以他学教育实际上就是出于自己对孩子的爱。

42

回国之后（实际上他是1919年回到中国的，比陶行知先生要晚两年回来），他到南高师从事教育事业，在做教育时，他自己的孩子也慢慢成长。他的大儿子叫陈一鸣，陈一鸣是1920年诞生的，到1923年的时候他的孩子已经三岁了，他这个时候觉得要去办教育，办幼儿教育，办中国最早的鼓楼幼稚园，其实最初就是利用他们家里的房子来办教育。那么为什么他会去办鼓楼幼稚园，其实就是对当时的中国幼儿教育现状非常不满，因为当时幼儿教育的现状是外国化、小学化，这种弊端非常严重，调查之后他发现，这样一些教育是不符合中国国情的。所以最初一方面他在南高师做教授，另一方面他要自己办教育，改变中国幼儿教育的现状。他在办教育过程当中，鼓楼幼稚园确实是办得非常有特色，最初他主张实验，因为他跟杜威学，他认为杜威教育思想中让他佩服的就是实验的精神，因此他认为要实验。1925—1927年大概三年时间，他对幼儿教育进行三期的实验。第一期他把它叫作幼儿教育的散漫期，因为当时做幼儿教育，刚开始实行的时候，他主张要改变这些现状，要注意儿童的兴趣，但是整个幼儿教育，就是实行下来还是出现了一些问题。后来又进行第二次实验，第二次他把它叫作论理组织期，为什么叫论理组织期，因为太过于天性了，课堂很活跃，但是似乎管不住，孩子的个性在他看来叫电光石闪，所以整个课堂很混乱，他要对孩子

进行计划，所以叫论理组织期。那么论理组织期之后，整个课堂有秩序了，但是又变得死气沉沉了。因此，在1927年，他的幼稚教育实验提出第三期，他把它叫作中心制，就是既有组织的，但同时他是围绕着季节、时令的变化来组织主题，所以实际上是以中心制，以主题为核心的这样一种形式。因此幼儿教育通过三期的调查、三期的实验，形成了具有中国特色的幼儿教育，完成了幼儿教育中国化的探索。

这对当时中国幼儿教育的影响非常大，后来陈鹤琴形成了15条原则，其中第一条就是幼儿教育一定要适合国情。美国教育很好但是我们不能照搬，美国的教材教法很好，但陈鹤琴说一定要不违反中国教育的原则，这样一个理念其实对中国幼教的影响是非常巨大的。陈鹤琴一方面办幼儿教育，另一方面在他学杜威之后，认为要把国外的教育民主化、教育科学化的精神引进来，因此他在进行教育实践的过程当中又进行教育理论方面的探索，最著名的理论探索就是他有两本著作，在20年代的时候，一本叫"儿童心理之研究"，一本叫"家庭教育"。这样两本著作实际上是建立在他自己观察实验的基础上，特别是对儿子陈一鸣进行了长达808天的观察。通过观察之后，他发现儿童的心理是有这些特征：好游戏，好模仿，好奇，喜欢成功，喜欢野外活动，喜欢合群，喜欢成长。在观察实验的基础上，根据儿童心理的特征，他形成了自己的著作《儿童心理

之研究》。

另一方面他也形成了对教育方面，特别是家庭教育方面的独特看法，完成了《家庭教育》。《家庭教育》提出 101 条的教育原则，这 101 条教育原则非常通俗易懂，比如他第一条原则就说，做父母的要用积极的暗示，不要用消极的命令。第二条是积极原则比消极的刺激好得多。第三条原则他说做父母要以身作则，并选择好的环境，供孩子模仿，因为孩子有模仿性，这是他根据对儿童的观察得出来的。这样一些教育原则非常生活化，但同时也注意到教育的一些特征，通俗易懂，因此在当时非常受欢迎。著名的教育家陶行知也是陈鹤琴先生的同学，他对《家庭教育》这本书就非常称赞，他说他是以科学的头脑、母亲的心肠做成的此书。他建议全国的父母要人手一册，让这本书成为全国父母的必读书。陈鹤琴的两本著作，我认为体现了他对儿童的爱，而且他通过自己亲身的观察实验，然后结合自己的教育原理，做成了这样两本著作。可以看出，他首先要把自己变成孩子，然后才能够在与孩子接触的过程当中，体会到孩童独特的心理，最后上升到有中国特色的理论原则。而且他的家庭教育，是与中国的传统教育结合的，体现了中西融通，把我们的传统教育，比如《颜氏家训》中从小教孩子怎么做人的教育，与西方的教育，以及自己观察的教育结合起来，因此这两本著作应该是具有划时代

的意义的。

另外陈先生对儿童教育方面的贡献，在后面的教育实践当中进一步展开，比如说在 1935 年的时候，他曾经发出一个宏愿，也就是他写的一篇有关宏愿的倡议，这个宏愿当中，第一条他就说愿中国的儿童从今日开始，不论贫富，不论智愚，一律享受相当的教育，达到身心两方面最充分的发展。第二条就是愿全国儿童都能够享受到特殊教育，换句话来说，他不仅是关注正常的教育，对那些具有特殊需求的儿童，他认为必须平等关爱。在这里我们可以看出，陈先生对中国传统教育，比如说孔子的有教无类，要爱一切人的教育思想非常重视，这种重视在抗日战争时期我们可以看出来，那时候陈鹤琴作为上海工部局华人教育处处长，战争导致难民众多，所以他经常出入难民的收容，在一些芦棚席当中，经常可以看到陈鹤琴的身影，他不仅和这些难童交谈，而且教他们，亲自给他们上课。他这种精神受到当时很多学者的称赞，他们说陈先生是大仁者，不失其赤子之心。确实是这样的，他对儿童的关注，从早年的有关著作以及在实践中对儿童的特别关爱中都可以看出。后来他到江西再办教育，叫作江西省立实验幼稚师范学校，也可以看出陈鹤琴对儿童的爱是非常真诚的。1940 年日本侵略者对中国的侵略步步升级，日军开始侵略到当时的江西，就是泰和这个地方。他的幼稚师范在泰和，在学校被日军

侵略之前他们就开始转移，转移过程当中，从河南到赣南的梅林再到广昌的饶家堡，陈鹤琴先生一直和学生们一起饱受艰辛，应该来说是历尽磨难，他每一次都是一个指挥的角色。而且他每次都断后，因为要给转移的学生去借粮食。后来，抗战胜利以后，学校要迁回上海，但是迁回上海又出现了很多困难，有人主张江西的实验学校不能全部迁回上海，但是陈鹤琴后来回到上海给在江西的师生写信，他说我是你们的校长，也是愿意驮着你们奔走于荒漠间的骆驼，他说我一定会尽我的所能，一直斗争下去。可以看出来，不论什么时候，什么困难状态，陈先生对学生的爱依然那么深厚。在40年代的时候，有一些学生因为参加革命斗争，而被国民党政府所开除，陈鹤琴知道之后，他说这样的学生我是要的。通过研究陈鹤琴，我对陈先生这样一种对儿童的博爱精神充满了敬意。

我个人认为，陈鹤琴在办学过程当中，是非常重视中西文化融合的。他办教育不是说只是把西方，比如把杜威的理论简单地搬到中国来，他是结合中国的国情，所以说他认为杜威的实验精神是有价值的，但是他非常重视与中国传统教育的结合。他特别重视做人的教育，比如说在鼓楼幼稚园时期，他就认为学前教育是非常重要的，这是我们的基本教育，同时它又是人格成长的基础教育，换句话说，人格成长要在学前教育打下基础。后来他到上海办学的时候，认为中国传统的从孔夫子开始的仁爱的精神和理念一定要传承下来。他说我们很多家长以为，把孩子送到学校学了知识就是受教，这样的想法错了，因为做人才是教育的最根本。因此他在办学过程当中，非常重视对中国传统做人教育的挖掘，以及它的现代化。比如说他在上海工部局，做华人教育部长的期间，他就给当时工部局小学写了一首校歌，在这个校歌当中他是这样写的："我的学校教我们做人怎么做，团结活泼，做事勇敢，清洁健康，生活快乐，遵守纪律，和气且恭敬。爱国、爱人还要爱学问。"从这里大家可以看出，校歌融入了西方教育当中的一些理念，但同时又结合了中国传统做人教育的精神，比如说里面有一句话叫"和气且恭敬"。我们知道"和气且恭敬"是中国儒家教育最提倡的，《论语》里说君子是要温良恭俭，要和气且恭敬，君子就是谦谦君子。这样一种思想吸收到校歌中，实际上就是学校文化建设中的核心部分，因此在这里我们可以看出陈鹤琴对中国传统教育的继承与发扬。另外，在江西办教育的时候，他实际上又把这样一种精神，融入江西实验幼稚师范学校当中去，在江西办实验幼稚师范学校，实际上是活教育一个系统的展开。他当时也给实验学校写了一个校歌，这个校歌非常美，他校歌歌词是这样的："幼师，幼师，美丽的幼师，松林中响的是波涛来去，山谷间流的是泉水清漪，做中学，做中教，谁做谁习，活教育，活学生，活的老师。大自然、大社会是我们的工作室，还有手脑并用文武合一，建设我们的新国家，教导我们的小天使，幼师幼师，美丽的幼师，非常美。"他把中国传统教育中，做人的精神，特别是做现代中国人的精神，融入这个学校优美的环境当中，而且活教育办学理念，在这个校歌当中，得到了非常完美的体现。因此陈鹤琴办学的时候一直是中西融通的，他不是把西方的教育照搬过来，而是吸收了，同时能够结合得非常融洽，形成了具有现代意义的教育。活教育理念里面的"做人，做中国人，做现代中国人"，其实，我们基础教育改革推进到现在，我认为陈鹤琴这句话仍然具有现代性。因为中国传统教育从孔夫子开始就讲仁爱的仁，仁爱的仁就是两个人相互支撑，相互帮助，相互关爱，而陈鹤琴认为传统教育当中因材施教、个别教学很重要，要把儒家的仁爱精神传承下来，这个我们不能忘了。

在我们今天的新教育中保存了传统教育的合理性，他说现在中国不只是一般意义上的中国，我们在中国特定时代要做中国人，彰显民族性。因为五四运动以后，中国强调要学习西方科学、民主、个性、独立，进入现代社会，现代社会要有现代中国人，因此他认为现代中国人，就是要把现代的西方教育中有价值的理念融合进来。他认为做现代中国人有五个基本条件：健康的身体、建设的本领、

创造的能力、合作的态度、服务的意识。这五个条件对现代中国人的描述，与我们提倡核心素养有很多相同点。我们知道核心素养当中最重要的是合作的精神，合作精神在陈鹤琴这里叫合作的态度。创造的意识或者创造的能力，特别是批判性意识，在现代素养当中其实和陈鹤琴的创造能力、批判精神也是相同的。还有建设的本领、服务的意识等很多具有现代意识的理念，在陈鹤琴活教育的目的论当中体现得非常充分。

从课程的角度来说，陈鹤琴提出大自然、大社会都是活教材，这个就是活教育的课程论。陈鹤琴对课程的探索，实际上是从做鼓楼幼稚园的时候就开始了。刚才我们讲到了，他是通过三期的探索，又创办了若干所小学和功能夜校。到江西的时候，他的活教育理论进一步序列化，他把课程论形象地表述为五指活动，五指活动就是儿童科学活动、儿童语文活动、儿童艺术活动、儿童社会活动等，就像人的五个手指一样，是成体系的。另外，他提出做中教，做中学，做中求进步，就是说要在活动过程当中去培养儿童的创新精神和创造能力，在做的过程当中，学生与老师共同进步。这样的理念是在杜威思想基础上又进一步和发展，曾经有人批判陈鹤琴的理论就是杜威思想的翻版，陈鹤琴说不是这样的，这个活教育确实受杜威影响，但是我和杜威一起创造理论，也一起创造方法，换句话说，在

实践过程当中，他的理论是随着实践的发展而发展，再创造出一种具有中国特色的理论与方法。陈鹤琴有自己独特的一些创造，在课程当中，在目标构建当中，都和杜威原初的理论是不一样的。陈鹤琴在理论上是有一个深化的，同时我们知道陈鹤琴，他又在相当长一段时间做行政领导。从1927年，在南京做教育科科长之后，1928年到1939年又到上海做华人工部局教育处处长，陈鹤琴在做华人工部局教育处处长时，非常重视行政学术化。他一上来就把当时的学校和下面的一些机构进行改组，所以他要经常到学校中做一些改革方面的探索。而且其实这个探索，不止是在上海，因为有一段时间他在做南京教育科科长，他就把当时南京40所私立小学，划成东西南北中五区，每一区都设了一所实验学校，而且对实验学校各有侧重，每一个学校配一个研究院。换句话来说，他非常重视行政与实际学校的建设，我认为关于当代的教育改革在行政内容上怎么与之结合，陈鹤琴给我们提供了一个很好的模板。

当时南京中区实验学校的校长一直跟陈鹤琴在进行活教育的改革，而且提出把生活教育作为办学的理想，还在编写相应的教材。这样一些改革应该说对后面的行政与教学，以及怎么推进教育现代化具有非常重要的意义。陈鹤琴有一个很著名的话，他说行政人员与教学人员，必须站在一条线上，换句话说两者是要一条心的，共谋教育的发展。他在

上海做华人教育处处长的时候，最关心的就是华人教育处受教育权益，他自己先后创办了6所小学，这6所小学包括北区小学、东区小学、西区小学、华德路小学、锦州路小学、彭路小学等，还有一所华童中学，四所功能夜校。从1927年到1937年，陈鹤琴的办学结果是整个教育发展的规模和质量都得到了很好的扩大和提高，根据1937年最初的统计，陈鹤琴所管辖的学生达到8000多人。而且他经常深入基层，作为华人教育者经常深入基层去关心学校的管理工作，去检查学校校园文化建设，关心学校改革以及教学环境等方面的问题。

他认为算术、语文、自然、图画、写作、写字等各学科不能太过于割裂。他非常强调服从儿童的生活经验和时代的需求，在开展的时候整个学校要有一个中心，以看见的问题作为中心，然后把各科打通。与此同时，他不仅进行教学改革，而且还编了很多教材，这些教材体现了民族性与科学化的结合。比如说在开展的时候，非常重视编中国历史，编了中国历史故事40册。还编了幼稚园课本16册、儿童国语课本24册、小学自然故事40册等，他一边做行政工作，一边在进行教学改革，自己亲自编教材，而且编了一系列教材，推动了当时工部局的教育事业的发展。工部局是租界区，它非常重要的一个特点是租界区的民族性。陈鹤琴非常强调工部局在早会的时候必须升中国国旗，来彰显我们办学

的爱国主义精神和中国化发展道路。他在1929年的时候，还为工部局小学写了校歌，校歌当中充满了民族性，他提出要中西融合，要能够体现中国民族文化的精髓。他说学校教我们怎么做人是素质教育核心的问题，团结、活泼、做事勇敢、清洁健康、生活快乐、遵守纪律、和气且恭敬、爱国爱人还爱学问……非常美的一首校歌，这首校歌实际上就是我们通常所说的学校文化建设的深层部分。从1927年到1939年，陈鹤琴虽然是在行政论上做处长，但同时我们可以看出，他做了很多实实在在的工作，实际上，是搞教育科研的工作、实际指导的工作。他开了一场教育实验区，推进区域教育现代化的整体变革，而且亲自编教材读物，维护华人教育的利益。

活教育理论实际上有一个过程，从1919年回国以后，他投身教育改革实验，然后20年代形成系统三期的改革推进，到30年代又到上海11年，作为华人教育处长，一系列地去推进。到1939年，特别是1940年的时候，他又辗转到江西泰和，创办了江西实验幼稚师范学校，把前面的活教育理论进行更加系统的展开。因为在工部局受租界的局限，在这个时候他认为中国的师范教育，不能跟着欧洲走，必须下一个实验的功夫，所以在这个江西泰和温江村大林山的一个松林深处创立幼稚实验师范学校。这个幼稚师范学院有点像我们传统的书院，非常有意思的。

他这个学校在大山上，山上竖着两个大牌，一个牌子叫做人、做中国人、做现代中国人，另一牌子上写着，大自然、大社会都是活教材。整个校园就掩映在树木中，坐落在一个风景非常优美的地方。它实际上既吸收了书院的精神，又融入活教育办学的理念。创办这个学校非常有意思，他是和学生一起来开山作业，因为他争取到的国民政府的经费是非常有限的，所以他这个有限的钱必须精打细算。陈鹤琴在整个办学过程当中，付出了自己的心血，他自己设计校徽，这个校徽是一个小狮子，所以陈鹤琴很亲切地把学生叫作小狮子，他说自己是老狮子。他还写了校歌，这个校歌非常优美：幼师幼师，美丽的幼师，松林里响的是波涛来去，山谷里流的是泉水清漪，做中教，做中学，谁做谁习，活教材，活学生，活的老师，大自然，大社会是我们工作室。还要手脑并用，文武合一，建设我们的新国家，教导我们的小天使，幼师幼师，美丽的幼师，太美了。就和他写的小学的校歌一样，里面有非常深厚的中西文化的底蕴，而且把他办学的理念和对学生的爱都融入里面，所以我觉得，我们当下在进行学校文化建设时特别强调校长要有文化理念，我觉得可以从陈鹤琴老先生这里学到很多好的东西。

从1940年到1946年，陈鹤琴和他的活教育事业展开中，培养了很多学生，按照统计他一共培养了七届213名学生。当然我们现在看这个数据不是很大，但是在当时来说应该是很了不起的，能够培养这么多学生，而且这些学生后来都成为全国幼教战线的骨干力量，他对中国的幼教教育事业，可谓是做出了杰出的贡献。回到上海以后，陈鹤琴没有忘记江西的学生和老师们，因此他成立上海市幼稚师范学校，后来改成上海市市立女子师范学校，成立国立幼稚师范专科学校继续进行活教育的实验。当然我们知道中华人民共和国成立以后，陈鹤琴和其他许多知识分子一样，要适应新中国的变化，陈鹤琴自己说他确实不是杜威理论的简单的翻版，而是结合中国国情，进行实验再创造，进行理论再变革，因此陈鹤琴的办学应该说是我们教育家办学的楷模。

刚才讲了活教育的目的论，其实陈鹤琴和杜威的理论是不一样的，因为杜威讲教育皆生长，他强调的是教育对儿童本能的一种内在意义，他强调的是教育不要有外加的东西，不要有别的目的，或者是强加的目的，这是教育皆生长的意思。陈鹤琴认为教育还是有目的的，而且这个目的是分层次的，在幼稚园，小孩成长的每一个阶段达到的目的，都应该是分层次的。他在鼓楼幼稚园的时候就制定的一个幼稚生应用，即幼儿应有的习惯和技能表，因此可以看出这个理论和杜威的教育的目的论是不一样的；后来在小学阶段，我们知道他要做现代中国人，培养现代的中国人，对中国人都寄予厚望。到底作为现代中国人的条件是什么？刚才说过了要有健康的身体，建设的本领，创造的能力，合作的精神，服务的意识，因此陈鹤琴的理论对杜威是一种超越。陈鹤琴活教育的课程论是从杜威这里来的，因为杜威认为学校科目应相互关心，真正联系的不是某个学科，不是科学、文学、历史、地理，而是儿童社会活动的本身，陈鹤琴把这个理论吸收过来，但是他认为，我们活动课要再进行创新。

他首先反对中国传统教育死读书，读死书，他认为我们要用活动课程来反对我们传统的死读书的教育。他特别提倡要活教育，强调大自然、大社会都是活教材，强调通过活动，通过儿童自己生活中的非常丰富多彩的事物来促进儿童发展，比如他说四季鲜艳夺目的花草树木，光彩陆离的虫鱼禽兽，变幻莫测的风霜雨雪，奇妙伟大的日夜星辰等都是儿童知识的保障。换句话来说，我们要去开具儿童的一种美妙的世界。过去的教育只盯着书本，活动课程有限，活动课程应该根据四季的变化、节气的变化来组织，把各门课程组织在一个活动的主题中。而且陈鹤琴非常重视科学观察，特别是精密观察，其实就是系统整体的科学的观察。科学观察之后他了解了儿童对四季的认识是怎么样的，所以对儿童切忌进行分科教育。他活教育课程论实际上是有理论指向，并且随着实践不断发展的。

后期他又提出儿童的五指活动，五指活动就是对课程论进行系统的构建，包括儿童科学活动、儿童语文活动、儿童艺术活动、儿童社会活动、儿童健康活动共五个。在他看来，儿童的活动就像五个手指一样，每个手指相互独立，同时五个指头互连构成一个整体。陈鹤琴有课程的整体观，因为儿童是以"做"为中心的，一切以"做"为中心展开活动，在方法论上他有进步的地方，不止强调做东西，做中教，做中学，而且在教学中互相启发，共同进步。陈鹤琴非常重视对儿童的观察，他对陈一鸣进行了808天的系统观察，包括对其他孩子的一些观察，这些观察都是他理论形成的非常重要的实践源泉。除了刚才讲的活教育的方法论以外，其实陈鹤琴还提出来一些教学原则。他提出来17条原则，包括教学游戏化、教学故事化、精密观察等，都蕴藏着陈鹤琴对教学特点和规律的深刻洞见，或者说是创造性的理论深化。除了教学理念，他又提出了13条的训育原则，这13条训育原则非常有意思，他说从大到小，从人治到法治。因为中国传统教育是讲人治的，现代社会是讲法治的社会，所以我们现在就要从小培养儿童，具有法治的意识。从人治到法治，从自我到互助，儿童可能开头更多的是关注自我，但是儿童在社会化。陈鹤琴特别强调儿童最后要到社会当中，所以要做现代中国人，要到社会当中去谋生，去发展，去创造自己的事业，从自我到互助，从知到行。他特别强调知行合一，从知到行，知行互动，或者叫知行合一。从不觉到自觉，原来

可能还不懂，后来就慢慢懂，从分家到合一，从个案到联络，家庭、学校与社会都要积极配合，从消极到积极，从口说到以身作则。陈鹤琴提出来的训育原则非常通俗易懂。

陈鹤琴是现代著名的教育家，从他作为教育家办学的角度来看，有几点我觉得可以汲取，一个是他特别重视对儿童的爱，这种大爱精神或者叫植根儿童命脉的精神气度，我觉得我们要给予充分肯定。一方面他对儿童的爱是天生的，他很早就意识到"我是喜欢儿童的，儿童也是喜欢我的"，在这个基础上，因为对儿童的真诚的、真挚的爱，他能够写出《儿童心理之研究》《家庭教育》这种划时代的著作。另一方面，陈鹤琴对儿童的教育不是停在口头上，他是落实到行动上的，为了了解儿童，他要把自己变成一个儿童，因此陶行知看到他的著作的时候，由衷地感到，这不只是科学的头脑，而且是母亲的心肠写出来的东西，所以全国父母都要人手一册，必须阅读。他把自己变成小孩，之后才能感悟到孩子的所需所求。陈鹤琴有一个保留的节目，他经常在和学生聚会的时候演《小兵丁》，他具有赤子之心，具有童心，一种不灭的童心。

我们知道当代教育改革特别强调公平公正的教育，强调均衡发展、区域推进。陈鹤琴无论是在南京做教育科科长的时候，还是在上海做华人教育处处长的时候，都是通过一个区域展开。他把区域划

成东、中、西等若干区块，然后推进区域教育改革，并且到现场与校长进行教学改革和人性化管理等指导。在南京的时候，陈鹤琴骑着一辆自行车，这辆车子非常平民化。他作为教育行政者，自己编写教材。所以作为教育家，我认为陈鹤琴是非常了不起的，他做这些都是出自对儿童的爱。如果没有对儿童的爱，我相信他是做不到这些的。在不同阶段，不同地方都可以看出陈鹤琴在办学过程中的这种大爱的精神。他有时候把自己比成骆驼，说我要驮着你们，奔走于荒漠之间，无论出现什么困难，一定会尽我的力，这种精神凸显了他对儿童的爱，对教育的爱，对教育事业的忠诚。在八十几岁的时候，陈鹤琴曾经提出"一切为了儿童，为了儿童的一切"，这成为我们教育中非常重要的核心理念。儿童是本体，是我们教育家发展的一个终极目的。

陈鹤琴和陶行知是老朋友，他们一起坐船到美国去，后来一起又回到同一个学校。在整个事业发展过程中，他们相互支撑、相互帮助。陶行知在南京办晓庄师范的时候聘请陈鹤琴当幼稚师范学院院长，陈鹤琴愉快地接受了邀请。陈鹤琴在主办《中华儿童教育》杂志的时候，也经常请陶行知帮忙。还请陶行知帮中华儿童教育社写了社歌，社歌充满童趣和教育家的精神。总之他们两位对教育的爱，我觉得有很多共性的地方。另外这种共性还反映到对教育理论探索方向的共识，比如说在中国怎么办

教育，陶行知认为办教育一定要结合中国国情，他认为中国当时的乡村教育走错方向了，因此他要办一个晓庄给大家看看乡村教育应该如何办。陈鹤琴在办学过程当中，也非常重视教育的国情，也就是教育本土化。不仅要教育国际化，还要教育本体化。20世纪30年代的时候陈鹤琴有接近一年的时间到欧洲各国游历，对当时欧洲最新的教育非常了解。把欧洲教育的理论引进来也不能照搬，他认为欧洲教育也有它的问题，但是有价值的东西，一定要结合中国国情进行本土化。

陶行知到乡村办乡村教育和陈鹤琴的路径是不一样的，陈鹤琴是先办幼稚教育，后来在上海也办了小学，还有功能夜校，之后又办了江西幼稚师范学校。在教育现代化变革的路径上他们有很多相同的地方，比如说，1919年8月陈鹤琴刚回到南高师，他追求教育科学化和民主化，很快地投入新教育的浪潮当中。他非常提倡教育测验、教育统计学、教育调查等，然后还编写语体文应用字汇。就是把当时杂志上流行的一些文字抽离出来编成《语体文应用字汇》，配合白话文运动、新文化运动，在教育民族化运动过程做出了贡献。在教育科学化方面，陈鹤琴亲自与廖世承一起编测验概要等，这个就是当时教育科学化中一些非常突出的表现。他和陶行知一起改变当时学校的面貌，把现代意义的教育成立起来，陈鹤琴做了很大的贡献。在当时南高师学

校变革过程中，整个 20 年代初期，也出现教育民主化在学校如何推进的问题。西方的理念结合本土会出现什么问题，作为教育家他用最新的理念去追问，然后去探索去结合，那么怎么结合，就是回到幼稚教育根据当时调查的情况做了一系列的结合。在这个结合的过程中，理论就在实践过程中慢慢产生。

陈鹤琴的贡献是他在实践基础上形成自己的理论，叫活教育理论，陶行知的理论叫生活教育理论。陶行知的理论不是把杜威的理论转化而是进行改造，而是通过晓庄的实验，把杜威的理论进行中国式的改造，并提出自己独特的、具有中国民族特色的生活教育理论。陈鹤琴也提出了自己非常有独特性的教育目的论、课程论、教学论，是对教育整体的变革，最终形成自己活教育理论。而且他是针对中国传统教育，把传统教育的精华吸收过来，进行融通与创造。我们在进行教育变革时，提出国家教育规划纲要，提出教育现代化的目标。前期的先驱者包括陶行知、陈鹤琴等他们在进行学校变革、区域教育变革等方面都为我们提供了非常重要的样板，我们在进行教育现代化变革中不能忘记陈鹤琴、陶行知。陈鹤琴讲做现代中国人，陶行知说要做人，要千教万教，教人求真，千学万学，学做真人，所以作为中国现代两个最著名的教育家，他们有很多异曲同工之妙。在当代基础教育变革中，批判性思维、合作的精神等核心素养恰恰与陈鹤琴所说的创造能力、合作的

态度是完全一致的，所以陈鹤琴教育思想是有生命力的。

另外，陈鹤琴、陶行知在儿童观上有很多相同的地方。我们知道陶行知讲对儿童的创造力要给予解放，他提出要解放儿童的头脑，解放儿童的双手，解放儿童的嘴，解放儿童的空间和时间，如果把儿童的手、脚、头脑都束缚住哪里来的创造力。陈鹤琴认为你要关注儿童，儿童喜欢野外活动，好动、好奇、好模仿等。当代教育中，在计划生育时期，我认为家长对自己的孩子过度呵护，以至于该让儿童去做的事情我们大人代替他去做了，这个恰恰是陈鹤琴最反对的。该让儿童去做的，就让儿童去做，这是非常重要的，然后还要积极地鼓励他，不要去消极地代替他。如果我们更多地去回望陈鹤琴教育，就可以看出我们当代教育中的很多问题，包括在面对现代技术对教育的影响时，陈鹤琴、陶行知的生活教育、活教育理念对我们当代教育仍然有启发。

我们当代教育很多是把幼儿关在一个房间整天玩电脑，这其实是有问题的，因为人要社会化。陈鹤琴、陶行知都反复强调人要社会化，要成为社会人，要成为现代中国人，这一点对我们当代教育改革也是很有价值的。另外在当代教育改革中，比如幼小衔接的问题上仍然可以从陈鹤琴教育的实践和理论当中去汲取营养，我们知道陈鹤琴在幼儿教育、小学教育，包括高等教育、特殊教育领域其实都有

很多的研究。

过分早教，把本来应该在教学阶段学习的东西放在幼儿园当中去学，其实是不对的。因为陈鹤琴认为儿童有自己的认识规律，特别是幼儿阶段，关于他对世界的认识的教育，叫整个教学法。儿童对世界的认识是模糊的、未分化的，我们不要用已经分科的知识过早地去灌输给儿童，而是要用某些主题，用凝练的方式，让儿童参与到一个主题当中。这个主题可能不是某一个学科，不是英语、语文，而是把英语、语文、美术、绘画、写字等是结合在一起的。在儿童非常高兴的时候，在玩得很开心的时候，出现某一个字让他认，我觉得这很正常。陈鹤琴认为这样的话儿童就学得很愉快，同时他可能也认识了一些字，但是我们没有必要把本来应该在小学时候教的知识，很早地让孩子去学。陈鹤琴提出儿童期的概念，儿童是有儿童期的，学前期是儿童人格成长的基础时期，这个时候就要培养儿童做事、为人的能力。陈鹤琴说孩子也要关注大人的言行，孩子他要学会他自己该做的事儿，培养孩子独立的精神。关于知识层面，特别是分科知识层面，知识是一级一级越来越深化的，不能把后级的知识过早地教授，对孩子来说并不利于他健康成长。而且你学习了后面一级的知识之后，他可能上课就不专心了，学习就产生问题了，因此陈鹤琴的理论对当代教育改革也提供了一个非常重要的启迪。

纵观陈鹤琴对这个教育理论的探索以及长期的实践，我们可以看出，其实陈鹤琴留给我们的精神财富应该说是非常丰厚的，其中有一点很重要的，就是献身教育的精神。这一种爱的精神，我把它叫作大爱精神，或者说纯爱的精神，或者叫博爱的精神。我觉得我们当代办教育，无论是公办教育，还是民办教育，一定要树立对孩子的关爱，把孩子的健康成长作为第一要务，在这一点上陈鹤琴已经给我们做出榜样了。

第二点，就是中西融通的创造精神。陈鹤琴对外国教育，对西方最新的美国的进步教育非常熟悉，但是他结合中国国情进行再创造，这一点非常重要。你们去看陈鹤琴的理论著作，无论是他的《家庭教育》，或者《儿童心理之研究》都是中西融通的，而且他都是中国的语境。美国的幼稚园和玩具非常好，我们能用吗？我们的国情也不允许。有的幼稚园的玩具很贵我们买不起，我们要适合本地、本土的资源，只要有利于孩子健全人格的发展的，都可以成为我们教育的一个非常重要的要素。外国理论很好，杜威的理论很好，还有很多包括蒙台梭利、福禄贝尔等人的理论都很好，但是他们的理论中有一些要素，比如福禄贝尔教育中的神学理论，陈鹤琴说我们要摒弃，他要结合中国的实际情况，在中西理论汇合中进行智慧的创造。陈鹤琴自己也说，我的理论是到40年代才最终成长起来的，实际上他很谦虚。他说我的理论揭开的时间很长，换句话来说孕育的时间很长，其实已经表明他探索的时间是非常长的。

第三，理论与实际相结合的改革的精神。关于这种改革精神陈鹤琴给我们一个很深的启迪：教育理论不是高高在上的，不是写在书本里的理论，是要与实践相结合，通过改革来推进知行合一。陈鹤琴对中国的传统理论也很熟悉，知行要结合，在实践过程中，发现理论有问题再修正，比如说他的三期理论，前面是散漫期，后来叫论理组织期，最后叫中心制期，三期的理论，实际上从哲学的角度来，是辩证发展的。因为刚开始幼儿被压制，被外国化的幼儿教育理论影响太深了，儿童太不活泼了，所以他很重视儿童与生活的结合，穿插各种各样的活动，开发儿童的浪漫情怀，课堂是非常活跃的。但是如果太活跃，或者太没有计划性，那也有问题，教师干什么呢？所以陈鹤琴对教师的定位是指导作用，因此他说前期的理论是要修正的，修正之后叫论理组织期。但是如果说交换过程又有问题，这激发他进一步去思考，后来他又提出中心制，借鉴主题的变化、活动方式的多样性、整体架构等将理论活化了，所以陈鹤琴是一个理论与实践结合得非常好的人。

作为教育家，他在做南京教育科长期间，在做华人教育处长期间，不像有的人养尊处优。他走群众路线，陈鹤琴给我们当代的教育行政改革，树立了一个榜样，叫行政学术化，特别是教育部门的行政一定要学术化，要与实践结合，这个其实也是理论与实践结合的一个很重要的方面。

还有一点就是他对民族文化的自信。我们现在讲中华民族、中华文化自信，陈鹤琴在这一点上是很值得我们学习的。一方面他对中国传统的弊病、缺点，敢于去批判，他说传统教育、私塾教育是死教育、死读书，并且给予无情的批判和全盘否定。另一方面，对于传统教育中有价值的东西，比如儒家的修身的理念，他认为我们不能忘记儒家做人的精神，仁爱、相互支撑、学会合作的一种精神。书院中因材施教，就是个别教学，行以为重，强调德行。在知行观中，行以为重这样一种精神，他认为是非常有价值的。他对中国文化有很深的自信，以至于他在活教育的目的论中提出，要做人，做中国人，做现代中国人。中国文化在他的理论中是要与时俱进的，有的要变革，有的要再创造。所以我觉得陈鹤琴的理论体现了中西文化汇通、古今汇合的大气象、大气度，这也是值得我们当代教育变革去汲取和吸收的。

蓝美容——香港教育大学教授

43

陈鹤琴的学前教育思想是很前卫的，他的理论大概是在二十世纪二十年代的时候提出来的，虽然已经很长时间了，但是他的理论跟现在的理论并没有多大的区别。

第一点是在他的理论中，他认为教育的目的在于做人，现在我们也这样认为。幼儿教育的目的就是慢慢地将幼儿培养成一个很好的人，因为这个人今天是小朋友，将来就是成人，也是我们国家的栋梁。要是不做好人，这个国家怎么去建设得更好呢？教育的目的一定在于做人，所以我觉得他这个主张依旧还是新的，从过去到现在没有改变过。第二点是他的教学方法理论也是很前卫的，做中学，做中教，做中求进步，这是他主张的教学方法。其实这也是一种获得教育，这个获得教育跟杜威的教育即生活的思想也是相符的。看见我们中国有一位这么前卫的学前教育家，我是很骄傲的。因为他的理论在现在看来都是非常先进、非常科学的。在二十世纪三十年代的时候，他已经把这种先进的幼儿教育理念带进我们的学前教育事业中，让孩子去看看真正的世界是什么样，从这个理念，也从这个方面，就可以学到很多科学的概念，这在其他国家也是很令人向往的一个理念，所以我说他的幼儿教育思想是很前卫的。第三点是他说的社会参与，其实在中国香港很多幼稚园的课程里面，有一些参观的活动，能够让孩子到不同的地方参观。这是为了让孩子们知道社会上面有不同的事情在发生，让孩子轻松地去体验这些东西。然后孩子们就能把这些经验巩固在他们的生活里，可以慢慢学习到很多不同的技能、态度、技术等，这个是很重要的。

他还主张让幼儿在游戏中学习。其实在游戏中学习这一主张，在近五十年来都是不断地被强调的，但是他在二十世纪三十年代的时候就已经提出了。在游戏中学习的方式是我们倡导的幼儿主要的学习方式，这也能看出他的幼儿教育思想是很前卫的。他提出了活教育的课程论——"五指活动"，包括健康活动、社会活动、自然活动、语文活动，还有艺术活动，我们现在幼儿园课程的五大领域也是源于陈鹤琴提出的"五指活动"。他提出"五指活动"的每个领域都是相互联系的，孩子们在各种领域中能够学到不同的东西。其实这也是一种综合性的学习，同时也包含主题性的学习，所以我觉得陈鹤琴的幼儿教育理论是很前卫的，很多欧美的国家现在才在运用着他的理论。

但是我希望大陆能够把陈鹤琴的幼儿教育理论，慢慢地推广到中国香港地区甚至国外去，因为陈鹤琴的教育思想和国外先进的幼儿教育理论是不谋而合的。他强调应该从从小培养孩子做一个好人，道德观以及价值观的培养很重要。我绝对地认同这一点，因为小孩子基本的价值观是在0~6岁的这一阶段建立的，要是教得不好，可能会影响他以后价值观的建立，从而影响他的成长。所以我认为陈鹤琴的学前教育的理论思想是很前卫的，国内外都能够用他的理论，因为他的理论跟现代的教育家的理论是一样的。但是我不知道为什么，他的理论没有走到欧美国家，可能是因为很多人都是去外国学习，再回到国内。

以前我们学习陈鹤琴教育思想的机会比较少，幸好在我们教育大学里面就有一门课，老师会讲一些以前著名的幼儿教育家，也包括陈鹤琴。所以在香港，有一些老师是能够有机会学习到陈鹤琴的教育思想的。我认为陈鹤琴的学前教育思想可以发扬到其他不同的地方去。虽然在城市里面的一些幼儿园在实践着陈鹤琴的幼儿教育思想，但是在农村或者一些偏远的地方幼儿园的教育方式仍是小学化的，这些幼儿园没有好好地利用陈鹤琴的理论思想。我觉得可以把陈鹤琴的幼儿教育思想慢慢地渗透到偏远地区的幼儿园。

同时，因为现在香港用的也是外国的一些理论，而陈鹤琴的理论在根本上和外国的理论有很多方面都是相同的，所以我们可以把陈鹤琴的幼儿教育思想推广到香港。但是香港应用的不多，所以他们不会说这个理论是陈鹤琴的，他们就只会说这是一个综合的课程，主张在游戏中学习，其实这些在陈鹤琴的理论里面也有提到，也可以说他们没有说到是陈鹤琴，但是这也是陈鹤琴的幼儿教育思想。

在香港的很多场合都在宣传陈鹤琴的思想，我们需要有目的、有意识地让更多的人知道陈鹤琴。

因为陈淑安（音）在培训时候把陈鹤琴的思想带到香港，但是后期因为陈叔安退休了，慢慢也有很多人学习幼儿教育，他们从欧美国家带来不同的思想，可能就是因为这些国外的思想引进得过多了，就盖过陈叔安以前带进香港来的有关陈鹤琴学前教育思想的部分，所以看起来就没有比较多人推选陈鹤琴。另外因为香港是一个国际城市，应该涉猎不同的学前教育理论。他们是现代人，但是没有好好地去研究我们国家以前一些学前教育的先锋的思想理论，我觉得其实他们可能觉得这些理论是差不多的，为什么要特别强调这是陈鹤琴的理论，认为好的理论我们就用在一起就可以了，可能就是因为这样，陈鹤琴的理论在香港没有被很多人推崇和应用。

虞永平——南京师范大学教育科学学院教授、博士生导师

44

陈鹤琴先生是我们国家尝试用行动研究法来研究学前教育的一个先驱。其实鼓楼实验幼儿园的单元课程的研究过程，就是一个用行动研究的方法来进行研究的一个典范。在这个课程研究过程当中分成几个阶段，每一个阶段都进行了深入的实践、总结、发现问题、解决问题，尤其是理论工作者跟实践工作者来共同研究和讨论。这样一个过程其实就是课程的审议过程，因此，他也是在幼儿园领域里首先采用这种课程审议的方式来改进课程的一种实践典范。更重要的是，陈鹤琴先生这种单元课程的实践方式对我们今天幼儿园课程建设具有重要的指导意义，因为我们很多课程都在进行园本化的改造，都在建设园本课程。但是课程到底应该怎么建设，其实陈鹤琴给我们做了一个很好的榜样。课程不是写出来的，课程不是买来的，课程是通过行动做出来的，课程是在实践当中提升的。因此陈鹤琴的实践在今天看来依然具有非常重要的指导意义，尤其是对于我们今天课程当中的无视儿童、闭门造车等现象能够起到很好的提醒作用。

以儿童为中心的五指活动

　　陈鹤琴非常关注儿童在课程中的地位。那么他怎么说明这个问题的，他是用课程隐喻的方式，也就是举个例子、打个比方来说明这个问题，这样能够让更多的实践工作者听得懂、做得出来。比如说幼儿园课程到底是什么，在陈鹤琴看来，课程不是一堆死板的知识体系，课程就是孩子要从事的活动，因此课程是一个过程，它不是静态的知识。那么他说的课程就是五指活动，这个五指就是人手上的五个手指，五个手指的粗细不一样，长短不一样，各具特色。就像幼儿园里面的五项活动也是各具特色、缺一不可的，因此它们是一个完整的体系。这个隐喻的第二个内涵是说这五个手指之间是血脉相连的。因此课程里面的五类活动不是分裂的，而是有机联系的。第三个内涵是说，就像人的五个手指要发挥作用一样，靠单一的手指是很难起到作用的，必须把几根手指联系起来才能发挥最大的效用。因此课程要促进儿童的发展不能靠一项活动，要五项活动共同起作用。另外，一个人的手指是有弹性的，课程也是有弹性的，课程不是死板的，课程要根据儿童的状况进行临时的调整，让课程真正地适合儿童，让课程具有适宜性。他这个隐喻里面最关键的部分是五个手指是长在手掌的，五个手指不是落空的。陈鹤琴认为那个手掌就是儿童的生活。因此，幼儿园的课程，孩子学习的内容，孩子的活动都是建立在儿童生活的基础之上的。儿童的手指只能长在儿童的手掌上。因此，幼儿园的课程只能建立在儿童生活的基础之上。对老师来讲就是要了解儿童生活。

　　他这个隐喻对今天的意义是什么，这个隐喻讲的是幼儿园课程要具有整体性，具有渗透性和关联性，要具有灵活性，最关键的是要具有生活性。而所谓联系性、整体性、生活性这些，这就是我们今天的《3-6岁儿童发展指南》和《幼儿园指导纲要》里强调的核心观点。因此，陈鹤琴当年就抓住了课程里面的关键和要害。

重视本土化的实证研究

　　陈鹤琴非常注重实证的研究。陈鹤琴对于幼儿园课程里面的每个领域都进行了深入的探究，这一点是让我们非常钦佩的。课程研究者跟某个领域的研究者是不一样的，课程研究者就像一个乐队的指挥，他不见得要精通每一项乐器，但是他一定要了解每一样乐器，甚至要会操纵每一项乐器。陈鹤琴就是这样一个人，他对于幼儿园课程的方方面面都做了深入的研究，尤其是像语言领域、音乐领域。孩子到底应该发展到什么样的程度，他们的水平应该是什么样子的，他都做了深入的研究。他的研究不是凭空想象，不是照抄国外的，而是进行了实证的研究。因此，他的很多研究结论到今天都是不过时的。比如说他关于儿童掌握词汇量的研究，今天跟世界上的很多语言研究专家结论是一样的。从这个意义上来讲，陈鹤琴的这些研究是基础性的，对于课程建设来讲是基础，是关键。我们今天要关注儿童每个领域里的关键经验、主要的学习内容，陈鹤琴当年已经做这件事情了，这件事情对于纠正幼儿园教育的小学化非常重要。也就是说，哪些内容应该放在哪个年龄段，在那个年龄段应该让孩子做什么。陈鹤琴通过对各个领域的实证研究已经对它有了一个把握。因此，陈鹤琴的这个做法就告诉我们一件事情，课程一定要以儿童为中心，一定要在了解儿童发展的基础之上来展开。我们没有深入研究之前，任何教育可能是没有方向的，没有目的的，也可能是不适宜的，是无效的。所以必须对每一个研究方向，对儿童的每一个学习领域做深入的研究，对这些内容进行系统化的分析，然后才能建立幼儿园的课程。这是幼儿园课程科学化的根本所在。

谭霞灵（Twila Tardif）——美国
密歇根大学教授

陈鹤琴的幼儿教育思想是非常先进的，我从读研究生开始就对他的思想很感兴趣。他在 1923 年的时候创办了鼓楼幼稚园，这对中国的幼儿教育发展具有十分重要的意义。

45

我对儿童语言的发展很感兴趣，在找材料的时候，我发现陈鹤琴在1925年写过一本《儿童心理之研究》，里面观察记录了很多他儿子说话的发展规律，从孩子零岁开始一直观察到六七岁。这本书对我的博士论文很有帮助，同时这也是中国早期研究儿童语言发展的基点。其实我也对杜威的思想很感兴趣，我看了陈鹤琴写过的东西，觉得他不仅仅是学习了杜威的思想，而且他还增加了很多自己的想法在里面。他是在中国实践实用教育并创立活教育的教育家。他总结的儿童发展的规律，对儿童和幼儿园的发展都是非常有帮助的。从一个国外的，对儿童发展感兴趣的人的角度来讲，我觉得到现在我们还没完全学好他的教育思想。

　　我觉得他的教育思想一直到现在都是很有用的，比如说孩子具有好奇心，爱自然，孩子爱模仿等心理特征，这对于我们进一步了解儿童具有很大的帮助。并且他认为孩子的模仿跟成人的模仿是不一致的，孩子在模仿的时候经常会出一些小错误。这跟二十世纪八十年代美国的学者提出来的很多观点不谋而合，而实际上陈鹤琴在他那个年代就已经想过这个问题。他认为小孩的模仿能力是有限的，小孩模仿是从他自己已有的能力出发的，随着他能力不断地发展，他的模仿能力才会提高。孩子带有自己的想法和自己的好奇心，去模仿他想模仿的东西。所以我觉得陈鹤琴的幼儿教育理论实际上跟现在很多科学的儿童发展理论都有贴近的一些地方。

五、与陶行知同学同事同志

王定华——教育部教师工作司原司长、北京外国语大学党委书记

陈鹤琴先生是我最敬仰的教育家之一，青年时期我就读过他的作品，工作之后，在研究中、实践中、决策中，也或多或少地来借鉴了陈鹤琴先生的教育理论。陈鹤琴先生在1940年前后，就开始创办省立幼稚师范学校，1943年又在江西泰和创办了实验幼稚师范学校，重点是培养幼儿教育的师资，培养师资就抓住了关键。在培养师资的过程中，他要求师范生特别关注幼儿的天性，尊重他们生长的规律，并且让孩子们能够有更多的机会走出屋子，走到阳光下，实践锻炼。在创办师范教育的过程中，他还特别带领他的学生们到田野里，到山坡上去发现植物，动手实践，采摘野菜、野果，既锻炼了学生的动手能力，又丰富了自己的食堂，有一点丰衣足食的味道。

陈鹤琴先生早年留学于美国哥伦比亚大学师范学院，二十世纪初我恰恰在中国驻纽约总领事馆做教育领事，有很多机会到哥伦比亚大学去。我很有兴趣了解我们中国的学者在哥伦比亚大学，在Teacher's college学习的情况，包括陶行知、陈鹤琴等人，还翻阅了他们当时的一些笔记、一些作业，还有他们读过的书，所夹的一些书签、一些点评。当时华中师范大学的周洪宇教授和我一起，我们从事这项工作，也很有意义。杜威的思想，对于陈鹤琴有很大的影响，"从做中学""生活既教育""儿童为中心"等思想，对他影响很大。陈先生的思想可以说源于杜威的思想，他们的思想有一定的异曲同工之处，但是陈鹤琴先生，没有照搬照抄，而是结合了中国的实际，融入了中国教育上一些先进的理念，可以说是把中国的传统文化与西方的这种教育观念有机地进行了整合。因此，他的教育的方法，包括课程改革、课堂教学、教学内容的选择、教学的组织形式，还有家庭教育、对于特殊儿童的教育的方法等，绝大多数都是在他已有的学习认知的基础上的一种创新和提炼。我可以说，陈鹤琴先生的教育思想，源于杜威，高于杜威，源于美国，高于美国。陈鹤琴先生是我国现代幼儿教育的鼻祖，我们当代的教育工作者，特别是幼儿教育工作者，很有必要花些时间，下些功夫，来把陈鹤琴先生的思想，认真地进行梳理、研读，来指导我们今天的实践。

当然，时代在变，万物皆流；与时俱进，还看今朝。我们也不能停留在前人的思想的这个框框里，我们还要不断地来进行改革创新，我想老先生们在天之灵，也是希望我们能够不断地创新的，因为在他们的思想里，就有明显的创新元素。

2017年的4月11号，教育部教师工作司支持中国教育学会、中国高教学会、中国职教学会、人民教育出版社、中国教育办刊社、中国教育电视台联合发出了启事，来征集新中国一百名教育的名家大师，他们多数是活跃在当今的教育改革和发展的一线，也可以是一些德高望重、已经故去的老先生们，我想我们就要以陈鹤琴先生这样的水准为标杆，来进行选择。通过这样的选择让广大的教育工作者见贤思齐，来不断地丰富自己的认识，做好自己的工作，推动教育的改革。可以说教育改革的集结号，已经吹响，不能再玩潜伏了，应该抓铁有痕，拓石留印，攻坚克难，去夺取改革发展的新胜利。

当前我们也在推动教师教育的改革，我们要按照党中央和国务院的要求，来出台教师教育的振兴行动计划，启动一系列的教师教育的工程项目，让广大教师有更多的获得感。为此我们就要有真招、实招、硬招、管用的招，并且要遵循教育的规律，就像陈鹤琴等老一代教育家那样，尊重儿童天性，尊重成长规律，也尊重教师的特殊劳动，调动他们的积极性、主动性、内驱力，通过提高教师待遇，加强教师管理，激发教师的内生动力，做好教师的各方面的保障，来努力打造师德高尚、业务精湛、结构合理、充满活力的高素质、专业化、创新型的教师队伍。当然各级政府相关部门，特别是教育部门，要关心教师，尊重教师，以便创造更好的条件，让他们发挥作用。让广大教师能够安心从教，舒心从教，热心从教，尽心从教。努力做到有理想信念，有道德情操，有扎实学识，有仁爱之心。

广大教师应该不断地提高自己的修养，提高自己的水平，特别是按陈鹤琴等老师所提倡地来加强师德的修养，做学生锤炼品德的引路人，做学生学习知识的引路人，做学生创新思维的引路人，做学生奉献祖国的引路人。我相信，我们国家1500多万教师，特别是其中的幼儿教师，学习陈鹤琴先生的教育思想、教育理论、教育实践和对儿童关爱的这种热情，这种爱心，可以使我们的精神为之升华，使我们的实践为之丰富，使我们的事业为之开阔，把教师职业转化为一种事业，把日常的工作转化为培养德智体美劳全面发展的社会主义建设者和接班人的神圣的工程。为了这样的目标，让我们共同努力！

柳　斌——教育部原副部长、原国家教委副主任、教育部原总督学

47

1985年，我到中华人民共和国国家教育委员会当副主任，分管基础教育，包括幼儿教育在内。当时教育部正在进行体制改革，撤销教育部组建国家教育委员会。但是我到国家教育委员会之后发现，国家教委的职责分工里面没有幼儿教育。当时的幼儿教育是由全国妇联管理，幼儿教育实验、幼儿教育经费、幼儿教育的管理人员的编制都在全国妇联。所以从当时起我们就开始考虑如何把幼教事业的管理权接收过来，请国务院把幼教事业交给国家教委。于是那个时候我们开始协调，协调的结果是把幼教的事业管理权划给了国家教委，但是经费和人员编制没有划过来。

这个消息传出去以后，陈秀云同志，也就是陈鹤琴老先生的女儿，听说我管幼儿教育事业这一块儿，她到我办公室来会见时送给我一套陈鹤琴先生的书——《陈鹤琴教育文集》，有上、下两册。因为我们正好要管理幼儿教育事业，所以我认真地拜读了这套书。这套书对我履行国家教育委员会的副主任的职责起了非常大的作用，使我认识到幼儿教育事业的重要性，尤其是认识到幼儿教育事业的性质以及规律。我原来也知道陈鹤琴先生，但是对陈鹤琴先生的人品、学识各个方面的认识应该说是从拜读了《陈鹤琴教育文集》开始的。如果按 1985 年前后算起，这套书籍放在我书架上已经有 30 多年了，所以应当说在对幼教的认识和管理上，陈鹤琴先生的教育思想对我有很大的影响，因而他的思想对中国的幼教事业的发展也有很大的影响。我想我能够用这样一句话来表达陈老先生对我们国家幼儿教育事业所做的贡献：陈鹤琴先生在理论和实践的高度上，为建立中国现代的、科学的、系统的幼儿教育理论和方法体系奠定了坚实的基础。

陈鹤琴的理论以及方法是中国的，本土色彩浓厚。当然他在国外留过学，也接受国外一些先进理念的影响，视野开阔，但他能够把这些外来的东西变成一套自己的幼教理论，并且把这些理论本土化，所以他是中国幼教事业的创始人和奠基者。但是我们的幼儿教育在很早之前就有了，比如《三字经》里的"人之初，性本善。性相近，习相远"。从人性、教育、学习等方面对幼儿教育进行了相关的阐述；《三字经》里的"融四岁，能让梨"，这都涉及幼儿教育问题。但是陈鹤琴先生的幼儿教育理论是中国本土的，是现代的，已经跨越了中国古代和近代的那一段历史，他是中国现代幼儿教育的奠基者；他的理论是科学的，是系统的，不是零敲碎打的，它有理论也有方法，形成一个完整的教育理论体系。所以我觉得我们应该高度评价陈鹤琴先生对中国幼教事业所做的贡献。毛主席对陶行知先生的评价很高，说陶行知先生是人民教育家，我觉得我们也可以说陈鹤琴先生跟陶行知先生一样，也是人民教育家，他们都是伟大的人民教育家。陈鹤琴先生的教育文集让我印象最深的是他说我们应当按幼儿教育的规律来办幼儿教育，这也是我后来管理幼儿教育，在各种场合讲话的时候非常强调的。在讲话的时候，我问一些老师们，幼儿教育的规律是什么呢？跟他们说，如果你们不知道的话，请你们学一学陈鹤琴先生的"三个好，四个喜欢"那一段话。陈鹤琴先生把幼儿的最基本的心理特征概括成了七句话，前面三句是"小孩子好游戏的，小孩子好模仿的，小孩子好奇的"；"四个喜欢"是"小孩子喜欢成功的，小孩子喜欢野外生活，小孩子喜欢合群的，小孩子喜欢称赞的"。我跟幼儿教师、幼儿园园长多次探讨过这个问题，我认为如果幼儿教育工作者们对幼儿的心理特征有了这种科学的认识的话，幼教事业当中很多问题就不会再出现了。比如常说的中国缺乏女科学家，但是你们知道吗？这是发生在中国某一个省的一个真实的故事，有一位女孩上课时听老师讲，如果把一条蚯蚓弄成两段放在泥土里，这两段都会再生长，成为两条完整的蚯蚓。这位女孩觉得奇怪，想做实验验证一下老师的说法。于是她就用一张报纸叠了一个纸盒子，弄了泥土在里面，然后再弄了一条断的蚯蚓的两截放在里面。她把蚯蚓放在窗台上，每天去观察，结果她妈妈看见窗台上有一些泥土，问她这是什么，她告诉妈妈这是养的蚯蚓。妈妈大怒，把那个纸盒子往外一丢，还打了这个女孩一个巴掌。我们想一想，不是说中国缺女科学家吗？但是这位女孩的妈妈这个巴掌就把一个女科学家的苗子给打掉了。陈鹤琴先生说小孩子是好奇的，小孩子是喜欢游戏的，小孩子是喜欢野外生活的，还有小孩子是喜欢称赞的，而这位女孩的妈妈对于小孩子的心理一点都不了解。所以我跟大家经常讲的这些东西，都是从陈鹤琴先生那里知道的。我们可以看到，他对幼儿心理特征的认识和概括是很准确的，他概括的这"三个好，四个喜欢"是他在结合实践，对儿童有了新的、全面的认识的基础上总结出来的，概括得很好、很全面，所以我经常跟幼教工作者强调"三个好，四个喜欢"。实际上这把我们所需要的学习能力、创作能力、创新能力、品德、意志、动手和动脑这些能力以及理想、信念、价值观的追求等方面都概括在里面。我们所提倡的素质教育里的立德树人中的所有要素的萌芽状态，不都蕴含在这"三个好"和"四个喜欢"里面吗？因此，我们推进素质教育，要学习陈鹤琴先生的著作，因为实际上我们现在推进素质教育所追求的这些目标，在陈鹤琴先生所处的年代就已经在追求了，他的教育思想理论在我们当今社会仍具有十分重要的价值与意义。所以今天你们能够拍摄一部陈鹤琴先生教育思想和教育实践的纪录片，我觉得这是非常有价值的，这不仅能够将陈鹤琴老先生献身幼儿教育事业的事迹作为历史资料很好地保存下来，也能够对我们国家整个基础教育，尤其是幼儿教育以及幼儿师范教育产生深远而广泛的影响。

现在中小学生的出路都还通向着高考，高考决定命运的问题在我们国家还没有解决，而且还越演越烈。素质教育在我国的推行为什么会遇到困难？就是因为高考制度。高考制度是能够进行改革的，但是有重重障碍，而这种障碍不是教育部门一个部门或者是几位部长能够解决的，因为这是一个社会问题。教育问题实际上是一个社会问题，社会上许多难以解决的问题最后都通过文凭转嫁到教育部门，也就是说就业解决不了的问题用文凭去解决，因为好的工作岗位，大家都争，解决不了就用文凭来提高入职门槛，因此就把其他种种社会矛盾都转变成教育的矛盾。就这个问题，我曾经跟李岚清同志辩论过，他说所有进入劳动岗位的人都必须获得职业技术证书，没有获得职业技术证书的人一律不能进入劳动岗位。

幼儿教育工作者学习外国的幼儿教育理论不是不好，但是有一个水土不服的问题，因为每个国家的国情不一样，别的国家的社会发展程度跟我们国家的社会发展程度也不一样。我们是可以向各种先进的教育理论学习，但是所有外国的先进的教育理论都应该本土化，跟中国的实际情况相结合，这样才能解决中国的教育问题。

1940年陈鹤琴在江西泰和创办中国第一所公立幼儿师范学校，这也是我国第一所国立公办幼儿师范学校，1943年办了大专，现在这所学校合到了南昌师范。我到南昌师范去看过，那时候那边介绍了陶行知先生在那里办学的情况，同时南京的同志也介绍了陈鹤琴先生在那里办幼儿师范的情况，这两位教育家是我们中国自己的教育家，我觉得学习他们的教育理论，对我们的教育更有好处。他们都是人民教育家，一心一意为人民。尤其是陈鹤琴先生，他为他儿子写的808天的观察记录，把小孩子各方面发展的过程一天一天记录下来，然后再从心理学、教育学的角度去对这些现象进行分析，这一点是我们现在很多老师没有办法做到的。这在学术上叫实证研究，他是用事实、用具体的例子，来研究与验证教育规律、孩子心理发展规律，从而得出符合实际的结论。所以他的教育理论是从实践当中得来的，外国的教育家也不一定会做这样的观察记录研究。

48

我是五十年代在师范大学就读学前教育专业，当时主要是学习陈鹤琴的理论和实践。我觉得他是非常重视了解孩子，观察孩子，而且主张在做中学、做中求进步。总体来说，他的思想中重视孩子的游戏活动。所以这个思想在我学生的时期就已经有所了解。以后在我的工作当中，包括我自己在幼儿园当园长的时候，也是从这方面实践陈老的这些理论，就是重视孩子、观察孩子、了解孩子，就是一个孩子用一种方法，不能千篇一律。要因材施教，我觉得这一点很重要。什么时候对孩子都不能一刀切，不能都是统一的、一样的，孩子的个性有自己个人的特点，我觉得这都是陈老的教育思想。

1976 年"文化大革命"结束后，教育部成立了幼教处。我们首先做了广泛的调查研究，到各个省市去了解当前的幼儿教育的

情况。了解到大家现在都不知道幼儿教育怎么做，过去搞幼儿园工作指南，那是学习苏联的产物。所以幼儿园到底搞什么，怎么搞，依据什么，都不知道。根据这个情况，我们觉得首先要抓教育方针，抓教育方针的具体举措就是制定一个城市幼儿园的工作条例，这样的话可以让下面的幼儿园工作有所依据。

我觉得实施条例后，反响挺强烈的，于是我们就进一步规范。因为有了条例以后，德智体美教育方针具体到底怎么贯彻，必须要有一个幼儿园的教育纲要。幼儿园教育纲要就是让教育方针结合幼儿的实际，进行具体化。幼儿教育纲要做出来以后，又要编一套教材，因为你只有一个纲要，具体的怎么执行呢？那时候我们主要委托上海编了一套教材，一共有九本，包括各个方面的，语言、体育、音乐、美术，还有游戏。编这套教材不光是坐到屋子里写，反复地征求意见，而是召开了一个全国的会议，对这个教材提出意见。所以这套教材编了以后，还委托了上海的教育出版社根据我们教材里面的故事和诗歌，做了一套图片，便于幼儿园开展工作，还找了中央电视台的广播员，把这个故事诗歌录成磁带，这样的话便于推广普通话。从抓方针、抓规程，然后抓教材，使幼儿园的工作能够全面恢复，全面地贯彻党的教育方针。

同时要抓教师队伍，这一点陈鹤琴在江西办了个幼儿学校。这个是很重要的，因为你光有理论，有实践，但你没有师资队伍，是很难做的。所以我们那时候也是抓教师队伍的建设。所以幼儿师范学校的恢复、扩展，在全国来讲就是每个省市都有自己的幼儿教师的培训学校。

我们觉得陈老是非常重视实践的，我们搞的这套东西究竟在实践中是怎么贯彻执行的？首先我们认为应该着眼于广大的农村。因为农村要搞得好了，整个教育进步就很快。所以我们就组织了六个人到山东，花了五十天走了七个县培训，培训教师好几千。我们白天上午在电影院，下午就到幼儿园实践，观察他们当地的幼儿教师怎么工作，然后再讲评。晚上就借着灯光和月亮，教这些教师舞蹈、体操、游戏，很受教师们的欢迎。经过我们培训，后来这其中有两个县被评为全国的幼儿教育先进县。我觉得这就是向陈老学习，他也到美国去留学了，也是借鉴了西方的一些有益的经验，再结合我们国内的实际来工作，特别是改革开放以来，我们也重视国际交流。我们在搞幼儿教育纲要之前，已经去美国、加拿大和日本考察过。所以我们在搞纲要的时候，也吸取了国外的一些有益的东西，结合我们的实际，我们不是照搬，而是要结合我们中国的实际来做这个工作。

陈老留学美国，但是他并不是生搬硬套了美国的那套东西，而是结合咱们的国情，结合咱们中国的实际，重视孩子游戏活动，在做中学、做中求进步。我觉得这些思想，对我们今天来讲，是很重要，很有价值的。

陈老最可贵的就是他一辈子从事教育工作。另外不光是他，还有他的子女也接他的班，也研究幼儿教育，这一点难能可贵。陈老这一生都忠实于幼儿教育，特别在幼儿教育理论方面，写了很多的著作。而且结合自己亲身的实践，我觉得这一点对我的教育工作也有很大影响。包括我自己到农村去，我也跟着老师一块带班。这样一种心态对我们后代的影响，也是非常大的。

我觉得实践很重要，很多东西要从当地的实际出发。比如说我们到农村去，我就有一条规定，我们不要把城市的那些东西带下去，而是要就地取材对孩子进行教育。很多教材、教具我们都从当地实际入手，就地取材，根据实际情况来对孩子进行教育，我们走了以后，他们同样可以进行教育。实际有什么东西，就用什么东西。如果我们都把城市的一套搬过去的话，现实是不可行的，人家没法进行。经过我们的培训，当地的县长、教育局局长都特别感动，他们幼儿教育提高得很快，进步很大。看了老师上课以后，他们就觉得当地幼儿教育水平比过去得到了很大的提高。我觉得陈老的思想，不光需要理论上的，而且需要自己身体力行，这一点对我们的教育，对我们后一代的教育都是有影响的。

首先他关爱儿童，而且了解儿童，对他来讲，不是说这个孩子聪明一点，那个孩子笨，就没法教育。我们到农村看到幼儿园教师为了把这一节课上好，就把那些调皮捣蛋的孩子关到另外一个屋子，留了一些比较老实的孩子在那里，结果被我们发现了，这样做就很不好。你不管孩子是调皮的、不调皮的、老实的、活泼的都应该一样对待，剥夺了孩子接受教育的机会是不应该的。后来他们也知道这样做不对。再比如农村幼儿园喝水的问题，我发现他们喝的水里面都长的孑了，我说那个水怎么能够喝？村里的孩子家就在附近，让孩子回去睡觉，睡完觉再回来不好吗？你干嘛花钱买床让孩子睡，结果一个小床睡两三个孩子，让孩子睡得很挤，能睡好吗？厕所一个大坑，那孩子掉到坑里去怎么办？所有这些东西都是孩子生活所必需的，儿童厕所、儿童饮水，这些问题必须解决。户外活动也应该经常进行，农村的大自然那么好，自然条件那么好，要经常带孩子在外面玩游戏，不要把孩子关到屋子里面。活教育里面也是重视这些东西，以游戏为主、以孩子为主体，老师主导，在游戏活动里学习进步。

所以我觉得要关爱儿童，必须要关爱每一个孩子，要观察每一个孩子。活教育，就是根据孩子的实际来教育，而不是从书本上出发。你如果按照书本，书本里很多东西千篇一律，这样对孩子来讲就得不到好的教育。你根据每一个孩子的特点来教育，有的孩子你要多进行个别的教育，有的孩子哪一方面弱的话，老师在孩子游戏过程中就要特别重点关注那些孩子。

我觉得陈老的活教育思想有个特点，就是要从孩子的实际出发，了解孩子，根据孩子的情况来进行教育。我们总结出五点。第一是"一心"，一心为教育，为党的教育事业努力工作。第二是"两为"，"两为"是要为教育服务，为家长服务，因为你要教育一个孩子的话，光是学校的教育还不行，你还要家长配合，所以要为幼儿服务，要为家长服务，家长和幼儿园双方配合，才能把孩子教育好。第三是"三全"，"三全"就是要面向全体幼儿，进行全面发展的教育，全心全意为幼儿教育服务。我觉得这点也是体现了陈老的实践。陈老真是全身心地投入幼儿教育。第四个就是说在各种教育活动中，以教辅为主导，以幼儿为主体，游戏为主要活动。在各种各样的活动中，要发挥孩子的主动性、积极性和创造性，我觉得这些思想都是符合陈老的活教育理念的。第五个就是"五要五不要"。都是针对农村实际，要热爱孩子、尊重孩子，别把小孩子看低，小孩子同样有他的人格，一定要尊重他，要把孩子当成学习的主人，不要把孩子当成木偶，不要进行填鸭式的教育。要严格禁止体罚和变相体罚孩子。要对儿童进行全面发展教育，做到身心健康、习惯良好。习惯很重要，在幼儿园养成生活卫生习惯、品德行为习惯、学习习惯。孩子的兴趣要广泛，要活泼开朗，不要重视智育，而轻视德、美、体和游戏，防止小学化。防止小学化就是不要总是让孩子学数学、认字，这会让孩子没兴趣。要充分利用广大农村的自然条件，户外活动每天不少于两个小时，要让孩子充分地接受阳光和新鲜空气，不要把孩子整天关在屋子里面，影响他们的健康成长。在有的农村幼儿园，当地的妇联要生产队队长贷款两万块钱盖两个亭子，一个亭子放转椅。转椅在亭子里转，主要是要让孩子享受新鲜空气和阳光，太不值当了。不要浪费资金，要把每一分钱都用到利于孩子发展上，不要搞花架子，这无益于孩子的身心发展。还有一个方面就是要与家长配合，共同教育好孩子，不要把家长当成对立面，要指导家长，怎么来共同把孩子教育好。我觉得这五点是从农村的情况来谈的，也是面向所有幼儿园的，这些思想都是受益于陈鹤琴的教育思想。

不搞那些花架子，现在搞的一些培训，不仅增加家长的负担，对孩子来讲也不好。有的家长让孩子参加很多培训班，家长有钱他能参加，家长交不起钱，就不让孩子参加，这就让孩子分成了三六九等。没有参加的孩子心里是不是会自卑？所以这都是不符合活教育思想的。

（文稿整理：孔起英、仇蓓蓓、刘少冰、刘倩）

第三章
陈鹤琴与鼓楼幼儿园

我们教小孩子必须先要了解小孩子的心理。若能根据小孩子的心理而施行教育，那教育必有良好的效果。

——陈鹤琴

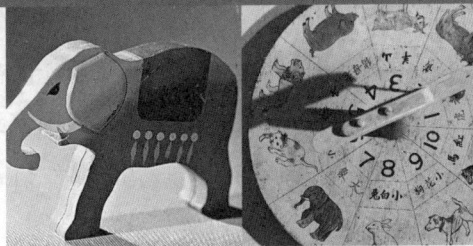

"活教育"的百年坚守

1923 年，
鼓楼岗上诞生了中国第一所实验幼儿园——私立鼓楼幼稚园。

面对学前教育的"富贵病""外国病""花钱病"及"死教育"的现状，
鼓幼的创始人陈鹤琴大胆地提出——
我们不要"死的教育"，我们要"活的教育"，
从此，鼓幼扬起了百年"活教育"的风帆。

"做人，做中国人，做现代中国人"，
"大自然，大社会，都是活教材"，
"做中学，做中教，做中求进步"，
"十五条主张""十七条原则"……

"活教育"的实践结出了影响中国早期幼儿教育的硕果：

开启了中国幼儿教育的第一次课程改革大门，
编制了中国第一部《全国幼稚园课程标准》，
推动我国幼稚园课程向中国化、科学化方向的发展。

鼓幼记住了这样的传承：
"一切为儿童"的嘱托，
"科学实验"的研究精神，
"中国化、科学化、大众化"的办学方向。
陈鹤琴先生的教育思想、言与行
在严谨笃实的鼓幼校园代代相传。
单元课程的第四次改革行动
以国家级首届教学成果一等奖的佳绩再次展现出勃勃生机。

回眸百年办园历程，我们心存敬畏：
"活教育"是鼓幼繁衍、发展的精神养料，
"活教育"是鼓幼的文化之根，
"活教育"在鼓幼的灵魂深处，
"活教育"在鼓幼的血液之中。
坚守"活教育"，是鼓幼人的使命！
创新"活教育"，是鼓幼人的责任！

中国第一所实验幼儿园

鼓楼幼儿园历史沿革记载中，有这样一段描述：

南京市鼓楼幼儿园是我国著名心理学家、儿童教育家陈鹤琴先生于1923年创建的，是我国创办最早的幼儿园之一。当时任（国立）东南大学教育科心理学教授的陈鹤琴得到（国立）东南大学教育科赞助，在自己新建的住宅客厅里办起了幼儿园，取名鼓楼幼稚园，自任园长，收幼儿12名，聘（国立）东南大学讲师卢爱林为指导员，甘梦丹为教师。其经费由（国立）东南大学教育科及中华教育改进社补助，其目的在于实验适合国情的中国化的幼稚园。

中国第一位幼儿园男教师、1925—1927年在鼓楼幼儿园协助陈鹤琴办学的张宗麟先生，在其《幼稚园的演变史》中也描述了陈鹤琴创办鼓楼幼儿园的动机：

陈先生发起幼稚园的动机照他自己说的有这样两点：

远的动机：1.天性爱儿童，对儿童教育特别有兴趣。主张教儿童要从小教起，研究教育要从基本教育——幼稚教育做起。2.在（国立）东南大学担任教授时深感研究教育非从儿童实地研究不可。

近的动机：1.当民国十二年时，一鸣已实足三岁，正值进幼稚园年龄。2.这时候继续研究儿童教育及儿童心理正需要实验机关。①

在鼓楼幼稚园，陈鹤琴是园长，也是家长。他的长子陈一鸣就是鼓楼幼稚园第一批12名孩子之一。陈鹤琴为什么要创办鼓楼幼稚园，要从陈鹤琴的教育经历及思想起源说起。

教育思想的起源

陈鹤琴出生于浙江上虞，家里经营着杂货店生意。由于父亲去世早，家道中落。6岁时，他进入私塾学习。私塾给他留下了"六年最宝贵的光阴，除了认识三四千字以外，可说几乎完全付之东流"

---

① 张宗麟，师从陶行知、陈鹤琴，1925年于国立东南大学教育系毕业后留校任教，并被陶行知派往鼓楼幼稚园任研究员，协助陈鹤琴办园，共同进行中国化幼稚教育的探索及实验研究。后又追随陶行知，任南京晓庄师范生活指导部主任，为推行乡村新教育做了大量的工作。曾在延安大学、北方大学、华北大学任职，历任高等教育委员会秘书长，教育部高等教育司、计划财务司副司长、司长等职。这是他在《幼稚园的演变史》的摘选，商务印书馆，1935，第32页。

的坏印象，陈鹤琴用"惋惜、感慨、痛恨"表达自己对读死书的感受。正是因为对读死书、死读书切身感受，陈鹤琴后来大力倡导教活书、活教书的理念。

念完私塾的陈鹤琴想继续读书，但家里实在供不起。陈鹤琴的姐夫看他对读书如此渴望，典当了夫妇二人的皮袄与首饰换得35元钱，作为学费，并与他约定：读得好，可以读上去；读得不好，就去学生意。于是，陈鹤琴来到杭州蕙兰学校继续求学。他非常珍惜来之不易的学习机会，每天发奋学习、鸡鸣读书。陈鹤琴的早起，在全校一百四十的同学中最出名。"若非有坚决的意志，早起是很困难的。""我能吃苦，不贪安逸，不怕艰难，以坚强的意志、身后的自信，战胜一切身体的欲望。这种意志力，这种自信心，对于我的一生做人是有很大帮助的。"①

进入蕙兰学校前，陈鹤琴没有接触过英文，从开始的死记硬背，到后面的找规律记忆、活学活用，灵活的学习方法让他很快超越了同学，也为之后到美国留学打下了基础。蕙兰是教会学校，每天中午11点半要做礼拜，礼堂的座位是依照每学期大考的成绩排列的，全校成绩第一名坐在第一排的荣誉位，第二名坐第二排荣誉位，以此类推。陈鹤琴永远都是坐在荣誉位的优秀学生。

中学毕业后，抱着"要济世救人，非有学问不可；要有学问，非读书不可"的信念，陈鹤琴进入著名的上海圣约翰大学继续学习。第二年，适逢北京清华学堂留美预备班招考，19岁的陈鹤琴披荆斩棘，在众多考生中以优异的成绩成为清华的学子。三年后，踌躇满志的陈鹤琴考取庚款留美，与一群意气风发的年轻人一起，正式踏上赴美的邮轮。

与陈鹤琴同船去美国的，还有一位赫赫有名的人物——陶行知。从赴美开始，两人结下不解之缘。

在美国，陈鹤琴先后就读约翰斯·霍普金斯大学和哥伦比亚大学。霍普金斯大学的研究精神给年轻的陈鹤琴留下难忘的印象。"霍普金斯的研究精神真是好极了。教授、学生一天到晚，都浸润在研究精神之中做研究工作，而没有一点傲慢的神气、自满的心理，总是虚怀若谷、诚恳万分。……方法是秘诀，方法是钥匙，得到了秘诀，得到了钥匙，你就可以任意去开知识的宝库了。"②

在世界上最著名的哥伦比亚大学师范学院，陈鹤琴聆听了孟禄的教育史、桑代克（Thorndke）③的心理学，被这些赫赫有名的教育家的渊博学识打动。让陈鹤琴印象深刻的，还有一位教授教育哲学的克

① 陈鹤琴：《陈鹤琴文集》第六卷，江苏教育出版社，2008，第512页。

② 陈鹤琴：《我的半生》，山边社，1990，第102页。
③ 桑代克（Thorndke），美国心理学家，动物心理学的开拓者，在教育心理、儿童心理、儿童测验等方面都有研究，对西方心理学产生很大的影响。

尔帕屈克（Kilpatrick）[1]，他是最受学生欢迎的一位教授，陈鹤琴认为他之所以受学生欢迎，因为他有思想的魔力与教法的魔力。"他是主张思想自由、言论自由的。他不肯抹杀别人的思想，也不肯放弃自己的思想。他要集中各种见解，各种思想，来解决疑问，来解释难题。所以他所用的教法是独出心裁而能刺激思想的方法。"[2]

从霍普金斯大学文学士到哥伦比亚大学教育硕士，陈鹤琴深受进步主义现代教育思想浸濡，切身感受到"科学"与"民主"。他担任童子军队长，参与社会实践活动，他到处演讲宣传中国文化。他还参加了教授教育史的孟禄博士组织的黑人教育考察团，领悟到孟禄博士希望实现"学生会用脑也会用手"教育目标的良苦用心。在美期间，广袤的学习与丰富的教育实践，为陈鹤琴归国后投身教育及教育思想的萌发奠定了基础。

1919年，陈鹤琴从美国学成归国，受聘于南京高等师范学校、国立东南大学[3]，担任儿童教育学、儿童心理学教授。此阶段，适逢美国新教育运动的领袖、实用主义哲学家、教育家、心理学家杜威[4]来华讲学，他的足迹踏遍14个省市，他的"教育即生活""学校即社会"的观点，把民主与科学的思想直接播种在中国，满足和适应了五四时期知识界对传统文化的反叛和对现代价值的追求，在全国掀起了平民教育、生活教育的新教育思潮。1921年，美国又一位新教育运动领袖、教育"心理起源论"代表人物、哥伦比亚大学教育学院院长孟禄来华，陈鹤琴作为翻译陪同其去北方参观、讲学。孟禄与教育界人士关于学制改革的讨论以及"旧教育与新教育之差异""平民主义在教育上的应用"演讲，再一次在中国掀起新教育革新运动。

身在新教育运动之中，陈鹤琴认为，要实现"民主"与"科学"，必须改造旧教育，开创新教育，必须向民众普及教育。"民主""科学"成为其以后"大众化、科学化"思想的萌发剂。

中国化、科学化、大众化的办园实践

教授儿童教育学、儿童心理学课程的陈鹤琴，

① 克尔帕屈克（Kilpatrick），美国教育家，曾任美国哥伦比亚大学师范学院教授，1917年到中国讲学。他的设计教学法曾在中国一些中小学流行。
② 陈鹤琴：《我的半生》，山边社，1990，第104页。
③ 1920年，在南京高等师范学校的基础上又组建了国立东南大学。"南高师"与"东大"共处同一校园，资源共享。1923年7月，南京高等师范学校校牌撤去，南高正式并入东大，遂称之为国立东南大学。1928年改称国立中央大学。1950年改名为南京大学。
④ 杜威（John Dewey），美国哲学家、心理学家和教育家，曾在密歇根、明尼苏达、芝加哥、哥伦比亚大学任教，1919—1921年到中国讲学。在教育上主张"教育即生活""学校即社会"，教育方法应根据"从做中学"的原理，以儿童活动为中心。

首先从自己的儿子陈一鸣开始观察实验，时间长达808天。他将观察、记录、分析的资料整理，据此写就出版了《儿童心理之研究》，成为以中国儿童为对象、系统观察、实验研究的典范，也成为中国第一部采用"婴儿传记"的方法研究并记载儿童早期心理发展历程的科学专著，开启了中国学者以中国儿童为对象研究儿童心理发展的大门。

当一鸣到了入园年龄时，到哪里上幼儿园让陈鹤琴很为难。当时的南京已经有幼儿园，但陈鹤琴都不满意。因为这些幼儿园大多是外国传教士办的，大量的教会办的幼稚园为培养基督徒，以唱赞美诗、听圣经耶稣故事、行祷告礼仪等为课程的主要内容。即使是中国人办的幼儿园，办学的模式也是沿用英国、美国的，实施福禄贝尔、蒙台梭利课程。虽然当时新学制已经颁布，但没有课程标准，沿用的是日本式的课程。陈鹤琴痛斥当时的幼儿教育患了三种大病，即"外国病""花钱病""富贵病"。在《现今幼稚教育之弊病》[①]开篇，陈鹤琴写道："我们中国的幼稚园大抵是抄袭外人的，而外人的幼稚园已时有改进，但是我们还墨守成规，不知改良，以致陈旧腐败不堪闻问了。"

为了让自己的孩子上合适的幼儿园，为了研究儿童心理，探寻适合国情的科学化、大众化的幼稚

教育道路，陈鹤琴决定在自己位于鼓楼头条巷25号的住宅客厅里办幼稚园。他聘请国立东南大学美籍讲师洛林斯为顾问，国立东南大学附中音乐教师甘梦丹为教师，开办了家庭幼稚园。幼稚园第一次招收了12名孩子，主要是国立东南大学的教师子女，其中包括陈鹤琴的长子陈一鸣。

1924年，陶行知在"万国教育会议"提交的《民国十三年中国教育状况》中赞誉了这所家庭幼稚园：

国立东南大学陈鹤琴教授所指导的幼稚园教育实验，也是意义重大又令人鼓舞的。他和他手下的工作人员有感于目前在幼稚园教育中所使用的一些教材和教法都是照搬外国的，其中有一些不符合中国儿童的实际，所以在1923年秋季开始用自制的文具、中国的儿歌、童话以及其他的教材在幼稚园中进行实验。他还打算使幼稚园不仅成为幼童教育的中心，而且成为培训母亲的中心。

鼓楼幼稚园符合国情、尊重儿童个性需求的鲜活教育形式，受到家长们的关注。越来越多的家长要把孩子送进大学教授创办的幼儿园，一间小小的客厅已不能满足需求。而陈鹤琴家里，除了一鸣、秀霞外，秀瑛也已出生，实在无法接纳更多的孩子。

1924年，陈鹤琴邀集国立东南大学教授陆志韦、涂羽卿、董任坚、张子高等10人成立董事会，筹

---

① 北京市教育科学研究所编《陈鹤琴全集》第二卷，江苏教育出版社，1989，第1页。

募资金，在小院旁又购置三亩地，新建了教学楼。1925 年，新楼落成，楼内设有活动室、盥洗室、衣帽室、储藏室、办公室，园内有游戏场、草坪、动物园、小花园等。这就是鼓楼幼儿园现在的园址（原鼓楼头条巷 27 号，现北京西路 4 号）。

教学楼落成后，幼稚园扩大到 4 个班 120 名孩子，教师也增加了李韵清、俞选清等人，陈鹤琴亲自担任幼儿园园长，开展并指导教育研究。陶行知将其作为国立东南大学教育科实验幼稚园，不仅每月补助一部分实验经费，还派教育科研究员张宗麟协助陈鹤琴开展教育实验工作，鼓楼幼稚园成为我国第一所幼稚教育实验中心。

1925 年的南京市区，城南以秦淮河为中心形成休闲、商业区，城北以下关码头为中心形成运输、贸易区。鼓楼虽然位于市中心，却远不如城南城北繁华。鼓楼一带地势较高，老南京人称为"鼓楼岗"，南至中华门约七里，北距下关约八里，因而民间素有"上七下八"之说。幼稚园东边拥绿簇翠的高坡上，是明代洪武年间的建筑物——鼓楼。幼稚园南边，是国立东南大学（现为南京大学，北京西路 9 号）红柱巍峙、重檐翘角的校园。幼稚园西边是桑林菜地、水塘沟洼、坟茔荒坡，北边是零散的民宅。鼓楼幼稚园与鼓楼古建筑遥遥相对，与国立东南大学隔路相望。幼儿园不仅享受着自然与田园风光，还享受着古城厚重文化的浸润。鼓楼幼稚园好似种植在自

鼓楼幼稚园大门　　　　　第一幢教学楼

然和文化土壤里的种子，天然的营养赋予新生的幼稚园蓬勃自然的生机。

陈鹤琴和陶行知是同学、同事，也是好朋友。陶行知不仅支持陈鹤琴创办鼓楼幼稚园，还带着教育系的老师和同学扛着铲子到鼓幼门口，发起了"平鼓楼"活动，铲除了鼓幼门前的山坡，让师生出行更加方便。1927 年，陶行知创办晓庄师范，陈鹤琴不仅担任晓庄学校第二分院——幼稚师范院院长兼指导员，还兼任晓庄师范附属燕子矶幼稚园的名誉园长，推广鼓楼幼稚园经验。志同道合的理想，让他们成为一生的挚友。

陈鹤琴不仅注重办学实践，还注重教育研究。1920 年春，回国不到一年的陈鹤琴就任新教育共进社英文书记。1921 年 12 月 23 日，他与陶行知在新教育共进社、新教育杂志社和实际教育调查社的基础上，组建中华教育改进社，开展学校调查和教育测验等科学教育工作。1926 年，陈鹤琴受聘为南京特别市教育局第二科科长，筹划全市学校的设立。他将全市划为五个实验区，树立起一种特有的实验

研究和专业的风气。其间，他还在全市创办了 14 所市立幼稚园。为了推广幼稚教育的成果，1927 年 3 月，陈鹤琴、陶行知、张宗麟以南京五个实验区为基础，在鼓楼幼稚园成立了幼稚教育研究会，每两周组织幼稚教育研究的同仁们一起开会，回顾过去两周课程实验及实验中的困难与问题，讨论后期的课程内容。在鼓幼，他以国立东南大学教育科的名义创办了我国最早的幼教刊物《幼稚教育丛刊》（非定期）、《幼稚教育》（月刊，1928 年更名为《儿童教育》），亲自担任主编，向大家介绍教学的方法、教玩具的制作、材料的收集等。1929 年 7 月 12 日，在幼稚教育研究会基础上，陈鹤琴与陶行知又成立了中华儿童教育社，陈鹤琴被推举担任主席，以"研究儿童教育，推进儿童福利事业，提倡教师专业精神"为宗旨。全国分社达三十余处，研究会成员达四千余人。他请陶行知作中华儿童教育社社歌，其中"发

现小孩""了解小孩""解放小孩""信仰小孩""变成小孩"等歌词，反映了陈鹤琴与陶行知共同的儿童观。1931 年，陈鹤琴在上海主持工部局华人教育处工作期间，沿用在南京实验区的做法，指导工部局东、北、西三个片区的小学教师组织各科分组研究会，讨论并实施课程计划。1947 年，陈鹤琴又在鼓楼幼稚园增设了小学低年级班，探索幼儿园与小学的衔接。1948 年，他创办中国幼稚教育社，被大家推为理事长。

鼓幼特别重视家长工作，把幼稚园建成"母亲培训的中心"是陈鹤琴的愿景。1932 年，幼稚园正式成立了家长委员会，设有会长、副会长及文书各一人，家长会的宗旨为"载于联络家属情谊，谋儿童身心至发达及协助本园事业之发展"。家长会每学期 1~2 次，同时举行恳亲会和成绩展览会。

在西方进步主义思想的熏陶和国内新教育运动的影响下，陈鹤琴将教育学、心理学的理论运用在鼓楼幼稚园的教育实验研究中。他既重视借鉴西方教育的有益经验，又反对盲目照搬照抄。在鼓楼幼稚园这块实验田里，努力创建中国化、科学化、大众化的教育体系，消除西洋化、宗教化的色彩，让鼓楼幼稚园在全国幼稚教育中发挥出真正的科学实验的中心作用。陈鹤琴，也被人们誉为"中国幼教之父""中国幼儿教育的奠基人""中国儿童心理研究的开创者"。

1952 年，陈鹤琴将鼓楼幼稚园无偿捐给政府，幼儿园从私立变为公办，更名为"南京市鼓楼幼儿园"，成为南京市首批对外开放的单位，继续发挥示范、引领的作用。1953 年 5 月，苏联幼儿教育专家戈林娜到鼓楼幼儿园观摩半日活动，对陈鹤琴的办学精神及办学成就大加赞赏。1980 年 4 月，鼓楼幼儿园被列为省示范幼儿园，从此，以"活教育"为文化之根，传承、发扬、创新、坚守，成为鼓幼的使命与责任。

鼓幼的历任园长：

姓　名	职　务	任职时间
陈鹤琴	园　长	1923—1952（1929 年之后任名誉园长）
钟昭华	主　任	1929—1937
周淑钟	主　任	1945—1951
陈之璘	主　任	1952—1956
陈珍鲁	主　任	1956—1969
姚稷珊	主　任	1971—1988
徐惠湘	园　长	1988—2000
崔利玲	园　长	2000 至今

第一次幼儿园课程实验

鼓楼幼稚园办园初期，中国幼稚园的课程都是外国化的课程，有教会幼稚园课程、蒙养园日本式课程，还有福禄贝尔课程、蒙台梭利课程，宗教化、外国化、非科学化的弊端严重。

虽然陈鹤琴在美国学习多年，但他并不认为模仿美国、照搬照抄是捷径："现在中国所有的幼儿园，差不多都是美国式的……这并不是说美国化的东西是不应当用的，而是因为两国国情上的不同。有的是不应当完全模仿，尽管在美国是很好的教材和教法，但是在我国采用起来到底有许多不妥当的地方。要晓得我们的小孩子不是美国的小孩子，我们的历史、我们的环境均与美国不同，我们的国情与美国的国情又不是一样的，所以他们视为好的东西，在我们用起来未必都是优良的。"[1]

陈鹤琴认为，要使幼稚园教育中国化、科学化，首先要从课程改革入手。为此，他提出鼓楼幼稚园实验的三大计划：建筑中国化的幼稚园园舍，改造西洋玩具使之中国化，创造幼稚园的全部生活。

以三大计划为目标的课程实验，经历了自由散漫期、论理组织期和设计组织期（中心制的单元教学期）。

自由散漫期（1925 年秋、冬）

面对中国幼稚教育的弊病，陈鹤琴认为只有符合儿童需要的内容，才是适宜的教学内容。要了解儿童的需要，就要研究儿童。他认为课程要符合儿童目前的生活需要，要适应不同个性的儿童，满足不同儿童的需求。老师虽然会预先用日常生活来拟定教学内容，但不是一成不变的，只要是儿童或社会上发生了重大变化的事情，都可以融入预先制订的计划中，融不进的，就将预定的计划搁置。教师的重要作用就是布置环境刺激儿童，引发儿童开展活动的愿望与行动。

本着这样的理念，他们制定了四条原则：1. 一切课程是儿童自己的，不是教师的，更不是父母或社会上其他的装饰品；2. 一切课程是当时当地儿童自发的活动，不能抄袭任何人家的；3. 教师之责任只有供给儿童的询问及各种应用材料，并指导儿童所需要的材料；4. 注意于儿童身体的健康、动作的活泼，不愿儿童受纳许多呆板的知识和斯文如木偶的礼节。

---

[1] 北京市教育科学研究所编《陈鹤琴全集》第二卷，江苏教育出版社，1992，第 110 页。

依据这四条原则，拟定了课程的标准和方法。第一，修改课程内容，把通常幼稚园里的课程（如走朝会圈、只讲形式的图画、手工、唱歌、恩物等）完全废止，或废除它的形式，让儿童自由去做；第二，极力增多与改进幼稚园的设备，希望布置一个极完备的环境，以期刺激儿童自发去活动；第三，教师改变指导方式，如果教师希望儿童做某种活动或明了某种观念时，通过布置相应的环境来激发儿童主动学习的兴趣；第四，教师的工作不再分时段（几时工作、几时休息、几时备课），凡儿童在园的时间，都是老师的工作时间。

初试的几天，孩子们"个个活泼尽致"，教师"兴趣淋漓"，全园上上下下"充满了生气与快乐"，指导者、研究者和教师都满心以为，这似乎就是最合乎理想的课程了。但是，这种从儿童需要出发、满足儿童意愿的课程实验并没有收到预期的效果。教师无法兼顾所有的儿童，开始穷于应付。儿童的兴趣与发展开始在平面上打转，注意难以集中，进步迟缓，而且滋长了很多不良习惯，"见东到东，见西到西，难得做完一件事"[①]。好动的儿童更爱玩，不好动的儿童就呆坐了。关键是，凡事都听儿童的，儿童渐渐有倔强的神气。

正当实验遭遇困境时，陶行知派张宗麟到鼓楼幼稚园做陈鹤琴的助手。张宗麟的到来，让陈鹤琴如虎添翼，课程实验进入高潮。

陈鹤琴和张宗麟在多篇文章中记载了当时的实验背景与活动。在《一年来鼓楼幼稚园实验概况》中，陈鹤琴描述了遇到的压力："一年以来，我们本着不受旧式幼稚教育制度的束缚，立意创设中国化的新幼稚园之主张，孤行地向前做去，免不了几多反对派的訾议，甚至于有诬蔑我们是没有教育的、贵族式等语。但是我们丝毫不怕……也很愿意坚持试验下去。"在《二十年的老师》一文中，张宗麟回忆道："陈先生创办鼓楼幼稚园立下三大计划：建筑中国化的幼稚园园舍，改造西洋的玩具使之中国化，创造中国幼稚园的全部活动。这三项计划，我们在半年之内都动手做，并且有几项做得相当有成绩。我们盖起矮矮的几间园舍，种了许多花木，置备许多简单的玩具，幼稚园的课程也从福氏、蒙氏和美国式中渐渐解放出来，就是用日常生活来拟定幼稚园的整个活动。我们计划在大自然中来教育幼稚生，所以每星期至少有三次出外旅行，好在那时的南京城，旷野多于街道，尤其是鼓楼以西一带尽是小山坡。几千亩的农场与旷野是我们几十个幼稚生的教室，也是我们幼稚园课程的试验场。"[①]在《一年来南京鼓楼幼稚园试验概况》里张宗麟这样

<hr>

① 北京市教育科学研究所编《陈鹤琴全集》第二卷，江苏教育出版社，1989，第149页。

① 张宗麟：《二十年的老师》，载《我所知道的陈鹤琴》，金城出版社，2012，第17页。

描述："在鼓楼公园西边新村中，有几亩空地，满布着绿草短树，一所矮矮的平房，放着几多运动器具，玩具恩物等。早晨9时起草地上就看到儿童的跳跃，听到咿呀的歌声，还有两三位富于儿童性的成人，跟着一群一群的儿童跑；有时候带着几个儿童到邻近田野、公园、市街上去；有时钟声一响，大家都到屋子里去做室内活动。这样要到下午五时以后，方才静悄悄地只听到办公室里几个人的开会谈话声音，这是我们全天大略的情形。"②

有必要强调，很多年来，人们误以为鼓楼幼稚园这一阶段的课程实验走向了"儿童中心主义"的极端，过分关注儿童的兴趣，教师任由儿童行动，自发生长，漠视了教育的作用，事实并非如此。在《怎样试验幼稚园课程》中，陈鹤琴认为："科学实验是一项艰巨、复杂的工作，幼稚园课程的试验也不例外。""对试验工作中出现的问题应当从多方面了解，多方面探讨和分析，不能不问皂白，只看现象，不问本质，只看枝节而否定全体，从而否定'活教育'课程试验的必要性和正确性。"①

论理组织期（1926年春、夏）

陈鹤琴等人总结半年来第一期课程试验，得出的结论是"课程非经教师组织，学生很难有所得"③。于是，接下来的试验就从组织方面入手编制课程：1. 依据当时当地的节气、自然物、社会风俗习惯先拟定下一周的课程大纲；2. 根据大纲，讨论细目，确定有哪些活动，以及如何去实施；3. 根据细目分工，各自寻找材料；4. 按预定课程一一施行，做不了的移到下周进行。这种课程编制法操作简单，由于有了计划，课程实施的困难少了许多，应付儿童也容易了，儿童的学习成绩比前期进步更迅速，社会上也以为这样的办法是对的。

陈鹤琴与张宗麟先是自喜，以为此路可通了。接下来继续尝试和后续反省后，陈鹤琴觉得不妙，因为此路大陷阱太多了。陷阱的上面盖着稻草，又铺着鲜花，在外观上真好看，让人辨识不清。因为课程是由老师组织的，强制了儿童的兴趣，等于蔑视了儿童的个性，教材使用的时候会常常不适用，一些临时发生的事情又很难插入其中。陈鹤琴认为这种只图教师便利、只博社会欢心、剥夺儿童自由和创造的课程，是一条极其危险的路，他们是坚决不肯做的。

"再来改换把！再来改换吧！"放暑假的时候，会议席上的老师们一同提议。

① 陈鹤琴：《陈鹤琴全集》第二卷，江苏教育出版社，2008，第7页。
② 陈鹤琴：《陈鹤琴全集》第二卷，江苏教育出版社，2008，第464页。

③ 北京市教育科学研究所编《陈鹤琴全集》第二卷，江苏教育出版社，1989，第150页。

设计组织期（1926 年秋起）

无组织的不行，有组织的还是不行，怎么办？在总结前两期实验经验基础上，他们决定"设计"出新的课程组织方法，也叫作"中心"。同样采取预先拟定的方式，重大的变化是可以依据儿童的兴趣临时变更。

设计组织的路径是这样的：提前一周在教师会上讨论下周大约可以做些什么→拟定要做的活动，商议内容和步骤→准备活动需要的材料、可参考的书籍，布置适当的环境来引起这个设计→如果儿童感兴趣，教师就顺势利导，并使之与各科相联系，并不强求合乎规定，也不限制时间→倘若儿童不能维持到做完设计全部的历程致使活动中断，教师需考察分析原因，采取补救措施→若儿童是临时发生特种兴趣，教师要尽力指导，可以把全部预定都改变，做临时发动的事。若是因为儿童急于看到结果而中断，可以在每个设计中分许多小段落，让儿童及时看到阶段性成果以便维持兴趣→同一单元中活动很多，要让儿童自由选择，但鼓励儿童每个活动都参与→有些活动需要儿童的相互合作，也有仅需独立完成。相互合作时，可以由教师领导，也可以由儿童来领导→每个活动，都要有极短的、简单的批评与讨论。

虽是"设计"，但是老师在设计前要随时随地地留意儿童的行动、兴趣，要调查当地社会情形、大多数儿童家庭的状况，设计的活动要合于当时儿童的需要，设计的内容应是社会生活中真实存在的、儿童能接触到的，设计的活动要有两个以上以备儿童选择，教师要充分预备单元需要的材料，或者下功夫帮助儿童准备材料，所有的预备必须提前三天完成。

在"设计"的同时，这一时期的课程还透出灵活。如果大单元做不下去了可以分段停住，如果一个单元还没有开始儿童有了有力的刺激兴趣转移了，教师可以放弃预定的单元和材料，按照儿童的兴趣，组织领导新的活动。

1926 年度此"设计"先在鼓楼幼稚园试行，次年起陆续推广到南京全城 14 个幼稚园以及晓庄、燕子矶等乡村幼稚园。1928 年，陈鹤琴受大学院之聘，以鼓楼幼稚园的实验成果为蓝本，起草《全国幼稚园课程暂行标准》。其间，鼓楼幼稚园先后出版了《课程》《读法》《设备》《一年来的幼稚园单元教学》《儿童故事》《儿童歌曲》《儿童游戏》《儿童节奏》《儿童生活写真》等书刊，这些实验成果成为国民政府教育部颁布《幼稚园课程标准》的基础。[①] 从此，中国有了自己统一的幼稚园课程标准。

正当中国化的新幼稚园实验热热闹闹渐至佳境

---

① 《幼稚园课程标准》1928 年拟定，1932 年 10 月正式公布，1936 年 7 月修订。

鼓楼幼稚园小朋友放风筝

一群小画家

的时候，抗日战争爆发了，幼稚园被迫停办。1945年抗战胜利后，幼儿园满目疮痍，设施设备严重损毁。陈鹤琴一边向国民政府社会局提出战争索赔，一边派周淑钟、王若昭负责复园工作。同时继续课程实验。

根据"做人、做中国人"的教育目标，陈鹤琴指出课程内容的选择应注重儿童的生活环境，以大自然、大社会为中心来组织课程，使课程成为一个系统并使各科目互相连接发生关系。幼稚园的课程应打成一片，成为有系统的组织，而组织的中心，就是儿童的环境（包括儿童的自然环境和社会环境）。老师们用"圆周法"（各年龄段主题相同要求不一）、"直进法"（各年龄段主题与要求均不相同）、"混合法"（各年龄段主题与要求可相同，亦可不同）编制课程，尝试"五指活动"。

陈鹤琴反对分科教学，他认为应该将儿童应学的东西整个地、有系统地教给儿童，课程应实施"整个教学法"，从而促进儿童整体的有机发展。因此，课程在编排时，把儿童在园一天的所有活动，包括教育教学的各种教材、内容、范围和方法的安排与运用等，都围绕自然和社会这个中心。依据儿童身心的发展，这五种教育活动以单元的形式进行编排，每个教育活动单元由若干活动中心"主题"组成，各种教育活动围绕着单元中的活动中心进行，构成一个完整的教育体系，陈鹤琴把它叫作整个教学法，又称单元教学。单元实施中，陈鹤琴强调以游戏式、小团体式的方式学习，通过分组施教、区别对待，以满足孩子年龄、智力的差异和兴趣的需求。

钟昭华是亲历课程实验的教师，她回忆："建园后，陈先生首先通过实验研究建立幼儿园的课程体系。课程实验经历三期，即第一"自由散漫期"，第二"论理组织期"，第三"中心制单元教学期"。最后一期实验克服了前两期的弊端，提出必须"以教育的计划性、整体性、灵活性三者结合起来的'整个教学法'为指导思想"，从幼儿的能力、经验、兴趣出发，在幼儿直接接触的自然与社会环境中选取中心，常识、音乐、故事、游戏、图画、手工等各科围绕中心选材，取得横向联系，使幼儿在一个整体中接受各科教学内容，使获得的知识、经验与技能得到复习巩固。陈先生主张的"整个教学法"可以达到幼儿教育内容的整体性与系统性相结合，这是陈先生的新发现，是十分可贵的贡献。"[1]

搭积木

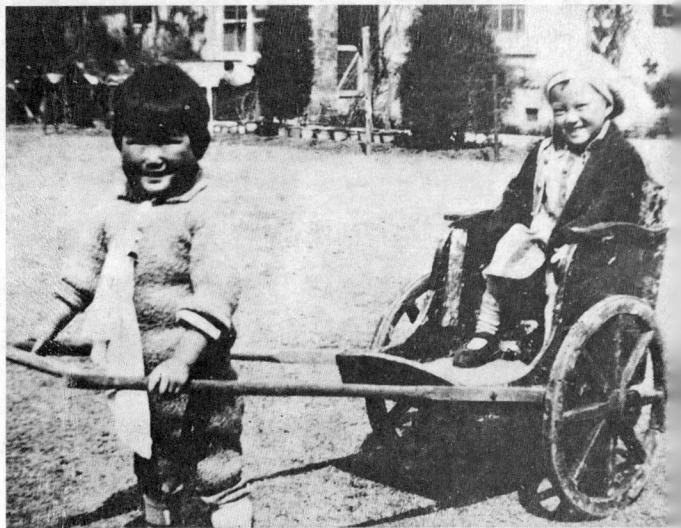
拉黄包车

---

[1] 钟昭华，1923 鼓楼幼稚园创办时的首批教师、1932-1937 年任鼓楼幼稚园主任，随陈鹤琴研究"中心制"课程。后任江西国立师范学校附设幼稚园主任、南京双井巷幼稚园主任。先后在江西国立师范学校、上海女子幼稚师范专科学校、南京大学师范学院、南京师范学院幼教系任副教授，是 20 世纪中国现代幼儿教育的奠基者、开拓者和践行者之一。此文为钟昭华《陈鹤琴先生对我国幼教事业的贡献》节选，《南京师大报》1992 年 3 月 4 日第二版。

没有围墙的幼儿园

张宗麟在《课程实验报告（一）》中，强调鼓楼幼稚园的课程实验对儿童即时兴趣的关注："下星期要做的，在这星期中议席上——星期一、五下午商议定了，于是订出总纲细目来，分头去找材料和参考书、实物和其他应用的东西；到了星期一就来实行。优势预算得不凑巧，儿童的兴趣在另一方面，社会上发生了一件特别事情，邻家生出小狗、小猫来了……那么，我们就完全把预定的抛弃了，顺着儿童的需要去做。"[1]

例如一天，一鸣从家里拿了一个老鼠笼到园里，里面有一只很大的老鼠。"哇——老鼠——，好大的老鼠——"小朋友兴奋异常，注意全部集拢在老鼠上。

根据上一周拟定的课程，今天不是认识老鼠，但看到孩子们如此感兴趣，鼓楼幼稚园的老师放弃了预定的计划，全天的活动都围绕老鼠进行。朝会时，谈话的主题就是老鼠。大家一起研究老鼠的尾、脚、眼、嘴、耳朵、吃的东西和叫声，研究用猫或老鼠笼捕鼠的方法。孩子们还到邻居家借猫，因为猫跑出去了没有捉到，大家只好看猫图。欣赏了猫和老鼠后，小年龄的孩子为猫吃老鼠的画面着色，

大一点的孩子自由画画、涂鸦，大家几乎画的都是老鼠和猫。吃点心时，小年龄的孩子听《无猫国》的故事，大一点的孩子欣赏《五只小老鼠》。游戏时，一起学唱《老鼠老》歌谣，玩"猫捉老鼠"的游戏。一天里，孩子们的兴趣点都在老鼠身上，谈老鼠、说老鼠、唱老鼠、画老鼠、研究老鼠，对老鼠的认知，有了飞跃。

教活书，活教书，教书活

陈鹤琴反对把儿童的思想禁锢在书本中、把儿童的活动限制在课堂里的做法，他将那些把孩子关在教室里不让他们与外界发生直接接触的幼稚园，比喻为"幼稚监狱"。

有一天，陈鹤琴遇到一个6岁的小姑娘，问她："你见过小松鼠吗？"小姑娘说："我见过"。又问："你说说小松鼠是什么样子的？"小姑娘用手比画了一下，这么大。陈鹤琴一看，哎呀，小松鼠才两寸大小。她的经验从哪里来的？为什么认为小松鼠只有两寸大小呢？陈鹤琴追问："你从哪里看到的？"小姑娘说："我从书上看到的呀？"陈鹤琴说："那你能不能把那本书找给我看看。""好！"小姑娘

---

[1] 张宗麟：《陈鹤琴全集》第二卷，江苏教育出版社，2008，第120页。

兴高采烈地把那本书捧过来了。陈鹤琴一看，哎呀，这个小松鼠画得跟猫一样，因为形象变形，孩子看到的画面上的动物和实际相差甚远。以此为例，他认为刻板的、缺乏主动认知的教室内教育是"本本教育"，是"教死书、死教书"。"小孩子的知识是由经验中得来的，大自然、大社会是最好的老师"，主张"新鲜的空气、明亮的日光，都是小孩子强身的要素，到了这种野外的地方，做教师的就可以随地施教，看见什么就可以教什么；小孩子看见了这些野外的景象就得到了一种深刻的印象"。①

"活的教育"又是什么？简单地说一句，就是"不死的教育"。书本主义的教育就是死的教育。"活教育"是"前进的、活泼的、有生气的教育"，教师要"教活书，活教书，教书活"，儿童要"读活书，活读书，读书活"。

留学美国期间，陈鹤琴对西方进步主义教育运动留下深刻印象。进步主义教育思想强调的儿童自由、个性、兴趣、经验，都对陈鹤琴在中国的"活教育"实践产生较大的影响。在"活教育"理论形成过程中，约翰·杜威的实用主义哲学和教育学思想，起到了最为直接、最为重要的影响。在"活教育"与实用主义教育思想的关系上，陈鹤琴曾坦言："实际上，'活教育'并不是一项新的发明。它的理论曾被世界上不同的教育界权威创导过。当作者从1914年到1919年在美国接受教育时，最知名的教育家之一杜威博士所提倡的美国进步教育，对形成中国的活教育运动起了相当的影响。"②

在中国本土教育实践中，陈鹤琴以开放接纳的态度接受西方教育思想，同时，强调进行中国化的实验与再创造，探索适合中国国情的教育理论与方法。他认为，"我们现在提倡的活教育是接受着世界新教育的思潮，并和杜威一样的在创造理论，也创造方法。"③正是扎根于中国传统文化和国情，合理吸纳西方教育思想精华，才使得其"活教育"在实施中始终坚持比较借鉴，不断完善，保持了长久的活力。

1941年，由陈鹤琴任主编的刊物《活教育》出版发行，陈鹤琴"活教育"思想开始被人们知晓、传播。"活教育"理论包括三大目标、十七条教学原则、学习的四个步骤、五指活动计划、训育的十三条基本原则等，其中三大目标是"活教育"理论的核心内容。"活教育"是陈鹤琴幼儿园课程思想的精髓，也是他一生的主张与追求，更是鼓楼幼儿园管理、治学重要的支撑理论。

① 北京市教育科学研究所编《陈鹤琴全集》第二卷，江苏教育出版社，1989，第121页。

② 北京市教育科学研究所编《陈鹤琴全集》第六卷，江苏教育出版社，1992，第295页。

③ 北京市教育科学研究所编《陈鹤琴全集》第四卷，江苏教育出版社，1991，第350页。

办没有围墙的幼儿园

陈鹤琴说，幼儿园应该是没有围墙的校园，鼓楼幼稚园的老师和孩子们可以随时随地向大自然发起进攻。

在园内，为了打造乡村田园式幼儿园，陈鹤琴和老师们栽种樱桃、枣子、柿子，开辟菜园，饲养鸡、鸭、兔，为孩子们提供接触自然、感受自然的场景。老师也尽可能利用室外开展活动，如在花园里垦地、植树、捉蚱蜢、寻找虫窝、收集花籽、收获北瓜，在农场里养兔、养鸡、养鹅、养鸟、饲养小金鱼。

在园外，鼓楼幼稚园的师生也享受着真实的大自然、大社会。

1923 年的鼓楼，是南京城的市中心。鼓楼地带，是一座高岗。高岗之上，矗立着巍峨的明代建筑——鼓楼。鼓楼城门，是城南至江边的唯一交通要道，南来北往的人们都要从鼓楼的门洞穿过。以石板铺就的二三米宽的大道，成为挑担的、抬轿的、骑驴的必经之路。那时极少有汽车，车辆大都是马车、骡车、板车、黄包车。

鼓楼，成为孩子们走出校园探索大社会、大自然绝佳的场所。师生们到鼓楼岗，看打拳卖艺、卜卦算命、魔术把戏、说书唱戏；到鼓楼街看杂货店、剃头店、茶水炉、米店。喧嚣嘈杂的吆喝叫卖，让鼓楼成为一个浓缩的小社会，也让孩子们了解了真实的社会生活。

除了在鼓楼周边，老师还带着孩子们从下关码头乘船到燕子矶沿途看长江，坐汽车到中山陵沿途看房子、树、花，在火车站登上高高的火车头听火车鸣笛、烟囱冒烟，到金陵大学的农场看牛羊、鸡鸭及农田。北极阁、栖霞山、天文台、夫子庙，都成为孩子认识自然与社会的天然场所。

"我们不上课吗？让儿童做野马吗？只供给奢侈的玩具不加指导吗？不是，不是？""我们不强制儿童做机械的工作，只用暗示的方法去做生活历的事情。"①

① 陈鹤琴、张宗麟：《陈鹤琴全集》第二卷，江苏教育出版社，2008，第 4 页。

以 1926 年 11 月的鼓楼幼稚园课程实验报告为例。因为"秋将尽、冬方始，黄花椰果，俯拾即是，农家之收获，常人之腌藏，皆忙碌异常。儿童见此景况，即学校不加指点，能不油然发生一种兴趣。本园环境，富有自然的美，左为北极阁，小山屹立；右为大旷地，野草平铺，颇饶农村风味，加之园内几方隙地，尽辟花园菜圃，到这时黄花盛开，番薯、白菜都渐渐地成熟，所以本月课程，大都以此为中心。"①

11 月，老师带孩子们到北极阁山上捡拾红叶，观察叶子的颜色、形状，了解绿叶变红的现象。在路边、篱笆边、山脚下，师生捡摘野果，了解种子传播的方法，讨论果子与种子的区别，区分有毒的果子和有益的果子。在农家，师生帮农家收拾干草，从中了解缚干草、背干草的方法；还观察草何以变黄、草有无种子，晨起的草上为何有霜。草背回幼稚园后，师生一起搓草绳，用草烤番薯。老师还和孩子们走进东大农场和鼓楼乳牛场，观察猪、羊生宝宝，了解动物的外形、习性；看老牛耕田，欣赏犁耙……

张宗麟感慨："我们真是幸福，在这战云弥漫的空气中，视教育如时髦的时候，还能聚着几位同志天天讨论、读书、工作，并和活泼的小朋友们一起玩，这是多么可慰的事呢！"

高觉敷在《为活教育题词》中评价：陈鹤琴的活教育把儿童心理学和教育学全搞活了，它是科学和艺术的神化的合一。②

---

① 张宗麟：《陈鹤琴全集》第二卷，江苏教育出版社，2008 年，第 120 页。

② 高觉敷，我国著名心理学家，原南京师范大学教授，这是他发表在 1992 年 3 月 4 日第一版《南京师大报》的文章《为活教育题词》摘选。

玩具设计师

陈鹤琴经常对鼓幼的老师说："小孩子生来就喜欢玩的，有时'玩'比'爱吃'还要重要呢。"究竟"玩"对小孩子有什么好处呢？他认为，一可以发展儿童的想象力，二可以丰富儿童的科学知识，三可以增加儿童的兴趣，四可以培养儿童做人的高尚品质。什么合作、诚实、勇敢等品质，也可以在"玩"中学到。他认为，"小孩子玩，很少空着手玩的，必须有许多玩的机会，才能玩得起来，才能满足欲望。玩固然重要，玩具更为重要。""好的玩具，能引起小孩子多种动作，能启发小孩子的思想，能陶冶小孩子的情绪，能发展小孩子创造能力，能唤起小孩子尚武的精神。"以此说明游戏的价值和玩具更高。

改造西洋的玩具使之中国化

鼓幼办园初期，当时中国的幼稚园设备都非常简陋，仅有几盒恩物、几块积木、几把剪刀、几张纸头、几盒蜡笔、几个皮球。陈鹤琴认为："试问在这种情形之下，怎样可以丰富儿童的经验，发展儿童的个性呢？幼稚园要求扩张儿童的经验，非有充分的设备不可。""有刺激后有反应，希望教育优良，设备改良也是重要条件之一。所以我们也来

试验设备。我们对于设备的意见，并不主张从大商店里买几多耀目的外国货来放在玻璃窗里。"①

陈鹤琴根据鼓楼幼稚园的自然环境，设计了大量的户外运动设施，如转椅、摇船、跷跷板、荡椅、浪木等。在美国学习期间，陈鹤琴在美国家庭后院看到孩子玩的树屋，他就利用幼儿园里一棵高大的紫藤树，设计了一个大型游戏平台。小朋友像海里的带鱼咬着尾巴排成单行一个一个从斜梯攀爬上平台，又一个个顺着滑梯滑下来。如此循环游戏，川流不息。每天一清早，就有许多小朋友来玩。下课了，一听见摇铃休息，小朋友又跑过来玩。下午放学了，孩子们也不愿意回家，还要到平台上玩。

为什么游戏平台有如此大的吸引力呢？什么样的游戏运动器具才算是好的呢？陈鹤琴解释道，"第一，多数儿童能够同时玩的器具比那少数儿童能够玩的来得好。第二，多动作的运动器具比少动作性的当然来得好。第三，能使大肌肉得到运动的器具，当然比只能使小肌肉得到运动的器具来得好。第四，运动器具要适合儿童的生理和体力。第五，团体化的运动器具要比个人的来得有价值。第六，社会化

① 陈鹤琴：《创建中国化科学化的现代幼儿教育》，金城出版社，2002，第 108 页。

的运动器具比团体化的运动器具要好。第七，少危险性的运动器具比多危险性的来得好。"①"游戏平台就是根据第一到第五的原则制造的，二三十个儿童，同时可以玩弄，各个儿童都要往前进，不得逗留独占；这是集体化的运动器具，能使各个儿童得着快乐。"不久，江浙一带的小学与幼儿园都仿造添置了游戏平台。

钟昭华这样回忆鼓楼幼稚园实验的情景："我们经常组织各班幼儿轮流在户外进行教学活动，并利用户外一切空隙，划分区域进行游戏活动。特别重视游戏场的设置，逐年增设了必要的设备。场上的游戏器具有六面平台、摇马、秋千椅等，均为陈先生多年研究的成果。有如各种供幼儿推、拉、跑的车辆，以及练习滑跑的滑冰车，都是他从创办鼓楼幼稚园开始，陆续研究设计制作的。陈先生在设计六面平台后，又在平台下面为幼儿设计了沙坑。幼儿在游戏场上，真是其乐无穷。"②

1928年5月，陈鹤琴与张宗麟合著的《幼稚园的设备》中，详细列举了一个比较完整的幼稚园设备表，如普通设备、儿童玩具和材料、图书等，并对部分设备玩具的功用、用法、制造、规格做了详细的配图说明，为全国幼稚教育的科学、规范发展提供了依据。

---

① 陈鹤琴：《陈鹤琴全集》第三卷，江苏教育出版社，2008，第34页。

② 钟昭华：《陈鹤琴的幼儿教育思想在南京鼓楼幼稚园实施的回顾》，载《我所知道的陈鹤琴》，金城出版社，2012，第24页。

让木偶戏走进幼稚园

1934 年，陈鹤琴出访欧洲进行 11 国考察后，拎着一个神秘的布袋回到幼儿园。"园长妈妈回来了！"老师和孩子们一起涌上前，看着陈鹤琴像变戏法一样，从袋子里取出一个脑袋圆圆、身体扁扁的木偶小猪。

"这只小黑猪，只有两条腿，一个头，它会说话，会走路，会唱歌，会讲故事，会跳舞，还会做各种表演。当时小朋友快乐极了。这只小黑猪，究竟是什么东西呢？原来是一只布做的傀儡猪而已！"[1]

"这是傀儡猪，把手张开，食指伸进小猪的脑

袋里，大拇指伸进一个衣袖，中指、无名指、小指并拢伸进另一个衣袖。小朋友好！我是小猪，你们喜欢我吗？"陈鹤琴一边示范傀儡猪的操作方法，一边和孩子们玩起了游戏。看着原本像衣服一样的小猪在园长妈妈的手中生龙活现地动作，老师和小朋友都十分新奇。

陈鹤琴告诉老师，好的玩具要有以下的条件：小孩子可以玩的，不是看的；小孩子玩得不生厌，是多变化的；小孩子要用思想、辨别力、认识力才能玩起来。傀儡猪既是好玩具，也是好教具。小朋友可以用来学习说话、学习歌唱、学习讲故事、学习画画、学习做手工，而且学起来兴趣格外浓厚，进步格外迅速。

在老园长的启发下，老师们萌发了制作傀儡的兴趣。陈鹤琴就编写傀儡戏的制作说明，大到选材、制作过程，小到细节处理，一一详细标注。如戏台："用木条钉成一个可以折叠的架子，中间一扇的上半截，是傀儡表演的戏台，下半截是台身，最好用深色的布或纸把它遮起来。左右两扇是戏台的侧面，应当全部遮住。儿童站在中间举手表演，所以中间半截的高度，不得低于儿童，不然看戏的人只能看见儿童的头部，看戏的兴趣就会减少了。戏台上应有一幅小幕布，以便开关。幕的上面，应加以三寸阔的围幔，以资美观。"[2] 为了让孩子们方便操作，

① 陈鹤琴：《陈鹤琴全集》第三卷，江苏教育出版社，2008，第 7 页。

② 陈鹤琴：《陈鹤琴全集》第三卷，江苏教育出版社，2008，第 8 页。

陈鹤琴叮嘱老师，孩子年龄小，手指短，傀儡的大小一定要适合他们的手指，不然运用起来很困难，表情也不容易逼真。

老师们依葫芦画瓢，也学着制作傀儡角色，牛、羊、小鸡、小鸭、男孩、女孩……老师们除了将傀儡用在故事、音乐等活动中，还让孩子们在游戏时自由表演。随着傀儡数量的增多，大家又开始研究傀儡戏，并利用傀儡戏设计教学的中心，联络各课的教材，并将每周六下午定为傀儡戏表演时间。木偶戏作为教育与娱乐的手段与工具，不仅充实了幼儿园的生活内容，也促进了孩子的语言发展，至今仍是幼儿园教育教学和游戏的重要媒介之一。

要玩具，不要"看具"

为了提供更多适合孩子们的玩具，陈鹤琴在鼓楼幼稚园内成立了玩具小工厂，结合实验，设计、创制了一套中国化的适合我国幼儿教育的玩具、教具与设备，并组织儿童教育用品的制作、推广，供应各地。他担任设计师，亲自设计各种有趣、多变、富有教育性的玩具，聘请杨木匠制作，如活动影戏、图案木戳、空心积木、小网圈、嵌板、拼板、认数板、七巧板、摸箱等，让孩子们做中学习，游戏中成长。在鼓楼幼儿园的园史室里，还存有陈鹤琴亲手制作的玩具——"益智盘"。这个钟面式的小圆盘原本

是外国的一种赌具，陈鹤琴利用其原理，巧妙地变成动物转盘，孩子们只要转动转轴上的长针，依据针尖指向的位置，来认识动物的名称、属性等。

陈鹤琴到哪里办教育，玩具工厂就开到哪里。即使在抗战期间艰苦的条件下，陈鹤琴也想方设法设计与制作玩具。1940年，在江西创办幼稚师范和幼专时，也成立了教育玩具、教具制造厂。江西的竹子资源丰富，价格便宜，陈鹤琴就利用竹子，设计制作了彩色竹圈，代替积木给孩子们玩。1945年国立幼专从江西迁到上海，他再次创办玩具工厂，这次的规模相对较大，有木工、布工，制作积木、布娃娃、益智盘等。1949年，全国妇联和儿童保卫委员会的康克清筹办新中国儿童玩具厂时，陈鹤琴推荐了1939年起合作研究的专业人员叶柄祥、邱志刚。1953年，陈鹤琴任南京师范学院院长时，依然关心儿童玩具的研究与制作，不仅在南师成立了玩具工厂，还成立了玩具研究室，开展科学的玩教具研究工作。

1979年全国教育科学规划会议召开，陈鹤琴当选为中国教育学会名誉会长。他呼吁要重振幼教，切实开展教育科学之研究，并提出了几项建议，第一项就是"设立儿童教育玩具、教具、设备研究室和实验工厂"。他给出理由："研究、设计和制造符合或有助于幼儿、儿童身心全面发展及教学需要的产品，是当前迫切需要解决的实际问题。目前，

我国玩具厂制造的玩具，有许多与教育脱离，成为一批'看具'，不适应儿童教育的需要，因此，不能只依赖一般玩具厂，而必须设立专门的机构进行研究、设计和制造。"他建议要本着节约的精神和就地取材的原则，也可以选择国外新的而又适合我国情况的教育玩具、教具，作为参考，努力创造普及的产品。他认为玩具研究室成员应由有经验的、优秀的幼儿园教师和师范学院教育系的教师组成，他们的任务是调查研究市级需要并进行实验。陈鹤琴自告奋勇愿意做其中的一员，再次表达愿为促进祖国教育事业的兴旺而竭尽全力，"老骥伏枥，志在千里"。

家庭中的教育

1919 年，陈鹤琴归国结婚、生子，开始了从理论到实践的研究历程。他的长子陈一鸣 1920 年出生，从出生的第 1 天开始，陈鹤琴就对他观察记录，时间长达 808 天。一鸣哭了，一鸣笑了，一鸣喝奶了，一鸣画画了……808 天的观察记录为陈鹤琴积累了丰富的教育案例。1925 年，他以观察记录为素材，撰写的《儿童心理之研究》，成为以中国儿童为对象、系统观察、实验研究的典范，开启了中国学者以中国儿童为对象研究儿童心理发展的大门。也正是这本书，让陈鹤琴萌发了"观察儿童""研究儿童"的主张。

1925 年他又以观察及教育实践为素材，撰写了另一本巨著《家庭教育》。这本书列举了 101 条家庭教育的原则，所有的原则都来自实际，大部分的原则都来自在一鸣身上的尝试。101 条教育原则，让陈鹤琴和大家分享了育儿中的酸、甜、苦、辣，也提供给家长更多的育儿策略。这本书出版之后很快印了十几版，陶行知先生也为这本书作序，陶行知说："这本书出来之后，小孩子可以多发些笑声，父母也可以少些烦恼了。这本书是儿童幸福的源泉也是父母幸福的源泉。著者既以科学的头脑，母亲的心肠，做成此书。"他把这本书称作中国父母的必读之书。

陈鹤琴为什么重视家庭教育？他说："家庭教育是振兴中华民族的希望，是整个教育的基础，关系到国家的命运。"他把家庭教育和民族联系在一起，和祖国的未来联系在一起。

陈鹤琴生育了 7 个孩子[1]，因为实施了科学的家庭教育，孩子们长大后先后在我国的外交、教育、宣传、医疗、统战等部门工作，各个成为中国共产党党员，成为祖国的栋梁。陈鹤琴不仅爱自己的孩子，也爱所有他见过的孩子。他常说："我是爱儿童的，儿童也爱我"，"一切为儿童"是陈鹤琴的追求。

---

[1] 长子陈一鸣，先后就读上海沪江大学、美国密西根州立大学，美国哥伦比亚大学师范学院教育硕士，上海市宗教事务局副局长。长女陈秀霞，先后就读上海圣约翰大学、重庆中央大学，美国哥伦比亚大学硕士，外交部新闻司副司级干部。二女儿陈秀瑛，先后就读上海圣约翰大学、美国密西根凯拉马助大学，哈佛大学博士，外交部中国国际问题研究所副研究员。三女儿陈秀云，中央大学毕业，历任中央大学团委书记、北京市第八中学党总支部书记、北京市教育科学研究所副研究员。二儿子陈一飞，光华大学毕业，历任复旦大学生物系党总支书记、中国科学研究院西亚非所副所长、副研究员。三儿子陈一心，上海市外办政治处主任、党组书记。四女儿陈秀兰，中国人民解放军第五军医大学口腔系毕业，原南京军区总医院副主任医师。

游戏就是工作，工作就是游戏

陈鹤琴说："游戏就是工作，工作就是游戏。"他归纳出儿童独特的生理心理特点：好动心、模仿心、好奇心和游戏心。6岁前的孩子爱玩、好动，游戏正好能满足孩子爱玩好动的天性，所以他强调游戏是儿童的工作，游戏是儿童的生命，游戏可以让孩子们更加快乐，更加幸福。

如一天陈鹤琴准备替秀霞拍照，还未把秀霞放在照相坐的摇椅里，三岁多的一鸣就爬了进去，也要拍照。陈鹤琴再三劝他，他就是不肯出来。陈鹤琴想了想，笑着说："一鸣！你听着！我叫一、二、三，我叫三的时候，你就爬出来，爬得越快越好。"一鸣以为爸爸和他玩游戏，高兴地答应了。当陈鹤琴数到"二"的时候，一鸣脚踩在椅子的踏板上，两只手抓着椅子把手，做好了准备。爸爸刚念到"三"，一鸣非常敏捷地一跃而出，让出了位子。

陈鹤琴每天和子女们玩各种游戏，他尊重儿童的年龄特点，把儿童当儿童。他说："儿童不是小大人，儿童的心理与成人的心理不同，儿童时期不仅作为成人之预备，亦具他的本身的价值，我们应当尊重儿童的人格，爱护他的烂漫天真。"我们不能把孩子当成穿着长衫的小博士，也不能把孩子当成老态龙钟的小少年。我们要满足儿童的天性，满足儿童的需求。

做事的兴趣，愈做愈浓

陈鹤琴认为，兴趣可以激发孩子做事的动力，"做事的兴趣，愈做愈浓；做事的能力，愈做愈强"。在如何萌发孩子兴趣上，陈先生也有很多的策略。他提倡家长要经常带孩子到大街上去看一看；凡是孩子自己能够做的事情，你千万不要代替他；小孩子做事情既不要太容易，也不要太难，要在他的能力以内，而且还要稍稍用力，等等。

一鸣一岁多的时候，陈鹤琴就让他坐在自己的身上，靠着桌子，握着铅笔在纸上涂画。后来一鸣自己会走的时候，有一天，他抓着笔在墙上、椅子的坐板上、地板上、席子上涂画了一通，画得兴致勃勃。陈鹤琴看到后想：这些地方是不应该让他画的，但如果只是去斥责他，制止他，会摧残他画画的兴趣，这样一来，他就不敢尝试了。于是他说："一鸣，你来。你画得很好！爸爸给你几张大的白纸，你画好了，爸爸替你挂在墙上，一定很好看！"陈鹤琴给他拿了纸张和铅笔、蜡笔，教他画在纸上，并告诉他不该乱画的道理，还为他特制了尺寸合适的桌椅。在一鸣画画时，陈鹤琴尽可能坐在旁边，看着画并加以鼓励。他把每张画注上日期、内容保存起来，还经常带一鸣去玩，写生，替别人画像，带他去书店买画片、连环图书等。一鸣得到了父亲的鼓励，愈来愈爱画画。稍大一些后，出去总是带着一本画册，看见一个挑馄饨担的，他就给他画一张；看见抬轿的，他也画一张；看见乡里人挑着小孩子进城，他也画一张。日积月累，他的兴趣一天天地浓厚，画画技巧也一天天地精起来了。直到 12 岁，陈先生认为他靠自己的兴趣画画已经不能表达他想表达的内容，这个时候才让一鸣去拜师。其实这个故事也讲了我们当下的兴趣班的问题，陈鹤琴让孩子依着兴趣自由探索作画，到 12 岁的时候才拜了画画的老师。

习惯养得好，终身受其益

陈鹤琴在家庭教育原则当中列举了卫生习惯、饮食习惯、睡眠习惯，他认为，"习惯养得好，终身受其益；习惯养不好，终身受其累。"在睡眠习惯中，就有一条原则"小孩子不应当有人抱了睡"，讲了一鸣独自睡觉的故事。

因为条件所限，一鸣刚出生就和爸爸妈妈睡在一间屋子。一鸣睡觉的时候爸爸还要工作，所以开着灯，一鸣就养成了开灯睡觉的习惯。过了几年家庭条件好了，搬家了，陈先生想借着这个机会让孩子适应关灯睡觉。关灯睡觉让一鸣非常不适应，大哭大闹。陈鹤琴狠心不搭理，可是妈妈受不了了，跑到房间里哄一鸣，虽然没有开灯，但是妈妈抱着一鸣入睡了。第一天这样，第二天还是这样。陈鹤琴就深受其累，提醒家长"要打破一个坏习惯的时

候，留心不要养成一个新的坏习惯"，并且告诫家长关注孩子的第一次，"无论什么事，第一次做得好，第二次就容易做得好。第一次做错，第二次就容易做错。所以对于第一次的动作，做父母的要格外留意护导以免错误"。

为了帮助孩子养成良好的生活习惯，陈鹤琴还在家里制订了"家庭饮食方案"，孩子每天在家吃三顿饭，吃两次点心。他要求三餐要让孩子们吃饱、吃好，点心要适当，不能多吃。他希望每一个孩子养成好的习惯，当习惯成自然的时候，孩子就能够适应社会健康成长。

陈鹤琴特别强调传承中华的文化，他认为小孩子的习惯要从小教起，要教孩子尊重老人，不能让孩子打别人，要让孩子知道要顾及别人的感受，等等。

他曾经举过清晨吹号的例子。小孩子得到新玩具会非常喜欢，连续玩很多天，一鸣也是这样。有一阵子他热衷于吹洋号，一天清晨，衣服还没有穿好，就抓起洋号"嘀嘀嗒嗒"吹了起来。陈鹤琴听见了赶紧走到他跟前，向他摆摆手，然后压低声音对他说："不要吹，妈妈、妹妹还睡着呢！"一鸣听到爸爸低声说的这句话，也就收起洋号不再吹了。又有一天，吃完午饭后，陈鹤琴在客厅里打盹，一鸣从屋外跑进来同妈妈说话，当他发现爸爸正在睡觉时，马上低着声音对妈妈说："爸爸睡了。"然后就不作声了。陈鹤琴说，一鸣之所以能够这样，是因为父母

平时常常告诉他顾虑别人安宁的道理，并且做给他看的缘故。比如他妹妹在房间里睡熟的时候，父母进屋去总是踮着脚轻轻走路，说话也是低着声说的。陈鹤琴认为："今日的孩童即他年成人，今日的孩童不能顾虑他人的安宁，则他年的成人即将侵犯他人的幸福。"因此，父母应当常常教给孩子顾己顾人之道。

陈鹤琴常说："幼稚教育是一件很复杂的事情，不是家庭一方面可以单独胜任的；也不是幼稚园一方面单独可以胜任的；必定要两方面共同合作方能得到充分的功效。"所以，家长和幼儿园要携手、合作、共育，让家园形成无限的教育活力。

一切为儿童

一鸣是陈鹤琴的长子，也是鼓楼幼儿园的第一届毕业生。因为年过九旬，一鸣的身体不好，常年住在医院里。一鸣过 90 岁生日时，鼓幼园长和老师代表专程到上海，带去小朋友自制的生日贺卡、表演"小兵丁""年老公公"的录像，以及满满的、衷心的祝福。

看见母校园长与老师来医院探望，老人非常激动，不仅不要别人搀扶，还借用医院服药提示的白板，颤巍巍地写下"九旬学生迎老师，鼓幼精神暖人心，驾鹤仙逝琴声在，传承创新有后人"。并一再询问："你们还在研究活教育吗？你们还在研究儿童吗？"当园长告诉一鸣，幼儿园已将育人为本、幼童本位作为教育理念写入幼儿园教育发展规划时，老人很欣慰，并侃侃而谈，向大家介绍陈鹤琴如何写下"一切为儿童"，以及"我是爱儿童的，儿童也是爱我的"的故事。

我爱儿童，儿童也爱我

陈鹤琴的好友邱椿在回忆录中说，郑宗海先生[①]

称陈鹤琴是"行年五十尚婴儿"，俞子夷先生称陈鹤琴为"永远微笑的教育家"，他自己则称陈鹤琴是"斑白的儿童"。因为陈鹤琴"有仁爱的儿童般的性格，所以儿童爱他，他也爱儿童"。[②]1981 年 6 月 1 日，陈鹤琴因病不能到鼓幼和孩子们一同过节，他题词"一切为儿童，一切为教育，一切为四化"，赠送与勉励鼓幼老师。陈鹤琴为什么会提出"一切为儿童"？因为他有一颗童心。

陈鹤琴在美国哥伦比亚大学读书期间，在唐人街组建了一支华侨童子军，他亲自担任队长。他带孩子们到新泽西冰天雪地的丛林中过集体生活，带孩子们去海边游泳、唱歌、做操、娱乐。在玩的过程中，让孩子们每天记日记，指导孩子们如何观察自然、应付环境、怎样求学、怎样做人。他是一个热血青年，在儿童群里，他就是大儿童，他以儿童的身份与儿童交流，并在其中融入有价值的教育。陈鹤琴一生都把自己当成大儿童。

鼓幼第十七届毕业生徐蜀生回忆道：

---

① 郑宗海，又名郑晓沧，我国现代教育家。1914 年毕业于清华大学，后留美获哥伦比亚大学教育学硕士学位。历任南京高等师范、国立东南大学教授，浙江大学师范学院院长、教务长、代理校长等职。

---

② 邱椿：《斑白的儿童》，载《我所知道的陈鹤琴》，金城出版社，2012，第 37 页。

我是 1949 年入园的。当时，鼓幼的名称叫鼓楼幼稚园。我的家住大方巷华安新村的一幢二层楼里。每天早晨，母亲带着哥哥和我，沿着穿过菜地、池塘的小路，把我们送到鼓幼。

在我的记忆中，鼓幼永远是孩子的天堂。老师们的脸上总是微笑着，在我的印象里丝毫没有老师生气的模样，哪怕是我们调皮、闯祸的时候。陈老的家就住在幼儿园的隔壁，他时常到幼儿园来看望我们，他那慈祥的脸庞、和蔼的语言，总是吸引着我们簇拥在他的身旁。

在幼儿园里，除了吃饭、午睡似乎总是在游戏中。老师时常带我们去南京大学，那时沿途都是菜地、玉米和麦田，一边走，老师一边指认着这是什么菜，那是什么庄稼。老师还教我们如何发黄豆芽、如何糊风筝、如何做豆腐乳……①

陈鹤琴十分喜爱儿童，决不允许老师对孩子们板着面孔，更不允许体罚、变相体罚。他每次到幼儿园都和孩子们一起活动。春天，和孩子们一起放风筝，饲养鸡鸭；夏天，和孩子们一起玩沙，玩水，抬泥巴垒房子；秋天，和孩子们一起捡拾落叶，利用树叶布置教室；冬天，和孩子们一起堆雪人，扮演年老公公欢度新年。

每当户外活动时，陈鹤琴就和孩子们一起做早操，模仿打铁、锄地、划船、割麦、纺纱。游戏时，他就捎着一根棍子在肩上，站在孩子们中间，学做"小兵丁"。他编写了《水珠儿》《石油宝》等大量的故事、歌词，扮演圣诞老人、白发公公，和孩子们一起娱乐、一起欢笑。

每次回鼓幼，他一定会和孩子们一起表演《小兵丁》，至今，鼓楼幼儿园的孩子们依然把《小兵丁》的歌曲作为经典歌谣表演传唱：

"我是一个小兵丁，小兵丁，小兵丁。

我是一个小兵丁，小兵丁是我。

这样做，那样做，这样做，那样做。我是一个小兵丁，小兵丁是我。"

我的学生都是好的

从南京鼓楼幼稚园到上海新闸路小学、江西省立实验幼稚师范学校、上海国立幼稚师范专科学校、上海特殊儿童辅导院、南京师范学院，从幼儿园到小学、特殊教育学校、中学、大学，陈鹤琴一生办学无数，学生也遍布世界各地。

抗战初期，陈鹤琴任国际救济会常务委员会委员兼教育组负责人、上海国际红十字会教育委员会主任。看着因为战争流离失所、涌进租界的百万难民，满街乞讨的衣不遮体、食不果腹的孩童，陈鹤琴泪

① 徐蜀生：《鼓楼幼儿园与中国幼教先驱陈鹤琴》，《南京晨报》2003 年 10 月 26 日 B5 版。

水涟涟。他多方奔走，短时间内建成 200 多个收容所、160 多所难童学校，让 27000 多名难童在非常时期接受正常的教育。为了让战争中失去父母的孩子享受家庭的温暖，1939 年，陈鹤琴创建上海儿童保育院，专收流浪儿童和孤儿，成为更多孩子的"妈妈"。在上海幼专，他接纳因参加"反饥饿、反内战"示威游行被开除的学生，说"这样有志气的青年，我是欢迎的"。他保护校内的进步学生，说"我的学生都是好的"。

陈鹤琴七十大寿期间，陈之璘、段世琳、吴玲等原江西幼师、上海幼专的学生带着子女看望陈鹤琴，为其过生日。看着这些学生，回忆似电影般又在脑海中一幕幕闪现……

办学初期，带着这群女孩子在文江村头开山筑路、编草盖房；抗战末期因日寇侵扰学校被迫解散，他四处借钱募粮，带着二百多名师生顶风冒雪、长途跋涉至饶家堡重建学校，兑现"绝不丢掉一个学生，就是讨饭也要带着学生一起走"的誓言，成为所有"女儿"的"妈妈"。

面对熟悉的学生、可爱的小朋友，陈鹤琴感到格外亲切、万分愉快，即兴提笔作诗："人生七十古来稀，今日何尝称稀奇。报国有心再四十，欣逢盛世定有期。"表达了继续大展宏图、精忠报国的心愿。

陈鹤琴是南京师范学院的第一任院长，创业之初，校园面积仅有一百多亩，校舍不到五万平方米。学生五六百，教师一百多。那时百业待兴、百废待举，为了培养更多的师范生，陈鹤琴勤俭办学、艰苦创业、征荒山、平土地、搭草屋教室、扩大招生规模，短短几年，学校办学规模扩大到二千多人，校舍面积增加了一百多亩。现在的南师大有山有水、古色古香，房子在山头，操场在顶头，成为东方最美的学校。在南师工作期间，学校的学生没有一个不认识他的，他对奋发向上的学生们也没有一个不喜欢的。文娱晚会上，他必定会演上一段学生们最喜欢的"我是一个小兵丁"；运动会上，他总是背上挂着号码，与老教师们比赛竞走；星期天学生食堂缺了鸡蛋、油条，他就会生气。新年的钟声刚敲响，由他扮演的新年老人必定被欢天喜地的青年簇拥着。①陈鹤琴还求贤若渴，从全国各地聘请了一大批有名望的教授，加强了教学和科研建设，让南师学前系成为全国领先的优质生源孵化器。

老骥伏枥，志在千里

教育部召开第一次全国初等教育及师范教育会议，陈鹤琴作为特邀代表出席，并作为特邀代表讲话。陈鹤琴说："我今年六十岁了，假若有人问我，

① 摘选自南京师范大学谈凤梁校长 1992 年 3 月 4 日《在陈鹤琴先生诞辰一百周年纪念会上的讲话》。

你来生愿意干什么？我说，我还是愿意做教师。要问，为什么？我说，因为我喜欢小孩子。"当时全场热烈鼓掌。在场的苏联专家跷起大拇指说："这就是中国的专家。"

晚年的陈鹤琴，先后任中央人民政府政务院文化教育委员会委员、江苏省政协副主席、江苏省人大常委会副主任等职，他仍时刻关注着我国幼教事业的发展。在《怎样做人民的幼稚园教师》中，他提出教师要热爱儿童："一个热爱儿童的教师，他是会全心全意地为儿童谋幸福，继续不断地改造自己的工作的。反之，一个不热爱儿童的教师，他是不会时时刻刻想到应该如何指导儿童生活，如何使儿童得到更合理的教养的。所以热爱儿童，是做一个优良教师的起码条件。"

从课程实验起步的陈鹤琴，始终强调教育科学实验与研究。1979年，全国教育科学规划会议在北京召开，陈鹤琴因病不能与会，他提交书面发言，呼吁要设立儿童教育教具、玩具、设备研究室和实验工厂，各省市还要设立实验幼儿园和实验小学，恢复学前教育和小学教育杂志等。因为陈鹤琴的倡议，各地实验幼儿园、实验小学、教育科学研究所纷纷成立，他还为《幼儿教育》杂志创刊号题词："热爱了解和研究儿童，教育他们使之胜过前人。"

在《老骥的心愿》[1]中，深情抒发了热爱教育、热爱儿童的情怀：

我今年87岁了，热爱教育事业之心依然十分强烈。我从事幼儿和儿童教育及师范教育的实践凡数十年，深感幼儿与儿童教育是培养最广大的新生一代，关系到祖国未来的大事，是我们社会主义教育事业的基础部分，对实现四个现代化影响深远。当前，重振幼教、儿童教育事业极为迫切。"老骥伏枥，志在千里。"我愿以有生之年，在党的领导下，为促进祖国教育事特的兴旺而竭尽全力。

在鼓楼幼儿园园史室内，收藏一幅陈鹤琴88岁时书写的"一切为儿童"字匾。"一切为儿童"是陈鹤琴的夙愿。直至弥留之际，陈爷爷用颤抖的手写下的，是一辈子为之努力的肺腑之言——"我爱儿童，儿童也爱我"。

孟子曰："大人者，不失其赤子之心者也。"陈鹤琴，就是这样的一位"大人"。

---

[1] 陈鹤琴：《老骥的心愿》，《人民教育》1979年第8期。

重新回到起点

1973 年 3 月的一天上午，因为工作需要，陈鹤琴负责起草学前教育的发展情况。搜集资讯的第一站，陈鹤琴选择了自己的大本营——鼓楼幼儿园。

陈爷爷回幼儿园了

"陈老来了，陈老来了——"

这是陈鹤琴二十年后再次回园，老师们欣喜万分。认识陈爷爷的，和老人嘘寒问暖，其他人则在一旁羡慕地观望。

正在办公室的姚稷珊主任听见声响，赶忙下楼，看见陈鹤琴和孙女陈虹站在幼儿园门口。姚主任是鼓楼幼儿园的第六任园长，与第一任园长初次见面，如同早已熟悉的朋友，更如心灵相通的家人。

陈鹤琴在园子里四处查看，寻找着当年鼓楼幼稚园的痕迹。嗯，招收第一批 12 个孩子的老房子还在，铁皮房子还在，柿子树、桂花树还在……当看到自己亲手栽下的瓜子黄杨已经长到两米多高时，陈爷爷的眼中泛起里泪光。

陈鹤琴在园子里找到了熟悉的样子，可是，教室却变得如此陌生。

自 1952 年"活教育""单元教学"受到批判后，鼓幼和其他幼儿园一同实施分科教学，成人化、死教育的现象重新出现。陈鹤琴叮嘱姚主任："你们要尽快按照儿童的年龄特点添置符合幼儿身心健康成长的各种设备。"他推荐了会做儿童玩具的木匠师傅，和对幼儿玩具及木偶制作有研究的老师，如叶柄祥、邱志刚、李振兴等，让他们参与到幼儿园新玩具开发中。

在老园长的指导下，鼓楼幼儿园的玩具制作与设备增添脚步大大加快。老师们利用影戏箱"放映"图片，用图案木戳绘制故事书，用益智盘帮助孩子认识动物，游戏平台、转椅、摇船，也再次在园子里出现。老师们带着孩子走进自然、走进社会，参观火车站、轮船码头、鼓楼邮局、糖果冷食厂，到鼓楼公园、玄武湖、中山陵、梅花山感受春暖花开、杨柳吐翠。鼓楼幼儿园，重新焕发出"活教育"的生机。

酷暑中的探望

　　南京地处海拔较低的长江流域河谷中，水汽多，湿度大，加之四周山地环抱，地面散热困难，俗有"火炉"之称。高温加高湿，让8月的南京愈加闷热。1977年8月一天，陈鹤琴又来到幼儿园，看望暑期班的孩子们。

　　"陈爷爷好！陈爷爷好！"孩子们围着陈鹤琴爷爷又蹦又跳。

　　"慢一点，慢一点。天气热，不要出汗了！"陈鹤琴摸着孩子们的脸颊，慈爱地帮这个提提衣领，帮那个捋捋被汗水打湿的刘海。

　　屋顶上，吊扇呼哧呼哧地旋转。餐桌上，浸在大盆中的冷却的绿豆汤散发着清香。陈鹤琴很满意，

他叮嘱老师："这些小孩子的父母都要工作，孩子放不了暑假，你们要更加关心他们。"

　　暑期班的孩子很多，老师也很多。看着围拢过来的老师，陈鹤琴建议，班上留一位老师带班，其他人到会议室，我们一起聊一聊"如何教育好小孩子"。说是聊，其实就是陈鹤琴的专题讲座。"和孩子在一起时，要蹲下来和他们说话。""我们要把小孩子当作小孩子，不要把他们当作小大人。""小孩子的心理和成人不同，我们要爱护他们的烂漫天真。"小孩子为什么喜欢游戏？可以玩哪些游戏？为什么要从游戏中引导学习？陈鹤琴娓娓道来，一会儿说，一会儿唱，一会儿站起来动作示范，好似又回到了课堂，回到了幼儿师范学校。在场的伯宝妹、王筱元、贾成桂、李秀英、邢敬华、姚稷珊听得如

痴如醉。

和老师们聊完如何教育孩子，陈鹤琴又来到孩子们中间，手拿飞机与孩子们讨论："飞机是怎样制造的？""它的功用有哪些？"他一边回答孩子们的提问，一边鼓励孩子要爱学习、勤思考，长大做有文化、有知识、身体好的劳动者。

下刀子，也要去幼儿园

晚年的陈鹤琴，每次都把回鼓楼幼儿园当作天大的事。他的夫人俞雅琴说："每次接到幼儿园的邀请后，他能兴奋好几天，天天都盼着庆祝会的日子早点到来！"每当和孩子们在一起时，陈鹤琴总是喜形于色，非常愉快。

1977年六一儿童节，幼儿园新建的礼堂第一次启用。陈鹤琴与孩子们一同欢迎节日，还欣然提笔作诗：

> 一颗热心献祖国，幼教创业半世纪。
> 而今人民得解放，阳光雨露新天地。
> 朵朵葵花向阳开，茁壮成长有后继。
> 紧跟中国共产党，强大国家定建起。
> "六一"佳节欣逢颂，旧地重游心欢喜。
> 尽余年，好儿童万代幸福，
> 为伟大祖国振兴，发光热奋斗到底！

1979年，为纪念鼓楼幼儿园建园56周年，老园长又编写鼓楼幼儿园《园歌》：

> 鼓楼鼓楼，你多么庄严，
> 鼓楼鼓楼，你那样美丽，
> 一颗热心献祖国，幼教创业半世纪。
> 激情践行活教育，阳光雨露新天地。
> 鼓楼鼓楼，你多么庄严，
> 鼓楼鼓楼，你那样美丽，
> 春花遍开芳草绿，儿歌荡漾乐无比。
> 培养健美的花朵，要靠大家的智慧和努力！
> 鼓楼鼓楼，你多么庄严，
> 鼓楼鼓楼，你那样美丽，
> 祖国的未来在召唤，后继有人来接力。
> 要为祖国做贡献，高举旗帜向前进。

每逢六一、新年，陈鹤琴一定会到幼儿园和孩子们一起过节。鼓楼幼儿园的老师和小朋友，也常常到陈爷爷家（最初在文昌巷19号，之后搬至傅厚岗31号）看望老园长。姚稷珊深情回忆道：

1980年10月，正是菊花盛开的深秋季节。4日下午，我同教师代表陈之璘、张丽婵，幼儿代表常宇、夏明祥、蔡斌、叶琳、汤霖、邓广宁等十余人，怀着崇敬的心情去看望陈老。当我们到达陈老住宅

时，他早已在门口迎接。他满面笑容地从小朋友手中接过鲜花，然后把我们引至客厅。年近九旬的陈老，这时和天真活泼的小朋友们坐在一起，又是分糖果，又是分橘子。时而与小朋友一起看画报，时而与小朋友亲切交谈，询问他们在幼儿园学习、游戏和生活情况。小朋友也毫无拘束地边吃边玩、边回答陈爷爷提出的问题。陈爷爷问："老师教你们哪些儿歌啊？带你们到什么地方参观的？"小朋友争先恐后地向陈爷爷叙说自己的见闻，陈鹤琴听了不住地点头微笑，并兴致勃勃地告诉小朋友，他最近也为小朋友编写了《火孩子》《水珠儿》《石油宝》等图书。小朋友听了，又是拍手，又是蹦跳，整个客厅充满了欢声笑语。我看到孩子们簇拥着这位鹤发童颜的老教育家，看到这位老教育家对儿童无比热爱的情景，不由地想起陈老的观点："我始终是儿童的朋友，与儿童在一起时就快乐。"我被陈老的这种精神感染。作为陈老幼教事业的继承者，我暗下决心，一定要加倍努力学习陈老为创办中国化的幼儿园所探索、实践、总结出的教育理论，为培养四化建设人才，浇灌健美的幼苗。当我们向陈老告别时，陈老愉快地在门口一再向小朋友频频挥手。[1]

"探索适合中国国情的、大众化、科学化的幼

---

[1] 姚稷珊：《深秋看望老园长》，《江苏教育》幼教版1984年12期。

教道路"，是陈鹤琴创办鼓楼幼儿园的宗旨。晚年的陈鹤琴重病卧床，但他始终关心鼓楼幼儿园的事业发展。姚主任就常和陈鹤琴的学生、鼓楼幼儿园第四任园长陈之璘，以及陈鹤琴的学生、鼓楼幼儿园退休教师张丽婵一起，上门看望。他们有时汇报幼儿园的基建情况，有时汇报幼儿园的迎外任务，有时赠送花工鲁胜栽种的鲜花，有时汇报孩子们的活动。幼儿园的一切，陈鹤琴都想听，都想知道。

1982 年，是特别的一年。这年的 4 月，姚主任、陈之璘、张丽婵送《鼓楼幼儿园 1952 年—1982 年 30 年发展史》给陈老审阅。这年 6 月 1 日，他坐着轮椅与夫人一同到幼儿园，与孩子们欢度六一儿童节。这年的 11 月 18 日下午，姚主任和陈之璘送"纪念园庆 60 周年的园史"，陈鹤琴连声说："很好，很好！"这年的 12 月 30 日，姚主任神色凝重地告诉大家："陈老去世了！"

姚主任有个好习惯，就是记工作日记。担任鼓楼幼儿园第六任园长期间，她把每天的工作内容记录下来，其中，很多和陈鹤琴相关。姚稷珊主任至今退休已三十多年，每次谈起陈鹤琴，她似乎两眼放光。退休后，姚主任把整理鼓楼幼儿园与陈鹤琴的资料作为闲暇工作，整理中回忆，回忆中感慨。其中一篇写道：

陈先生对鼓楼幼儿园有着深厚的感情，直到他晚年已经是八十高龄的老者，在患脑血栓、双腿瘫痪、体力不济的情况下，仍然关心着鼓楼幼儿园的发展，仍然思念着鼓楼幼儿园的每一个小朋友。……1981 年 9 月 30 日是陈老来参加幼儿园国庆庆祝会的日子，前一天是阴天，陈师母说："明天天气不好要下雨了，幼儿园不要去了吧？"陈老听后忙说："下刀子也要去！"1982 年 6 月 1 日，91 岁高龄的陈鹤琴老园长和 87 岁高龄的陈师母在家人陪同下，来到鼓楼幼儿园与全园小朋友共庆六一儿童节。没想到这是陈老最后一次来园……

1983 年的夏天，南京的八月酷暑难耐。姚主任利用暑假，整理出陈鹤琴生前与鼓楼幼儿园的孩子们在一起活动的照片。因为怕电风扇吹乱照片，她和葛梅贞副主任每天在蒸笼似的房间里，文字注释，标注日期，整理出近十本大影集。鼓楼幼儿园正是因为姚稷珊主任，才保存了一大批珍贵的资料，让后人有了薪火传承的意识与资源。也正是这第六任园长的孜孜追求，影响了一大批鼓楼幼儿园的教师，对陈鹤琴教育思想的学习与传承。

鼓幼就是大麦田

陈鹤琴不仅要让鼓楼幼稚园走中国化、科学化、大众化的幼教道路，还想让鼓楼幼稚园的实验成果在全国推广。他说："我们办幼稚教育就是要大田种麦，让全国城乡幼稚园都能受到科学的启蒙教育。但你知道大田种麦需要麦种，这麦种从哪里来呢？当然也可以向外国去买。但从外国买来的麦种能适应中国的土壤和气候吗？我办鼓楼幼稚园就是要为大田提供中国麦种这个目的。"[①]

"单元教学"的回归与创新

自二十世纪二十年代《全国幼稚园课程标准》实施后，鼓楼幼稚园中心制的单元教学对我国早期幼儿园课程实践产生了重要的影响，成为中国化、科学化幼儿教育的先声。遗憾的是，二十世纪五十年代后，在社会大环境的影响下，陈鹤琴活教育思想受到批判，鼓楼幼儿园执行全国统一的分科教学模式。分科教学也叫学科课程，是以学科为中心设计的课程，分语言、计算、常识、音乐、体育、美术等学科，强调学科自身的系统性，内容以知识和技能为主，各科教学体现了对幼儿体、智、德、美全面发展的总要求。因为教师专业水平低，很多教师根据自己的兴趣、能力选择其中三四个学科包干，各科割裂现象严重，重知识轻儿童、重上课轻游戏、重结果轻过程尤为突出，一日生活中更是存在集体教学多、等待时间多、纪律约束多等现象，制约了儿童的发展。

二十世纪八十年代初，随着改革开放的推进，作为行业窗口单位的鼓楼幼儿园成为国际交流的接待单位。频繁的国际教育交流，引入了西方先进的教育理论，激活了鼓楼幼儿园教师教育改革的热情。人们重新审视陈鹤琴教育思想，对"活教育"理念指导下的单元教学有了新的认识。

在回顾单元教学研究行动之前，有一位老师一定要提起，她就是鼓楼幼儿园闵传华。闵老师是江苏省幼教首位特级教师，在学习陈鹤琴教育思想的行动中，她学习陈鹤琴对长子一鸣808天观察的方式，对本班36个孩子进行了一年的跟踪观察，建立了400多张教育成长卡片，如同陈鹤琴依据观察写出《儿童心理之研究》一样，她写下了《教育幼儿要从了解幼儿开始》的心得。闵老师的研究把幼儿园全体教师的视角从关注教材拉向了关注儿童，至

[①] 陆敏：《麦种的故事》，载《我所知道的陈鹤琴》，金陵出版社，2012，第305页。

此，鼓楼幼儿园面向儿童的研究风生水起。建构合适的课程，摒弃分科教学的弊端，成为鼓楼幼儿园教育改革的首个目标。就在幼儿园的麦田需要麦种时，南京师范大学（原南京师范学院）教育系的郝和平、肖湘宁、周欣走进鼓幼。这三位"文革"恢复高考后南师首批学前教育专业的学生，秉承陈鹤琴院长[①]科学实验的精神，来到老院长创办的幼儿园，开展活动教育研究。

"活动教育"的研究给仍停留在分科教学模式上的幼教同行以耳目一新的感觉。活动教育的探索，引起了幼教界理论研究人员和一线教师极大的关注，褒贬声音不一、喜忧参半。喜的是中国的幼儿园课程多了一种模式，课程的设置充分考虑了儿童的个体需求，上课不再是实施教育的唯一通道。忧的是这种以儿童为中心的课程会不会放任儿童的成长？教师的"传道、授业、解惑"体现在何处？

鼓楼幼儿园的其他班级对活动教育也表现出极大的兴趣与热情，但要想在全园推广实验成果，还不具备条件。因为"活动教育课程"是在特级教师的亲自操作下完成的，还要随时关注儿童、评价儿童、调整计划，对教师的观察、评价、决策的要求较高。活动教育课程所在班级 30 个孩子，配备两教两保，由特级教师领衔，还有 3 位大学老师做"外援"。

普通班 40 个孩子，无论如何达不到这样的师生配比，更不要说教师水平。当时我园的老教师大都在四十岁以上，难以适应新的教学理念，而新教师的工龄基本在 5 年以内，青年教师与老教师出现了近 20 年的断档，她们缺乏足够的实践经验，无法对孩子进行专业的观察和深入研究。要想实施"活动教育课程"，是非常艰难的。鼓楼幼儿园的教育改革需要继续前行，不能推广活动教育课程，又有什么课程能满足天时、地利、人和的要求呢？

大家翻看着陈鹤琴文集，忽然火花闪过：活动教育多像鼓幼办学初期时中心制的单元教学实验啊！活动教育将教育内容分为身体、认知、社会情感、语言、审美五个目标，单元教学将教育内容以五指活动分成健康、社会、科学、艺术、语文。活动教育重视活动区活动，单元教学重视"大自然、大社

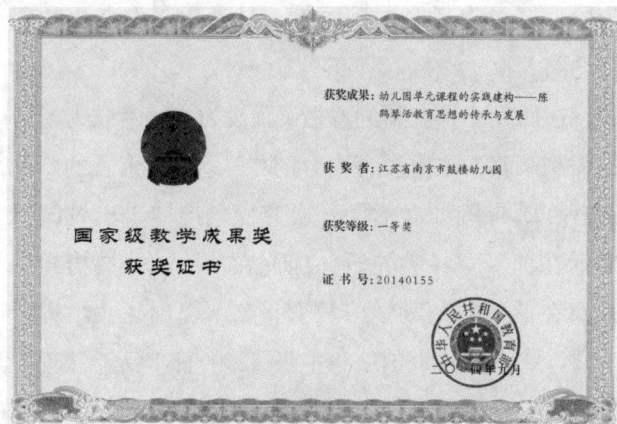

获奖成果：幼儿园单元课程的实践建构——陈鹤琴活教育思想的传承与发展

获 奖 者：江苏省南京市鼓楼幼儿园

国家级教学成果奖
获奖证书

获奖等级：一等奖

证 书 号：20140155

---

① 1952 年全国院系调整，在南京大学、金陵大学有关院系的基础上，组建成南京师范学院，陈鹤琴为院长。

会都是活教材"。活动教育重视儿童的尝试错误，单元教学重视儿童的"做中教，做中学，做中求进步"。活动教育与单元教学在理念上是如此相似啊，我们为什么要搬回国外的宝贝，丢弃自己的宝贝呢？况且，综合课程已经在全国各地有所实践，单元教学作为综合课程的其中一种表现形式，为什么要舍近求远呢？

我们坚信，用中心制单元教学的理念行动，一定能达到活动教育的效果。科学化的教育，既要关注儿童的发展规律和教育的规律，也要关注实施教育的土壤，只有两者结合，才能让麦田的麦种有广泛播种的可能，走出真正属于中国的现代幼教之路。单元教学要回归鼓楼幼儿园！

新一轮的单元教学仍以"整个教学法"为中心设计，提出"社会中心、生活教育、主动学习"等改革实践设想，通过集体化、小组化、个体化三个阶段，探寻出适合中国国情、科学化、大众化的课程之路。

在研究中，老师们遵循"预设为主，生成为辅"的编制策略，注重教育内容的"鲜活"、形式的"灵活"、效果的"激活"，研究探索出"走出校园，生活在前""经验先行，探究在前""分层指导，儿童在前"的主动学习教育策略，提出了"半程示范法""家园共育101条主张""一日生活皆课程"等理念，让教育过程成为儿童自发生成、自愿参与、主动探索、自主建构的过程，体现了"活"的教育思想和改革精神，形成鲜明的园本课程特色。

"单元课程"的研究让鼓楼幼儿园喜获硕果，2013年，"幼儿园单元课程"获江苏省基础教育教学成果特等奖。2014年，《幼儿园单元课程的实践建构——陈鹤琴活教育思想的传承与发展》获国家级首届基础教育教学成果一等奖。

"活教育"共同体

鼓楼幼稚园办学初期，陈鹤琴在单元教学实验研究的同时，就牵头成立了南京幼稚教育社、中华儿童教育社等社团，集聚众人的智慧研究儿童，促进幼稚教育的发展。用合作研究的方式，播撒科学幼儿教育的麦田。

二十世纪五十年代末，民办幼儿园随着"大跃进"的洪流如雨后春笋般涌现，鼓楼幼儿园就通过共同研究的方式，连续20年为五个街道十二所幼儿园开展集体备课辅导活动，通过"定时、定人、定内容要求、定期总结"普及幼儿教育。除了共同研究备课，鼓幼还专门安排了观摩课，并和他们一起分析研究，使他们尽快地掌握各科教学方法和开展活动的做法，提高教育质量。

二十世纪九十年代，鼓幼在全国范围组成第一次课程协作共同体。来自新疆、西藏、内蒙古、陕西、山东、湖北、广西、青海、福建、安徽等省市五十多所幼儿园，与鼓幼建立了姊妹园关系，并通过跟岗培训、送教等方式，帮助这些幼儿园实践单元课程。

跨世纪初，为了验证课程的适宜性，我们在江苏选择了32所幼儿园组成单元课程第二轮协作共同体。在三年的时间里，由鼓幼提供下一阶段全套的课程计划、活动设计，并以讲座的方式讲解课程中涉及的观念、概念、策略及方法，让共同体的老师知道做什么、怎么做、为什么做。三年的共同体活动，锻炼了鼓幼的老师，完善了单元课程，也促进了共同体园所的发展与提高。

现在我们又建立了第三轮的"活教育"研究与实践共同体，共同体的范围扩展至全国各地。

我们坚定自己反哺社会的担当与使命，力图通过自己的行动让全国的幼教同行了解"活教育"，了解单元课程，不再视国外课程为"新"，不再视家长热捧为"好"，不再视商家宣传为"对"。我们认为幼教人要有自己的思维，有基于儿童的思考，有科学的研究精神，有务实实践的态度。幼教人要主张科学的幼儿教育，有敢于质疑、批判的勇气，要放大自己的声音，捍卫幼儿教育的阵地，坚定走适合中国国情的幼教道路的决心。

"大麦田"计划

鼓楼幼儿园"活教育思想研究所"是江苏省特色项目研究所，是"大麦田"计划的主要载体，研究所成员都是鼓楼幼儿园的教师。我们将成员分成两个团队，一个是特级教师领衔的、以研究生为主体的文化研究团队，一个是以市区优秀教师为主体的实践团队。文化研究团队负责特色弘扬、理论创新，做好研究规划，实践团队负责传承实践、示范引领，做好成果推广。

"大麦田"的主旨为：借助研究分享，让科学的幼儿教育惠及更多的园所，让陈鹤琴"活教育"思想继续引领中国学前教育的发展。"大麦田"计划的实施途径多样，如"活教育"高峰论坛、"活教育"研讨会、跟岗培训、送教指导、现场观摩、陈鹤琴纪念室开放、公众号推送、"鹤琴育儿连线"课堂等，计划面对的人员为"活教育"共同体成员单位、结对帮扶幼儿园、"国培计划"项目人员、政府部门实施的园长能力提升或培育工程人员、各类学会会议代表、幼儿园家长。大麦田计划以"3+5+T"为成果推广模式，其中"3"为"活教育"的三大目标，"5"为"五指活动"，"T"为特色项目。

如作为江苏省实施课程游戏化项目园，我园在单元课程"打造游戏的工作室"的基础上，提出"让每堵墙都会说话，让每个空间都成为游戏的场所""让儿童活泼泼成长"，努力打造活泼泼的儿童游戏场。我们坚持"让思想走在技术的前面"策略，努力帮助教师从浅层次的教育技术走向深层次的教育技术，走出为完成数量、照搬照抄、只知其然不知其所以然、跟不上儿童步伐的窘境，学会观察并唤起儿童的兴趣、分析儿童的发展水平、满足儿童不同的发展需要。这项实验成果2019年获南京市首届教育科学成果创新奖特等奖。我们举办南京市教育科研成果创新奖现场会，展示活动"大麦田项目"，通过案例、沙龙、演讲等形式，向全市园长、教研人员分享了鼓幼人坚持科学研究的精神，寻找"活教育"的时代之光，续写中国"麦田"的故事。每年，鼓幼都要到全国各地送教或提供现场观摩数百场，接待跟岗培训数千人次，并通过定期出版《活教育》，"大麦田"将陈鹤琴的"活教育"思想种子带到了祖国的四面八方。

南京师范大学虞永平教授认为：鼓楼幼儿园作为陈鹤琴先生创办的实验幼儿园，诞生了单元课程和活教育，鼓楼幼儿园为发扬光大陈鹤琴留下的理论和实践做出了突出的贡献。崔利玲园长进入鼓楼幼儿园的时候，正值改革开放的初期，陈鹤琴的教育思想正重新回归幼教领域，让陈鹤琴的思想转化为现实的幼教实践，是一场挑战和考验。崔园长带领她的团队一直坚守着让陈鹤琴的教育思想不断发扬光大的重大责任，成为一个中国幼教领域引人注目的开创性研究和实践的团队。

"陈鹤琴幼儿园"的责任

为让更多的幼教同行了解陈鹤琴，学习陈鹤琴教育思想，了解鼓楼幼儿园的办学精神与成果，我们将私立鼓楼幼稚园旧址修缮复原，在故居内设立陈鹤琴纪念室、鼓楼幼儿园校史室、校友接待室、活教育思想研究所，成功地还原了历史，打造了幼教人心中的殿堂。

自陈鹤琴故居修复以来，我们每年都要接待海内外幼教同行数千人，来宾中，有研究陈鹤琴教育思想的学者、主管教育的行政人员、幼儿园园长、教师、家长、学前教育专业的学生……人们兴奋、崇敬、渴望地踏进陈鹤琴故居，被其中的内容震撼，有些人因为激动流下眼泪。人们要走进校友接待室坐一坐，因为这里是陈鹤琴创办鼓楼幼稚园的地方；人们要在陈鹤琴塑像前留影，因为这是中国幼儿教育的奠基人；人们要在鼓幼的大门前合影，因为这是中国最早的幼儿教育的实验田。我们要将陈鹤琴故居变成"活教育"思想学习的活教材，将鼓楼幼儿园园史室变成中国幼儿教育发展的缩影室，将陈鹤琴纪念室变成弘扬科学研究精神的"麦加"地，将活教育思想研究所变成全国幼教同行研讨、分享、交流陈鹤琴教育思想的平台。我们要将陈鹤琴故居变成中国幼教的名片，成为"活教育"历史文化遗产的继承地、传播地、创新地。

鼓楼幼儿园还有一个响亮的名字"陈鹤琴幼儿园"。在"陈鹤琴幼儿园"揭牌仪式上，陈鹤琴儿子一心说："崔利玲园长之前跟我说，想把南京市鼓楼幼儿园命名为陈鹤琴幼儿园，我们在北京、南京和上海的子女完全同意。因为，我们认为在全国这么多所幼儿园中，能以'陈鹤琴'命名的幼儿园只有鼓楼幼儿园，也只能有这一所，因为鼓楼幼儿园是父亲亲自创办的中国第一所实验幼稚园。陈鹤琴幼儿园挂牌后，能更增加鼓楼幼儿园的荣誉感和责任感。希望鼓幼要不忘陈老初心，再接再厉，在继承、弘扬陈鹤琴教育思想的基础上，做出新的贡献、新的成绩！"

鼓楼幼儿园创办已近百年，近百年的沧桑，并没有垂垂而至老境。是什么让鼓幼常有锐气、朝气不断向前呢？就是陈鹤琴所说的"大麦田"的使命。中国古书中就有言："苟日新，又日新，日日新"，鼓幼只有每天都有新的发展、新的进步，每天都站在新的起跑点上，每天都有向上向前的活力，鼓幼才能承载"大麦田"的责任。我们要成为"活教育"的分享者、传承者，更要成为"活教育"的传播者、创新者，我们要沿着"活教育"的轨迹继续前行。